LA FRANCE

LITTÉRAIRE.

TOME ONZIÈME.

PARIS.

IMPRIMERIE FRANÇAISE ET ESPAGNOLE DE DUBUISSON ET Cⁱᵉ,
Rue Coq-Héron, 5.

LES

ÉCRIVAINS

PSEUDONYMES

ET AUTRES MYSTIFICATEURS

DE LA LITTÉRATURE FRANÇAISE 669

PENDANT LES QUATRE DERNIERS SIÈCLES,

RESTITUÉS A LEURS VÉRITABLES NOMS,

PAR J.-M. QUÉRARD,

Auteur de LA FRANCE LITTÉRAIRE, des SUPERCHERIES LITTÉRAIRES DÉVOILÉES, etc.,

AVEC DES NOTES

De MM. BOISSONADE, de l'Institut ; F. BOVET, biblioth. de la ville de Neuchâtel (Suisse) ; U. CAPITAINE, de Liége ; DE COURTIÈRE, biblioth. du ministère de la marine ; Félix DELHASSE, de Bruxelles ; Edm. DE MANNE, conserv.-adjoint de la biblioth. impériale ; Eug. DE FROBERVILLE, de la Société de géographie ; Fr. GRILLE, ancien biblioth. d'Angers ; Justin LAMOUREUX, l'un des rédacteurs du supplément à la Biographie universelle de Michaud ; Georg. MANCEL, biblioth. de la ville de Caen ; feu MERCIER, abbé de Saint-Léger (sur la France littéraire de 1769) ; Serge POLTORATZKY, membre honoraire de la biblioth. impériale publique de Saint-Pétersbourg ; feu le baron de REIFFENBERG, et de plusieurs autres bibliophiles.

Sans haine, ni camaraderie, ni vénalité.

PARIS,

L'ÉDITEUR, RUE DE SEINE, 36.

—

1854.

1853

Habent sua fata libelli.

L'objet du tome XI de la *France littéraire* est assez singulier pour mé-
riter un titre un peu excentrique. Mais comme il appartient à la Bibliographie, qui, de sa nature, est sérieuse, il n'est pas permis d'oublier la gravité
qu'elle implique.

Les *Ecrivains pseudonymes* sont à la fois une œuvre d'expérience, de
persévérance, et surtout d'équité quand même ! C'est un traité, pour ainsi
dire complet, de restitutions scientifiques, de réhabilitations loyales et de
révélations équitables. Forcément grave et profond, n'empruntant l'intérêt
soutenu que des innombrables exécutions littéraires qu'il renferme. La justice
est son point de départ, l'érudition agréable, sa conséquence. Ce sont, enfin, les *Supercheries littéraires dévoilées*, résumées dans leur table, mais
sur laquelle l'auteur, par suite d'une combinaison nouvelle, et qui lui est
propre, a greffé, pour ainsi dire, afin de constituer un ouvrage distinct et
nouveau, d'immenses matériaux bio-bibliographiques, qui avaient été mis
en réserve pour une seconde édition, comme si la vie de l'homme permet-
tait de faire des projets pour un lointain avenir. L'auteur tenait beaucoup,
et non sans raison, à publier lui-même ses matériaux si laborieusement ras-
semblés, et qui pouvaient plus tard tomber en des mains étrangères à la
science de toute sa vie, qui n'hésiteraient pourtant point à les éditer, malgré la conviction de n'y rien entendre, si nous pouvons en juger par ce qui
se passe journellement sous nos yeux.

Aujourd'hui plus que jamais, en effet, la carrière des lettres est une industrie étrangère aux véritables savants. Si nous sommes plus riches qu'en
aucun temps en excellentes études biographiques et en savantes monogra-
phies bibliographiques particulières, jamais aussi notre misère en ouvrages
généraux ne fut plus patente. Partout des plagiaires sans esprit et sans
science, volant conséquemment l'esprit et la science des autres. Partout, en
biographie comme en bibliographie, on ne rencontre ni biographes ni bibliographes, mais des spéculateurs hasardeux, des publications vénales, en
assez grand nombre ; des écrivains besogneux reproduisant malhabilement
les pénibles recherches, les consciencieux travaux des personnes qui se sont
occupées sérieusement d'histoire littéraire. Des entreprises de ce genre sont
dans ce moment en cours de publication, et l'on pourrait, à toutes, ajouter
sans peine une fois autant de matériaux, inédits ou neufs, dont les directeurs
ne se doutent même point.

Nos auteurs et éditeurs de biographie et de bibliographie ne sont point assez persuadés de cette vérité : que les deux tiers des livres imprimés en France s'exportent à l'étranger ; que ces deux sortes d'ouvrages ne sont surtout recherchés que pour avoir des notions exactes et complètes sur les hommes de la France et sur sa littérature. Quel ne doit pas être le désappointement des érudits lorsqu'ils ne trouvent que des lambeaux de biographies, traduits de toutes les langues ! Nous n'avons rien su faire de satisfaisant sur nos compatriotes, mais nous avons eu la prétention d'apprendre au nord et au midi de l'Europe à connaître les biographies qu'ils ont publiées. Une biographie nationale reste donc à faire, même après la « Nouvelle Biographie universelle ».Les recherches de l'auteur de la *France littéraire* réparent très fréquemment les omissions impardonnables de nos Plutarques et de nos Photius modernes, et le livre actuel en réparera bien d'autres ! Mais enfin, notre auteur ne s'est occupé que de l'histoire littéraire nationale, et ce n'est là qu'une des nombreuses faces sous lesquelles la France est à envisager.

C'est précisément à cause du peu de connaissances spéciales de nos Plutarques et de nos Photius, que les publications de l'auteur de la *France littéraire*, à peine lancées dans le public, sont littéralement et effrontément dépecées, au profit de chacun, par les biographes et les bibliographes improvisés, quelque mesure qu'on prenne afin d'éviter ces larcins impunis. Que l'on compare les travaux de notre bibliographe avec ceux que nous dénonçons, et l'on acquerra bientôt la certitude de l'inévitable plagiat. Néanmoins, l'auteur des « Supercheries littéraires » a cru devoir laisser quelquefois ses plagiaires livrés à eux-mêmes, en omettant, dans son livre, jusqu'à des articles importants ou très piquants. C'était un piège dans lequel ils sont naturellement tombés. Aussi, notre infatigable investigateur est-il bien sûr que leur audace profitera de ce qu'il leur livre si libéralement aujourd'hui, à ce point qu'il désignerait d'avance tous les articles qu'ils s'approprieront certainement (1).

Exigu dans sa forme, le livre des *Écrivains pseudonymes* est immense par les innombrables matériaux qu'il renferme, puisque les *Supercheries littéraires*, qui se trouvent dans toutes les bibliothèques publiques, lui servent de développement : il est donc, dans sa spécialité, plus complet et plus ample que *la France littéraire*, qui ne va pas au-delà de 1700 pour s'arrêter à 1826, tandis que le travail actuel remonte au XVIe siècle pour ne finir qu'avec 1853. Ainsi donc, il rectifie et complète à la fois *la France littéraire*

(1) Parmi les nombreux articles manquant à la LITTÉRATURE FRANÇAISE CONTEMPORAINE, ou qui y ont été horriblement tronqués, nous citerons les suivants d'entre les principaux : Les Bonapartes littéraires, Borjon de Scellery, A.-A. Boullée, la duch. de Bourbon, Bourbon-Leblanc, Théod. Bourg, dit Saint-Edme ; Bourguignon-d'Herbigny, Boursault-Malherbe, Dmitri Boutourline, Braccini, Bressier, H.-A. Cahaisse, B. Campan, médec. et poète ; de Cayrol, U. Capitaine (de Liége), El. Carmoly, Jean de Carro, Châlon de (Mons), J.-B.-J. Champagnac, Mlle Chastenay de Lenty, Mlle H. Chavannes (de Lausanne), Fréd. Chavannes, Mlle Julia Chevalier, les Coiffier, L.-J. Dejaer (de Liége), Paul Delasalle, les frères Delbasse (de Bruxelles), G. Delmas, l'abbé Gosselin, Mme Ch. Gosselin, F. Grille, A. Hope, l'abbé Hunckler, l'abbé James, V.-V. Joly, littér. belge ; Juin, Lamothe-Langon, Ch.-A. Lefebvre (de Cambrai), Lefebvre-Duruflé, P. Legrand (de Lille), avocat et député ; l'Héritier (de l'Ain), Libri Bagnano, Lingay, Mme Long, de Genève ; le P. Loriquet, la marq. Loyré d'Arbouville, L.-Ph. Machet, Cés. Malan, F. Malapert. Les additions de ce volume en donneront bien d'autres, que la prudence de l'auteur l'a engagé à y rejeter.

et *les Supercheries littéraires*, ces deux grands ouvrages de notre bibliographe, mais encore ceux de Barbier, Beuchot, et surtout *la Littérature
française contemporaine*, dont personne, jusqu'à ce jour, ñ'a osé faire l'é-
loge, et un peu aussi, *la nouvelle Biographie universelle*, si incomplète, sous
le rapport des écrivains en notre langue de tous les pays. Enfin, ce livre
n'eût-il que le mérite absolu, bien rare aujourd'hui, de n'être pas fabriqué
comme tous les autres, c'est-à-dire de n'être pas une véritable mosaïque,
une sèche compilation, puisque tout y est en même temps inédit et neuf,
c'est déjà, ce nous semble, un puissant attrait, auquel on peut ajouter encore
celui de la matière elle-même, qui révèle à chaque ligne des faits d'un ordre
intellectuel réellement incroyable.

Ainsi que ses frères aînés, le tome XI de la *France littéraire* ne traite
de bibliographie qu'au point de vue de la littérature, de l'histoire littéraire,
et nullement sous les rapports industriels et commerciaux. En renversant
fréquemment des opinions préconçues sur tels ou tels écrivains, sans l'intention de tout révolutionner systématiquement pour être neuf, et ce serait là
une grave erreur ou une grosse calomnie, l'auteur a cherché, a voulu dé-
brouiller le chaos de notre histoire littéraire, cette fille de la bibliographie
légale. Assez d'autres avant lui, soit par incurie, soit par ignorance, y jetè-
rent le désordre et la confusion; il est bien naturel que les *confüsionsrœthe*,
comme disent les Allemands, que les *confusionnistes*, comme nous dirions en
France, soient dénoncés, pour enfin rétablir l'ordre contre lequel des vanités intéressées ou des ignorants ambitieux sont restés impuissants. Ses pages sont employées à restituer le livre à l'auteur qui en fut audacieusement
dépouillé; à celui qui, par transaction, parut sous le nom d'un autre, ou que
l'erreur avait, mal à propos, attribué à un autre écrivain; ou bien, à la place
d'un nom supposé, ou usurpé, il révèle le véritable. Aussi, pour ne signaler
en passant qu'un autre exemple d'améliorations que les biographes et les bibliographes s'empresseront également de mettre à profit, l'auteur n'a point
consacré d'articles aux noms de Levizac, de Louvois, de Margon, de Saint-
Léger, de Villeloin, qui sont des noms d'abbayes, mais bien à ceux de Le-
coutz, Le Tellier, Plantavit de la Pauze, Mercier, Marolles, etc., véritables
noms patronymiques de ces écrivains.

Les écrivains anonymes et pseudonymes et autres mystificateurs de la
littérature française, innocents ou coupables, ces matériaux de la bibliographie légale, que notre savant a créée, ne sont donc nullement une triste et
froide compilation des travaux de ses devanciers, mais bien l'accumulation
alphabétique des découvertes innombrables que les occupations habituelles
de l'auteur réunirent sous sa main, ou que des bibliophiles, voyant dans son
livre une publication sérieuse, se sont fait un plaisir de lui communiquer;
plusieurs d'entre eux se sont faits les collaborateurs habituels du bibliographe ; mais les signatures d'articles inédits accusent plus exactement que le
titre du livre le nombre des personnes à qui M. Quérard a des obligations.

On connaît assez la manière de l'auteur : l'attrayant et l'imprévu domi-
nent encore dans ce savant ouvrage. Quoique restreint aux écrivains pseudonymes, l'auteur n'y a pas moins introduit un très grand nombre d'articles inédits, pleins d'un intérêt incessant et varié, sur des écrivains qui n'ont
publié que sous le voile de l'anonyme. C'est alors aussi qu'à propos du
pseudonyme, il déroule savamment son bilan littéraire. A la fois Plutarque
et Photius, pour lier les temps bibliographiques et biographiques anciens
aux temps modernes, il complète sans cesse la vie littéraire par la vie civile, et jette ainsi sur tout le livre un intérêt soutenu, qu'égale seule la plus

pénible érudition. Aussi, à côté de ces savantes révélations, trouve-t-on les condamnations judiciaires qu'ont encourues les auteurs pseudonymes ou anonymes qu'il révèle, et jusqu'aux clés de certains livres rares ou piquants, clés que les bibliophiles recherchent avec tant d'empressement.

On a prétendu que la bibliographie était une science en général fort peu attrayante. Ce livre prouvera le contraire aux hommes qui s'occupent, par délassements ou par besoin, d'histoire littéraire, de biographie, de bibliographie érudite ou de bibliographie légale.

Deux mots, pour en finir, sur le plan de ce livre. Il est fort simple. C'est un dictionnaire de véritables noms propres. A leur suite sont indiqués, en *italique*, les divers masques sous lesquels il a plu à nos auteurs de se cacher, et les noms de ceux des écrivains de ces quatre derniers siècles qui se sont approprié quelques productions de l'auteur auquel l'article est consacré. Pour les personnes que la simple curiosité dirige, ce résumé suffira, puisqu'après les pseudonymes, il donne quelques mots des titres des ouvrages qui les portent. Pour celles au contraire qui s'occupent, d'une manière sérieuse, de l'histoire littéraire de la France, les *Supercheries littéraires dévoilées* qui, ainsi que nous l'avons dit, se trouvent dans toutes les bibliothèques publiques, leur fourniront les développements qu'ils pourront désirer. Les renvois à ce dernier ouvrage sont de deux sortes : Les chiffres arabes renvoient à la série de numéros de l'ouvrage, et ceux précédés de chiffres romains, aux volumes et aux pages.

C. P.

LES
ÉCRIVAINS PSEUDONYMES
ET AUTRES MYSTIFICATEURS
DE LA LITTÉRATURE FRANÇAISE
PENDANT LES QUATRE DERNIERS SIECLES,
RESTITUÉS A LEURS VÉRITABLES NOMS.

———◦———

A

ABARBANEL. *Léon.* Philosophie, 4033.

ABBADIE (A.). *A. A***.* Itinéraire topographique et historique des Hautes-Pyrénées, etc., 1819. IIIe édit., Paris, 1833, in-8, avec une carte.

ABEILLE (l'abbé). *La Thuillerie.* II, 537.

ABEILLE (Louis-Paul). *Le Brigant* (Jacq.). Recherches, 3981; — *Négociant (un).* Lettre, 5069.

ACASSE D'ABIAC. *Duplessis* (A.). Livre, 2096.

ACHARD (Cl.-Fr.). *D. M. Soc. de gens de lettres (une).* Dictionnaire, 7611.

ACHARD (Amédée), de Marseille, d'abord secrétaire de M. Floret, préfet de la Haute-Garonne, depuis journaliste. *Alceste.* Lettres parisiennes, dans « l'Assemblée nationale », à partir du 14 avril 1849. — *Debruel* (Louis). Plusieurs vaudevilles sous ce pseudonyme; — *Grimm.* II, 186; des art. dans « le Pamphlet » sous le même pseudonyme (en 1848). — *Trois têtes dans un bonnet* (inscription parlante). (Avec MM. Taxile Delord, Forgues et Arn. Frémy): Cent Proverbes (illustrés) par Grandville. Paris, Fournier, 1844, gr. in-8, orné de cent sujets, de vignettes, de frises et lettres ornées.

ACKERMANN (Paul), aujourd'hui professeur en Allemagne. (*Anon.*). Dictionnaire biographique universel et pittoresque, contenant 3,000 articles environ de plus que la plus complète des biographies publiées jusqu'à ce jour. Orné de cent-vingt portraits imprimés dans le texte. Paris, Aimé André, 1834, 4 vol. gr. in-8. A la fin du tome IV on trouve un supplément, en 37 pages, renfermant les articles des morts récents, les articles omis et des rectifications. — *Nodier* (Ch.). Vocabulaire, 5157.

ADANSON (Mlle Aglaé), morte à Villeneuve, près Moulins (Allier), à la fin de mars 1852, à l'âge de 77 ans. *L. E. A.* La Cuisinière de la campagne et de la ville, ou la Nouvelle Cuisinière économique, précédé d'Instructions sur la dissection des viandes à table, et suivi de Recettes précieuses pour l'économie domestique, et d'un Traité sur les soins à donner aux caves et aux vins. Paris, Audot, 1818, in-12. Ouvrage très souvent réimprimé, avec des augmentations (33e édition en 1833). Le véritable auteur n'ayant pas voulu y attacher son nom, laissa au libraire-éditeur la faculté d'y mettre celui qui lui conviendrait le plus, et pour mieux assurer sa propriété, il y mit les initales L. E. A. (Louis-Eustache-Audot). M. Audot est devenu auteur et éditeur de quelques autres publications qui ne lui ont pas donné plus de soucis (1). On vient de publier, en 1853, un Almanach des ménagères et des gastronomes pour 1854, produits de chaque mois, provisions, services actuels à la française et à la russe avec figures, recettes nouvelles ou peu connues, anecdotes, etc.; par l'auteur de « la Cuisinière de la campague et de la ville ». In-16. Mlle Adanson, morte avant 1853, n'a pas pu faire ce petit livre : c'est donc tout au plus un extrait du précédent, et si l'on y a introduit quelque chose de nouveau, les additions appartiennent à toute autre personne que M. Audot, éditeur intelligent, mais qui ne s'est jamais posé sérieusement ni comme agriculteur ni comme artiste culinaire, ainsi que nous l'avons fait à tort.

ADHÉMAR (le comte A. d'). *Montfalcon* (*A*.). III, 295; — *Ramédha*, IV, 27.

ADHÉMAR (la comt. d'), femme du précédent. *Karles* (Ang.). II, 326.

ADRY (J.-Félicissime), ancien oratorien et bibliothécaire de l'Oratoire. *Ancien bibliothécaire* (*un*). Notice sur les imprimeurs de la famille des Elzevirs, faisant partie de l'introduction au Catalogue raisonné de toutes les éditions qu'ils ont données. Paris, 1806, in-8. Opuscule très rare, mais qui est extrait du « Magasin encyclopédique », août et septembre 1806. On n'a fait qu'y ajouter un frontispice et changer les numéros des pages. Le Catalogue est resté inédit jusqu'à ce jour. — *Ancien élève du collége de Juilly* (*un*). Notice sur le collége de Juilly. Paris, 1807, in-8. Sec. édition, augmentée. Paris, Delalain, 1816, in-8 de 48 pag. — *A-y* (J.-F.). 1o Histoire de Vit-

toria Accorambona, duchesse de Bracciano, par—, avec la Vie de Madame de Hautefort, duchesse de Schœmberg, par une de ses amies. Dampierre, de l'impr. de Montmorency – Luynes, 1800, in-4. Sec. édition. Paris, impr. d'A. Clo, 1807, in-12; 2o Dictionnaire des jeux de l'enfance et de la jeunesse chez tous les peuples. Paris, H. Barbou, 1807, in-12; 3o Notice sur le P. J.-Ant. Ducerceau, 1807. Impr. à la tête d'une édition du « Théâtre à l'usage des colléges », de ce jésuite. Paris, L. Duprat-Duverger, 2 part. en un vol. in-12; 4o Traduction de la Lettre de Quintus, sur la demande du consulat, trad. du lat. de Cicéron, le texte en regard (1809). Impr. avec la traduction de Barrett, des Livres de Cicéron, de la Vieillesse, de l'Amitié, etc. Paris, Aug. Delalain, in-12.

ADVENIER-FONTENILLE. *Fontenille.* II, 86.

AFFRE (Denis-Auguste), archevêque de Paris, l'une des plus glorieuses victimes de la révolution de 1848. *Ancien professeur de philosophie* (*un*). Du Christianisme de l'École normale, à l'occasion d'un écrit de M. Saisset. Paris, Poussielgue-Rusand, 1845, in-8, de 32 pag. Dissertation de métaphysique pure; elle roule toute entière sur la raison pure et sur la foi. Elle fut écrite à propos d'un article de M. Saisset sur « l'Introduction philosophique à l'étude du Christianisme » que M. Affre venait de publier. L'article de M. Saisset avait d'abord paru dans « la Revue des Deux-Mondes » du 1er février 1845 : il fut réimprimé à part, sous le titre de «Renaissance du Voltérianisme». Paris, de l'impr. de Fournier, 1845, in-8 de 32 pag. Cet écrit avait donné lieu à une lettre de M. Michelet, insérée dans « le Siècle », no du 3 février 1845. — *Archevêque de Paris* (M. l'). 1o Observations sur la controverse élevée à l'occasion de la liberté de l'enseignement. Paris, Adr. Leclère, 1843, in-8 de 92 pag. Contre M. Edg. Quinet, qui fit paraître presque immédiatement une «Réponse à quelques Observations». Paris, au comptoir des imprimeurs-unis, 1843, in-8 de 43 pag.; 2o Introduction philosophique à l'étude

---

(1) Voy. notre article de « la Littérature française contemporaine ».

du Christianisme. Paris, Adr. Leclère, 1845, in-8 de 172 pag. ; 3º De
l'Usage et de l'Abus des opinions
controversées entre les Ultramontains et les Gallicans. Paris, le
même, 1845, in-8 de 40 pag.

AGAR, comte de MOSBOURG (J.-A.
M.). *Mosbourg*. III, 305.

AGIOUT. (le baron d'), fils d'un intendant militaire. *La Motte* (la
comtesse de). Mémoires, 3789 ; —
Paillasse de l'autre monde (un).
Acrobates, 5426 ; — *Société de
gens de lettres (une)*. Biographie
des commissaires de guerre. Prospectus.

AGNEAUX DE VIENNE (dom). *De-
vienne*. I, 359. — *Religieux Bénédictin (un)*. Lettres, 6395 ; *Religieux Bénédictins de la congrégation de Saint-Maur (des)*.
Prospectus, 6406.

AGNÈS, avocat. *Docteur en droit
(un)*. Quelques, 1798.

AGOULT (la comtesse d'), née de Flavigny. *Stern* (Dan.). Ses Ouvrages, 7869-7875.

AIGRE (Henri - Barth.). *Ignorant
(un)*. Réforme, 3168.

AIGUILLON (le duc d'). *Cosmopolite
(le)*. Recueil, 1252.

AKAKIA II. *Turquet de Mayerne*.
Apologià, 8367.

AL.... ARS.... Voy. ARSÉNIÉFF.

ALBENAS (Louis-Eug. d'). *Société de
militaires (une)*. Éphémérides,
7692.

ALBERT (Louis-Charles d'), duc de
LUYNES. *D. D.* (M.) Sermon de
S. Cyprien sur l'Oraison de Nostre
Seigneur, Pater noster, etc.; de la
traduction de —. Paris, 1663, in-12.
On trouve dans le même vol.
la Lettre d'un ancien Père de l'E-
glise à une dame illustre, nommée
Celancie, traduite en français par
le même duc de Luynes, sous les
mêmes initiales. Ces deux traductions ont été réimprimées dans le
nº 3878, dont la seconde édition
parut en 1673, in-12. — *Laval* (le
sieur de). Instruction, 3876 ; Devoirs, 3877 ; Divers, 3878 ; Quarante, 3879 ; Morales ; 3880 ; Sen-
tences, 3881-85 ; 3887-88 ; Morale,
3886.

ALBERT (Joseph), comte de LUYNES,
plus tard prince de GRIMBERGHEN.
L. P. D. G. Recueil de différentes
pièces de littérature. Amsterdam,

1759, in-12. Le prince de Grimberghen n'est que l'éditeur du « Songe
d'Alcibiade », qui fait partie de ce
volume. Cette pièce, présentée
comme traduite du grec, est de
l'abbé de Pic.

ALBERT (Honoré-Théodoric-Paul-
Joseph d'), duc de LUYNES, membre de l'Acad. des Inscriptions et
Belles-Lettres. *Luynes (de)*. Meta-
ponte, 4414 ; Mémoire, 4415 ; Commentaire, 4416 ; Choix, 4417 ; Description, 4418 ; Introduction, 4419 ;
Recherches, 4420 ; Mémoire, 4421 ;
Essai, 4422. — *Membre des sociétés d'Agriculture de Seine et
de Seine-et-Oise (un)*. Observations sur les moutons. Paris, 1806,
in-8 de 43 pag.

ALBERT, lieutenant de police, etc.
*Avocat au Parlement de*** (un)*.
Lettres, 387.

ALBERT. *Observateur (un)*. Véritables, 5211.

ALBERTAS (d'), de Toulon. *Père de
famille (un)*. Lettres, 5597-5606.

ALBERTIN (Hyacinthe). *Hyacinthe*,
II, 261.

ALBISSON (J.). *Avocat (un)*. Lettres,
386.

ALBOIZE DE PUJOL (Jules-Édouard).
Saint-Hilaire (E.-M.). Cazilda,
6915.

ALBON (le comte Cl.-Cam.-Fr. d').
Citoyen (un). Observations d'—
sur le nouveau plan d'impositions.
Amst., 1774, in-12 ; — *Nicander*.
Paresse, 5126.

ALBY (le P. Henri), jésuite. *Anti-
Théophile* (l'), 270 ; — *Cabiac* (P.
de). Apologie, 877.

ALCAFORADA (Marianne). *Religieuse
portugaise* (la). Lettres, 6390.

ALCIATUS (Terentius). *Erminius Ta-
citus*. Vitam, 2234.

ALDÉGUIER (J.-B.-Aug. d'). *Habitué
du boulevart de Gand (un)*. Flaneur, 2988.

ALEMAN (Mateo). *Le Sage* (A.-R.).
Histoire, 4183.

ALEMBERT (d'). Voy. DALEMBERT.

ALÈS DE CORBET (le vic. d'). *Fils
Patrich*. Dissertation, 2434.

ALEXANDRE (le P. Noël), dominicain.
*Docteur de l'ordre de Saint-Domi-
nique (un)*. Apologie, 1774 ; Lettre
sur les cérémonies de la Chine, au
R. P. Le Comte, jésuite, etc. Cologne, 1700, in-12. Cette Lettre a
été suivie de six autres. On les

trouve souvent à la suite du n° 6432.
— *Religieux docteur et professeur
en théologie (un).* Conformité,
6432; — *Théologien (un).* Lettres,
8148.

ALEXANDRE (dom Nicolas). *Soc. de
médecins (une).* Dictionnaire, 7680.
— *** (M.). Médecine, 9002; Dictionnaire, 9003.

ALEXANDRE (Etienne-Bernard). *Viel
(le P.).* IV, p. 610.

ALEXIS (Guillaume). *Bon moyne de
Lyre (le).* Trad. du Passe-Temps
d'Innocent III, 739.

ALGAY DE MARTIGNAC. *Martignac
(de).* Esope, 4568.

ALHOY (Philadelphe - Maurice). *Depontchartrin.* Le Jeune Grec, ou
les Six Couronnes, tableau anecdotique mêlé de couplets. Représenté sur le théâtre de M. Comte,
le 30 sept. 1828. Paris, Duvernois,
1828, in-8 de 32 pag.; Le Tilbury
et la Charrette, tableau mêlé de
couplets, représenté sur le même
théâtre, le 18 novembre 1828. Paris, Breauté, 1829, in-18; Deux
Mousses, 1546; Napoléon, 1547;
— *Dubourg.* Avec MM. Desvergers (Chapeau) et Laurencin (Fromage-Chapelle) : Industriels et industrieux, revue de l'Exposition de
1839, en trois tableaux. Représentée sur le théâtre du Gymnase-Dramatique, le 1er juin 1839. Paris, Barba ; Bezou, 1839, gr. in-8
à 2 col. ; — *Ermite du Luxembourg (l').* Grande Biographie dramatique, ou Silhouette des acteurs,
actrices, chanteurs, cantatrices,
danseurs, danseuses, etc., de Paris
et des départements. Paris, les
marchands de nouv., 1824, in-18,
fig.; l'Art de réussir en amour,
enseigné en 25 leçons, ou Nouveaux
Secrets de triompher des femmes
et de les fixer. Par l'auteur de la
« Grande Biographie dramatique ».
Paris, au P.-R., 1824, 1825, in-18
avec 2 grav.; — *Maurice (Phil.).*
III, 215; — *Philadelphe.* III, 449.
— *Saint-Gervais.* Pièces de théâtre, 6898-6902;—*Savigny*(l'abbé M.
C. A. de). Historiettes, 7382 ; Morale, 7383 ; Petits Livres, 7384;
Histoire, 7385 ; Civilité, 7386 ; Livre des écoliers, 7387. -

ALI TCHELEBI BEN SALEH. *Loqman.*
Fables, 4256.

ALIBRAY (le sieur d'). Voy. VION.

ALISSAN DE CHAZET (André-René-Balthazard). *Chazet.* Voy. « la
France littéraire », t. II. 168 ; —
Losier. Jolie voyageuse, 4285; —
Saint-Rémy. La Cendrillon des
écoles, 7040.

ALIX (Guillaume), auteur dramatique. *Henri.* t. II, 209.

ALKAN aîné (Alphonse). *Ermite de
Gonesse (l').* Lettre au rédacteur
« du Journal spécial de la Typographie » (rédigé par M. Delavau).
Impr. dans les « Annales de la Typographie », rédigées par M. Alkan
(1838-40) ; — *Leprince,* II, 596 ; —
P..., anc. typographe. Lettre 5419;
U. A. T. Sur le Pianotype, 8379.

ALLAMAND, ministre protestant à
Bex. *D. L. F. D. M.* Lettre, 1754.

ALLAMAND (F.-L.). *Bardophilax.*
Lettre, 445.

ALLARD (J.-M.-A.). *Soc. des amis
de la Liberté (la).* Lettre, 7721.

ALLARD (Maurice). *A. (M.).* Considérations sur la situation politique de
l'Europe, et sur les résultats probables d'une occupation du Bosphore par les Russes. Paris, de
l'imp. de Tastu , 1828, in-8 de
80 pages.

ALLARD, de la Louisianne. *Louisianais (un).* Épaves, 4342.

ALLART (Mlle Hortense), fille du député de ce nom à la première Assemblée
législative, et nièce de Mme Sophie
Gay. *H. A. (Mlle).* Conjuration
d'Amboise. Paris , Marc , 1821,
in-12; — *Allart de Therase* (Mme
Hort.). Gertrude. Florence, Jacq.
Ciardetti, 1827, 3 part. in-12 ; et
Paris, Ambr. Dupont, 1828, 4 vol.
in-12. Il a été fait de l'édition parisienne un second tirage dans la
même année. Sextus, ou le Romain
des Marennes, suivi d'Essais détachés sur l'Italie. Paris, Heideloff et
Campe, 1832, in-8. L'Indienne.
Paris, Vimont, 1832, in-8.

ALLEAUME (l'abbé), curé de Chaussant. *Curé de campagne (un).*
Quelques heures d'—. Poésies.
Paris, de l'imp. de Vrayet de Surcy, 1845, in-8 de 103 pag., y compris une page de table de matières.

ALLEC. *Vieux célibataire (un).* Physiologie du cocu, 8677.

ALLEMAND DE MONTMARTIN (Mlle).
Testi (Fulvio). Griselidis, 8066.

ALLÉON-DULAC (J.-L.), avocat. *A.*

D. Mélanges d'histoire naturelle. Lyon, Duplain, 1763, 2 vol. pet. in-8, avec 4 fig. Réimp. en 1765 avec beaucoup d'additions sous le nom de l'auteur. Lyon, Duplain, 6 vol. pet. in-8 avec 12 fig.

ALLIETTE, cartonomancien. *Etteilla.* II, 43. A la liste de ses ouvrages, donnée par « la France littéraire », ajoutez : la Cartonomancie... ; le Livre de Thot. Paris, l'Auteur, Basan et Poignant, 1789, in-8. L'auteur prenait la qualité de professeur d'algèbre.

ALLIX (G.-B.-F.), ingénieur de la marine à Cherbourg. *Contrôleur in partibus (un).* De la comptabilité du matériel de la marine. Paris, Ledoyen, 1848, in-8 de 87 p. ; Eclaircissements sur les comptes-matières de la Marine. Paris, le même, 1849, in-8 de 40 pages.

ALLONVILLE (Ch.-Aug. d'), marquis de LOUVILLE , ambassadeur de France en Espagne. Voy. « la France littéraire », à LOUVILLE.

ALLONVILLE (le comte Armand-Franç. d'). *Homme d'état (un).* Mémoires, 3078.

ALQUIÉ (Fr.-Savinien d'). *S. A.* (le Sr). Voyage de Galilée, 6709. Douteux.

ALRIC (Justin), auteur dram. *Ysarn* (Justin d'). 1o Un Mariage à faire, com.-vaud. en un acte. Représentée sur le théâtre de la Gaîté, le 6 avril 1838. Paris, Michaud, 1838, in-8 ; 2o Avec M. Paul Murville : Morin l'ouvrier, vaud. en deux actes. Paris, le même, 1838, in-8. 3o Le Tanneur, ou la grande Entreprise, vaud. populaire en un acte. Représenté sur le théâtre Saint-Marcel. Paris, Gallet, 1840, in-8 de 10 pag. 4o Avec plusieurs autres. Galerie historique des célébrités populaires. Paris, Pillout, 1840, in-8.

ALSTEDIUS (Joh.-H.). *Sadiletus* (Cl.). Studiorum, 6723.

ALTAROCHE (Durand-Marie-Michel). *Dupuy.* Lestocq, 2109.

ALTMEYER (J.-J.), prof. à l'Université libre de Bruxelles. *Vieux-Manoir* (Eugène de). Revue belge, t. IV. pag. 613.

ALVERNHE (l'ab.), curé de Cournonsac. *Curé du diocèse de Montpellier (un).* Grammaire, 1312.

ALVIN (Louis-Joseph), poète, membre de l'Académie royale de Belgique (classe des Beaux-Arts) , conser-

vateur de la Bibliothèque royale de Bruxelles, après la mort du baron F. de Reiffenberg ; né à Cambrai, le 18 mars 1806. *R**** (la comtesse Anastasie de). Beaucoup de poésies dans le « Franc-Juge », journal bis hebdomadaire dont Stanislas Champein a été l'éditeur et le rédacteur en chef, journal qui a paru à Bruxelles du 4 octobre 1834 au 28 janvier 1839. Fragment d'une comédie intitulée « les Etrangers en Belgique ». (Extrait de la Revue de Liége). Liége, Félix Oudart, 1845, in-8 de 28 pag. C'est une satire contre ses compatriotes, car M. L.-J. Alvin est né à Cambrai. Elle est, nous a-t-on affirmé, dirigée particulièrement contre M. Jobard.

ALZIARI (Mlle), actrice. *Sainval* cadette. Lettre, 7227.

AMALRIC (le chev. Franc. de Sales d'). *N**** (le comte de). Missionnaire, 5031.

AMANTON (Cl.-Nic.). *Vieillard désabusé (un).* Épître, 8668.

AMAR (Jean-Augustin), connu aussi sous le nom d'AMAR DU RIVIER (1), philologue. *A. A. D. R.* Les Chef-d'œuvres dramatiques de Charles Goldoni, traduits pour la première fois en français, avec le texte italien à côté de la traduction, un Discours préliminaire sur la vie et les ouvrages de Goldoni, des notes et une analyse raisonnée de chaque pièce. Lyon , Reymann et Cie, an IX (1801), 3 vol. in-8. Ces trois volumes renferment huit pièces; — *Société de professeurs (une).* Journal, 7708.

AMARI (Michele), littérateur italien, copié littéralement par MM. *H. Possien* et *Y. Chantrel,* pour les « Vêpres siciliennes, ou Histoire de l'Italie au xIIIe siècle ». Paris, Débecourt, 1843, in-8. « L'histoire de ce livre mérite d'être racontée; c'est un curieux exemple de plagiat. Voici le fait. Un écrivain italien fort distingué, M. Amari, a publié, en 1842, sous le titre de *Un periodo delle istorie siciliane del secolo* xIII, et en 1843, sous le titre de

_____

(1) D'après un acte de l'état civil, le véritable nom de ce philologue n'était pas Amar, mais bien Amaro.

la *Guerra del Vespro Siciliano* (1), une histoire remarquable des Vêpres Siciliennes, dans laquelle il s'attache à démontrer, à l'aide des documents, que le soulèvement des Palermitains, dans la journée du 31 mars 1282, ne fut ni l'œuvre de Jean de Procida, ni le fait d'une conspiration.; que Procida, agent de Pierre d'Aragon, avait bien pu nouer quelques relations avec les barons siciliens; mais qu'en réalité ce fut le peuple et non l'aristocratie qui fit alors la révolution, et qu'on proclama la république et non Pierre d'Aragon. Il y avait là une donnée neuve et curieuse ; et MM. Possien et Chantrel s'en emparèrent et la mirent en œuvre, mais en la défigurant complétement. M. Amari est libéral, et, sans être hostile au Christianisme, il ne déguise point les fautes politiques de l'Eglise. MM. Possien et Chantrel se sont placés à un point de vue tout à fait différent, ils ont constamment attaqué le libéralisme, la philosophie, et chanté un perpétuel *alleluia* en l'honneur de la papauté, le tout en annonçant, dans deux ou trois notes disséminées dans le courant du livre, qu'ils suivaient l'ouvrage de M. Amari, et en retranchant toujours avec le plus grand soin tous les faits où le Pape et les membres du Clergé semblent perdre de vue les préceptes de la charité chrétienne. — Les auteurs de l'Histoire d'Italie au xIIIe siècle «avouent qu'ils ont suivi M. Amari»: *Suivre* n'est point le mot qui convenait ici ; car sur 460 pages qui composent l'histoire française des Vêpres Siciliennes, 380 sont une traduction de l'ouvrage italien ; 15 autres pages sont occupées par des reproductions des documents cités par M. Amari, des fragments de Fleury ou des fragments de Hurter. Il reste donc en toute propriété 65 pages à MM. Possien et Chantrel ». *Littér. franç. contemp.*

AMBOISE (Franç. d'). *Timophile* (Th.

(1) Le véritable titre de cet ouvrage est : « Le Guerra del Vespro Siciliano, o un Periodo delle istorie Siciliane del secolo XIII ». Seconda edizione. Parigi, Baudry, 1843, 2 vol. in-8.

de). Notable, 8269 ; Dialogues, 8270; Regrets, 8271.

AMBOISE (Michel d'), sieur de Chevillon. *Esclave fortuné* (l'). Complaintes, 2250 ; La Penthaire, 2251; Epîtres, 2252 ; L'Esclave, 2253.

AMELOT DE LA HOUSSAYE. *La Mothe Josseval* (le sieur). Histoire, 3784 ; Tibère, 3785; —*Saint-Marc* (l'abbé de). Traité des bénéfices, 6975.

AMELOTTE (Denis). *Prêtre de l'Oratoire* (un). Vie du P. Ch. Condren, 6021 ; Vie de la sœur Marguerite du S. Sacrement, 6022.

AMESIUS ou AMEZÈS. (Guillaume). *Bayne* (Paul). Conduite, 493.

AMFRYE DE CHAULIEU (l'abbé Guillaume). *Chaulieu* (l'abbé de). Pour la liste de ses ouvrages, voy. notre « France littér. » à ce dernier nom.

AMIC. *A*. L'Homme à la longue barbe.... 1829. Voy. ELIÇAGARAY.

AMOREUX (P.-Jos.). *Médecin de Montpellier* (un). Lettre, 4462 ; — *Naturaliste de Montpellier* (un). Revue, 5061.

AMOREUX (St-Félix d'). Voy. SAINT-FÉLIX D'AMOREUX.

AMOUDRU, ingénieur des ponts-et-chaussées. *Jouy*. Hermite en province, 3039.

AMOUROUX (J.-A.). *Instituteur* (un). Le Livre des Enfants. In-12. Ce petit livre, fort bien fait, est sans contredit le meilleur traité de lecture-sans épellation ; l'auteur, élève de notre école normale, a d'abord puisé les premiers éléments dans l'étude des excellentes méthodes de MM. Peigné, Maître, Meissas et Michelot, puis la pratique est venue lui donner ses enseignements et le mettre à même de le rendre aussi parfait que possible.

ANCELOT (Jacques-Arsène-Polycarpe-François), de l'Académie française. *Ernest*. II, 33 ; — *Saint-Bris*. La Mendiante, 6826.

ANCELOT (Mme Marg.), femme du précédent. V. PINAUD.

ANCILLON (Ch.). *Ollincan* (d'). Traité, 5366 ; — M*** D***. Traité, 4640 (même ouvrage).

ANDELARE (la marquise d'), morte en 1821. *D****** (Mme la marq.). Heures choisies, ou Recueil de prières pour tous les besoins de la vie, avec des instructions et pratiques pour toutes les fêtes de l'année. Deuxième édition , augmentée d'un grand nombre de prières. (La plus grande partie en français). Dijon, Douillier, 1822, in-18. L'avis de l'éditeur est signé G. P. (Gabr. Peignot). — Autre édition. Dijon, Lagier, 1830, in-12. Une épître dédicatoire, placée à la tête de celle-ci, est signée par la fille de l'auteur, la comtesse d'Andelare (chanoinesse), qui a donné cette édition. La première, Dijon, Frantin, 1816, in-12, est entièrement anonyme.

ANDRÉ, dit ensuite de MURVILLE. Jeune poète (un). Epître, 3228.

ANDRÉ (Noël), astronome. Chrysologue, de Gy (le P.). Mappemonde, 1087; Planisphères, 1088–89; Théorie, 1090.

ANDRÉ (J.-P.), des Vosges. Fantin des Odoars. Supplément, 2350; — Publius. Fête, 6181*; Fous, 6182; Histoire, 6183; Observations, 6184; OEufs, 6185; Quasimodo, 6186; Roi, 6187; Scandales, 6188.

ANDRÉ, de Nanteuil, poète. Nanteuil. III, 317.

ANDRÉ, paysan. Paysan (un). Lettre, 5550.

ANDRÉ-RELOI. Refuveille (J.-A.) Alain, 6358; Qui vive? 6359; Deux amants, 6360; Dix ans, 6361.

ANDRÉA (Franç. d'), gentilhomme provençal. Nolles (le sieur de). Discours, 5165.

ANDRÉA DE NERCIAT. Nerciat (de). III, 325.

ANDRIEUX (F.-G.-J.-S.), de l'Académie française. Son poème de « St-Thomas » volé par M. E. Lajarry, 3582.

ANDRY (Nic.), dit de BOISREGARD. Sentiments, 1167.

ANDRY (l'abbé Claude). Catholique (un). Lettre, 953.

ANDRY (C.-L.-Fr.). Randy (C.-L.-F.). Manuel, 6299.

ANDRY (Félix). Viro (Prosp.). Epître, 8750; Un Touriste, 8751.

ANGE (le P.), religieux capucin. R. C. (un). Hydrologie, 6335.

ANGENNES (Claude d'). Evêque du Mans (l'). Lettre, 2326.

ANGENOT (Thom.-Jos.), instituteur à Verviers; né dans cette ville, le 30 novembre 1773. Croce (Jules-César). Bertholde, 1283; — Nessuno (M.). Oraisen fun., 5098; — Simplinet, Voyage, 7507.

ANGLESI (le baron d'). A*** (le baron d'). Conseils d'un militaire à son fils. Paris, Dupuis, et Brest, Malassis, 1781, in-12 de 302 pag. — Autre édition sous ce titre : Le Guide du jeune militaire, ou Instructions d'un père à son fils sur l'art militaire, ses devoirs, les vertus et les talents qu'il exige. Nouv. édit., refondue et augm. par Dubroca. Paris, Dubroca, an x (1802), in-12 de 432 pag. L'éditeur a augmenté cette nouvelle édition de quantité de faits mémorables puisés dans l'histoire militaire de la Révolution; d'un tableau sur l'organisation d'alors des armées en campagne, sur les progrès de l'art de la guerre pendant la Révolution, et de notices sur quelques généraux.

ANGLIVIEL DE LA BEAUMELLE (L.)(1). B*** (le marq. de). Examen, 307; —Bar... (M.) Mélanges de morale et de littérature, publiés par M. Bar... (de Barrett), composés par La Beaumelle). Strasb., 1754, in-12. Cette brochure renferme l'idée d'une république, où l'auteur développe un système peut-être singulier pour avoir une génération constante de beaux hommes et d'hommes vertueux; une ode écrite à la Bastille, sur les couches de madame la Dauphine; une dissertation sur Horace, avec un essai de traduction ; des poésies mêlées, dont quelques-unes sont très ingénieuses ; et une lettre sur le combat judiciaire. — Belestat (le marq. de). 397 ; — Bekrinoll (le voyageur). L'Asiatique, 553; — Dumont. Préservatif, 2088; — Gonia de Palajos. Mes Pensées, 2841; —Krinelbol (le voyageur).Amours,

_____

(1) Une « Étude littéraire sur La Beaumelle », par M. Ch. Nisard, imprimée dans « l'Athenæum français » du 3 juillet au 4 décembre 1852, renfermant plusieurs faits erronés, a donné lieu aux deux publications suivantes, pour la défense de l'antagoniste de Voltaire contre l'Étude de M. Nisard : 1o « Notice sur la vie et les écrits de Laurent Angliviel de La Beaumelle, et son fils, Victor-Laurent-Suzanne-Moïse La Beaumelle, et son gendre, Jean-Antoine Gleizes); par Michel NICOLAS, Paris, Cherbuliez, Ledoyen ,1852, in-8 de 44 pag.; 2o Observations sur un écrit de M. Ch. Nisard contre L. Angliviel de La Beaumelle, suivies d'une Notice biographique et d'une Lettre de La Beaumelle publiée en 1770. (Par M. Maurice ANGLIVIEL, bibliothécaire du départ. de la Marine). Paris, les mêmes, 1853, in-8 de 63 p.

3458; — *La Beaumelle.* II. 338; — *Pierre* (le czar). Lettre à Voltaire, 5802.

Angliviel de la Beaumelle (Vic.-Laur.-Suz.-Moïse), fils du précédent. *A. L. B.*, auteur de cinq ou six ouvrages, publiés avec ces initiales, et cités dans notre « France littér. » , à l'article La Beaumelle.

Angot-Desroutours, et non Anot ni Agnot. (Noël-Franç.-Mathieu). *Desrotours*, t. IV, p. 355; — *Ostrogothus* (André). Quelques Réflexions, 5398.

Annat (le P. Fr.), jésuite. *Docteur de l'église catholique* (un). Rabat-Joye, 1770 ;— *Père théologien de la Compag. de Jésus* (un). Libelle, 5632 ;— *Philadelphus* (*Eugenius*). Exercitatio, 5680 ; De Scientiâ mediâ, 5681 ;— *Severinus* (Vinc.). Catholica disceptatio, 7469.

Anne (Louis-Franç.-Théod.), ancien garde du corps, rédacteur des journaux «la France» et «l'Union». *Garde-du-corps* (un). Relation fidèle du voyage de Charles X, depuis son départ de Saint-Cloud jusqu'à son embarquement. Paris, Dentu, 1830, in-8 de 56 pag. Sec. édit. Paris, le même, 1830, in-8 de 44 pag.; — *Théodore.* Le Bandit, 8137 ; — *Vaudevilliste* (un). Un de plus, 8529. V. aussi Calais.

Année (Ant.). *Jouy.* Morale, 3386; — *Société d'hommes de lettres* (une). Bibliomappe, 7665.

Anot (Cyprien), de Mezières, né le 27 avril 1792. *Icilius.* Lettres, 3162. On a de cet écrivain des fragments d'une tragédie « Charles Ier, roi d'Angleterre », impr. en 1825.

Ansault du Vivier. *Citoyen* (un). Observations d' — habitant de Paris et membre de l'assemblée du district des Filles de Saint-Thomas, du 21 avril 1789. In-8.

Ansquer de Londres (l'abbé Théophile-Ign.). *Londres* (de). III, 628.

Ansquer de Ponçol (l'abbé), frère du précédent. *L. D. L.* Traduction, 3964.

Antheaume (Denis). *Fiacre* (le vén. frère). II, 71.

Antheaume. *Solitaire au milieu du monde* (un). Abeilles, 7774.

Antier - Chevrillon (Benjamin), auteur dramatique. *Benjamin.* II, 115. Premières pièces de l'auteur,

qui ne sont point rappelées dans la « Littérature française contemporaine » : Avec M. Tévoly (Viollet d'Epagny). La Maison de plaisance, vaud. en un acte (et en vers). Représenté sur le théâtre du Vaudeville, le 8 octobre 1823. Paris, Mme Huet, 1823, in-8 ; Attila et le Troubadour, comédie-vaudeville en un acte. Représentée sur le théâtre du Vaudeville, le 7 février 1824. Paris, Mme Huet ; Barba, 1824, in-8 ; — Avec M. Louis Ponet (Portelette), le Grenier du poète, vaudeville en un acte, représenté sur le théâtre de l'Ambigu-Comique, le 13 mai 1824. Paris, Barba ; Quoy, 1824, in-8; — *A**** (Benj.). Avec M. Alexis (Decomberousse). le Pauvre de l'Hôtel-Dieu, mélodrame en trois actes, à grand spectacle. Représenté sur le théâtre de la Gaîté, le 16 août 1826. Paris, Quoy, 1826, in-8;—***(MM.) Deux Écots, 9363.

Antoine (le P. Gabriel), jésuite. *Père de la Comp. de Jésus* (un). Lectures, 5616; Méditations, 5617.

Antoine (Antoine), ingénieur. *Binosimil* (le R. P.). Dissertation, 674.

Antoine (Ant.). *Société de militaires* (une). Dictionnaire, 7695.

Antoine (Emmanuel), fils du précédent. *Homme de lettres* (un). Dictionnaire, 3092.

Antonelle (P.-A.). *Citoyen de la Croix* (le). Le Contraste 1124.

Aquaviva (le P. Claude), général des jésuites. *Rollin* (Ch.), sans en rien dire, traduit pour son « Traité des études » un ouvrage peu répandu de son temps et presque inconnu du nôtre, le « Ratio studiorum » du P. Aquaviva.

Arago (Et.-Vinc.). *Amiel.* (Ern.). Correspondance parisienne, en feuilletons, dans le « National » ; — *Destagel.* Le Rabot, II, 641 ;— *Electeur peu blanc...* (un), quoique fort de la halle aux farines. Le Nez, chanson anti-bonapartiste en six couplets. Impr. en placard, sans nom d'imprimeur (Bruxelles, Labroue et Comp.);—*Etienne.* II, 42;—*Ferney* (Jules). II, 69 ;—*Morat* (Fréd.). III, 301 ; — *Proscrit* (un). La Vile multitude, chanson en neuf couplets. Impr. d'abord dans le « Messager du Nord » de

Lille, du 7 juin 1850, puis répétée par les journaux belges ; — *Taponier* (Jules). IV, pag. 445 ; — *Tautavel* (le bar. de). IV, p. 445.
ARAGO (Jacq.-Et.-V.), frère du précédent. *Bouvier* (Félix). Dessins vivants, ou Tatouages. Impr. dans « l'Illustration », nº 208, février 1847 ; le Groupe fossile. Imp. dans le même journal, nº 218, 1er mai 1847. Ces deux articles ayant donné lieu à une réclamation, adressée au rédacteur en chef de «l'Illustration», ce dernier répondit par une note qui parut dans le nº du 19 juin 1847, p. 256 : Nous avons accueilli par bienveillance, non moins que pour leur valeur littéraire, deux articles qui nous ont été présentés par un jeune homme du nom de Félix Bouvier, lequel s'est annoncé à nous comme parent d'un des plus respectables et des plus grands écrivains de notre temps et de notre pays. L'un de ces articles a été publié dans le nº 208, au mois de février dernier ; le dernier plus récemment, le 1er mai, dans le nº 218. Nous étions loin de nous attendre à une réclamation du genre de celle qui nous est adressée par M. Jacques Arago. Mais nous sommes bien obligés de dire, en insérant cette réclamation, que M. Arago, dont la sincérité d'ailleurs n'était pas pour nous l'objet d'un doute, nous a fourni une preuve irrécusable, en récitant par cœur un de ces articles, qu'il n'avait pas su, avant qu'il l'eût appris de notre, avoir été publié dans « l'Illustration », sa réclamation ne portant d'abord que sur le dernier : le *Groupe fossile*.

« Monsieur,
» C'est parce que votre journal est une chose sérieuse que vous devez tenir à ce que les yeux des lecteurs ne s'y reposent que sur des signatures respectées. Je dénonce donc un larcin littéraire à votre franchise abusée, et j'affirme sur l'honneur que deux articles, intitulés, l'un : *Dessins vivants*, ou *Tatouages*; l'autre : le *Groupe fossile*, sont de moi, de moi seul, depuis le premier mot jusqu'au dernier, hors une ligne que je signalerai plus tard au parquet.
» Il m'eût été doux d'user de clé-

mence envers un jeune copiste, un commensal, quelque odieux que fût le vol commis au préjudice d'un aveugle ; mais j'apprends à l'instant que le sieur Félix Bouvier ose protester contre ma loyale accusation ; dès-lors, je me décide. En vérité, je ne croyais pas que ma cause pût devenir meilleure ; je rougis presque d'avoir trop raison, et puisqu'on me donne le droit de ne pas me montrer généreux, j'en use en toute liberté. Les plus honorables témoins sont debout pour parler devant nos juges. Je ne voulais qu'infliger une correction paternelle ; mais comme tout ceci devient une question d'honneur, comme le sieur Bouvier veut une réputation, je la lui ferai. Sa protestation m'est une joie, et je le remercie du rayon de jour qu'il jette sur ma paupière éteinte.
» Agréez l'assurance de ma plus parfaite considération,
» J. ARAGO.
» Paris, 14 juin 1849. »
Lacenaire. Lacenaire, 3505 ;—*Refay de Lusignan*, Ibid.
ARAGO (Emmanuel), avocat, neveu des deux précédents. *Emmanuel.* Ses Vaudevilles et Poésies, 2207-2213.
ARAGON (Mme Anne-Alexandrine). *Roger* (Mme Renée). Ses ouvrages, 6581 à 6585. — ; *Société de jeunes dames (une).* Petit Dictionnaire des anecdotes de l'Amour. Paris, r. St-André-des-Arcs, n. 51, 1825, in-18.
ARANDA (le comte d'). *Figaro* (le véritable). Dénonciation, 2424 ; — *Raynal* (l'abbé). Histoire philosophique, 6323.
ARBAUD (Franç.-Ant.), mort évêque de Gap. *Gaillard*, prêtre. Complément, 2638.
ARBAUD DE ROUGNAC (d'). R*** (de). Relation, 6215.
ARBLAY (d'). *Ancenis* (le chev. d'). Des Poésies, impr. avant la Révolution. M. d'Arblay était capitaine d'artillerie. Il fut adjudant-général de l'armée parisienne sous Lafayette, au 5 et au 6 octobre, et assista à toutes les premières scènes de la Révolution. Il était à Sedan quand les troupes refusèrent de marcher contre la Convention

(1793). Il passa à l'étranger, se rendit à Londres, refusa de servir dans la marine anglaise, mais épousa miss Burney, l'auteur de romans célèbres. M. d'Arblay rentra en France sous le Consulat (1800), et fut nommé, par M. de Montalivet, chef de bureau au ministère de l'intérieur.

ARBOUVILLE (la comtesse d'). Voyez LOYRÉ D'ARBOUVILLE.

ARBUTHNOT (le doct. Jean). *Swift* (J.). Procès, 7919.

ARCHBOLD, D.-M. *Soc. de l'Harmonie de Guyenne* (la). Recueil,7675.

ARCIS-CHAZOURNE, avocat. *Français* (un). Sentiments, 2524.

ARCLAIS DE MONTAMY (d'). *Montamy*. III, 291.

ARCONVILLE (Mme). Voyez THIROUX D'ARCONVILLE.

ARCQ (le chev. d'). *Cadmus* de Milet. Le Palais, 880.

AREMBERG (Pierre-François), marquis de LA CHAUME. *Beragrem*, marquis d'*Almachu*. Ses Mémoires. Amsterdam, Lejeune, 1677, pet. in-12.

ARGAND DE BARGES, aut. dramat. *Debarges*. Le Café 1432 ; Folie , 1433 ; Une Matinée, 1434.

ARGEBOUSE (Mme d'). *** (Mme de). Elisa, 9254.

ARGENS (Jean-Baptiste de Boyer, marq. d'). *François d'Oraison* (le P.). Lettre d'un très révérend père capucin du couvent de Liége, à M. Aubert de la Chesnaye, au sujet de la « Critique des songes philosophiques ». Liége, Broncard, 1747, in-12 de 23 pag.;— *Mirone*. Nouv. Mémoires du comte de Bonneval. 1737, 4 vol. in-12.

ARGENT (Is.-Etienne d'). *Phylarethes* (J.-E.-D.). Lettres, 5783.

ARGONNE (dom Noël-Bonaventure d'), chartreux. *Vigneul-Marville*. IV, p. 618.

ARMAND (Jean d'), Turc de nation. *Mustapha*. Voyages, 5027.

ARMAND (Charles-Victor), plus connu sous le nom d'Armand Séville. *Armand*. Quaterne, 300 ;—*Séville* (A.). Tom. IV, 321 ;—*Thorre* (P.). Bariolés, 8226 ; Orme, 8227.

ARMELY. *Prêtre* (un). Séparations, 6006 ; Avantages que peuvent et doivent retirer les fidèles de la Révolution française. Bourg, Janinet, 1803, in-12.

ARMYNIAU DUCHATELET ( ) transfuge de l'Ecole de Chartres. *Duchâtelet*. Beaucoup d'articles archéologiques sur le Paris qu'on abat, impr. dans le journal « le Siècle » de 1851 à 1853. Il est à désirer que M. Duchâtelet réunisse un jour ses articles pour en faire l'objet d'une publication spéciale, qui ne peut manquer d'inspirer beaucoup d'intérêt.

ARNAUD (Eug.-Franç.-Aug. d'), baron de VITROLLES. *Vitrolles* (de). IV, p. 625.

ARNAUD (Jean). (Avec M. Mathieu Dairnvael). *Des Arcs* (J.). La Thierséide, poème. (Extrait du recueil intitulé : « Je casse les vitres ». Paris, 1842, gr. in-8.

ARNAULD (Ant.), avocat. *François retenu dans Paris* (un). Fleur de Lys, 2554.

ARNAULD (Antoine), docteur en théologie, fils du précédent. *Beaubourg* (le sieur). Eléments, 506 ; —*Bonneval* (le sieur). Remarques, 763 ;—*Démosthènes français* (un). L'Anti-Espagnol, 1543 ; — *Docteur en théologie* (un). Lettre, 1800 ;— — *Godefroy* (Antoine). Conduite, 2837 ; — *Jacquet* (Franç.). Bibles, 3228 ;— *L. D. M.* Histoire et Concordances des quatre Evangélistes, contenant selon l'ordre des temps, la vie et les instructions de Notre-Seigneur Jésus-Christ, traduites du latin (d'Ant. Arnauld, par lui-même, sous les initiales L. D. M.). Paris, 1679. Deux. édition. Paris, veuve Charles Savreux et Pierre Esclassan, 1670, in-16 de 6 ff. non chiffrés, 436 p. et 14 ff. non chiffrés pour la table. Arnauld a rédigé cet ouvrage d'après les Concordes de C. Jansenius et de Jean Du Buisson. Cet ouvrage d'Arnauld a été inséré dans le tome III de la « Sainte-Bible », trad. en français. Paris, Desprez, 1717, 4 vol. in-fol. — *Le Bon*. La Logique, ou l'Art de penser, etc. (par Ant. Arnauld et P. Nicole). sous le nom du sieur Le Bon, avec un avis de l'éditeur (P. Nicole). Paris, Savreux, 1662, in-12; souvent réimpr.

ARNAULD (Ant.) *Boissière*. Eléments, 717.

ARNAULD D'ANDILLY, frère d'Antoine

Arnauld. *Le Gendre* (le sieur). Manière, 4011.

ARNAULD D'ANDILLY (Aug.), fille du précédent. *Saint-Jean* (la mère Ang. de). Relations, 6926.

ARNAULD (Ant.-Vinc.), de l'Acad. franc. *Vieil Amateur dramatique* (le). Souvenirs, 8654.

ARNAULT DE LA BOIRIE (F.), chanoine et archidiacre de Périgueux. *F. A. D. L. B.* Histoire des Indes, de Iean-Pierre Maffée..... où il est traicté de leur descouverte, navigation et conqueste faicte tant par les Portugois que Castillans; ensemble de leurs mœurs, cérémonies, loix, gouvernement, et réduction à la foy catholique ; traduict par—. Lyon, Iean Pillehotte, 1604, 1653, in-8.

ARNAULT DE NOBLEVILLE.—*** (M.). Traité, 9005.

ABNAVON (l'abbé d'). *Ancien habitant de Vaucluse* (un). Pétrarque à Vaucluse, et histoire de cette fontaine. Paris, Le Normant, et Debray, an XI (1804), in-8. En 1814, l'auteur fit mettre un nouveau frontispice à cet ouvrage, et il y joignit le « Voyage à Vaucluse » et le «Retour de Vaucluse». Retour de la fontaine de Vaucluse, contenant l'histoire de cette source , et tout ce qui est digne d'observation dans cette contrée; par l'auteur du « Voyage à Vaucluse » et de « Pétrarque à Vaucluse ». Paris, Debray, 1805, in-8.

ARNAY (A.-S. d'). *Observateur impartial* (un). Lettres, 5221.

ARNOUL (Marie-Honoré). *Berthold* (Will.). II, 122.

ARNOULD (l'abbé J.-B.). *Dumont*(A). Traité, 2084.

ARNOULD (Jean-Franç.). auteur et artiste dramatique. *Mussot.* III, 310.

ARNOULD (Al.-Ét.-P.-H.), aut. dram. *Stephen.* Un Ange, 7865; Fille, 7866 ; Merluchons, 7867.

ARNOUX (TEXIER D'), artiste dessinateur et littérateur. *Bertal.* I, 121; —*Tortu-Goth.* Buses Graves, 8288.

ARNOUX (Jules). *Jules-Joseph.* II, 315.

ARRIGHI. *Lycomède.* Voyage de — en Corse, et sa relation historique et philosophique sur les mœurs anciennes et actuelles des Corses, à

un de ses amis. Dédié à S. A. I. Mgr. le prince Louis, connétable de l'Empire. (En italien et en français, de la traduction de M. de LaFresnaye.)Paris, Lerouge, 1806, 2 vol. in-8, de V — 307 et 219 pag.

ARSÉNIÉFF (Alexandre). *Russe* (un). Réponse, 6674*.

ARTAINVILLE (d'). *Eugène de Savoie* (le prince). Mémoires, 2287.

ARTAIZE (le chev. d'). *F.* (le chev.). Réflexions , 2340; — *Feucher* (le chev. de). Réflexions, 2404; Dégradations, 2405; Réflexions, 2406.

ARTAUD (Nicolas-Louis), inspecteur de l'Université. *Bourgeois de Paris* (un). Lettre d' — au président de la République. Projet de loi par M. de Falloux sur l'instruction publique. Paris, 1849, in-8. Contre M. de Falloux.

ARTAUD DE MONTOR (le chev. Alexis-François), de l'Acad. des inscript. et belles-lettres. *Membre de l'Académie de Cortonne* (un). Considérations, 4689 ; *Voyage*, 4690; — *Membre de la Société colombaire de Florence* (un). Paradis (le), 4705; — *Octavien.* Jérusalem délivrée (de Tasso), traduite en vers français, et dédiée à l'éternelle prospérité de la France. Paris, A.-A. Renouard, 1818, 2 vol. in-8. — *Officier polonais* (un). Histoire, 5322; — *Père de famille* (un). Choisissez, 5607.

ARTISIUS (J.). *Manibus* (Jos. de). Satyra, 4516.

ARZAC (Ch.-Gabr. d'). *Ternay* (le marq. de). IV, 457.

ASFELD (l'abbé d'). *D**** (M. l'abbé). Traduction nouvelle des Psaumes de David, selon l'hébreu; avec une préface et des sommaires (tirés des ouvrages de Duguet). Bruxelles (Paris), 1731, in-12.

ASSELINE, évêque de Boulogne. *Evêques catholiques de France* (les) Avertissement, 2327; — *Evêques de France* (les). Instruction, 2328.

ASTANIÈRES DE BOISSEROLLE (Mme d') *A..... de B ....* (Mme). Le Congrès de Cythère, suivi de la Lettre de Léonce à Erotique; trad. de l'italien (du comte Fr. Algarotti) et accompagné de notes, avec le texte en regard. Dédié aux aimables Parisiennes. Paris, A. Egron, 1815, in-18 de XIJ et 144 pag. Huit traductions françaises du « Congrès de Cythère » ont précédé celle-ci. (Voy. notre «France littéraire» à Algarotti).

ASTOIN (Léon), romancier. *Lafontaine* (Aug.). Invisibles., 3532; Prison , 3533; Enfants, 3534; — *Léon A*.... II, 586.

ASTROS (Pierre-Thérèse-David d'), archevêque de Toulouse ; mort à Toulouse, le 29 septembre 1851. *P. T. D.* Adresse, 6174.

ATAYDE (Mme L. d'). *Julien* (la citoyenne). Une Famille du Peuple, drame-vaudeville en 3 actes, représenté le 8 février 1850, sur le théâtre du Mont-Parnasse, imprimée (mais où?).

ATREMONT (d'), gentilhomme français. *Philosophe inconnu (un)*. Tombeau, 5770.

AUBARET. *Deux propriétaires*... Lettre, 1676.

AUBERT (l'abbé Hilaire), prédicateur. *Missionnaire de France (un)*. Association, 4890.

AUBERT DE LA CHENAYE DES BOIS. *D. L. C. D. B.* Dictionnaire raisonné et universel des animaux, ou le Règne animal, consistant en quadrupèdes , cétacées , oiseaux, reptiles, poissons, insectes, etc. Suivant les différentes méthodes ou nouveaux systèmes de Linnæus,. Klein et Brisson. Paris, Bauche, 1759, 4 vol. in-4. Il existe des exemplaires sur grand papier.— *La Chenaye des Bois*, II, 346 ; — *Sionville* (de). OEuvres, 7513; — *Soc. de gens de lettres (une)*. Dictionnaire, 7592.

AUBERT DE VERSÉ (Noël). *Berée* (Théognoste de). Nouveau Visionnaire, 603 ; Tombeau, 604 ; — *La Guitonière* (Léon de). Protestant, 3564 ; Traité, 3565 ; —*L. D. L. G.* Traité, 3963.

AUBERT DE VITRY (François-Jean-Philibert), mort à Chaillot, dans la maison de retraite de Sainte-Périne, en juin 1849. *Ancien Administrateur (un)*. Recherches sur les vraies causes de la misère et de la félicité publique, ou de la Population et des subsistances. Paris, Picard-Dubois, 1815, in-8, de 212 pag. Cité dans le « Quarterly Review » (nov. 1815), comme ayant engagé M. Malthus à expliquer et même à modifier quelques-unes de ses idées.—*Patriote (un)*. Quatre cris,

5503 ; Encore quatre cris, 5504.

AUBERT-DUBAYET (le général). *A. D.* Cri d'un citoyen contre les Juifs. Paris, 1788, in-8. Ecrit qui fut supprimé par arrêt du Parlement. Il y a une Lettre de la même année en réponse (Voy. BERR-BING).

AUBIGNÉ (Théodore-Agrippa d'). *L. S. D. S.* Confession, 4377;—*Sancy* (le sieur). Confession cath., 7256, même ouvrage.

AUBIGNOSC (L.-P.-B. d'), ancien directeur-général de la police à Hambourg pour le nord de l'Empire. *A*........ (le sieur d'). Conjuration du général Mallet contre Napoléon. Paris, Ponthieu, 1824, in-12 de 110 pag.

AUBIN (P.-F.), médecin tourangeau. *Desfougerais et Desfougerets.* Gilles aéronaute, 1611 ; Déménagement, 1612 ; Deux Bluettes, 1613 ; Pannard, 1614.

AUBRIOT DE LA PALME. *La Palme* (de). II, 527.

AUBRY (Pierre-Cyprien). *A*.... (le cit. P.-C.). Le Pétrarque français. Poésies de société.Tours, de l'impr. de Plas-Mame, impr.-libr., s. d., in-18, de 220 pag. — Sec. édition. Tours , et Paris, Ch. Pougens, 1799, in-18. Voy. sur ces Poésies le « Magasin Encyclopédique », Ve ann., 1799, t. 2, p. 567. Sur le frontispice, de la première édition, au moins, l'auteur a mis cette explication : « Le nom de Pétrarque est ici, comme à Rome les affranchis ajoutaient à leur nom celui de leur ancien maître ».

AUBURTIN (J.-D.-V.). de Ste-Barbe. *Raton de Sainte-Barbe.* Les Bertrands, 6314;— *Sainte-Barbe* (A. de). Epître, 7136; Extrait, 7137.

AUBUSSON (le vicomte P.-A. d'). *Auteur qui n'est point auteur (un).* Ode, 365 ; — *Bon Français (un).* Profession , 737 ; — *P. A., Ve D****.* Modèle, 5444.

AUCHER-ELOY (R.), d'abord impr.-libraire, éditeur de la « Biographie universelle et portative des Contemporains », mort chef d'institution, à Constantinople, vers 1833. *R. A. E.* L'Entomologie, ou l'Histoire naturelle des insectes enseignée en 15 leçons. Paris, Aucher-Eloy et Cie, 1826, in-12, avec 75 figures.

AUDAINEL (Emm.-Louis-Alexandre),

qui changea ce nom en celui de DELAUNAY, comte d'ENTRAIGUES(1). *Ancien curé du diocèse de Paris (un).* Lettre, 184; — *Ant...*(le comte d'). Mémoire sur les Etats-Généraux, leurs droits et la manière de les convoquer. Sans lieu d'impr., 1788, in-8. — *Audainel* (H.-A.). H.-A. Audainel à de Loménie, 333; Dénonciation, 334; Point d'accommodement, 335; — *Duport*, membre du club constitutionnel dit de 1789. Discours tenu au club de 1789 par projet de révolutionner la Suisse.(Voy. Mallet-Dupan, « Essai sur la ligue helvétique », in-8, p. 61); — *Polybe.* XVIIIe liv. de Polybe, 5955.—*Saint-Just.* Rapport sur les puissances neutres, et une (prétendue) conversation entre un général autrichien et un commissaire en chef de l'armée française en Bavière. (Voy. l'ouvr. de Mallet-Dupan, précédemment cité, et aussi pag. 61). Dans « l'Aigle, journal du peuple et de l'armée » qui a paru au commencement de 1841, on trouve pag. 69 à 72, un article très curieux sur cet intrigant qui, lors de l'émigration, jouait un quadruple rôle. Cet article est intitulé : Histoire d'un correspondant de Louis-Philippe « (alors duc d'Orléans.) »

AUDEBRAND (Philib.). Pseudonymes

---

(1) Né dans l'ancienne province de Rouergue, de parents roturiers, il travestit son véritable nom d'Audenel en celui d'Audainal, anagramme du nom de Launay, petite propriété qui appartenait à sa mère. Sa famille ayant acquis par sucession une autre propriété appelée Entre-Aigues, le jeune Audenel, suivant l'exemple d'une foule d'hommes obscurs, s'affubla lui-même d'un titre féodal, et parut dans le monde sous le nom de comte d'Entraigues. Mais alors il existait encore des membres d'une famille noble qui pouvaient disputer justement ce nom au comte de nouvelle fabrique : il craignit le ridicule d'une réclamation et d'un procès, et changea la première lettre du nom qu'il avait usurpé ; il devint et resta comte d'Antraigues. Cet intrigant fut assassiné le 22 juillet 1812, au village de Barnes, près de Londres, par son domestique, nommé Lorenzo, qui, lui-même, fut trouvé mort auprès de son maître. Il avait blessé mortellement aussi madame d'Antraigues, ou plutòt Mlle Saint-Huberty, l'ancienne actrice de l'Opéra, qui se faisait appeler la comtesse d'Antraigues. «L'Aigle», in-8, mars 1841.

sous lesquels il a écrit dans les journaux : *Duvernay* (Eug.), *Manzoni* (Jules), *Pecht* (Jér.), *Saint-Amand* (Évar. de).

AUDIBERT (Auguste). *Jean-Louis.* Papillotes, 3279.

AUDIFFRET (Hippolyte), employé de la Bibl. nation. *Feu-tardif* (H.). La St-Charles, 2408.

AUDOIN DE GÉRONVAL. *Géronval* (de). II, 154.

AUDRAN (Prosper-Gabriel), orientaliste. *A.* (P.-G.). Grammaire hébraïque, en tableaux. Paris, 1805. Sec. édit. Paris, Delalain, 1818, in-4. — Grammaire arabe, en tableaux, à l'usage des étudiants qui cultivent la langue hébraïque. Paris, Delalain, 1818, in-4.

AUDREN DE KERDREL (Vincent-Paul-Maurice-Casimir), écrivain légitimiste, élève de l'Ecole des Chartes, promotion de 1841, membre de la chambre des représentants, en 1849, pour le département d'Ille-et-Vilaine ; né à Lorient (Morbihan), le 28 septembre 1815. *Kerdrel* (de).

AUGER (Louis-Simon), de l'Académie française. *O. G.* Des articles dans les Décade et Revue philosophiques.

AUGER (Hippolyte). *Dumas* (Alex.). Fernande, 2034; — *Gérau* (H.). La Folle, 2780; Pierre-le-Grand, 2781; Treize à table, 2782; — *St-Hippolyte* (A.). Marpha, 6919; Boris, 6920.

AUGET (Ant.-J.-B.), baron de MONTYON. *Moheau.* Recherches, 4899; — *Montyon* (le bar. de). III, 300.

AUGIER (Victor), gendre de Pigault-Lebrun. *Dourille* (Joseph). L'Espagnol, ou la Tombe et le Poignard. Paris, Leterrier, 1825, 2 vol. in-12; Romalino, ou les Mystères de Monte-Rosso; par l'auteur de « la Tombe et le Poignard ». Paris, Pigoreau, Eymery, 1821, 2 vol. in-12. M. Victor Augier avait bien fait l'abandon des manuscrits de ces romans à M. Dourille, mais rien ne l'obligeait de mettre son nom à des livres qu'il n'avait pas composés. — *Vauclusien* (un). Crimes, 8527.

AUGIER DE MARIGNY (l'abbé). *Marigny* (l'abbé de). III, 198.

AUGUET, anobli par Don Carlos sous le titre de baron de LOS VALLES. *Los Valles* (le baron). Un chapitre de l'histoire de Charles V

(Don Carlos). Paris, 1835, in-8, avec trois portr. et une carte.

Auguis (P.-R.). *Officier supér.* (*un*). Napoléon, 5330; — *Puyberland* (A. de), éditeur de la traduction des « Lettres d'Héloïse et d'Abailard, par de Lonchamps. (Paris, 1823, 2 volum. in-8); — *Zarillo.* Lettre, 8961.

Aulnois (le chev. Augustin d'). *Ancien grenadier de la garde nationale* (*un*). Projet, 193.

Aumerle de Saint-Phalier (Mlle), dame Dalibard. *Saint-Ph.* (Mlle). T. IV, pag. 242.

Aumont (Jean). *Pauvre villageois* (*un*). Ouverture, 5543.

Aunillon (l'abbé Pierre-Charles Fabiot d'). *Dové* (L.-G.). Amants, 1825; — *Popinay.* Azor, 5976.

Aurelius-Victor. *Pline* le jeune. Hommes illustres, 5906.

Auréville (J. A. M. d'). J.-A........ De la passion du jeu, de l'infidélité des joueurs et de leurs ruses; ouvrage anecdotique. Paris, N. Pichard, 1824, in-8 de 154 pag. Sec. édit. Paris, le même, 1824, in-8 de 160 pag. L'auteur avait été joueur lui-même, il a peint dans son livre les personnes avec lesquelles il se trouvait fréquemment en contact et celles qui avaient la réputation de joueurs. Nous sommes assez heureux pour posséder une clef autographe de ce livre que M. d'Auréville avait donnée à son libraire éditeur et dont celui-ci a bien voulu se dessaisir en notre faveur. Parmi les noms honorables que présente cette clef, on sera surpris d'y voir figurer celui de toute une famille qui, le même jour, a porté ses têtes sur l'échafaud, pour un propos imprudent tenu la veille dans son sein par Robespierre; celui-ci, sur le conseil de Saint-Just, prit le lendemain des mesures pour que son propos fût tenu secret.

Clef de la Passion du Jeu, etc.

T.... Y. (A. de).	Tilly (le comte Alexandre de).
L*** (de).	Laval (le duc de).
M*** (de).	Le Cornu de Balivière (l'abbé), aumônier ordinaire de Louis XVI.
T..... (de).	Travanet (de).
B...... (de).	
Du D.....	Du Dreneux (le
T..... (Mme de).	Travanet (Mme de).
Maîtresse de M. de T.... (la).	Wielens (Mlle),
M...... (le général).	Miazinsky (le général).
***** (le baron).	Dumay (le baron). Son véritable nom était La Caussaderie, fils d'un marchand de tôiles du côté de Lisieux.
B..... (le marq. de).	Bouillé (le marquis de).
Baronne (la).	Dumay (la baronne). C'était une femme de chambre de M. Sartzefield, qui commandait à Lille.
Aventurier (l').	Folville, nom usurpé, porte encore, fils d'un maître de poste.
D*** (le Sr).	Aremberg (le prince Louis d').
Louis (le comte).	Stahremberg (le comte Louis).
V. (le comte Alexandre de).	Vassi (le comte Alex. de).
G. (Mlle de).	Girardin (Mlle de).
B.... y (le comte).	Bobrensky (le comte de), bâtard de l'impératrice de Russie.
S..... N.	Simolin (de), ambassadeur de Russie.
C... (M. de).	Chambonus (M. de), ministre de Louis XVI.
*****(le marquis de).	L'Aigle(le marq.de).
S. (le baron de).	Sainte-Preuve (le baron de).
P. (le comte de).	Perreuse (le comte de).
B. (le chevalier de).	Beauffort (le chev. de), ancien mousquetaire.
F. (le sieur).	Folleville (le Sr), dit l'Aventurier.
S.... fils (M. de).	Sartine fils (M. de).
Ministre (un).	Montbarrey(M. de), ministre de la Guerre.
Jeune prince de.... (le).	La Trimouille (le prince de).
Eloquent avocat (l').	Louis, depuis baron, ministre des finances, mort pair de France.
H. (le sieur).	Hazon (le Sr).
M. de St-F....	Saint-Firmin (M. de), fils du précédent.
G.... (le marq. de).	Genlis (le marquis de).
Ste-A. (Mme de).	Sainte-Amaranthe (Mme de).

L. (la comtesse de).

D.... (le baron).

Négociant (le), de la
p. 115.
M. (le marq. de), p.
114.
Amélie (Mlle).

P... (le vicomte de).
Des... (le Sr).

D. (le Sr), de la page
118.
Directeur (le), grec,
p. 129.
Partie (la) de Mme
P...
B. (les deux comtes.
de), p. 134.
Coups douteux de la
p. 136.
Anecdotes (les 2)
des pages 137 et
suiv.
Pin (le Sr), p. 149.

P.... (Mme).
F.... J. (M.).
Un membre de la
Convention, mar-
quant, p. 123.
*** (Mme), p. 62.

Un capitaine d'in-
fanterie, p. 100.
Président (le) d'une
Cour souveraine,
p. 52.

Lignières (la com-
tesse de).
Le cocher de la
comtesse, Radin,
depuis loueur de
carosses.
Detcheparre (le ba-
ron).
Destillières (M.).

Montesquiou (le
marquis de).
Sainte–Amaranthe
(Mlle de), femme
de M. Sartine fils.
Depont (le vic.)
Descarrières (le
Sr).
Daulagne (le Sr).

Barras (le Sr).

Partie de Mme Pré-
vost (la).
Berguèges (les com-
tes de).
Souhan (le général).

Richardot, ancien
perruquier.

Pinson, secrétaire
des membres de la
Convention lors de
la conquête de la
Hollande.
Prévost (Mme).
Fondin–Janson.
Saint-Fargeau (de).

Ferrières (la mar-
quise de).
La Calprenède.

Mion (de).

Aurigny (Gilles d'), dit le Pamphile.
Innocent égaré (l'). Généalogie,
3197.

Aussendon (Amédée), docteur en médecine de la Faculté de Paris, rédacteur habituel du « Siècle » (1),
pour la partie scientifique. _Mini-
mus Lavater._ Trois jours à Londres. Paris, Bouley. Montmartre,
nº 22, 1849, in-18.

(1) Outre des articles de critique scientifique parmi lesquels nous citerons celui
sur l'Astronomie nouvelle, par M. Ch. Emmanuel, impr. dans le n. du 1er août 1852,
M. Aussendon a fourni un écrit très remarquable, intitulé les «Martyrs de la Science»,
qui a paru dans les n. du 7 décembre
1852, et 7 et 8 janvier 1853.

Autpert (l'abbé Ambr.). _Isidore_
(S.). Combat, 3208.
Autrey (le comte H.-J.-B. Fabry
d'), mort en 1777. _Quakers_ (les).
Les Quakers, 6194. — *** (l'abbé
de). Pyrrhonien, 9061.
Auvray (J.-A.). _A***_ (J.-A.). Édit.
des Réflexions sur la Révolution de
France... d'Edm. Burke. Nouv.
édit., corr., revue avec soin et
augm. de notes. Paris, Egron,
1819, 1823, in-8.
Auxiron (Cl.-Fr.-Jos. d'). *** (M.).
Principes, 9072.
Avancin (le P.), jésuite. _T. D. L. D.
P. A._ Vie, 8012.
Avisse. *** (M.). Petits Maîtres,
9014.
Avril (l'abbé), ex-jésuite. _Mai_ (l'ab-
bé). Recherches, 4469 ; Temples,
4470.
Aycard (Marie). _Danson_ (Sam.). Di-
na, 1374 ; — _Jean-Pierre._ La Fille
bleue, 3280 ; le Couvent, 3281 ; —
Marie. III, 196 ; — _Ricard_ (Aug.).
IV, p. III.
Aylde Jonghe (Elzélina van) (1).
Contemporaine (la). Anecdotes,
1216 ; Mémoires (composés par
MM. Lesourd et Malitourne, Am.
Pichot, Ch. Nodier et Villemarest),
1217 ; Garde national, 1218 ; Soi-

(1) « L'état civil de la Contemporaine n'a
» jamais été relevé d'une manière exacte et
» authentique. Il faut s'en rapporter à elle
» en cette circonstance. Elle prend le nom
» d'Elzélina Van Aylde Jonghe, et se dit
» née en Toscane, le 26 septembre 1778 ».
Telles sont les versions adoptées dans
un rapport sur cette femme, en date du 24
novembre 1841, adressé par M. G. Delessert,
alors préfet de police, au ministre des affaires étrangères, rapport impr. dans la nouv.
série de la « Revue rétrospective », n. 1,
mars 1848, gr. in-8 ; mais d'après le baron
F. de Reiffenberg (Bulletin du Bibliophile
belge, 11, p. 412), elle s'appelait en réalité
Ida Vensfeld Van Joug —, et était née en
Hollande, dans la religion protestante, qu'elle n'abjura que quelques jours avant sa fin.
Dès 1800, en rompant avec le général Moreau, dont elle était la maîtresse, elle prit
pour la première fois le nom de Saint-El-
me, que portent les ouvrages qui lui sont
attribués. Cette femme, un moment célèbre,
on ne sait pourquoi, a terminé sa longue
et aventureuse carrière dans un hospice de
Bruxelles, le refuge de la rue des Ursulines,
en 1845, à l'âge de 78 ans. Le rapport de
M. Delessert est piquant, mais, outre qu'il
ne donne sur l'origine de cette triste héroïne que des renseignements peu certains, il
sent trop le réquisitoire.

rées, 1219 ; Episodes, 1220; Lettre, 1221 ; la Comtemporaine aux nombreux lecteurs de ses Mémoires, 1222 ; la Contemporaine en Egypte, 1223 ; Quelques Mots, 1224 ; Mon Appel, 1225 ; Mille, 1226 ; Mes dernières Indiscrétions, 1227 ; Avant propos du prince émigré, ou le Roi des barricades dévoilé. Londres,

1834, in-8.

AYMAR (le P.), de l'Oratoire. *Bourdelois (un)*. Lettre, 776.

AYMON DE MONTÉPIN (l'abbé Franc. Marie), ex-jésuite. *Montépin (de)*. III, 294.

AZAÏS (Hyacinthe). *L. P.* Inspirations religieuses. Paris, Alexis Eymery, Delaunay, 1822, in-18.

B

BABAULT. *Soc. de gens de lettres (une)*. Annales, 7643.

BABIÉ DE BERCENAY (F.). *Louis XVI.* Correspondance, 4309 ; —*La Platière*. Titres, 5882.

BABOU (Hippolyte), journaliste, aujourd'hui rédacteur de la critique littéraire de « la Patrie ». *Lorrain (Claude).* « Trois Nouvelles dans l'ancienne «Revue de Paris» qui furent très-remarquées : la *Vierge-Reine*, la *Gloriette* et *Frédéric-Astruc*. C'était le plus jeune des écrivains de la « Revue de Paris », où il faisait surtout d'excellentes critiques littéraires ». *Edmond Texier. Hist. des journaux.*

BACHASSON, comte de MONTALIVET. *Montalivet.* III, 291.

BACHELOT (A.-J.-M.), baron de LA PYLAIE. *La Pylaie.* II, 531.

BACONNIÈRE DE SALVERTE (Anne-Jos -Eusèbe). *Rando! (L.).* Un pot, 6298 ; — *Salverte* (Eus. de). T. IV, p. 270.

BACONNIÈRE DE SALVERTE (Mlle Aglaé Deslais d'Arcambal, d'abord comtesse Claret de Fleurieu, plus tard Mme), femme du précédent. *F*** (Mme de).* Pauline, comédie en deux actes et en vers. Paris, 1791, in-8 de 72 pag. ; Stella, histoire anglaise. Paris, Maradan, 1800, 4 vol. in-12.

BACULARD D'ARNAUD (Fr. -Thom.- Mar. de). *Ami (un).* Les Epoux malheureux, ou Histoire de M. et Mme La Bédoyère. La Haye 1745, 1749, in-12. Nouv. édit. 1758, 1780, 2 vol. in-12. Suite. 1783, 2 part. in-12. Nouv. édition (du tout) Avignon, 1792, 4 vol. in-12.

BADIA-Y-LEYBLICH (Domingo). *Ali Bey.* Voyage, 87.

BADIER (J.-Étienne). *Religieux bénédictin (un).* Histoire, 6393.

BADIN (E.). *Membre de l'Université (un).* Géographie, 4717.

BAGARD (Charles), D.-M., président du Collége de Médecine. *Médecin citoyen (un).* Poisons, contre-poisons. Avis à l'humanité. Nanci, Lamort, 1769, in-12.

BAGE (Rob.). *Mackinzie* (H.). Anna Bella, 4443.

BAGOT (Jos.). *Augustinus* (Thom.). Libertatis et Gratiæ defensio, 340.

BAÏF (Jean-Antoine). *J. A. D. B.* Traité, 3230.

BAIL (le chev. C.-J.). *Vieux soldat (un).* Napoléon, 8710.

BAILLET (Adrien). *Daret de la Villeneuve.* De la Conduite des âmes, 1383. — *Lainier de Verton* (Alb.). Des Satyres personnelles, 3572. — *La Neuville (de).* Histoire de Hollande, 3800.

BAILLET-DE-SAINT-JULIEN (L.-G.). *Amateur (un).* Lettres sur la Peinture. Genève, 1750, in-12 ; — *L. B. D. S. J.* (M.) Manière d'enluminer l'estampe posée sur toile. Londres, 1773, in-8. Opuscule mentionné sur le titre de la première édition de « l'Art de composer les fusées volantes » du même auteur. A.-A. Barbier, dans la nouvelle édition de son Dictionnaire des ouvrages anonymes, no 10738, ne l'attribue pas moins au baron Lefébure de Saint-Ildefont. Cette erreur a été rectifiée à la table. — *Telliab.* La Peinture, ode, 8028.

BAILLEUL (Jacques-Charles). *Homme*

qui a peu de mémoire (*un*). Almanach des bizarreries humaines, ou Recueil d'anecdotes sur la Révolution destiné à l'instruction des petits et des grands enfants. Dédié par — à ceux qui n'en ont pas du tout. (Paris), 1797, in-12 de 144 p. — *J. Ch. B.* Théorie des institutions sociales. Paris, Moutardier, 1801, in-8 de 150 p. — *V**** (M.). Moyens de former un bon domestique, ouvrage où l'on traite de la manière de faire le service de l'intérieur d'une maison, avec les règles de conduite à observer pour bien remplir ses devoirs envers ses maitres. 2e édit. Paris, Renard, 1814, in-12. — *Soc. d'hommes de lettres* (*une*). Bibliomappe, 7665.

BAILLEUL (Charles-Henri), neveu du précédent, ex-commissaire de l'imprimerie et de la librairie. *Hébrard* (J.), alors libraire à Paris. De la Librairie. Son ancienne prospérité, son état actuel, causes de sa décadence, moyens de régénération. Paris, Hébrard, 1847, in-8 de 64 pages ; de la Nécessité de l'établissement d'un cercle de libraires. Paris, le même, 1847, in-8 de 20 pag. Faisant suite au précédent opuscule.

BAILLOT, ancien magistrat ; mort à Ervy (Aube), le 11 févr. 1825. *B*******. Satyres de Juvénal, traduites en franç. avec (le texte en regard et) des notes. Paris, De Courtière, 1823, in-8. Traduction (en prose) qu'on regarde comme la meilleure.

BAILLOT DE SAINT-MARTIN. *Saint-Martin* (B.). T. IV, p. 236 ; — *Tollabi.* Bibliographie, 8282.

BAILLY, anc. prote d'imprimerie. *La Croix* (de). Dictionnaire poétique d'éducation, 3515.

BAILLY. *** (M.). Bolan, 9025.

BAILLY (J.-L.-A.), anc. sous-bibliothécaire de l'Hôtel-de-Ville de Paris, aujourd'hui bibliothécaire de la Société impér. d'agriculture, plagiaire. Voy. LE PRINCE (Nic.-Th.).

BAILLY (Alexandre), imprimeur à Paris. *Le François* (A. B.). Mystères des vieux châteaux de France, 4010 ; Panthéon des martyrs de la Liberté, ou Histoire des révolutions politiques et des personnages qui se sont dévoués pour le bien public et la liberté des nations. Paris, Eug.

et Vict. Penaud, 1848 et ann. suiv., 4 vol. in-8, ornée de 32 gravures sur acier.

BAJOT (Louis-Marin), chef de bureau au ministère de la Marine, et fondateur des « Annales maritimes ». *Ane dévoué* (*un*). Les animaux malades de la peste, ou les Pensions et le Trésor. Paris, de l'impr. de Cosson, 1835, in-8 de 12 pag. C'est la fable de La Fontaine avec des commentaires.

BALACHOFF (de). *B**** (M. de). Observations critiques sur un article de la « Revue des Deux Mondes », du 1er avril 1851, intitulé : Des Principes de la révolution française et du gouvernement représentatif, par M. Cousin. Genève et Paris, Joël Cherbuliez, 1851, gr. in-8 de 20 pag.

BALAINVILLIERS (de), ancien conseiller d'État. *B**** (de). Nouv. Voyage en Italie. Paris, de l'impr. de Plon, 1832, in-12 de 72 pag. En vers, suivi de notes en prose. — *** (M. de). Traduction des Odes et de l'Art poétique d'Horace en vers français (avec le texte en regard). Paris, de l'impr. de Migneret, 1812, in-12. *Note de M. Boissonade.*

BALARD (Marie-Françoise-Jacquette Alby, dame), maitresse ès Jeux-Floraux ; née le 28 mars 1775 ou 1776 à Castres, morte dans cette ville, le 8 avril 1822. *B**** (Mme). L'Amour maternel, pièce envoyée au concours de poésie proposé par l'Académie française en 1773. Alençon, 1773, in-4 ; l'Amour maternel, poème en quatre chants. Paris, Michaud frères, 1811, in-18.

BALATIER (le vic. de). V. MOINEAU.

BALBISEY, Suédois. *B. J. K.* Pensées morales de Marc Antonin, traduites en françois. Paris, Ve Camusat, 1651 ; Amsterdam, 1655, 1659, in-12. Placcius, t. 1er, p. 600, no 2407. Cette traduction est dédiée à la reine Christine. L'abbé de Marolles s'exprime ainsi dans le *dénombrement de ceux qui lui ont donné des livres*, p. 256 : « P. Chanut, ambassadeur en Suède, et depuis en Hollande, *pour sa version de la vie de Marc-Aurèle, où il n'a pourtant pas mis son nom* ». Cela veut dire, sans doute, que Chanut a donné à l'abbé de Marolles la traduction du Suédois Balbisky. Voy. les « Mémoires » de Marolles, édit. de l'abbé Goujet, in-12, t. 3. *Art. d'A. A. Barbier.*

BALDO (le comte César), ancien président du conseil en Piémont et membre de la chambre des députés de Sardaigne, mort le 3 juin 1853. *Maestro di scuola (un).* Quattro Novelle, 4446 ; — *Maître d'école (un).* Quatre Nouvelles, *Ibid.* Autre traduction, sous ce titre : Récit d'un maître d'école. Trad. de l'ital. par Mme la marq. de Sainte-Aulaire. Perpignan, Boucharie, 1850, in-8 de 40 pag. L'Introduction est signée : Comte Stenio. — *Timon-Vérité.* Coalition, 8262.

BALGARY (Francis), aut. dramat. *Francis,* II, 102.

BALISSON (Michel-Nicolas), de Rougemont. *Emile,* II, 23 ; — *Gilles,* de Pontoise. La Femme innocente, 2802 ; — *Joseph.* II, 308 ; — *Rougemont* (B. de). IV, 153 ; — *** (MM.). Prêté, 9339 ; Mérinos, 9340 ; — ...... (M.). Ingénue, 9416.

BALEST (J.-B.). *B******** (M. J.-B.).* Observations contre le système d'emprunter pour l'État en vendant des rentes, et projet d'emprunt en remplacement du crédit de seize millions, demandé par le budget de 1818. Paris, de l'impr. de Moreaux, 1818, in-8 de 56 pag.; Le Cadastre exécuté en six ans, et sans frais, au moyen simplement d'une meilleure organisation des agents des contributions directes. Paris, de l'impr. du même, 1818, in-8 de 56 pag. *Catal. Huzard.*

BALLANCHE (Pierre-Simon), de l'Académie de Lyon. *Jeune Lyonnais (un).* Lettres d'— à un de ses amis, sur le passage de N. S. P. le pape Pie VII à Lyon, le 19 novembre 1804, et sur son séjour dans la même ville, les 17, 18 et 19 avril 1805, à son retour de Paris ; suivies des Discours adressés à Sa Sainteté, et d'une Instruction sur les indulgences. Lyon, Ballanche père et fils, Paris, Le Normant, 1805, in-8.

BALLARD (Christophe), imprimeur-libraire, reçu en 1666. *C. B.* Traité de miniature pour apprendre aisément à peindre sans maître. Paris, Ballard, 1692, 1674, in-12 ;

1696, in-8. L'auteur, à la fin d'une Epitre dédicatoire à mademoiselle Fouquet, s'est désigné par les lettres C. B., lesquelles paraissent signifier Christophe Ballard, comme le prouve le privilége de l'édition originale. Il n'avait pas avoué ce travail, sans doute parce qu'il n'était qu'amateur dans la peinture. Aussi l'ouvrage a-t-il toujours passé pour être de La Voye-Mignot. Cet ouvrage a paru aussi sous le titre de « L'Ecole de la miniature, dans laquelle on peut apprendre aisément à peindre sans maître, avec le secret d'employer l'or bruni, etc. Nouv. édition, aug. Lyon, Franç. Duchesne, 1679, in-12. Cette édition est anonyme, mais le privilége entier, qui est dans celle de 1672, où se trouve déjà l'épitre dédicatoire à mademoiselle Fouquet, signée également C. B., porte en toutes lettres Christophe Ballard, semble indiquer le vrai rédacteur de cet écrit. *Art. d'A. A. Barbier.*

BALLARD DE LANCY, de la famille des imprimeurs du nom de Ballard. *Lancy* (de), conservateur-administrateur de la Bibliothèque Sainte-Geneviève, à Paris.

BALLARI (Gustave), alors compositeur d'imprimerie, depuis comédien. *B**** (Gustave).* La France jugée par les ordonnances, ou Esprit des conseils d'Etat sur les principaux règnes des rois de France. Paris, Chaigneau fils aîné, 1831, in-8 de 102 pag. *D. M-ne.*

BALLENT (Eugène). *Allent (B.).* Ses Ouvrages, 93-103 ; — *Z.* et *P. de P.* Manuel, 8944.

BALLOT (Henri), aut. dramat. *Dovarias* (Chr.). Les Vacances espagnoles, 1824.

BALTARD (Ch.). *Jeoffroy* (Clara). II, 292.

BALZAC (de). *Ogier* (F.). Apologie, 5341.

BALZAC (Honoré de). *Jeune Célibataire (un).* Physiologie du mariage, 3310 ; — *Raisson* (H.-N.). Histoire, 6284 ; — *R'hôone* (lord). L'Héritière, 6512 ; Jean-Louis, 6513 ; Clotilde, 6514 ; — *Saint-Aubin* (Hor. de). Vicaire, 6813 ; Centenaire, 6814 ; Dernière Fée, 6815; Annette, 6816; Wann Chlore. Paris, Urb. Canel, Delongchamps,

1825, 4 vol. in-12. Anon. Réimpr. dans les OEuvres d'Hor. Saint-Aubin, sous le titre de « Jane la pâle », 1837, 2 vol. in-8 ; OEuvres, 6817 ; — *Tête à l'envers (une)*. Contes, 8067.

BALZAC (Mlle de), sœur du précédent. Voy. SURVILLE (Mme).

BANCAREL (F.). *B......* (F.). Collection abrégée des Voyages anciens et modernes autour du Monde. Paris, Dufart, 1808-09, 12 vol. in-8 avec fig. et cart.

BANCHIERI (Adriano). *Attabalippa, du Pérou*, province du Nouveau-Monde. La noblesse, excellence et antiquité de l'Asne, trad. de l'ital. Paris, Franc. Huby, 1603, in-8 de 53 feuillets. L'Épitre dédicatoire de l'édition originale, Pavia, Andrea Viani, 1593, in-8 est signée Bartolomeo Ceruiati. On attribue pourtant cet ouvrage à Adr. Bancheri. *Catal. Huzard.*

BANÈS, aut. dram. *Renaud* (Jules). IV, 92.

BANIER (l'abbé). *Lucas* (Paul). Voyage, 4386.

BANNERET (Jean). *Sionite* (Gabr.). Ad Abrahamum, 7512.

BANNISTER (S.). *Anglais (un)*. Appel, 241.

BAOUR-LORMIAN (L.-P.-M.-L.), de l'Académie française. *B. L.* Un grand nombre de feuilletons et d'articles de critique littéraire dans le « Journal de Paris » de 1822 à 1824. *S. P — y.*

BAR (la vénér. mère Catherine de). *Mecthilde du Saint-Sacrement* (la sœur). Le Véritable esprit, 4651.

BARAGUAY-D'HILLIERS (le général). *Aide-de-camp du général... de Custine (un)*. Mémoires posthumes du général français comte de Custine, rédigés par un de ses aides-de-camp. Hambourg, 1794, 2 vol. in-8.

BARANTE (le bar. de). *Soc. de gens de lettres (une)*. Galerie, 7640.

BARBA (Arthur). *Barba de Blignicourt*. Des articles de journaux ; — *Drosnay* (Arthur de). Les petits Mystères de l'Académie française, révélations d'un envieux. Paris, Saint-Jorre, Dentu, 1844, in-8 de vij et 198 pag.

BARBANÇOIS-VILLEGONGIS (le marquis Charles-Hélion de). *B.* (M. de). Rêve singulier, ou la Nation comme il n'y en a point. Tome 1er (et unique). Paris, 1808, in-8 tiré à 25 exempl. — *B**** (le marq. de). Principes généraux sur l'Instruction, rédigés par demandes et réponses, pour servir à l'instruction de la jeunesse. Sec. édition. Paris, Grégoire père, 1820, in-8. Cette seconde édition est suivie d'une pétition de l'auteur sur le même sujet qui ne se trouve pas dans la première qui parut en 1816 ; — *C. B. V.* Les majorats dans la Charte, ou Réponse à la brochure de M. Lanjuinais, intitulée : « La Charte, la liste civile et les majorats ». Paris, Grégoire, mai 1819, in-8 ; — *Membre de la Société d'agriculture du dép. de l'Indre*. Mémoire sur les moyens d'améliorer les laines, et d'augmenter le produit des bêtes à laine, dans le département de l'Indre, présenté à la Société d'agriculture de ce département. Chateauroux, Bayvet, an XII (1804), in-8 de 47 pag.

BARBAROUX (C.-O.). *Français d'Europe (un)*. Quelques Observations, 2542 ; — *Guillemard* (Rob.). Mémoires, 2935.

BARBEGUIÈRE (J.-B.), D. M. *B**** (J.-B.). La Maçonnerie mesmérienne, ou Leçons prononcées dans la loge de l'Harmonie, de Bordeaux. Amsterdam (Bordeaux), 1784, in-8.

BARBÉ-MARBOIS (le comte F.). *Français (un)*. Voyage, 2519 ; — *Membre de la Soc. roy. pour l'amélioration des prisons (un)*. Observations sur les votes de quarante-un conseils généraux de départements, concernant la déportation des forçats libérés, présentées à M. le Dauphin. Paris, de l'impr. roy., in-4 de 76 pag. ; — *Pompadour* (la marquise de). Lettres, 5965.

BARBEREUX (Mlle L.-M.-A.), de Châteaudun. *L... M... A... B... de C...* (Mlle). Geneviève, 4243.

BARBET (L.-R.). *Bolingbrocke* (le vic.). L'Hypocrite, 731 ; — *Fronsac* (le duc de). Lettres, 2612 ; — *Philosophe du Nord (un)*. Loge, 5767.

BARBET, père du chef actuel de l'institution Massin. *Coulan* (Aimé). Des vaines observances religieuses. Lettre d'— à M. Carrichon, ex-oratorien, sur l'abolition des vaines observances à la publication de l'Évangile (Jeûnes et abstinences, vœux des religieuses). Paris, Bocquet, 1842, in-8 de 216 pag.

BARBEU DU BOURG. *Garçon barbier (un)*. Lettre, 2668; — *Médecin de la Faculté de Paris (un)*. Lettre, 4659.

BARBEY D'AUREVILLY (Léon-Louis-Fréd.), *Aurevilly* (L. d'). Amour et Haine, 354 ; Sonnets, 355.

BARBIER (André-Thomas). *Esquire* (T.-E.). Réflexions, 2265 ; Appel, 2266.

BARBIER (Henri – Auguste). *Janin* (J.). Sur Mirabeau, 3236 ; — ***. Béata, 9381.

BARBIER (l'abbé Hipp.). *Solitaire (un)*. Biographie, 7764. Jésuites, 7765 ; Mystères , 7766 ; Prêtre , 7767 ; Evesque, 7768. (*Ce dernier ouvrage n'a pas paru.*)

BARBIER D'AUCOURT (J.). *Cléanthe*. Sentiments, 1166; — *Defrin* (le sr). Remarques, 1484 ; — *Bonnefoy* (le sieur de). Réflexions, 759.

BARBIER-VEMARS (Jes.-Nic.). *Anglais à Paris* (l'). Journal général de France, I, 46; — *Smart* (Joh.). Art. dans le « Journal général de France ». IV, p. 332.

BARCHOU DE PENHOEN (le baron), anc. capitaine au corps royal d'état major. *Kearney* (le capitaine), de la marine anglaise. Les Deux frégates. Paris , Depotter, ..., 2 vol. in-8. Supercherie du libraire Depotter, qui, sous ce titre, a reproduit deux ouvrages publiés précédemment par M. Barchou de Penhoen, et avec son nom : Guillaume d'Orange et Louis-Philippe (1688-1830). Paris , Charpentier , 1835 ; Un Automne au bord de la mer. Paris, le même, 1836.

BARCLAY (J.). *Polienus*. Virtus vindicatæ, 5945.

BARCOS (Martin de). *Auvray* (le sieur). Censure, 364 ; — *Philérème* (l'abbé). Sentiments, 5723.

BARD (Joseph). *B....* (Joseph). Lettre à M. le D. Bard sur Vienne en Dauphiné. Lyon , de l'impr. de Perrin, 1832, in-8 de 28 pag.

BARDEY (le P. Gratien), de Monfort. *Formond*, et non Denis Fermond. La Tarentule de Guénard de Genève, 2396.

BARENT COENDERS VAN HELPEN. *Amateur de la Vérité* (un). L'Escalier des sages, 122.

BARENTIN DE MONTCHAL (le vic. L.

de). *B....* (M. de). Voyage dans les Etats-Unis de l'Amérique, fait en 1784, traduit de l'angl. de J.-F.-D. Smith. Paris, Buisson, 1791, 2 vol. in-8 ; — *L. B. D. M.* Géographie ancienne et historique, composée d'après les cartes de d'Anville. Paris, Egron, 1807, 2 vol. in-8. On joint ordinairement à cette Géographie l'Atlas pour servir à l'histoire ancienne de Rollin, par d'Anville.

BARÈRE DE VIEUZAC (Bertrand), anc. conventionnel. *B. D. V.* Esprit de Madame Necker. Extrait de cinq volumes de Mélanges tirés de ses manuscrits, publiés en 1798 et en 1801. Paris, Léop. Collin, 1808, in-8 de x et 352 pag. ; Géo-Chronologie de l'Europe.... trad. de l'anglais de J. Aspin, sur la 8e édition, considérablement augmentée. Paris, Delaunay, 1810, in-8 ; — *B. de V.* (B.). Voyage dans l'Amérique méridionale, commençant par Buénos-Ayres et Potos jusqu'à Lima.... trad. de l'angl. d'Ant. Zach. Helms. Paris, Galignani , 1812, in-8 avec 2 cartes ; Antiquités grecques.... trad. de l'angl. du comte d'Elgin. Bruxelles, Weissembruck, 1820, in-8; — *Citoyen français* (un). Lettre, 1144 ; — *Républicain français* (un). Réponse d' — au libelle de sir Francis d'Ivernois, naturalisé Anglais, contre le premier consul de la république française. Paris, Henrichs, an IX (1801), in-8.

BARESTE (Eugène). *Ancien sénateur* (un). Prophétie, 213 *.

BARGÈDE (Nicole). *Moins que rien* (le). Odes pénitentes, 4903.

BARGINET (Alexandre-Pierre), de Grenoble. *A. B. D. G.* La Guerre de trois jours, poème héroï-comique en trois chants, dédié aux élèves de l'Ecole de droit de Paris. Paris, Ladvocat, 1819, in-8 de 36 p.; Funérailles des rois de France, et Cérémonies anciennement observées pour leurs obsèques. Paris, Baudouin frères, sept. 1824, in-8 de 36 pag.; — *Alexandre*, Avec Philippe (Roustan). Intrigue à l'auberge, ou les Deux Elisa, com.-vaud. en un acte. Paris, Fages, 1820, in-8 ; — *Damien* (F.). Aperçu topographique et médical sur les eaux minérales sulfureuses d'Enghien. Paris, Béchet jeune,

1821, in-8. (Voy. notre France littér., art. BARGINET); — *Jouy*. Hermites en prison, 3385 ; — *Nodier* (Ch.). Mémoires, 5155 ; — *Tchen Tcheouli-li*. Histoire, 8003 ; —*** (MM.). Changement, 9344.

BARILHET (E.-J.-J.). *Ami des Arts* (un). Sur le mannequin. Discours dans lequel on traite de son invention, de sa perfection et de son usage. Paris, 1819, in-8. *J. L-Mx*.

BARILLOT, ouvrier lithographe. *Républicain de la veille* (un). Lamartine, 6454.

BARJAUD (J.-B.). *Jeune littérateur* (un). Poésies nouvelles, 3321.

BARJOLLE (de), de l'Académie des Sciences et de celles des arcades de Rome. *D. B*. (M.). Lettres sur la ville et les eaux d'Aix-la-Chapelle. La Haye, Gosse, 1784. Nouv. édition, corr. et augm. Amsterdam, 1786, in-8.

BARJONVILLE (de). *Amateur de cette ville* (Bordeaux) (un). Bouquet de la Saint-Louis, intermède, en prose, mêlé de chants et de danse. Représ. sur le Théâtre des Variétés, à Bordeaux, le 24 août 1785. Bordeaux, J. B. Séjourné, 1785, in-8.

BARLETTI DE SAINT-PAUL (Fr.-P.). *** (Mme de). Nouv. Système, 9138, Description, 9139.

BARLOW (Thomas). *Évêque de Lincoln* (l'). Principes, 2318.

BARNAUD (Nicolas), protestant. *Montant* (Nic.). Miroir des François, 4939 ; — *N. D. C*. Cabinet du roi de France, 5064 ; — *Philadelphe* (Eusèbe). Réveille-Matin, 5678.

BARNES (sir), l'un des rédacteurs du « Times ». *Criticus*. Biographie critique, 1280.

BAROLET DE PULIGNY (le chev. de). *Homme franc et sincère* (un). La Voix de l'impartialité, ou l'Alliance du plus pur royalisme avec le vrai patriotisme ; contenant des raisonnements sur l'état actuel et futur de la Belgique, des provinces Rhénanes et de l'héroïque Pologne ; sur ce qui vient de se passer en Italie et peut encore y arriver ; ainsi que quelques mots sur la Savoie, l'Espagne et le Portugal, et enfin un précis des rassemblements qui ont eu lieu sur la place Vendôme, autour de la glorieuse colonne élevée par un grand capitaine à la valeur et aux hauts faits de l'in-

vincible armée française. Paris, l'Auteur, r. de Lille, n. 26, 1831, in-8 de 40 pag. On lit sur le fauxtitre : par quelqu'un d'inconnu qui va se faire connaître.

BARON (J.-L.), d'Amiens. *Le Sage de Samine*. Éloge de M. Du Cange, 4184.

BARON (V.). *Carasi*. L'Ordre de Malte dévoilé, 914.

BARON (L.), aut. dr. *Isidore*. II, 272.

BARON (Guillaume-Isidore), de Montbel. *Montbel* (de). Ses Ouvrages, 4941-45.

BARON (Auguste-Alexis), professeur de littérature à l'Université de Liége. *Rabonis*. Annuaire, 6261 ; — *Norab* (Sébas et Sébaste). Commentaire, IV, p. 305.

BAROUILLET (J.-Martin). *Martin* (J.), Faux ami, 4569.

BARRAL (l'abbé P.). *Professeur de Louvain* (un). Réponse, 6115.

BARRAL (le comte de), évêque de Troyes. *Évêque de France* (un). Lettre, 2315 ; — *Évêque de Troyes* (l'). Sentiment, 2324.

BARRAULT (Émile). *Casamajor* (Mme). Le Nœud gordien, drame en cinq actes, en prose. Représenté sur le Théâtre-Français, le 3 nov. 1846. Paris, Mich. Levy, 1846, in-12, format angl. La Pathologie du mariage. (Affaire Praslin). Lettres de Mme la duchesse, et Considérations par Mme Casamajor. Paris, Comon, 1847, in-8 de 304 pag.

BARRE, dessinateur, à Lille. *Trognon de Chou*. IV, p. 533.

BARRÉ (L.). *Vieux Montagnard* (un). Biographies, 8701.

BARRÈRE (Bertrand). Voy. BARÈRE.

BARRETO-FEIO. *Portugais de distinction* (un). Don Miguel, 5982.

BARRETT (Paul). *Javotte* (Mlle). Mademoiselle Javotte, 3245 ; — *P**** (l'abbé). L'Homme, 5411 ; — *V**** (de). Foka, 8420.

BARRIÈRE (les frères), géographes, ***. Vendange, 9365.

BARRIN (l'abbé). *Duprat* (l'abbé). Vénus dans le cloître, 2100.

BARROW, de Lyon. *Duveyrier* (H.). Vœu général, 2131.

BARRUEL (l'abbé). *Bon curé* (un). Prône, 736 ; — *Voyageur* (un). Lettres d'un voyageur à l'abbé Barruel, ou Nouveaux Documents pour ses Mémoires (sur le jacobinisme). Londres, Dulau, 1800, in-8.

On croit que l'abbé Barruel est lui-même l'auteur de ces Lettres : du moins est-il certain qu'il en est l'éditeur. Ces Lettres sont au nombre de cinq. Les deux premières avaient déjà paru l'année précédente, chez le même libraire. Elles contenaient une anecdote scandaleuse sur Frédéric II. Cette anecdote, vraie ou fausse, ayant été fortement relevée par M. Gifford dans son « Anti-Jacobin review », elle a entièrement disparu dans la seconde édition.

BARRY (de), gentilhomme Auvergnat. *Du Peschier* (le sieur de). Comédie des Comédies, 5655.

BARTHÉLEMY, poète sacré. *Pierre de Saint-Louis* (le R. P.). La Magdelaine au désert, 5812 ; Eliade, 5813.

BARTHÉLEMY (l'abbé J.-Jacques). *Castanier d'Auriac.* Amours de Carité et de Polydore, roman (supposé) traduit du grec. Paris, 1760, et Lausanne (Paris), 1776, in-12. Autre édition, suivie de la Chanteloupée, poème. Paris, Sanson, 1825, in-32. Les Amours de Carité, etc., ont été attribuées, par Beaucousin, à Castanier d'Auriac, pour l'éducation duquel elles ont été composées (1).

BARTHÉLEMY (l'abbé), de Lyon. *Tencin* (Mme de). Mémoires, 8053.

BARTHÉLEMY aîné (E.-T.-N.), professeur à l'école d'Alfort. *E. T. N.* Examen de la Notice sur l'épizootie

qui règne sur le gros bétail, par Girard et Dupuy, professeur à l'école d'Alfort. Paris, Mme Huzard, 1817, in-8 de 60 pag. *Catal. Huzard.*

BARTHÉLEMY (Auguste-Marseille), poète. *B...lague* (Mlle J. de). Les Osanores, poème en quatre chants, à Mme la baronne de K..... rac. Inséré dans le Journal des Débats, la Presse et la Sylphide. Ce poème est en l'honneur du dentiste Rogers. Un frère de Barthélemy, en Apollon, s'est permis quelques réflexions sur ce poème de commande, dans un opuscule intitulé : « A Barthélemy. Un mot sur l'Algérie » ; par un Caporal... (M. Mich.-Aug. Delmond , officier de santé-dentiste). Paris, G. Dentu, 1845, in-8 de 32 pag., et voici le passage de cet opuscule qui y a rapport :

Je ne veux pas ici, de ton rare talent,
Discuter le pouvoir : il serait tout puissant,
Si, moins mal inspiré, tu voulais nous écrire
Des vers que, sans rougir, nos filles puis-
    [sent lire,
Et si de ta Phryné, que tu dis Némésis,
Qui sent, de vingt-cinq pas, la pipe et le
    [cassis ,
Tu savais diriger la course vagabonde,
Oui, tu pouvais te faire un beau nom dans
    [le monde,
Et te dire aujourd'hui l'émule de Boileau :
Mais un génie obscur oppressant ton cer-
    [veau,
Te fait d'un rimailleur accepter l'encolure,
Tu ne fais rien de grand, tu te plais dans
    [l'ordure,
Tu te mets à l'encan et tu cotes tes vers !
On ne peut que blâmer cet ignoble travers.
Sont-ils vraiment de toi, ces vers dont se
    [décore
Un enfant d'Israël exploitant «l'Osanore»,
Et qui veut se donner pour le seul inventeur
D'un système de dents dont il se dit l'auteur,
Le possesseur unique.? Et s'il fallait le croi-
Il aurait inventé l'éléphant et l'ivoire ! [re,
Si Rogers fit chanter ses prétendus succès,
Fallait-il outrager les dentistes français,
Les calomnier tous, les traiter d'inhabiles,
De bourreaux, inventeurs de tourments inu-
    [tiles ?
Non, de ces tristes vers tu ne fus pas l'au-
    [teur ;
Car du mot «Osanore», indiquant la valeur,
Tu l'aurais bien écrit , et sans trop de pu-
    [risme,
Tu n'aurais pas forgé ce grossier barbaris-
    [me.
Le chantre de Rogers, peut-être, savait bien
Qu'écrit ainsi, ce mot ne signifie rien ;
Qu'il était, pour les sots, un mot assez so-
    [nore ;
Mais qu'il fallait écrire, en français, Osa-
    [naure :

---

(1) Ce roman est de l'abbé Barthélemy, qui, pour donner de l'émulation au jeune d'Auriac, fit courir le bruit qu'il était de lui, le manda au P. Paciaudi, et le dit à qui voulut l'entendre. C'est ce que m'a dit l'abbé de Courçay, neveu de Barthélemy, d'après son oncle et d'après la mère du jeune d'Auriac, depuis la mort de celui-ci. L'abbé de Courçay m'a même dit avoir vu en Hollande, une traduction hollandaise imprimée de ce roman. J'ai donc eu tort de relever Sainte-Croix pour avoir mis ce roman dans le nombre des ouvrages de l'abbé Barthélemy. Courçay m'a dit ce que dessus que depuis ce que j'avais écrit dans le « Magasin encyclopédique ». Castanier d'Auriac est mort à l'âge de 22 ans ; c'est la petite-vérole qui l'emporta, deux ans après qu'il eut publié son roman in-12. Il était fils de Castanier d'Auriac, premier Président au grand Conseil. Feu mon ami Paciaudi parle de ce jeune homme à la page 41 de la préface qu'il a mise en tête du « Longus grec », édition de Parme, chez Bodoni, 1786, in-4. « Note inédite de Mercier, abbé de Saint-Léger ».

Que, composé du grec «osav», sentir mauvais,
Et du latin « aura », vapeur, tu le savais,
Le mot convenait bien pour désigner la
[chose ;
Il n'a rien voulu dire et j'en comprends la
[cause.
Uu public ignorant est semblable au goujon,
On l'excite, on l'amorce, il mord à l'hame-
[çon.
Et Rogers ne voulait que son apothéose !
Que sa dent sente ou non le muguet ou la
[rose,
Le point n'était pas là ; mais livrant des
[écus,
Rogers ne demandait que du bruit, rien de
[plus.
Aujourd'hui, cependant, une vive lumière
Vient de tomber à plomb sur ces dents
[qu'elle éclaire,
Et nous pouvons juger « le secret merveil-
[leux »
«Qu'un destin trop cruel cachait à tous les
[yeux »(1).
Baudouin a publié, sur l'étrange mystère,
Du livre dont Rogers se dit être le père,
Un tout petit écrit rempli de vérités (2) :
Je l'indique à tous ceux qui furent attrapés,
Qui, mordant l'hameçon qu'un faux appât
[décore,
On tâté de la dent qu'on appelle «Osanore»!
Ces dents ne valent rien, leurs fétides
[odeurs,
Après six mois d'usage, exhalent des va-
[peurs,
Qui font, à quinze pas, tournoyer une mou-
[che !
Il suffit pour cela du souffle de la bouche
Où l'on mit l'Osanaure, et je laisse Rubeo,
Rogers et Jacowski se prendre par le bec,
Pour revenir au but où je voulais atteindre.

— *B.......y.* Épitre (en vers) à
M. de Chalabre, administrateur des
jeux publics. Paris, Delaforest (Mo-
rinval), 1817, in-8.
BARTHÉLEMY (l'abbé J.), de Beauregard, en Franche-Comté (3). *Barthélemy de Beauregard* (l'abbé).
1o Histoire de Charles V, roi de
France. Paris, Débecourt, 1843,
in-18; 2o Histoire de Jeanne d'Arc,

(1) « Les Osanores ».

(2) Voir la brochure intitulée : «Un autre
mystère de Paris, etc. » ; par un médecin-
dentiste. Paris, Baudouin, rue Dauphine,
n. 24, 1845, petit in-8 de 34 pages.

(3) S'il est blâmable, chez les écrivains
de tous les rangs, de simuler une origine
noble par une superfétation nominale, à
plus forte raison l'est-il chez les ecclésiastiques, dont la modestie devrait être une
principale vertu : celui dont nous nous occupons ici a des ouvrages qui portent son
nom réel J. BARTHÉLEMY; d'autres celui de
BARTHÉLEMY DE BEAUREGARD, et enfin d'autres celui de B. DE BEAUREGARD.

d'après les chroniques contemporaines, les recherches des modernes et plusieurs documents nouveaux, suivies de 1200 articles indiquant tout ce qui a été publié sur
cette héroïne. Paris, T. M. Aubry
Dile Roupe ; Sagnier et Bray, 1847,
2 vol. in-8, avec gravures ; 3o Histoire complète et illustrée de la vie
des saints, des pères et des martyrs, d'après Godescard, Croizet, les
bollandistes, etc.; par une société
d'ecclésiastiques et de gens de lettres, sous la direction de M. l'abbé
Barthélemy, de M. l'abbé Just et
de M. l'abbé Caillau. Paris, Pa-
rent-Desbarres, 1845-48, 5 vol.
in-8. Le tome V contient le Traité
des fêtes mobiles et l'Histoire des
derniers martyrs de la Chine, par
MM. les abbés J. et C. Barthélemy
de Beauregard ; 4o Histoire de la
vie de N. S. Jésus-Christ au point
de vue apologétique, politique et
social. Paris, Lecoffre, 1850, in-12 ;
—*Beauregard* (J. B.......y de). 5o
Le Panthéon, ou Sainte-Geneviève
de Paris. Paris, Adr. Leclère, 1836,
in-8 de 32 pag.
BARTHÉLEMY-HADOT (Mme Marie-
Adèle). *Armand* (P.-H.-B.). II, 56;
— *H**** (Mme Barthélemy); auteur
sous ce nom abrégé de plusieurs
pièces de théâtre citées par la
« France littéraire ».
BARTHÈS DE MARMORIÈRES. *Officier
suisse* (un). Observations, 5327 ;
— *Solitaire du canton d'Appenzel*
(un). Moyse, 7786.
BARUCH, israélite, qui, en 1817, se
fit protestant et changea de nom,
écrivain allemand. *Bœrne.* I,
p. 135,
BASEILHAC (J.). *B****. Observations
nouvelles sur les propriétés de l'al-
cali fluor ammoniacal, d'après quelques expériences faites par B***.
Paris, de l'impr. de Monsieur, 1778,
in-8 de 49 pag.; — *Cosme* (le frère).
II, 583.
BASILIDES D'ATH. *Frère capucin*
(un). Histoire, 2593.
BASNAGE DE BEAUVAL (Henri). *Le
Fèvre.* Lettre, 4004.
BASSET (Alexand.). *Ornoy* (d'). Mort,
5389.
BASSOMPIERRE (Louis de). *Evêques
de Saintes* (les). Dissertations,
2329.
BASSOMPIERRE (Charles-August. de).

connu sous le nom de Sewrin. *Chien* (un). Histoire, 1051 ; — *Sewrin* (B. de), Vallée, 7475 ; — *** (Mme). Histoire, 9248.

BAST (Amédée de). *Maule* (Clovis de). Ducs (les), 4606; — *Officier à demi-solde* (un). Ma destinée, 5244; — *Raisson* (H.-N.). IV, 25 ; — *Vieil Avocat* (un). Mémoires, 8656.

BASTARÈCHE. *Négociant* (un). Quelques Idées, 5070.

BASTÉ (Eugène-Pierre), aut. dram. *Grangé* (Eug.). Ses pièces, 2882-2903. Quelques omissions nous ont été signalées dans cet art., tant sous le rapport du nombre des pièces, que sur le silence gardé à l'égard de deux collaborateurs qui, du reste, ne se sont pas nommés.

BASTIDE (Jean-Franç. de). *La B*** (le chev. de). Confessions d'un fat, 3487; Tribunal de l'Amour, 3488; Tombeau philosophique, 3489; — ... (M.). Repentir, 9070.

BASTIDE (Mlle Jenny Dufourquet, d'abord Mme), depuis Mme Cam. BODIN, nom sous lequel elle a longtemps écrit; morte paralytique, à Paris, en 1852. *D** (Mme Jenny). Napoléontine. Paris, les march. de nouv., 1821, in-8 de 8 pages.— *D*** (Mme Jenny). Souvenirs de Madame Jenny D***, publ. par Eug. (Catin dit) de Lamerlière. Paris, Vente, 1821, in-18; La Vallée de Sarnen. Nouvelle dédiée à MM. Bouton et Daguerre, inventeurs du Diorama. Paris, les march. de nouv., 1823, in-12. En 1824 parurent deux romans très immoraux, « le Damné » et « le Monstre » qui sont dus à la collaboration de Mme Jenny Bastide et de M. Eug. Catin, bien qu'ils aient gardé l'anonyme.— *Thalaris* (Adèle de). Orpheline, 8075; — *Thalaris Dufourquet*. Un drame, 8076.

BASTIE (F.), de Montolieu. *Montolieu* (F. de). III, 299.

BASTIOU (Yves). *Yves* (le cit.). Exposition, 8938.

BASTON (l'abbé G.-A.-R.), curé de Rouen. *B....* (M.). Précis sur l'usure attribuée aux prêts de commerce, suivi de l'opinion analogue de l'abbé Bergier, comparée avec celle qui lui prête un éditeur de Toulouse. Paris, 1825, in-8 ; — *B******* (M. l'abbé). Doctrine catho-

lique sur le Mariage. Rouen, 1791, in-12;—*Citoyen* (un). Aperçu, 1114 — *Curé du diocèse de Rouen* (un). Lettres, 1314 ; — *D*** (l'abbé). Confession de M.—, auteur des « Lettres de Philétès », pour servir de supplément, de rétractation et d'antidote à son ouvrage, à MM. les curés protestants du diocèse de Lisieux. Londres, 1776, in-8 ; — *Docteur de Sorbonne* (un). Solution, 1794; — *Exomologèse*. Confidences, 2338; *Friedensmann* (le citoyen). Le Docteur Romain, 2606;— *Gratien*. La Rareté, 2905; — *Guillaume*. Guillaume, prêtre, 2932; — *K***. Narrations d'Omaï, 3436; — *Philétès* (M.). Lettres, 5725; — *Quelques Théologiens*. Observations, 6202 ; — *S*** (Monsignor). Les Entrevues du pape Ganganelli, servant de suite aux Lettres du même aut. Nouv. édit., augm.; ouvrage (sup.) traduit de l'italien de —. Anvers (Rouen), 1778, in-12.

BATAILLE DE CHAMBENARD (Marie-Agnès), de Paris, morte à Chartres, entre 1740 et 1745. *M. D.* Psaumes paraphrasés en vers. Paris, Papillon, 1715, in-12.

BATBEDAT (François). *Citoyen* (un). Mémoire badin sur un sujet sérieux, dédié aux campagnards et aux curés du département des Landes; par —. Ouvrage posthume, mis en lumière et enrichi de notes morales, par un filleul de l'auteur. Londres, et se trouve chez Leclerq, à Dax (1791), in-4 de 16 pag. *Catal. Huzard*.

BATEUS (Geo.). *Veridicus* (Theod.) Elenchus, 8559.

BATISSIER (Louis). *Lewis*. Physiologie du Bourbonnais, 4201; — *Ledoix Enduran*. Vichy, 4262.

BATTEUX (l'abbé). *Ninnin* (l'abbé). Observations, 5141.

BAUDARD. *Jeune Solitaire* (un). Alcandre, ou Essai sur le Cloître; suivi de quelques pièces fugitives. Au Mont Athos et à Paris, 1785, in-18 de 101 pag. *J. L.-M.-x.*

BAUDEAU (l'abbé). *Citoyen* (un). Lettres, 1104 ; — *Disciple de l'Ami des hommes* (un). Première Introduction, 1744 ; — *L*. Lettres historiques, 3470.

BAUDELOT-DAIRVAL, rédacteur des Voyages de *Paul Lucas*. III, 161.

BAUDEMONT, auteur des parties Géologie et Minéralogie des « Cahiers d'histoire naturelle » de MM. Ach. Comte et Milne Edwards.

BAUDOIN (Jean). *Bandole* (Anth. de). Histoire de Dion Cassius, 430 ; — *J. B. D.* Les Aventures de la Cour de Perse, où sont racontées plusieurs histoires d'amour et de guerre arrivées de notre temps. Paris, Pomeray, 1629, in-8. (Voy. M. de Monmerqué sur Tallemant des Réaux, t. I, p. 126).—*S. J. B. B.* (le.) Négociations, 7516.

BAUDOIN (le sieur). *S. B.* (le). Tableaux, 7393.

BAUDON (Adolphe), fils d'un banquier de Paris. *N'importe qui.* Le Socialisme, 5139.

BAUDOT de Juilly (Nicolas). *Lussan* (Mlle de). Histoire de la vie et du règne de Charles VI, 4397 ; — Hist. du règne de Louis XI, 4398 : — Hist. de la révolution du royaume de Naples 4399.

BAUDOT aîné (Pierre - Louis). *Propriétaire (un).* Observations, 6163.

BAUDOUIN (Fr.-J.), imprimeur de la Convention, mort à Antony, près Paris, en 1838. Outre quelques écrits de lui rappelés par la « Littérature française contemporaine », Baudouin a été l'un des éditeurs des Mémoires de l'abbé *Georgel* (voy. ce nom), pour lesquels il a fait des notes et adouci l'article Raynal.

BAUDOUIN (Marie - Aglaé Carouge, dame), femme du précédent ; née à Bayonne, le 12 mai 1764, morte le 22 octobre 1816. *B....* (Mme). Le Coin du feu de la bonne maman... IVe édition. Paris, Ledentu, 1821, 2 vol. in-18 avec 12 grav.

BAUDOUIN (Jean - Marie - Théodore), fils des précédents, auteur dramatique. *Aubigny* (B. d'). I, p. 60.

BAUDOUIN (Alexandre), frère du précédent, ancien libraire-éditeur de Paris avant 1830. *Compagnon imprimeur (un).* Note sur la propriété littéraire, et des moyens d'en assurer la jouissance aux auteurs dans les principaux Etats de l'Europe, sans nuire aux intérêts matériels des peuples, et sans nécessiter des lois prohibitives. Bruxelles, Berthot, 1836, in-8. Réimpr. en octobre de la même année. Note digne d'attention.

BAUDOUIN (Virginie Mortemart-Boisse, dame), femme d'Hippolyte Baudouin, ancien associé d'Alexandre, depuis propriétaire et principal rédacteur du « Moniteur parisien ». *Orsini* (Mme Virginie). Heures de l'enfance, 5391.

BAUDOUIN (Antoine), magistrat, oncle, à la mode de Bretagne, de Baudouin, imprimeur de la Convention. *** (M.). Epître d'Horace aux Pisons sur l'Art poétique, trad. en vers français, par —, pour servir à l'éducation de ses fils.(Avec le texte en regard). Livrée à l'impression et publiée par les soins de M. Paul (Antoine) Baudouin, (l'un des fils du traducteur). Laon, de l'impr. de Varlet-Berleux, 1834, in-8 de 62 pages.

BAUDOUIN (Jules-François-Barthélemy), l'un des fils du précédent, mort substitut du procureur du roi, à Bourges, en avril 1835. *Philanthrope (un).* Des Procès, et des moyens de les éviter. Bourges, Vermeil ; et Paris, Ve Desray, 1834, in-18 de 100 pages.

BAUDOUIN, médecin-dentiste à Paris. *Médecin-dentiste (un).* Un autre Mystère de Paris, etc. Paris, Baudouin, dentiste, 1845, pet. in-8 de 34 pag. Contre le dentiste Rogers et Barthélemy son chantre (voy. Barthélemy).

BAUDOUIN DE GUEMADEUC, ancien maître des requêtes, mort à Paris en 1817, âgé de 83 ans. *Mirabeau.* Espion dévalisé, 4840.

BAUDRY DES LOZIÈRES (L.-N.). *B*** D***.* Voyage à la Louisiane et sur le continent de l'Amérique septentrionale, fait dans les années 1794 à 1798, contenant le Tableau historique de la Louisiane, des observations sur son climat, ses riches productions, le caractère et le nom des sauvages, des remarques importantes sur la navigation, des principes d'administration, de législation et de gouvernement propres à cette colonie. Paris, Dentu, 1802, in-8 avec une carte. L'auteur a publié, l'année suivante, un second Voyage à la Louisiane, pour faire suite au premier, Paris, 1803, 2 vol. in-8 ; il y a mis son nom.

BAUSSET (le cardinal de). *Ancien grand vicaire (un).* Notice historique sur son Em. Monseigneur le cardinal de Boisgelin, archevêque de Tours ; par un de ses anciens grands vicaires (pub . par M. de Crouzeilles, évêque de Quimper). Paris, veuve Nyon. 1804, in-12 de 58 pages. — *L. C. D. B.* Notice, 3938.

BAVEREL (l'abbé). *Vigneron de Besançon (un)*. Réflexions, 8720.

BAVOUX (Fr.-Ant.). *Magistrat (un)*. De la Cour de Cassation, 4451.

BAWR (Alexandrine-Sophie Goury de Champgrand, d'abord comtesse de SAINT-SIMON, depuis baronne de). *François (M.)*. La Muette de Senès, 9267 ; — *** (le citoyen et M.). Argent, 9261 ; Rival, 9262 ; Suite, 9263 ; — *** (Mme). Chevaliers, 9266 ; Léon, 9267.

BAYARD, officier au corps impérial du génie. *Officier ou corps royal du génie (un)*. Éléments de topographie militaire, ou Instruction détaillée sur la manière de lever à vue et de dessiner avec promptitude les cartes militaires. Ouvrage traduit de l'allem. , revu et augm. de notes et figures additionnelles. Paris, Magimel, 1806, in-8 avec 12 planches.

BAYARD (Antoine), aut. dramatique. *Picard (Léon)*. Le Bonheur dans la retraite, 5788 ; Mathias l'invalide, 5789 ; La Marchande à la toilette, 5790.

BAYLE (Pierre). *C. L. A. A. P. D. P.* Avis important aux réfugiés, 1152 ; — *Fox de Bruggs (Jean)*. Commentaire philosophique, 2501 ; — *J. F.* Commentaire philosophique, 3336. Même ouvrage que le n° 2501 ; — *Larebonius (Carus)*. Janua cœlorum, 3892.

BAYLE-MOUILLARD (Mme Élisabeth), née Canard. *Celnart (Mlle Elis.)*. I, 247.

BAZIN (Jacques-Rigomer), pamphlétaire politique, tué en duel, au Mans, le 19 janvier 1818, par M. Fortuné de Voyon, garde-du-corps, à l'occasion d'une querelle suscitée à la reprise de « Jacqueline d'Olzebourg », mélodrame en trois actes, que Bazin avait fait jouer à Paris et qu'on représentait au Mans. *Ariste*. Etrennes d' — à maître Pierre. Le Mans, 1816, in-8 ; — *Ci-devant révolutionnaire (un)*. Le Trône et l'Autel, ou Réponse à M. de Châteaubriand. Ibid., 1816,

in-8 ; — *Constitutionnel (un)*. Doutes éclaircis. Ibid., 1817, in-8 ; — *Pierre*. Pierre chez lui. Ibid. , 1817, in-8 ; Pierre chez son curé. Ibid., 1817, in-8 ; Pierre chez Roquentin. Ibid., 1817, in-8 ; la Diligence, ou Pierre en voyage. Ibid., 1817 , in-8 ; — *Révolutionnaire d'autrefois (un)*. Lettre à un révolutionnaire d'aujourd'hui. Ibid., 1816, in-8 ; — *Société d'amis de la patrie (une)*. Chronique du département de la Sarthe. Ibid., ans v et vi (1797-98), in-8. Les divers pamphlets de Bazin ont été réunis et publiés sous le titre de « Le Lynx ». Coup-d'œil et réflexions libres sur les écrits, les opinions et les affaires du temps. Le Mans, 1817, in-8, avec une suite, 1817 , in-8 de 74 pages. *Fr. G—le*.

BAZIRE D'AMBLAINVILLE (F.-Gerv. de), et non Raoul Callier, comme nous l'avons dit d'après A.-A. Barbier. *Calianthe (le pasteur)*. Infidèles, 885.

BAZOT (E.-F.), Chev.·. *de tous les ordres maçon... (un)*. Le nouveau Miroir de la Vérité, ou les Réguliers et les Dissidents jugés d'après leurs œuvres. Paris, impr. de Gueffier, 1829, in-8 de 32 pag. ; — *Flaneur patenté (un)*. Les Cafés de Paris, 2443.

BEAU (J.). *B*** (J.)*. Toutes les Epigrammes de Martial, en latin et en français, distribuées dans un nouvel ordre, avec notes, éclaircissements et commentaires. Paris, l'Editeur, Gié-Boullay, 1842, 2 vol. in-8. 58 épigrammes sont rangées sous le titre de *Préfaces et Dédicaces*. Quatre divisions ou parties : *Mémoires, Flatterie, Satire, Mélanges*, embrassent 744 épigrammes. Puis viennent 18 pièces attribuées à Martial : 52 sur les spectacles, 326 distiques ou devises. Un volume à part contient les 382 obscénités. Ce qui forme bien les 1580 épigrammes. L'auteur donne la concordance de sa classification avec la classification ancienne. L'auteur préparait, en 1852, une nouvelle édition, revue et corrigée de sa traduction. *Note de feu Vandenzande*.

BEAU (H.), imprimeur à Saint-Germain-en-Laye. *H. B.* Réponse à

M. F. Grille. (En vers). Saint-Germain-en-Laye, 1853, in-8 de 8 pag. En réponse à l'*Epître* de M. F. Grille *à mon imprimeur.*

BEAUCHAMP (l'abbé), curé de Bussy-le-Long. *Curé du diocèse de Soissons (un).* Crimes de la Révolution, 1315.

BEAUCHAMP (Alphonse de). *B.* (Alphonse). Le faux Dauphin, actuellement en France, ou Histoire d'un imposteur (Jean-Marie Hervagault) se disant le dernier fils de Louis XVI. Paris, Lerouge, 1803, 2 vol. in-12 avec portr. — *Fauche-Borel* (Louis). Mémoires, 2354; — *Fouché* (Joseph), duc d'Otrante, Mémoires, 2499; — *Guyon de Rochecotte.* Mémoires, 2947; — *Homme d'Etat (un).* Mémoires, 3078.

BEAUCHASTEAUX (Hipp. de). *Luzancy.* Sermon, 4423.

BEAUCLAIR (de). *Grisolles* (Mlle de). Histoire, 2919.

BEAUDÉ (J.-P.). D. M. *Beaude*, 1, 96.

BEAUFFORT (le marquis de), ancien officier de la maison du roi de France. *Ancien officier de la maison du roi (un).* Du Salut de la France. Paris, Patris, 1815, in-8 de 97 pag.; — *Catholique (un).* Souvenirs d'Italie. Bruxelles, 1839, gr. in-8; plusieurs fois réimprimé tant en Belgique qu'en France.

BEAUFFORT (Mlle de), sœur du précédent. Voy. LA GRANDVILLE (la comtesse).

BEAUFILS, professeur de botanique au Mans. *Delzond.* Une Voix du Désert. Le Mans, de l'impr. de Julien, Lanier et Cie, avril 1848, in-12 de 22 pages.

BEAUFORT (l'abbé de). *Prêtre supérieur des communautés (un).* Récit, 6059; — *Théologien (un).* Lettres, 8150.

BEAUFORT (F. de). *F. D. B.* Formule pour administrer méthodiquement l'eau minérale anti-putride et anti-scorbutique de Beaufort, avec un Traité des maladies relatives à la marine, où elle est propre. Paris, Cailleau, 1783, in-8. *Catal.* Huzard.

BEAUFORT D'AUBERVAL (Al.-Aimé). *Auberval* (d'). I, 313; — *Témoin auri-oculaire (un).* Voyages.... de M. Comte, 8031.

BEAUFORT-D'HAUTPOUL (Mme). *Hautpoul* (Mme d'). II, 206.

BEAUFREMONT, baron de SENESLEY. *B. B. D. S.* Traité de la Providence, traduit du latin de Salvien. Lyon, Rouillé, 1575, in-8.

BEAUGENDRE (Ant.). *Religieux de la Congrégation de Saint-Maur (un).* Vie, 6414.

BEAUHARNAIS (la comtesse Fanny de). *Anonyme (un).* Abailard, 252.

BEAUJOLIN. *Morel* (F.-C.). Traité théorique et pratique de la fabrication des feutres; suivi d'un Mémoire sur l'opération du secrétage des poils, avec l'indication d'un procédé nouveau. Paris, l'Auteur, 1826, in-8 de 192 pag.

BEAULAC. *B**** (le cit.). Mémoires sur la dernière guerre entre la France et l'Espagne, dans les Pyrénées occidentales, avec une carte topographique et militaire de la frontière de France et d'Espagne, depuis Fontarabie jusqu'à Saint-Jean-Pied-de-Port, gravée par Tardieu, où sont tracés les camps retranchés et batteries des Français et des Espagnols. Paris, Treuttel et Würtz, 1801, in-8.

BEAULIEU (Charles GILLOTON DE). *C. G. D. B.* De la nécessité de rendre nos colonies françaises indépendantes et de supprimer notre acte de navigation. Paris, in-12.

BEAULIEU (Mlle de). *Demoiselle française (une).* Histoire, 1531.

BEAUMONT (Etienne). *Diderot.* Principes, 1693.

BEAUMONT (le chev. de). *Gentilhomme Normand (un).* Accord, 2745.

BEAUMONT DE BRIVAZAC (de). *Cosmopolite (un).* Europe, 1254.

BEAUNIS DE CHANTERAIN DES VIETTES. *Messager de la paix (un).* Hola, 4765.

BEAUNOIR (Alex.-L.-Bertrand). *Solitaire des Ardennes (un).* IV, pag. 398.

BEAUPOIL DE SAINTE-AULAIRE (le comte), colonel sous la République, démissionnaire à l'établissement du Consulat; né à Ploermel (Morbihan), mort à Paris, en février 1829, dans un âge avancé. *Gentilhomme (un).* Observations, 2722; — *La Tude* (H. M. de). Histoire, 3861.

BEAUREGARD (C. de), publiciste, an-

cien directeur du « Drapeau blanc »,
un des plus anciens rédacteurs de
la « Gazette de France », mort d'une
attaque d'apoplexie foudroyante, à
Saint-Nom-la-Bretèche (Seine-et-
Oise), le 21 juillet 1853. *Voisine*
(la). Lettres, IV, p. 627.

BEAUROCHE, professeur de littérature
à Anvers. *B....* Beaucoup de « poésies fugitives » imprimées dans les
premières années de « l'Almanach
poétique de la Belgique » (1801 et
ann. suiv.).

BEAUSOBRE (L. de). *Utvogt.* Songes,
8381.

BEAUTER (Charles). *Méliglosse.* Ro-
domontade, 4681.

BEAUVAIS (le P.), jésuite.*** (Mme).
Lettrés, 9021.

BEAUVAIS (Ch.-Th.). maréchal de
camp. *Soc. de militaires (une).* Victoires et conquêtes, 7691.

BECCATELLI. *Panormita* (Antonio).
Génie, 5461.

BECKER (Pierre-Fél.). *Feillard.* Livre, 2369.

BECOURS (Mich.-V. de). *Français
(un).* Cent quatre jours, 2531.

BECU, de Lille. *Bernon,* auteur de
romances sentimentales ; — *Y.* IV,
p. 662.

BEDELET (Mme), femme du libraire-
éditeur de ce nom. *Muller* (Elisab.).
Plaisir et savoir, 5018; Fables de
La Fontaine, 5019 ; Bible de l'Enfance, 5020.

BÉDENO, aut. dram. *Laure* (de), père
et fils. II, 284.

BÉE (Scévole). *Mestre-Hue* (Prosper).
Paquerettes, 4771.

BEECKMAN (l'abbé) ..., prêtre catholique. Le Livre noir, ou la Propa-
gande ecclésiastique belge dévoilée.
Bruxelles, Périchon, 1838, in-8.

BEFFROY. *Laonnais (un).* Etrennes,
3819.

BEFFROY DE REIGNY (Louis-Abel),
frère du précédent. *Cousin-Jacques*
(le). I, 288; — *G. M. D.* Arlequin
général. Paris, 1792, in-8. Pièce
de théâtre contre Lafayette ; —
Ker-Korkurk-Aylzdeck. Malbo-
rough, II, 328.

BÉGAT (l'abbé), ancien curé de Ma-
reuil-les-Meaux. *Bégart.* La Vie
de Saint-Vincent-de-Paul. Paris,
veuve Hérissant, 1787, 2 vol. in-12.
L'ex-jésuite de Feller, en attribuant cet ouvrage à l'abbé Maury,
à la fin de l'article *Vincent de*

Paul, de son *Dictionnaire des
grands Hommes,* a sans doute confondu le *Panégyrique* du saint avec
sa *Vie.* L'ouvrage de l'abbé Maury
est resté manuscrit. L'abbé Bégat
est nommé Bégart dans le privilége du Roi; il a eu ses raisons
pour dénaturer ainsi son nom.
Note de A. A. Barbier.

BÉGIN (Emile-Auguste), de Metz.
Rutilius Numatianus (Cl.). Lettres,
6686.

BÉGUILLET (Edme). *B.* (M.). Mémoire sur les avantages de la mou-
ture économique et du commerce
des farines en détail. Dijon, Frantin,
1769, in-8.

BEL (E.-Adam), en 1848 secrétaire
du club de la Révolution. *Dambel*
(E.-A.), rédacteur et gérant du journal « Le Travail, véritable organe
des intérêts populaires » (1848).

BÉLANGER. Voy. DUPONT (Joach.).

BELDERSBUSCH (le comte Ch.-Léop.
de), ancien préfet. *** (le comte de).
Adolphe et Caroline, ou le Danger
des divisions politiques dans l'intérieur des familles, comédie en 5
actes et en prose. Paris, de l'impr.
d'Authelme Boucher, 1844, in-8.

BELIN (l'abbé Albert). *Philosophe
inconnu* (le). Aventures, 5771.

BELIN DE BALLU (Jacques-Nicolas).
Docteur de Sorbonne (un). Le Prêtre, 1793 ; — **** (M.). OEuvres,
9408.

BELIN DE LA LIBORIÈRE (L.-F.-M.).
Spectroruini (le R. P.). Nuit, 7834.

BELIN DE MONTERZI. *B*** de M****
(M.). Histoire de Méhémet II, 4671;
— *Méhémet II,* empereur ottoman.
Lettres, 4671, même ouvrage.

BELLE (Gab.-Alex.), auteur dramat.
Isidore. II, 272.

BELLECOMBE. *Cassius* (Andréas). Le
Sacre, 941.

BELLE-FOREST (Fr.). *Duchesne* (And.).
Antiquités, 1923.

BELLEMARE (Jean-François), écrivain
monarchique et religieux, commis-
saire-général de police à Anvers
sous Napoléon Ier. *Electeur de
Quimper-Corentin (un).* Prochai-
nes élections, 2181 ; — *Jérôme le
Franc.* Remontrances du parterre,
3293. Pour une réfutation de cet
écrit, voy. HUVIER DES FONTE-
NELLES.

BELLEMARE (Eugène-Louis-Gabriel
de FERRY DE), connu en littéra-

ture sous le nom de Gabriel *Ferry*, écrivain remarquable par ses études de voyages et ses dramatiques scènes mexicaines, l'un des actifs collaborateurs de la « Revue des Deux-Mondes » ; né à Grenoble, en novembre 1809. Le gouvernement de Napoléon III l'enleva aux lettres pour l'envoyer en mission à San-Francisco ; mais, en se rendant à son poste, il périt l'une des victimes du naufrage ét de la perte de « l'Amazone », le 5 janvier 1852. Articles de la « Revue des Deux-Mondes », de 1846 à 1850 : 1º Les Côtes de l'Océan Pacifique. Scènes de la vie des bois en Amérique : I. José Juan le pêcheur de perles, 15 avril 1846. II. Une Guerre en Sonora, 15 juin 1846. III. L'Ile de Tiburon, Cayetano le contrebandier, 15 juillet 1846. Art. reproduit dans « la Silhouette », nos des 4, 11 et 18 juillet 1847. IV. Les Gambusinos, 15 août 1846. V. L'Hacienda de la Noria, le Dompteur de chevaux, 1er octobre 1846. VI. Bermudes-el-Matasiete, 1er novembre 1846. VII. Le Salteador, 1er janvier 1847. 2º La Guerre des États-Unis et du Mexique. Scènes et Épisodes de l'Invasion, 1er août 1847. 3º Scènes de la vie mexicaine. I. Perico el Zaragate, 1er avril 1847. II. Fray Serapio, 1er septembre 1847. III. Remigio Vasquez, 15 décembre 1847. IV. Les Mineurs de Rayas, 15 février 1848. V. Le Capitaine don Blas et la Conducta de Platas, 1er avril 1848. VI. Les Jarochos, 1er mai 1848. VII. Le Pilote Ventura, 1er juin 1848. VIII. Le Licencié don Tadeo Cristobal, 1er septembre 1849. 4º Scènes de la vie militaire au Mexique. I. Le capitaine Ruperto Castaños, 15 octobre 1850. II. Les sept Norias de Bajan, 15 novembre 1850. III. Le soldat Cureno, 1er janvier 1851. IV. Christino Vergara, 1er juillet 1851. V. Le Rastreador, 15 août 1851. 5º Episodes de Voyages. Une Campagne de chasse sur les côtes de l'Océan Pacifique, 1er février 1849. Les Squatters, souvenirs d'un Emigrant, 1er et 15 avril 1849. Une Expédition Américaine dans les déserts du Nouveau-Mexique, 15 juin 1849. Une Croisière dans l'Océan Pacifi-

que de la frégate anglaise *Collingwood*, 15 janvier 1850. 6º Voyages et aventures au Mexique. (Tirés des art. de l'auteur, impr. dans la « Revue des Deux-Mondes »). 7º Le Coureur des Bois. Paris, Alex. Cadot, 1853, 7 vol. in-8. Impr. d'abord dans le journal « l'Ordre », du 19 février à la fin d'août 1850, et reproduit dans le recueil « le Foyer domestique », 1850-51, gr. in-8. La maison de librairie Vict. Lecou annonce, pour paraître prochainement, une nouv. édition, rev. et corr. d'après les notes posthumes de l'auteur, en 2 vol. in-12 format anglais. 8º Voyage au Val d'Or, impr. pendant les derniers mois de 1850 dans le recueil intitulé : « le Foyer domestique ». 9º Costal l'Indien, roman historique, scènes de la guerre de l'indépendance du Mexique (en trois parties). Ouvrage posthume. Paris, V. Lecou, 1852, in-12 format angl. de 491 pag. 10º La Chasse aux Cosaques. Paris, impr. de Schiller aîné, 1853, gr. in-8 de 154 pag. à 2 colonn. Impr. d'abord dans la « Patrie », en 1853.

BELLENGER (l'abbé Fr.), docteur en Sorbonne. *Blanchard* (Balthasard). Lettre critique, 676.

BELLENGER (l'abbé). *Van der Meulen*. Essais, 8517 ; Supplément, 8518.

BELLEPIERRE DE NEUVÉGLISE (L.-J.). *Cui **** (M. de). Boussole agronomique, ou Guide des laboureurs. Ouvrage posthume de. — Yvetot, et Paris, Despilly, 1762-65, 4 part. in-8 ; — *De ****, anc. officier de cavalerie. Le Patriote Artésien, ou Projet d'établissement d'une Académie d'agriculture, du commerce et des arts, en la province d'Artois. Paris, Despilly, 1761, in-12 ; — *Patriote* (un). Vues, 5498 ; —*** (M. de). Patriote, 9038.

BELLEVAL (Charles de), de Montpellier. *Ancien herboriste de Montpellier* (un). Beautés méridionales de la Flore de Montpellier. Montpellier, de l'imp. de Tournel aîné, 1826, in-8 de 104 p.; — *Vieux herboriste* (un). Questions, 8691.

BELLEY (G. de), sieur de Langey. *Serviteur du roi* (un). Lettre, 7467.

BELLING (Richard). *Irenaeus* (Philopater). Vindiciarum, 3203.

BELLOCQ (Pierre), valet de chambre

de Louis XIV. *N**** (Mme de). Lettre, 5030.

BELLOY (Pierre de), jurisconsulte, né à Montauban, en 1540. *Catholique, apostolique, romain (un), mais très-bon François et très-fidèle subjet de la couronne de France.* Examen du discours publié contre la maison royalle de France, et particulièrement contre la branche de Bourbon, seule reste d'icelle, sur la loy salique et succession du royaume. Imprimé nouvellement. 1587, in-8. *Catal. Duputel.*

BELMONTET (M.). *Croyant (un).* Nombres, 1291.

BELON (le P.), jésuite. *Directeur de séminaire (un).* Traité, 1739.

BELOSELSKY (le prince), prince russe, à qui Voltaire a adressé de jolis vers. *Prince étranger (un).* Poésies françaises, 6028. On assure que Marmontel n'a pas été étranger à la publication et même peut-être à la composition de ces épîtres. Il en a été fait des tirages in-4 et in-8; mais les exemplaires dans ce dernier format, quoiqu'aussi rares que ceux in-4, sont moins prisés des amateurs. — *Voyageur russe (un).* Essai sur la littérat. russe, 8824; Essai sur le théâtre russe, ibid.

BELOT (Mme). Voy. DUREY DE MEINIÈRES (Mme).

BELVO (la marquise de), née Ducrest. *Jeune veuve (une).* Quelques Lettres, 3335.

BENABEN (Louis-Guillaume-Jacques-Marie), publiciste. *Electeur impartial (un).* Questions à l'ordre du jour, ou quelques Vérités à l'adresse des électeurs. Paris, Pillet aîné, 1827, in-8 de 56 pag. Ecrit qui fut attribué à M. de Frénilly.

BENARD. *Citoyen-Propriétaire (un).* Réflexions, 1149.

BÉRARD (M.), juge de paix à Lonjumeau. *Albert.* Cent-et-une charades, 54.

BENAZÉ (de), avoué près la Cour impériale de Paris. *Républicain de la veille (un).* Aux Royalistes. Paris, Edm. Blanchard, 1850, broch. in-8.

BENAZET. *B**** (le F.·.) Planche à tracer, contenant un discours en réfutation de l'ouvrage du sieur Bonneville, intitulé : « les Jésuites retrouvés dans les ténèbres». Philadelphie, 5788, in-8.

BENAZET (Théodore), avocat, fils du fermier des jeux. ***** (M.). Une Heure de veuvage, 9354.

BENDIER (Claude). *Docteur de Sorbonne (un).* Défense, 1776.

BENESTOR LUNEL. *Membre de plusieurs académies (un).* Cabinet secret du Dictionnaire de l'Académie, 4720.

BENGY DE PUYVALLÉE. *Puyvallée.* III, 609.

BENING (le P. François). *Père de la Compagnie de Jésus (un).* Bouclier, 5620.

BENNET (Mistriss). *Burney* (Miss). Imprudences, 867.

BENOIST (René), curé de Saint-Eustache, à Paris. *Le Sénéchal* (Louis). Prêtre catholique, 4187; Bref sommaire, 4188.

BENOIST (Pierre), seigneur de Compregnac, dans la Basse-Marche (Creuse). *Maldamnat* (Pierre). Remarques et Mémoires, 4497 ; Remarques, 4498.

BENOIST, maire de Nancy sous la Restauration. *Propriétaire-Cultivateur (un)* du département de la Meurthe. Jachères, 6137.

BENOIST DU TRONCY, secrétaire de la ville de Lyon, ligueur. *Bredin le Cocu.* Formulaire, 806.

BENOISTON DE CHATEAUNEUF (Louis-Franç.), de l'Institut. *Membre de la Société de statistique de France (un).* Tableau, 4706.

BENOIT (Mlle Eulalie). *B**** (Mlle Eulalie). Valentine, 411 ; Album, 412.

BENOIT DE GRESELLES (Mme). ***** (Mme). Adélaïde, 9329.

BENTINCK, Hollandais. *D****, traducteur. Histoire, 1327.

BENTLEY (Richard). *Phileleuthère,* de Leipzig. Friponnerie, 5721.

BÉQUET. *Janin* (Jules). Préface de Barnave, II, 279.

BÉRANGER (P.-J. de). *Landon* (C.-P.). Annales du Musée. II, 521 ; — *Soc. de gens de lettres (une).* Galerie, 7640.

BÉRARD (Jos.-Balth.), mathématicien. *S. B.* Entretien d'un curé jacobin avec Routine, maître d'école dans la commune de ***, département des Hautes-Alpes. Gap, Allier, an II (1794), pet. in-8 de 59 pag. Cette brochure, devenue fort rare par le soin qu'ont mis certaines personnes à la faire disparaître, fut imprimée aux frais de l'administration départementale. Elle a pour épigraphe ces deux vers de Cérutti :

De tous les animaux qui ravagent les champs,
Le prêtre qui vous trompe est le plus mal-
[faisant.

BÉRARD, de Pont-Lieùe, près du Mans, avocat du barreau de Paris, l'un des adeptes de la secte Vintrassienne. *Alhzéraël*, l'un des rédacteurs de « la Voix de la Septaine » journal de la secte, fondé par l'abbé Charvoz, 5834.

BÉRARDIER (l'abbé). *Docteur de Sorbonne (un).* Principes, 1790.

BÉRAUD (Paul-Emilien, et non P.-L.). *Officier de l'état-major (un).* Histoire, 5280.

BÉRAUD (Antoine, dit Antony). *Antony.* I, 52; — *Dumas* fils (A.). La Dame aux camélias, vaud. (tiré du roman de M. Dumas fils, portant le même titre). Paris, 1852, in-8. *Georgel*(l'abbé J.-Fr.). Voyage à Saint-Pétersbourg en 1799-1800, fait avec l'ambassade des chevaliers de l'ordre de Saint-Jean de Jérusalem. Publié par M. Georgel, avocat Paris, Eymery, 1818, in-8, formant le sixième volume des Mémoires de l'abbé Georgel ; — *Manzon* (Mme). Veillées, 4520 ; — *Sarlange.* Quelques pièces de théâtre, dit-on, sous ce pseudonyme.

BÉRAUD. B*** (M.). Trois jours de promenade d'un étudiant en droit. Paris, Plancher, 1822, in-8 de 32 pages.

BERCHER (Jean), célèbre danseur. *Dauberval.* Ses ballets, 1400-1406.

BERCHOUX (Joseph). *Neveu de Scarron* (le petit). Liberté, 5117.

BÉRENGER (J.-P.), de Genève, mort en 1807. *Bovier*, avocat au parlement de Grenoble. Mémoire justificatif pour les citoyens de Genève, connus sous le nom de Natifs. Genève, et Paris, Lacombe, 1770, in-8.

BÉRENGER (Louis-Pierre), membre de l'Académie de Lyon, mort en cette ville, le 26 sept. 1822. *Ber.* Epître à mon ami Dumas, sur son mariage avec sa belle cousine, Mlle R. de Saint-G. Bourg, Bottier, 1813, in-12 de 6 pag. tiré à 25 exempl., mais extrait du journal de la Société. — *L'Hôpital* (le chancelier). Quatre Etats, 4208.

BERGASSE (Nicolas), avocat et pu-

bliciste. *Médecin de Paris (un).* Lettre d'—, à un médecin de Londres; ouvrage dans lequel on prouve, contre Mesmer, que le magnétisme animal n'existe pas. La Haye (Paris), 1781, in-8 de 70 pag.

BERGER. *Regreb.* Dialogue, 6372.

BERGER (Anatole). *Gerber* (Anatole). Rosane, 2783 ; Deux commandeurs, 2784. Réproduit par l'éditeur sous le titre de « Pauvres amours », pub. par M. Raban.

BERGER (Jules), de Xivrey, membre de l'Institut. *J. B. X.* Traité de la prononciation grecque-moderne, à l'usage des Français. Paris, Dondey-Dupré, 1828, in-12 de 80 pag.; — *Xivrey* (B. de). IV, 660.

BERGERON (Louis). *Berny* (Jules). I, 121 ; — *Desnoyers* (Charles). Une jeunesse, 1639 ; — *Pagès* (Emile). Fables, 5422 ; Un neveu, 5423 ; Andalouse, 5424; Officier, 5425.

BERGIER (Ant.), D. M. *** (M.). Traité, 9005.

BÉRITAU, carme. *Ange de la Passion* (le P.). Disciple, 221 ; Inquisitor, 222.

BERKELEY (Georges). *Gaudence*, de Lucques. II, 135.

BERMOND (de). Voy. PONCET DE BERMOND.

BERNADEAU (P.). *Poète gascon (un).* Discours, 5933.

BERNARD (frère Nicolas), célestin de Paris. *F. N. B. de Par.* Traitez, 2471.

BERNARD (Guillaume). *Nervéze* (de). Songe, 5097.

BERNARD (J.-Fréd.). *Charte-Livry* (de). Dialogues, 1031.

BERNARD (le P.), religieux dominicain. *Malvin de Montazet* (Ant. de), archevêque de Lyon. Instruction, 4502.

BERNARD, conseiller au bailliage de Bourg en Bresse. *Gradué de campagne (un).* Suppression, 2877.

BERNARD (François), de Clermont-Ferrand ; mort à Paris, le 15 octobre 1828. *B. V.* L'Epicière bel esprit, com. 1800; Pygmalion à Saint-Maur, farce anecdotique, 1800. (Voy. Et. GOSSE); — *Valville* (Bern.). IV, 577.

BERNARD (Jean-Pierre), plus connu sous le nom de *Bernard-Léon*, artiste et auteur dramatique. *Bernard-Léon.* Une journée. 624 ; — Enfant, 625 ; Auteur, 626; Mari,

626* ; Amants, 627 ; Sœur, 628 ; Marcassin, 629 ; Maréchal, 630 ; Enfant des tours N.-D., 631 : — *Léon*. Un tissu d'horreurs, 4053. —

BERNARD (L.- R.- D.), de Rennes, alors étudiant en droit. *Auguste*. Décence, 338 ; Tancrède, 339 ; — *Bonnefoy* (Innocent), de Gonesse. Craniomanie, 760.

BERNARD (Joseph), frère du précédent, prefet du Var, après 1830, puis conservateur à la Bibliothèque Sainte-Geneviève. *Gérard* (le père François). Discours, 2762 ; — *Homme de rien* (un). Bon sens, 3600.

BERNARD (Mlle Jenny), Savoisienne. *B**** (Mlle Jenny). Le Luth des Alpes, essai poétique, historique et descriptif des eaux d'Aix, en Savoie. Ouvrage couronné par la royale académie de Savoie. Décembre 1833. De l'impr. de Crapelet, à Paris. Paris, Dufart, 1834, in-18.

BERNARD DE VALABRÈGUE (Israël). *Milord* (un). Lettre ou Requête, 4818.

BERNARD DUGRAIL DE LA VILLETTE. (Charles de), de Besançon. *Dugrail de la Villette*. I, 410 ; — *De la Villette* (Charles). Discours, 1514 ; Dévouement de Desèze, 1515.

BERNARD DE MONTBRISON (Louis-Simon-Joseph de). *L. B. de M.* (M.). Thalie, 3934.

BERNARD-FOUQUET, négoc. *Membre du conseil d'arrondissement d'Evreux* (un). Réflexions, 4725.

BERNARDI (Joseph-Elzéar-Domin.). *Ami de la Concorde* (un). Lettre à M. le comte Lanjuinais, pair de de France, sur son ouvrage intitulé : « Appréciation du projet de loi relatif aux trois concordats »; par un ami de la Concorde, membre de l'Académie des inscriptions et belles-lettres, un homme consommé dans la science de la législation et surtout du droit canon. Paris, Adrien Leclère, 1818, in-8 de 48 p.; — *Ancien jurisconsulte* (un). Observations sur l'ancienne Constitution française et sur les lois et les codes du gouvernement révolutionnaire. Paris, Michaud frères, 1814, in-8, de 60 p. Réimpr. dans la même année, Paris, Michaud, et Avignon, Séguin, in-8 de 56 p.; — *Officier de cavalerie* (un). Influence, 5255.

BERNARDIN DE SAINT-PIERRE. *Officier du Roi* (un). Voyage, 5295.

BERNAY (Louis-Camille), né à la Malmaison, le 16 mars 1813, mort à Paris, le 14 juin 1842. *Brunck* (Jean-Junius). Le Masque, histoire véridique et terrible, écrite de la main du respectable Jean-Junius Brunck, greffier de première instance, puissamment assisté dans ce travail par son neveu et filleul Jean Socrate Brunck, dit le-Chevelu, ainsi désigné à cause de sa coiffure, et ainsi coiffé à à cause de ses opinions littéraires. (Fragment. IV chapitres). Impr. pp. 591 à 657 des « OEuvres dramatiques de Camille Bernay ». Paris, 1843, in-18 form. angl.

BERNEGGERUS (Mathias). *Berenicus* (Theodosius). Proaulium, 606.

BERNIER (Jean). *La Rancune*. Anti-Menagiana, 3827 ; — *Saint-Honoré* (le sieur). Jugement, 6921.

BERNIER (Jean), de Blois, médecin. *Pépinocourt* (le sieur). Réflexions. 5589.

BERNIER (François), d'Angers. *Maitres ès-arts* (les). Requeste, 4494.

BERNIER (Aristippe), tragédien. *Aristippe*. Théorie, I, 295.

BERNIÈRES-LOUVIGNY (Jean de). *Solitaire* (un). Chrétien, 7744.

BERNIS (le card. Franç. Joach. PIERRE DE), mort à Rome, le 2 nov. 1794. *B****** (M. l'abbé de). Poésies diverses. Nouv. édit. Amsterdam. 1764, in-12 ; — *L. D. B.* (M). Poésies diverses. Paris, Coignard. 1744, in-8. Première édition des poésies précédentes.

BERNY (Isidore), aut. dram. *Isidore*. II, 272.

BEROALDE DE VERVILLE (Fr.). *F.B.* Soupirs, 2362 ; — *Rabi el Ullou de Deon*. Aventures, 6255.

BERQUIN DUVALLON, neveu de l'auteur de « l'Ami des Enfants ». *Observateur résident sur les lieux...* (un). Vue de la colonie espagnole du Mississipi, ou des provinces de la Louisiane et de la Floride occidentale, en l'année 1802. Paris, Le Normant, 1803, in-8.

BERR (Michel), de Turique, israélite français distingué, d'abord membre de la commission administrative des hospices civils de Nanci, plus tard du conseil d'administration de la Société pour l'instruction élémentaire, membre de la Société royale des antiquaires, de la Société philotechnique et de plusieurs autres académies nationales et étrangères ; né en 1780, à Nanci, où il est mort, le 4 juillet 1843. *B*... (M.). Observations sur l'acte additionnel aux Constitutions de l'Empire et sur notre situation politique. Paris, Delaunay, 1815, in-8 de 44 pag. ; — *B**** (M.). Lettre sur les premières livraisons de « l'Israélite français, » adressée à M. Villenave, rédacteur en chef des « Annales politiques », etc. Paris, de l'impr. de Setier, 1818, in-8 de 32 pag. Les rédacteurs de « l'Israélite français » répondirent à cette lettre par une amère critique, intitulée : Réponse à la lettre imprimée de M. Mich. Berr, adressée à M. Villenave, contre l'Israélite français, brochure in-8. M. Berr répliqua par quatre pages ayant pour titre : « Sur une réponse à la brochure intitulée » : Lettre sur les premières livraisons de l'Israélite français (avril 1818). — *Citoyen français* (*un*). Appel à la justice des nations et des rois, ou Adresse d' — au congrès qui devait avoir lieu à Lunéville, au nom de tous les habitants de l'Europe qui professent la religion juive. Paris, et Strasbourg, Levrault frères, an x (1801), in-8 de 72 pag. ; — *Israélite français* (*un*). Abrégé de la Bible, 3211 ; — *Membre de la Société académique de Nanci* (*un*). Notice sur M. le baron de Riouffe, préfet de la Meurthe..... (Paris, de l'impr. de Setier, 1823), in-8 de 17 pag.

BERR-BING (Isaac), israélite français, beau-père du précédent, mort à Paris, le 20 juillet 1805. *Citoyen* (*un*), membre de la ci-devant communauté des Juifs de Lorraine. Lettre d'—, à ses confrères, à l'occasion du droit du citoyen actif, décrété le 28 septembre 1791. Nanci, 1791, in-8. Berr-Bing s'est reconnu l'auteur de cet écrit, p. 13 d'une Lettre... à M. Grégoire, sénateur à Paris. (Nanci, de l'impr.

de Barbier), 1806, in-8 de 48 pag.; — *Juif de Metz* (*un*). Lettre, 3397. Le véritable titre de cet écrit est : Lettre du sieur I.-B.-B., juif de Metz, à l'auteur anonyme (le général Aubert Dubayet) d'un écrit intitulé : « le Cri d'un citoyen contre les Juifs ». Metz, 1788, in-8.

BERRIAT (Jacques-Saint-Prix). *Berriat-Saint-Prix* (Jacques). I, 121.

BERRIER (Jérôme-Constant), auteur dram. *Constant.* I, 272.

BERRUYER (le P.). *Théologien* (*un*). Lettres, 8156.

BERRUYER (Alex.-Aug. de). *Munito*, chien savant. Épître, 5021 ; — *Sirius.* IV, p. 329.

BERRYER père (P.-N.). *Ancien jurisconsulte* (*un*). De la Pairie, 195 ; Hérédité, 196.

BERTHAUD (Henri-Auguste-Louis), mort à 32 ans, et comme Hégésippe Moreau, dans une misère profonde. *Duplessy.* Un mois à Naples, 2097; — *Haud'bert* (L.), auteur de quelques poésies avec cette signature.

BERTHAULT (L.-D.-B. de). *L. D. B.* Serin, 3953.

BERTHET (Élie). *Raymond* (Élie). La Veilleuse, 6322.

BERTHEVIN (Jules-Julien-Gabriel). *Delanoé* et *de Lanoé.* Observations, 1507 ; Précis, 1508.

BERTHIER (Alexandre). *Neuchâtel* (le prince de). III, 326.

BERTHIER (Pierre), officier supérieur au corps des mines. *P. B.* Chimie minérale et Analyse des substances minérales, travaux de 1829, 1830 et 1831. (Extrait des « Annales des mines »). Paris, Carilian-Gœury, 1833, in-8.

BERTHON DE FROMENTHAL (Gabriel). *Fromenthal.* II, 120.

BERTIN (le chev. Ant. de). *B****** (le chev. de). Poésies et pièces fugitives. Paris, 1782, in 8, souvent réimprimées.

BERTIN (Th.-P.). *Misethos* (F.-L.). Comiphonie, 4886.

BERTINAZZI (Ch.-Ant.), célèbre comédien italien. *Carlin.* Métamorphoses, 921.

BERTON (J.-Michel), avocat. *Bertrand.* Bal, 637.

BERTRAND, seigneur de FREAUVILLE (François). *F****. Prérogatives, 2341.

BERTRAND (Bernard-Nicolas), D. M., mort le 29 nov. 1780. *B. C. P. de* la *C. de P.* (M.). Éléments d'Oryctologie, ou Distribution méthodidique des fossiles. Neuchâtel, Soc. typogr., 1770, 1773, in-8. *Catal. Huzard.*

BERTRAND (Jean), membre de la Société économique de Berne. *Membre de la Société économique de Berne* (un). Traité des arbres fruitiers, extrait des meilleurs auteurs, par la Société économique de Berne; trad. de l'allem. et considérablement augm. par —. Yverdon, 1768, 2 vol. in-12.

BERTRAND. *** (M.). Mémoires, 9107. Il existe des exempl. qui portent pour nom d'auteur : B., de Montpellier.

BERTRAND (Pierre). *Nain connu* (le). III, 312.

BERTRAND, dit le comte de Marseille-Civry. *Marseille-Civry* (le comte de). Bruxelles et la Belgique, 4559. Premier roi des Belges, 4560.

BERTRAND (Mme), dite comtesse de Marseille-Civry, femme du précédent. *Marseille-Civry.* Salon belge, 4561.

BERTRAND-QUINQUET (Mme Suzanne), née Girieux. *Morency.* Illyrine, 4986; Rosalina, 4987; Lise, 4988; Euphémie, 4989; Orphana, 4989*; Zéphyra, 4990.

BÉRULLE (le card. de). *Alexis* (Léon d'). Traité des énergumènes, 84.

BERZELIUS (Jacques), célèbre chimiste suédois du XIXe siècle, volé par *Louyet* (P.). Cours élémentaire de chimie générale organique, à l'usage des écoles et des collèges. Bruxelles, Société encyclographique, 1844, 2 vol. gr. in-8 avec planches. A l'exception de l'introduction de cet ouvrage, qui n'est peut-être pas entièrement prise d'autres savants, le reste est copié, sans même que la ponctuation en ait été changée, de la traduction française du grand ouvrage de J. Berzelius, publié chez les MM. F. Didot frères.

BESCHERELLE aîné, conservateur-adjoint de la Bibliothèque du Louvre. *Severus Syntaxe* (le doct.). Grammaire de l'Académie, 7470; Grammaire des épiciers, 7471.

BESLY. *Le Mazan.* Mémoires, 4024.

BESNARD (J.-S.). *Travailleurs et Commerçants* (des). Plan, 8315.

BESOIGNE (l'abbé Jérôme), docteur de Sorbonne: mort le 25 janv. 1763.

Ami (un). Première Lettre d'— à un curé du diocèse de Sens, au sujet d'un écrit intitulé : « Apostilles curieuses pour être ajoutées aux remarques importantes de M. l'archevêque de Sens. 15 décembre 1732. In-4. Cette Lettre a été suivie d'une seconde, datée du 31 décembre 1732, de 8 pag.

BESSIN (le R. P. dom Guillaume). *R. P. D. G. B.* (le). Réflexions, 6656.

BESSON, minéralogiste. *Laborde* (Jean Benj. de). Tableaux ou Voyages, 3495.

BESSON (l'ab.). *Docteur de Paris* (un). Lettre, 1773.

BESSON (Jean-Bapt.), évêque de Metz; né à Seyssel, le 12 septembre 1756, mort à Metz, le 30 janvier 1842. *Evêque de Metz* (l'). Observations de — sur l'état de prévention de désobéissance aux lois du royaume, dans lequel le rapport au roi du 20 janv.... place tous les évêques aux yeux du peuple. Lyon, Rusand, 1828, in-8 de 44 pag. *Sirand. Bibliog. de l'Ain.*

BESSON, employé au ministère de la guerre. *Chiffonier* (un). Physionomie de la Presse, ou Catalogue complet des nouveaux journaux qui ont paru depuis le 24 février jusqu'au 20 août, avec le nom des principaux rédacteurs. Paris, rue de Moscou-Amsterdam, n. 3, 1848, in-18 de 162 pag. L'avant-propos est signé : le père Jean, chiffonnier de son état, — littérateur par occasion. C'est le premier catalogue qui a été publié des journaux de 1848. — *Jean* (le père). Les Conseils du —, ou un Chiffonnier de Paris à ses amis des faubourgs. Paris, r. du Cadran, n. 15, 1848, in-folio de 2 pag.; Opinion d'un chiffonnier de Paris sur M. de Lamartine. Paris, r. du Cadran, n. 15, s. d. (12 août 1848), in-fol. de 2 pag. à 3 colon.

BESUCHET (Jean-Claude), D. M. à Paris. *B****** (J.-C.). Précis historique de l'ordre de la franc-maçonnerie, depuis son introduction en France jusqu'en 1829; suivie d'une Biographie des membres de l'ordre les plus célèbres par leurs travaux, leurs écrits, ou par leur rang dans le monde, depuis son origine jusqu'à nos jours ; et d'un choix de discours et de poésies. Paris, Rapilly, 1829, 2 vol. in-8. La Biographie forme les deux tiers du second volume.

BÉTENCOURT (l'abbé Pierre-Louis-Joseph), de l'Académie des inscriptions et belles-lettres.; né à Arras, le 7 juillet 1743, mort à Paris, le 9 mai 1829. *Membre de l'Académie des inscriptions et belles-lettres (un)*. Noms féodeaux, 4692.

BÉTEND (l'abbé). *Ancien Curé et supérieur de séminaire (un)*. Réflexions sur le respect dû au Pape et à ses décisions dogmatiques. Lyon, vers 1817, in-8. L'abbé Jacquemont (voy. ce nom) a répondu à cet écrit ultramontain.

BETTE D'ETIENVILLE (J.-Charles-Vincent). *Gérard* (l'abbé). Infortunes, 2759.

BETTINELLI (le P.) *Virgile*. Lettres, 8748.

BETTINGER (J.-B.), ancien professeur. *Ancien Professeur (un)*. Dictionnaire critique et raisonné du langage vicieux ou réputé vicieux. Ouvrage pouvant servir de complément au « Dictionnaire des difficultés de la langue française » par Laveaux. (Revu par Raymond), Paris, Aimé André, 1835, in-8. Ce volume avait déjà paru l'année précédente sous un titre différent (Dictionnaire grammatical,...) et avec le nom de M. J. B. Bettinger.

BETTONI (Marie-Louise), artiste dramatique, d'abord danseuse, plus tard tragédienne, sous le nom d'*Araldi*. Engagée au Théâtre-Français, le 30 octobre 1843, elle fut forcée de s'en éloigner par suite des dégoûts dont l'abreuva la Juive qui règne là en souveraine. Voy. la Notice sur Mlle Araldi dans l'Annuaire dramatique (de M. F. Delhasse) pour 1846, pag. 109—111.

BEUCHOT (A.-J.-Q.), bibliothécaire de la chambre des députés, mort le 8 avril 1851. *Français (un)*. Opinion, 2527; — *Homme qui jusqu'à présent n'a rien juré (un)*. Dictionnaire, 3120; — *Legouvé*. Mérite, 4012; — *Soc. de gens de lettres (une)*. Oraison, 7644.

BEUDIN (Félix). *Dumas* (Alex.). Richard d'Arlington, 1757.

BEURIOT (le P.), profès du couvent de Rouen, sis rue Malpalu; mort

à Carhaix, en Basse-Bretagne, en 1789. *B.* (le P.), religieux augustin. Horlogéographie pratique, ou la Manière de faire les horloges à poids. Rouen, Ph.-P. Cabut, 1719, in-8.

BEUVIN (Gabrielle Soumet, dame), fille du poète Alex. Soumet, de l'Académie française, et femme de M. Beuvin, inspecteur primaire du département de la Seine, né à Altenheym, village du Bas-Rhin. *Altenheim* (Mme B. d'). Pour la liste de ses ouvrages, jusqu'en 1838 seulement, voy. la « Littérature française comtemporaine » à ce nom littéraire.

BEUZELIN DU HAMEAU (l'abbé L. F.), prêtre assermenté, curé de Sévigné , près d'Argentan (Orne); né à Falaise, vers 1750. *B. D. H.* Exposé conciliateur des différentes opinions du Clergé , et justificatif du Serment. Alençon, an XI (1803), in-8 ; — *L. F. B. le Scrupuleux*. Observations, 4202.

BEVERLEY (R. B.). *Auteur natif et habitant du pays (un)*. Histoire de la Virginie...., traduite de l'angl. Amsterdam, Orléans et Paris, Ribou, 1707, in-12, avec 14 planches.

BEYERLÉ (J.-P.-L.). *Eques à Flore*. Conventu, 2230.

BEYLE (Marie-Henry), né à Grenoble, le 23 janvier 1783, mort à Paris, le 23 mars 1842. *Bernard* (Théodose), du Rhône. I, 118 ; — *Birkbeck*, I, 130 ;—*Bombet* (Louis-Alexandre-César). Lettres, 733 ; — *Botmer* (le baron). I, 153 ; — *Cotonnet*. I, 286 ; — *La Genevais*, 3541 ; — *Lisio*. II, 617 ; — *Petit-fils de Grimm* (le). III, 444 ; — *R...* (sir William). IV, p. 6. — *Salviati*, articles et feuilletons ; — *Stendhal*. IV, 416 ; — *Strombeck*. IV, 423 ; — *Touriste* (un). Mémoires, 8290 ; — *Visconti*. IV, p. 624.

BEYNAGUET. *Bt.* Manuscrit sur l'Agriculture et les Mœurs. Aurillac, 1821, in-8 de 4 pag. *Cat. Huzard*.

BEYS (Charles). *Chillac* (Timothée de). Comédie, 1052.

BÈZE (Théodore de). *Frangidelphe-Escorche-Messes*. Histoire, 2582 ; — *Nezechius* (Nathan). Adversus, 5122 ;— *Passavantius* (M. Baud.). III, 414 ;— *Phénice* (Thrasibule).

Comédie, 5676 ; — *Seba* (Adeod.). Adeodati Sebae-Juvenilia, 7426.

BEZE (Jacq.-Claude). *Chevalier de Saint-Louis* (*un*). Conseil patriotique relatif aux circonstances actuelles, adressé à tous les Français et particulièrement au peuple, pour l'éclairer sur ses véritables intérêts. Nevers, 1789, in-8, de 36 pag.

BEZTOUGEF (Alexandre), littérateur russe. *Marlinsky.* Ammalat-Beg, 4555.

BIANCOLELLI (P.-François), auteur et art. dram. *D**** et *Dominique.* I, 382.

BIDARD-HAYÈRE (J). *Dulorny* (Ch.). Petit-Neveu, 1942.

BIDAULT DE MONTIGNY (J.-Ch.). *Méchant poète* (*un*). Epitre, 4649 ; — *Montigny* (de). III, 297 ; — *Philosophe parisien* (*un*). Epitre au Roi, 5772.

BIDON DE VILLEMONTEZ. *Villemontez* (de). IV, pag. 621.

BIERS (Gustave), de Villeneuve-sur-Lot. *Charabia Parisphobe* (*un*), de Villeneuve-sur-Lot. Défi poétique. La Province à Paris. Seconde édition, considérablement augmentée et précédée d'une Préface. Paris, Ledoyen, 1841, in-8. de 30 pag. La première édition, publiée l'année précédente, et ne formant que 12 pag., porte le véritable nom d'auteur.

BIÈVRE (le marquis de). *Bois-Flotté* (le sieur de), étudiant en droit-fil. Lettre, 709 ; Vercingentorix, 710.

BIGLIS (P.-L.). *P. L. B.* Le Vainqueur de la Mort, ou Jesus souffrant. Paris, de Sercy, 1752, in-8. *D-M-ne.*

BIGNON (Jérôme). *Du Jay* (Théophile). Grandeur, 1937 ; — *H. B. P.* Traité, 3007.

BIGNON (l'abbé Jean-Paul). *Sandisson* (de). Aventures, 7338.

BIGOT, baron de Morogues. *Morogues* (de). III, 304.

BIGOT (C.-D.), né en Bugey, rédacteur en chef du journal de Lyon : « le Salut Public ». *Dacier* (Stephen). Le Canon russe. Lyon, 1851, in-12, de 70 pag. *Sirand. Bibliogr. de l'Ain.*

BILDERBECK (le bar. Louis de). *Louis.* III, 7 ; — *Metz* (François), 4775 ; — *S. W****. Urne, 7917.

BILLARD DE LORIÈRE. *Lorière* (de). II, 632.

BILLARD DUMONCEAU (Edme), aut. dramat. (*Anon.*). Le Jugement de caprice , com. en vers et en trois actes. Sans nom de ville, ni d'impr.; 1761, in-12 ; — *D****. Théâtre de Société. Tome Ier (et unique). Sans nom de ville, ni d'impr., in-8, de 302 pag. Ce volume contient : le Boudeur corrigé, com. en 3 actes ; — l'Heureuse espièglerie, c. en un acte ; — Abdolonyme, com. en 3 act. et en vers libres ; — les Portraits, com. en un acte ; — le Criminel honnête homme, com. en 3 actes.

BILLARDON DE SAUVIGNY. *Sauvigny* (B. de). T. IV, pag. 298.

BILLAUD (Adam), menuisier de Nevers. *Adam* (maître). Chevilles, 26.

BILLAUD-VARENNES. *Observateur philosophe* (*un*). Question, 5225.

BILLECOCQ (J.-B.-L.-Jos.), avocat; mort à Paris, le 15 juillet 1829. *Français* (*un*). Un Français, à l'honorable lord Wellington, sur sa lettre du 24 septembre dernier à lord Castlereagh. Paris, Gueffier, 1815, broch. in-8 ; — *Royaliste* (*un*). Changement, 6642.

BILLEMAZ (François), greffier du juge-de-paix à Lyon ; né à Bourg, le 23 juillet 1751, mort à Lyon, en 1793. (*Anon.*). Les Francs-Maçons plaideurs. Genève, 1786, in-8, de 214 pag. ; — *Ane du F∴. Naboth* (l'). Discours de —. 1787, in-8. Opuscule contre les francs-maçons. — *Auteur Sébusien* (*un*). Projet sur l'établissement du pouvoir, par — qui croit avoir proposé ce qu'il y a de mieux à faire. 1790, in-8. de 51 pag. *Sirand. Bibliogr. de l'Ain.*

BILLIET, D. M. B.... (M.). Lettre de, — sur l'analyse et la vertu des eaux minérales, dont la source est dans son jardin, au faubourg Saint-Antoine lès Paris : 1707, in-12.

BILLIET (Claudius), de Lyon. *Antony Claudius.* Chansons , 274 ; Nouveaux Mélanges, 275 ; — *Lyonnais* (*un*).Stances, 4428 ;—*Rénal* (Ant.). IV, p. 92.

BILLION (Camille). *Juge de paix de Lyon* (*un*). Observations, 3396.

BILLOT (le P.), carme ; né à Malicorne. *Célestin* (le P.). Manuel de Piété, ou Recueil de prières chrétiennes à l'usage des princes et princesses de la Cour, et des personnes pieuses; dédié à Madame la Dauphine. Paris, Fournier, 1771, in-12. *Fr. Gr.* — *le.*

BILLUARD (le P. Charles-René). *Ecclésiastique de Paris (un).* Avis, 2148; *Franc* (Ludovicus). Epistotola, 2507; *Lomanise* (Louis de). Apologie, 4267; — *Religieux de l'ordre de St-Dominique (un).* Thomisme vengé, 6425; Thomisme triomphant, 6426.

BIMARD (Joseph), baron de la Bastie. *La Bastie* (le baron de). II, 337.

BINDO (N.-J.). *Tavannes* (le comte de). Mémoires, 7995.

BINEAU, ingénieur en chef des mines, depuis ministre. ***. Lettres, 9392.

BINET (le P. Etienne), jésuite, *Arviset* (Etienne). Consolation, 311; — *Fontaine* (Fr. de). Réponse, 2478; — *François* (René). Essai, 2570; — *Père de la Compagnie de Jésus (un).* Vie d'Amédée III, 5611.

BINET (Claude). *Cl. B.* Les Plaisirs de la vie rustique et solitaire. Paris, Lucas Breyer, 1583, in-12. *Catal. Huzard.*

BINS DE SAINT-VICTOR (Jacq.-Max.-Benj.), né au Cap-Français, île de Saint-Domingue, en 1772, fut, avant la Restauration, un écrivain très profane, qui, tout en faisant de la critique pour le « Journal des Débats » de l'Histoire et de l'Antiquité pour le monde savant, mettait au jour des poésies, des pièces de théâtre, et voire un roman « dans le genre de Faublas ». (Voy. notre «France littéraire»). La Restauration modifia ses opinions: il devint écrivain religieux, et avec le temps les ultramontains ont pu le compter au nombre de leurs plus zélés soutiens. M. de Saint-Victor est, avec le comte O'Mahony, depuis son origine, l'un des principaux rédacteurs du recueil jésuitique intitulé « l'Invariable » qui se publie à Fribourg. *B. de St-V.* Amour et Galanterie, dans le genre de « Faublas ». Paris, Barba, 1801, 2 vol. in-12. avec 2 grav.; Les Grands Poètes malheureux. Paris, Barba, 1802, in-12, avec le portr. d'Homère; — *Mersenne* (René de). Lettres (deux) sur les Voyages imaginaires de M. de Châteaubriand dans l'Amérique septentrionale. Paris, Garnier frères, s. d. (1849,) in-8, de 136 pag. La première lettre est sur le Mississipi et ses bords, le Kentucky, etc.; la seconde sur l'Hudson, le Voyage dans les déserts, la cataracte du Niagara, les Florides, etc. L'auteur prévient dans son avertissement que deux fragments de ces lettres ont été publiés, il y a bien des années dans une Revue française qui s'imprimait à l'étranger, « l'Invariable, » qui paraît à Fribourg en Suisse. Le premier fragment y fut inséré en 1832. — *N.* Des articles dans le Journal des Débats de 1800 à la Restauration.; —*Saint-Victor* (B. de). IV, p. 246; — *** (M). L'Habit du chevalier de Grammont, 9268. Avec cette signature, M. de Saint-Victor a donné plus tard trois ouvrages d'un genre bien différent. Ce sont des traductions des Confessions de St-Augustin, du Discours de St-Bernard à la sœur la religieuse, et du Combat spirituel, traductions qui font partie de la « Bibliothèque des dames chrétiennes ». — ***** (J. M. B. de). Lettres sur les Etats-Unis d'Amérique, écrites en 1832 et 1833, et adressées à M. le comte O'Mahony. Lyon, et Paris, Périsse frères, 1835, 2 vol. in-8. Quelques-unes de ces Lettres ont paru dans « l'Invariable ». La dix-septième a été imprimée à part, in-8 de 52 pag., sans changement de pagination.

BINVILLE (de). *Gentilhomme de Picardie (un).* Vérités, 2733.

BIOLEAU (de). *Ostalis* (le chev. d'). Voyages, 5397.

BION (Jean). *B*** (le docteur). Essais, 395.

BISEAUX (de). *D. B.* (M.). Description des merveilles et de la richesse inouïe du château royal de Binche. Binche, H. Fontaine, impr.-lib., 1830, in-8 de 45 pag. Facétie, extraite des « Étrennes Binchoises », et tiré à un seul exempl. *Jannet. Journ. de l'amateur de livres.* III, n. 66.

BIXIUS, pasteur d'un village du canton de Berne. *Gotthelf* (Jérémias). Ulric, ou le Valet de ferme, ou Comment Ulric arrive à la fortune; traduction libre de l'allemand (par un anonyme). Neuchâtel, 1850, in-8.

BIZET. *Radcliffe* (Mistr.). Tombeau, 6265.

BLAINVILLE (de). *B.* (de). Rome, Paris et Madrid ridicules, avec des remarques historiques, et un Recueil de poésies diverses, par M. de B. en Espagne. Paris, P. Le Grand, 1713, in-12. « Rome ridicule » est de Saint-Amand ; « Paris ridicule » est de Louis Petit, et « Madrid ridicule » est de Blainville (1). Les deux premiers morceaux étant rares, Blainville les fit réimprimer avec son « Madrid ridicule » et avec des Remarques ; — *D**** (le sieur). OEuvres, 1325. Même ouvrage que le précédent, de la seule édition citée par les bibliographes.

BLAISE (J.-J.), libraire-éditeur à Paris. *B.....* (J.-J.). Notice nécrologique sur Pierre-Philippe Choffard, graveur et dessinateur, né à Paris en 1730, mort le 7 mars 1809. Hommage offert à sa mémoire comme un témoignage d'amitié et de reconnaissance. 1812, une feuille atlantique, tirée à deux exempl. pour les vol. de son œuvre : Cabinet des estampes, Bibliothèque impériale.

BLAISE (Ange), neveu de M. Lamennais, directeur du Mont-de-Piété. *Jacques - Bonhomme.* Jacques-Bonhomme. Le bon sens, 3222 ; id. aux représentants, 3223 ; id. à ses descendants, 3224 ; Civilisation, 3225 ; Opinion, 3226 ; Recensement, 3227.

BLAIZOT-DESBORDES. *Motteville* (Françoise Bertrand, dame de). Mémoires, 4999.

BLANC (Antoine). *Leblanc de Guillet.* II, 563.

BLANC D'HAUTERIVE (le comte Alex.-Maurice), conseiller d'Etat, garde des archives au ministère des relations extérieures, membre de l'Académie des inscriptions et belles-lettres ; né à Aspres-les-Corps (Hautes-Alpes), le 14 août 1754, mort le 27 juillet 1830. *H****** (le comte d'). 1o Considérations générales sur la théorie de l'impôt et des dettes, formant, dans une nouvelle édition, l'Introduction d'un ouvrage intitulé : « Notions élémentaires d'économie politique ». Pa-

ris, Thoisnier-Desplaces, 1825, in-8 de 146 pag. ; — *H**** (le comte d'). 2o Notions élémentaires d'économie politique, à l'usage des jeunes gens qui se destinent au service des administrations. Nouvelle édition, augmentée d'une Introduction, contenant des Considérations.... Paris, Thoisnier-Desplaces, 1825, in-8. La première édition des « Eléments d'économie politique », entièrement anonyme, est de 1817 ; 3o Conseils à des surnuméraires ; ouvrage imprimé à l'Imprimerie royale pour le ministère des affaires étrangères, et non publié. Paris, de l'Imprimerie roy., 1826, in-8 ; 4o Méthode pour se former en peu de temps à une prononciation facile et correcte des langues étrangères. Extrait d'un ouvrage inédit sur l'étude des langues. Paris, Filleul, 1827, in-8 de 24 pag. — *Hauterive* (le comte d'). II, 206.

BLANC DE ROYAL SAHARASIN (le comte Eugène). *Gaulois* (un). Le Pandemonium français, almanach charivarique de l'Ante-Christ pour l'an de Satan, 46. Calendrier à l'usage de tout le monde et de plusieurs autres. Paris, 1846, in-12.

BLANCHARD (l'abbé Pierre-Louis). *D. M.* (M.). La France en 1814 et 1815, où Lettre de— à M. W. Bew. Londres, Juigné, 1815, in-8. Cette lettre a été insérée en grande partie dans « l'Ambigu », journal de Londres. Le dernier article est dans le no 461 du 20 janvier 1816. On y suppose que M. D. M., qui a écrit la Lettre, est un gentilhomme français ; mais le véritable auteur est l'abbé Blanchard. — *Membre de l'Eglise gallicane* (un). Controverse pacifique, 4703 ; Question importante, 4704 ; — *Prêtre français* (un). Véritable esprit, 6049 ; — *Société de prêtres français* (une). Convention, 7707.

BLANCHARD (P.). *Félix.* II, 64 ; — Soc. *de gens de lettres* (une). Bibliothèque, 7627 ; — Soc. *de militaires* (une). Histoire, 7694.

BLANCHARD (Henri), compositeur de musique et littérateur. *Diaz.* I, 360 ; — *Schol* (J.-J.-J. de). T. IV, p. 302.

BLANCHARD DE LA MUSSE (Franç.-Gabr.-Ursin), poète ; né à Nantes

---

(1) Feu Duputel (vry. ce nom) a donc fait erreur en cherchant à démontrer dans sa Notice sur Louis Petit, que ces trois morceaux étaient de celui-ci.

en décembre 1752, mort à Rennes, en mars 1836. *La Musse* (B. de). Pour la liste de ses opuscules, voy. notre article dans la « Littérature française contemporaine », t. I, pag. 599.

BLANCHIN (Jean-Baptiste), ancien oratorien à Lyon, ancien professeur; né à Lagnieu (Ain), où il est mort le 19 janvier 1836 dans un âge très-avancé. *J. B. B.*, bachelier ès-lettres, ci-devant membre de la Congrégation de l'Oratoire. 1º Le Disciple de Lhomond, ou Recueil de phrases qui ont rapport aux différentes règles contenues dans les Eléments de Grammaire latine de Lhomond. Lyon, Maillet, et Paris, Saint-Michel, 1810, 2 vol. in-12. Première édition d'un livre qui a été souvent réimprimé. La 6e édition est de 1840 : les quatre premières ne portent que les initiales du nom de l'auteur ; 2º Le Petit élève de Lhomond, ou le Petit frère du Disciple de Lhomond. Lyon, Maillet, 1813, in-12. Souvent réimprimé : 8e édition en 1839. Les quatre dernières portent le nom de l'auteur ; 3º Eléments de géographie, à l'usage de la jeunesse de l'un et de l'autre sexe. Lyon, Et. Savy, 1816, in-12.

BLANCHOT. B. 1º Aux Cultivateurs, ou Dialogue, peut-être intéressant, tiré d'un manuscrit qui a pour titre : Entretiens d'un vieil agronome et d'un jeune cultivateur. Paris, 1786, in-12 de 48 pages ; 2º Du Trèfle, de sa culture : chapitre tiré d'un manuscrit qui a pour titre : Entretiens d'un vieil agronome et d'un jeune cultivateur, sur plusieurs objets importants de l'économie rurale. Londres et Paris, 1786, in-12 de 64 pages. Autre édition. Paris, Meurant, an x (1801), in-12 de 62 pages ; 3º De la marne, et de la manière de l'employer utilement à l'amendement et à l'amélioration des terres; chapitre encore tiré du manuscrit qui a pour titre : Entretiens d'un vieil agronome et d'un jeune cultivateur. Paris, 1788, pet. in-8 de 53 pages.

BLANDET, D. M., alors interne à la Charité. B. Pelops, opéra transcendant, tiré de la première Olympique de Pindare, représenté le 2 juillet 1828, au Pandiorama de Pé-

kin. Paris, de l'impr. de F. Didot, 1826, in-8 de 16 pag. ; — *Satyricon.* Romantiade, 7375.

BLANRY (Laurence de). *Farnèse* (P.). Physiologie, 2352.

BLAZE (François-Henri-Joseph). *Castil-Blaze.* I, 207 ; — XXX. Chronique musicale, IV, 661.

BLAZE (Henri), baron de Bury, fils du précédent. *Werner* (Hans). Revue. IV, 649.

BLAZE (Mme Rose), baronne de Bury, née Stewart, femme du précédent. *Dudley*(Arthur). I, 407, et, dans la « Revue des Deux-Mondes », avec le même pseudonyme : 1º Thomas Moore, 1er juin 1843 ; 2º la Littérature anglaise de *High Life*, 1er juin 1846 ; 3º Charles Dickens, 1er mars 1848 ; « la Presse » du 19 février 1847 contient aussi un feuilleton de ce pseudonyme, intitulé « Byron et les Anglais. Private Reminiscences of lord Byron».—*Flassan* (Maurice). II, 78.

BLAZE (Sébastien), l'un des frères de Castil-Blaze. *Apothicaire* (un). Mémoires, 278.

BLÉGNY. *Du Pradel* (Abrah.). Adresses de Paris, 2099.

BLÉMUR (la sœur Jacqueline de). *Religieuse bénédictine du Saint-Sacrement* (une). Menologe, 6387 ; — *S. J. D. B.* Grandeurs, 7518.

BLESSIG. *Société de gens de lettres* (une). Archives, 7637.

BLETTON (l'abbé Jean-François). *Prêtre du diocèse de Valence* (un). III, 577.

BLIN DE SAINMORE. *Luneau de Boisjermain.* OEuvres, 4394.

BLOCQUEL (Simon), ancien imprimeur-libr. à Lille. *Aaron* (l'helléniste). Magie, 2 ; — *Blismon.* Omnibus, 680 ; Jeune, 681 ; Notice, 682 ; Typographie, 683 ; Quinzaine, 684 ; Actions, 685 ; Chansonnier, 686 ; Ecrits, 687 ; Almanach, 688 ; Abrégé, 689 ; Traité (petit), 690 ; Traité, 691 ; Guide, 692 ; Formulaire, 693 ; Physiologie, 694 ; Manuel, 695 ; Histoire, 696 ; Annuaire, 697 ; Almanach, 698. —*Bugcellos.* Vertus, 836 ; Leçons, 837 : Géographie, 838 ; Beaux traits, 839 ; Etrennes, 840 ; Etrennes morales, 841 ; Abrégé, 842 ; Histoire de N.-S. J.-C., 843 ; Beautés, 844 ; Ichthyologie, 845 ; Ornithologie, 846 ; Abeille, 847 ; Beautés de la littérature, 848 ;

a

Vertueux, 849 ; Buffon, 850 ; Morale, 851 ; Astrologie, 852 ; Abrégé de Crozat, 853 ; Abrégé du Voyageur, 854 ; Conseils, 855 ; Voyageur, 856 ; Morceaux, 857 ; Abrégé de toutes sciences, 858 ; Fablier, 859. — *Milbons*. Manuel, 4804.— *Monblis*. Histoire, 4924. — *Orsini* (Julia). Grand Eteilla, 5390.— *Rimon*. Album, 6540 ; Mon Cadeau, 6541 ; —*Usinci*. Portefeuille, 8398.

BLONDE (André), avocat. *Profane* (un). Lettre, 6097.

BLONDEAU (Alphonse). *Poète de province* (un). Epître, 5931.

BLONDEAU, professeur en droit. *Bourlet*. Thémis, I, p. 157.

BLONDEL (David). *Flavien* (Amand). Amandi, 2444.

BLONDEL (J.), avocat , de Reims. *B*. (M.). Loisirs philosophiques , ou l'Etude de l'Homme. Londres , et Paris, 1756, in-12 ; — *B*..... *L*. (M.). Discussion des principaux objets de la législation criminelle. Paris, 1789, in-8.

BLONDELLUS (Fr.) *Douleus* (Phil.), D. M. P. Dissertatio, 1823.

BLOSIUS (Ludovicus). *Dacryanus*, abbatis ord. Sancti Bened. Speculum, 1348.

BLUET (Bern.). *Permission* (le comte de). Recueil, 5644.

BLUMENSTEIN (le baron de). *B*. (le baron de). Traducteur français des quatre ouvrages suivants de Will. Gilpin. Trois Essais sur le beau pittoresque, sur les voyages pittoresques et sur l'art d'esquisser le paysage ; suivi d'un poème sur la peinture du paysage. Breslau, 1799, in-8. Essai sur les gravures. Breslau, 1800, in-8 ; Observations pittoresques sur le cours de la Wye et sur différentes parties du pays de Galles. Ibid., 1800, in-8; Voyage en différentes parties de l'Angleterre..... Ibid. , 1800, 3 vol. in-8.

BOAISTUAU, dit LAUNAY. *Launay*. Histoires, 3864.

BOBLET (Mme A.-M.). *Tribon* (Mme). Album, 8337.

BOCQUILLON (Guill.-Louis), professeur de chant. *Wilhem* (B.). Guide, 8876 ; Musique, 8877; Méthode , 8878; Choix, 8879 ; Choix (nouv.), 8880; Orphéon, 8881; Méthode, 8882; Psaumes , 8883; Album, 8884.

BOCQUILLON (Alexis), fils du précédent. *Wilhem*. Paraclet, 8885.

BOCQUILLOT (Lazare-André), chanoine d'Avaion. *Prieur de Lonval* (le). Histoire, 6083 ; — *Saint-Lazare* (de). Homélies, 6950.

BODASSE (Gaspard-Magnus), auteur dram. *Durimoir*. Femme, 2116; Homme, 2117.

BODIN (Jean). *Herpin* (René). Apologie, 3043.

BODIN (Félix). *Cadet-Roussel*. Complainte, 879; — *Contribuable sans appointements* (un). Economie , 1229 ; — *F... B***. Résumé de l'Histoire générale, par Voltaire, précédé d'une Introduction par —. Paris, Lecointe et Durey, 1826, in-18.

BODIN DE BOISMORTIER (Mlle Suz.). *Marienberg* (la comtesse de). Mémoires, 4551 ; — *** (Mlle). Histoires, 9080.

BOECLERUS (Joan.-Henr.). *Nasturtius* (Petrus). Petri, 5054.

BOEGER (Laurentius). *Daphnaeus Arcuarius*. Considérations, 1380.

BOEN DE SAINT-OUEN (Mme Laure), née à Lyon, en 1779, morte à Nanci, vers 1834. *St-Ouen* (Mme L. de). T. IV, p. 241 ; — *** (Mme de). Tableaux, 9357.

BOFFRAND (Germain), célèbre architecte, neveu du poète Quinault. *Boscheron*. Vie de Quinault. Imprimée en tête du premier volume du Théâtre de Quinault, Paris, P. Ribou, 1715, 5 vol. in-12. Cette vie de Quinault est dédiée à M. de Versoris, conseiller du roi en ses conseils, maître des comptes, directeur et intendant de l'hôtel royal des Invalides, etc. L'épître dédicatoire est signée Bo***. Bo*** y parle du récit avantageux que M. de Versoris lui avait fait de ce gracieux poète (Quinault), récit qui n'a pas peu contribué à la hardiesse qu'il prend de dédier l'Histoire de sa vie à M. de Versoris, à qui lui Bo*** a des obligations. Dans les «Recherches sur les Théâtres », par de Beauchamps, 1735, tome 2, pag. 293, 294, on voit que cette vie de Quinault est de Germain Boffrand, son neveu, célèbre architecte. Le père Niceron, dans ses «Mémoires», tome 33, 1736, page 210, est le premier qui attribue cette Vie de Quinault, de 1715, à Boscheron; les auteurs qui depuis 1736 ont parlé de Quinault, ont également nommé Boscheron comme l'auteur de cette Vie, et sûrement d'après le P. Niceron. Voici ce qui a induit en erreur le P. Niceron. Il existe à la bibliothèque du roi, un manuscrit in-f°, relié en carton, contenant 93 pag., intitulé : « Vie de M. Quinault, de l'Académie Françoise, avec l'origine des opéras »; par Boscheron. Il était dans la bibliothèque du duc de La Vallière, et est indiqué dans son catalogue sous le n° 5636, première partie, tome 3. Dans la « Petite Bibliothèque des Théâtres », vol. de 1783, 1784, on a dit que Boscheron, auteur de la première Vie de Quinault imprimée à la tête de ses Œuvres (1715), avait fait encore une seconde Vie de cet auteur et qu'elle était dans la bibliothèque du duc de La Vallière. Si les éditeurs de cette « Petite Bibliothèque » eussent bien examiné la seconde Vie de Quinault, ils auraient reconnu qu'elle ne pouvait venir de la même main que la première. (Extrait des notes sur deux vies de Quinault dans le « Dictionnaire inédit de l'Académie royale de musique », par feu Beffara.)

BOGAERTS (Félix-Guillaume-Marie), littérateur belge, professeur à l'Athénée d'Anvers ; né à Bruxelles, le 2 juillet 1805, mort le 16 mars 1851. Son drame « Ferdinand d'Alvarez de Tolède» volé par le pseudonyme *Lussini*, représ. et impr. sous le titre des « Briseurs d'images », 4402.

BOGÉ (Sophie). *Villeneuve* (Mme). IV, pag. 621.

BOGÉ. *B...* (M.). Les Plaisirs de Mars et de l'Amour, recueil de chansons nouvelles. Lille, Blocquel, 1813, in-32.

BOHAN (le baron Fr.-Phil. LOUBAT DE). *M. le M. B. D. B.* Examen critique du Militaire français ; suivi des Principes qui doivent déterminer sa constitution, sa discipline et son instruction. Genève, 17831, 3 vol. in-8.

BOICHOT (l'abbé J.-B.), né à Neuvilley (Jura). *Jeune Français* (un). Coup d'œil politique sur les doctrines avancées récemment dans quelques écrits. Lons-le-

Saulnier, de l'impr. Courbet, 1831, in-8, de 92 pag. Les écrits auxquels ce coup d'œil est relatif sont : 1° Démonstration philosophique du principe de la Société; par M. de Bonald ; 2° Réfutation du principe que la souveraineté réside dans le peuple; par le P. Monteinard ; 3° Un Prêtre des Montagnes du Jura, à M. Rouillé d'Orfeuil, préfet du département.

BOIELDIEU D'AUVIGNY (Mme Louise). *Auvigny* (Mlle Louise d'). Clémentine, ou les Suites d'une indiscrétion. Tours, Mame, 1846, 1848, 1851, in-12 ; — *Wilhelmine* (Mme). IV, p. 650.

BOILEAU (Gilles), de Bouillon. *B**** (M.). Œuvres posthumes de défunt. Paris, Barbin, 1670, in-12 ; — *Darinel*, pasteur des Amadis. Sphère, 1384.

BOILEAU (l'abbé Jacques), l'un des frères de Despréaux. *Barnabé* (le sieur). Eclaircissements, 446. — *Carpentarius* (Bern.). Carpentarii Epistola, 926. — *Fonteius* (Cl.), theologo. De Antiquo jure, 2480. — *Marcellus Ancyranus*. Decretalem, 4528 ; Disquisitiones, 4529. — *Professeur en théologie* (un). Traité, 6125. — *Théologien* (un). Remarques, 8146.

BOILEAU (L.-J. de), avocat. *** (M.). Recueil, 9185.

BOILEAU (Mlle Mélanie de), fille du précédent. *B**** (Mlle M. de). Cours élémentaire d'Histoire universelle, rédigé sur un nouveau plan, ou Lettres de Mme d'Ivry à sa fille. Paris, Dentu, 1809, 10 vol. in-12, avec 2 cart. ; — *Scheulterie*(Ursule). Princesse de Chypre, 7403 ; Elisa, ou les Trois Chasseurs ; par l'auteur de la « Princesse de Chypre ». Paris, Frechet, 1808, 2 vol. in-12.

BOILEAU-DESPRÉAUX (Nicolas). *D**** (le sieur). Satyres. Paris, Claude Barbin, 1666, in-12 de 71 pages. C'est la première édition des Satyres de Boileau publiées par lui-même, où en son nom par Barbin. Il y a sept Satyres. La même année, il en avait paru six sous le nom de Discours, dans le « Recueil contenant plusieurs discours libres et moraux en vers (quelques Satyres de Boileau) , et un jugement en prose, sur les sciences où un

honnête homme peut s'occuper »
(par C. de S. Evremond)... 1666,
in-12. Les mêmes Satyres. Paris,
Billaine, Thierry, Léonard et Barbin, 1669, in-8, de 86 pag. non
compris un avis au lecteur encore
au nom du libraire. Il y a neuf
Satyres dans cette édition, où le
Discours en prose sur la Satyre
parut pour la première fois à la
suite de la Satyre IX, que Boileau
intitula dans la suite *Satyre à mon
esprit* ; satyre qu'il avait d'abord
composée en prose ; OEuvres diverses du sieur D.—, avec le Traité
du Sublime ou du merveilleux dans
le Discours , trad. de Longin.
Amsterdam , 1686 , in-12, fig. ;
Traité du Sublime ou du merveilleux dans le Discours, trad. du
grec, de Longin.(Nouv. édit., avec
le texte en regard). Paris , Ve
Thiboust, 1694, in-12.—*Maîtres-ès
arts* (les).·Arrêt, 4494.

BOINDIN (Nicolas), auteur dramatique.
B***. 1o Le Bal d'Auteuil, com.
en 3 actes et en prose, avec un
prologue. 1702, in-12. Le roi fit
faire, par le marc. de Gèvres, une
réprimande aux comédiens, de ce
qu'ils avaient joué cette pièce trop
libre, qui ne fut plus donnée après
quelques représentations. C'est depuis ce temps là, dit-on, que les
pièces de théâtre ont été soumises
à un censeur avant d'être jouées.
2o Avec Lamothe : les Trois Gas-
cons, com. en un acte (en prose).
Paris, 1702, in-12 ; — *La Grange.*
Le Port de mer, 3551.

BOIS (Pierre), ancien curé. *P. B. A.
C. D. N.* Abrégé. 5560.

BOIS (Victor). *Victor.* Wilson, 8639.

BOISBELEAU DE LA CHAPELLE (Armand). *La Chapelle* (Arm. de). II,
245.

BOIS D'ANNEMETS. *Favori de S. A.
R. M. le Duc d'Orléans* (un). Mémoires, 2360.

BOISGELIN (le comte de). *Beaurain*
(de). Histoire, 527.

BOISGELIN DE KERDU (Louis de).
B********. Voy. FORTIA DE PILES.

BOISGIROUX (Mme de). *** (Mme de).
Suites, 9124.

BOISLANDRY (Louis de). *L. D. B.*
Examen des principes les plus fa-
vorables aux progrès de l'agriculture, des manufactures et du commerce de la France. Paris, Ant.

Aug. Renouard, 1815, 2 vol. in-8.

BOISMORAND (l'abbé de). Voy. CHE-
RON DE BOISMORAND.

BOIS-ROBERT (le marq. de). *Fran-
çais libre (un).* Tableau, 2552. —
La Vallée (Joseph). II , 549 ; —
Nantivel. Semaines critiques, 5047.
— *Soc. d'artistes (une).* Voyage,
7564.

BOISSARD (le P.). *La Roque* (Daniel
de). Véritables, 3832.

BOISSAT (Pierre de). *Baudoin* (Jean).
Histoire, 487 ; Fables, 488 ;
Histoire de Malte, 489.

BOISSE (l'abbé), ancien professeur de
théologie. *B**** (feu M. l'abbé).
L'Esprit de la Franc-Maçonnerie
dévoilé, relativement au danger
qu'elle renferme, pour servir à
MM. les ecclésiastiques et à tous
les amis de la Religion et du Roi.
(Ouvr. posth.). Sec. édit. Montpellier, Aug. Seguin, 1816, in-8,
de 80 pag.

BOISSEAU (Fr.-Gabr.) , D. M. P.,
l'un des rédacteurs des ouvrages
du docteur *Civiale* , de l'Académie des sciences.

BOISSEAU. *Modius.* Complainte ,
4898.

BOISSEL, baron de MONVILLE (F.-T.-
C.-G.) mort pair de France. *Monville.* III, 301.

BOISSET (Melchior), artiste et auteur dramatique. *Melchior B****.
Fauvre famille, 4677 ; Mariages,
4678; — Albert, 4679; —*** (MM).
Deux Ecots, 9363.

BOISSIEU (le prés.). *Videl* (Louis).
IV, p. 605.

BOISSIEU (Adolphe de), petit-fils
du « Rembrandt français », avocat
à Lyon, et membre de la Société
littéraire de la même ville. *B... .*
(Alph. de). Le Jour de l'An, ou
Chacun ses étrennes, proverbe en
manière de vaudeville. Lyon, Ber-
ret, 1833, in-8, de 38 pag. Extrait
du tome III des « Nouv. Archives
statistiques, historiques, etc. du
Rhône»;— *Raimbault* (Jul.).Saint-
Simoniens, 6281.

BOISSY (L. de). *Simien.* Filles femmes, 7497.

BOISSY (Clément de). Voy. CLÉMENT
DE BOISSY.

BOISTE (P.-C.-V.). *Masson* (J.-B.).
Dictionnaire, 4584.

BOISTE fils aîné (Alexandre), successivement libraire à Paris et à

Bruxelles ; mort à Paris, en juillet 1853. *Boiste de Richemont*, directeur du « Journal des prédicateurs », qui a commencé a paraître en oct. 1844. — *Dusillon* (B.). I, 595.

BOISTEL D'EXAUVILLEZ (Phil.-Iren.), petit-fils de Boistel d'Welles. *Chasseur de la garde nationale de Paris (un)*. Monsieur Bonassin, 1034 ; — *Exauvillez* (d'). II, 54. — *Solitaire (un)*. Solution, 7770. — *** (M.). Recueil de morts édifiantes. Paris, Gaume, 1827, in-18. Réimprimé sous ce titre : les Consolations du Chrétien à sa dernière heure, ou Recueil de morts édifiantes: Paris, le même, 1829, 1830, in-18.

BOISTEL D'EXAUVILLEZ (André-Philippe-Octave), fils du précédent ; né à Amiens, en mars 1807, mort à Bourbon-Vendée, en février 1839. *B.* (Oct.) Pour la liste de ses ouvrages, au nombre de neuf, voy. notre article de la « Littérature française contemporaine », II, 162.

BOISVENET (l'abbé). *** (l'abbé). Instructions, 8994.

BOITARD (Pierre), naturaliste. *Jardinier agronome (un)*. Annuaire du jardinier et de l'agronome, pour les années 1825-32. Paris, Roret, 1825-32, 6 vol. in-18 ; — *Noisette* (L.). Manuel, 5162 ; — *Poiteau* (A.). Jardinier , 5938 ;—*Ragonnot-Godefroy.* Traité des œillets, 6276 ; Almanach , 6276* ; — *Verardi.* Manuel, 8555.

BOIVIN (Jean). *OEnopion*. III, 361 ; — *Biberius-Mero* (le doc. Junius). Batrachomiomachie, 645..

BOIVIN (Louis). *Boileau d'Auxy.* Notice, 708.

BOLE (Auguste). *A. B.* Mademoiselle Rachel et l'avenir du Théâtre-Français. Paris, Rousseau, 1839, in-8, de 236 pag. Il paraît qu'il existe des exempl. portant au frontispice le nom de l'auteur ainsi modifié : Aug. BOLOT.

BOMBAST DE HOHENHEIM (Aurèle-Philippe-Théophraste), célèbre alchimiste. *Paracelse* (Théophile). III, 408.

BOMMEL (Cornelius-Richard-Antoine van), évêque de Liége ; né à Leyde, le 5 avril 1790, promu à l'épiscopat, le 12 janvier 1829, mort à Liége, en 1852. *Evêque du diocèse de Liége* (l'). Mémoire sur l'état financier du séminaire de Liége, présenté à M. le ministre de la justice. Liége, Dessain, 1848, in-4 de 20 pag. — *Père de famille pétitionnaire (un).* Trois Chapitres, 5609.

BON (le P. Florent). *Philanthe.* Triomphes, 5695.

BON (l'abbé). *Homme du monde (un).* Lettres, 3102.

BONAFFOS DE LA TOUR (le P.). *La Tour.* II, 538 ; —*Père de la Compagnie de Jésus (un).* Vie, 5619.

BONAFONS (L.-Abel), plus connu sous le nom d'abbé de Fontenay. *Fontenay* (l'abbé de). II, 86 ; — *Société de gens de lettres (une)*. Histoire, 7586.

BONAFONT (Charles-Philippe), de Rastadt (grand duché de Bade). *Ami de la Vérité (un).* Cromwell et Napoléon , ou la Révolution d'Angleterre et la Révolution française parallèlement comparées ; suivies de quelques Pensées et Réflexions morales et politiques. Wolfenbutel, 1829, in-8.

BONAFOUS (Mlle-Marie-Madel.)..... (Mlle de). Tanastès, 9399.

BONALD (le vicomte Louis-Gabriel-Ambroise), philosophe , homme d'Etat, publiciste et, par dessus tout, ultramontain ; né au Monna, près de Milhau en Rouërgue, le 2 octobre 1754 , mort le 23 novembre 1840. *B.....* (M. de). Théorie du pouvoir politique et religieux dans la société civile, démontrée par le raisonnement et par l'Histoire. (Constance), 1796, 3 vol. in-8. Ouvrage qui, avant sa réimpression en 1843 (Paris , Adr. Leclère et Cie, 3 vol. in-8) était devenu très rare. Le Directoire exécutif de la république française l'ayant défendu , peu d'exempl. échappèrent à la saisie qui en fut faite. 2o Du Traité de Westphalie et de celui de Campo-Formio, et de leurs rapports avec le système politique des puissances européennes , et particulièrement de la France; par l'auteur de la « Théorie du pouvoir politique et religieux, etc. » Paris , Le Normant, 1801 , broch. in-8. Réimpr. à la suite de la « Législation primitive » de l'auteur, 2e et 3e éditions (1821, et 1829, 3 vol. in-8.) ; *B.....* (L. G. A.). 3° Du Divorce, considéré au XIXe siècle, relativement à l'état domestique et à l'état public de la Société. Paris, A. Leclère, 1801, in-8. Réimpr. trois fois depuis, avec des augmentations et le nom de l'auteur. 4° Résumé sur la question du Divorce ; par l'auteur « du Divorce considéré au XIXc siècle ». Paris, le même, 1801, in-8. Il y a tout lieu d'attribuer au même, l'écrit suivant sur le même sujet, qui a paru entièrement anonyme. 5° Lettre au cit. Portalis, conseiller d'Etat, auteur du Discours préliminaire du projet du Code civil, et rapporteur de ce même code au conseil d'Etat, sur les articles du Code civil, relatifs au Divorce, et en particulier sur la nécessité de rétablir la séparation de corps. Paris, Adr. Leclère, 1801, broch. in-8. — *Severin* (le cit.). Essai ; 7468 ; — *** (M. de), pair de France. Réponse de, — à la lettre qui lui a été adressée par M. de Frenilly, au sujet du dernier ouvrage de M. l'abbé de La Mennais. Paris, Adr. Leclère, 1829, in-8, de 28 pag. La Lettre adressée à M. de Bonald par M. de Frenilly porte la date du 25 février 1829 ; elle a pour objet l'ouvrage de l'abbé de La Mennais, intitulé : « Des Progrès de la Révolution et de la guerre contre l'Eglise ».

BONALD (le vicomte Auguste-Henri), fils aîné du précédent. *B**** (le vic. de). Henri l'Exilé. Paris , Dentu , 1832, in-8; — *B.* (M. Henri de). Notice sur M. le vicomte de Bonald (père de l'auteur), dédiée à M. le comte de Marcellus. Paris, Adr. Leclère, 1841, in-8, de 120 pag.

BONALD (Victor de), frère du précédent. *B....* (Victor de). Des Vrais principes opposés aux erreurs du dix-neuvième siècle, ou Notices positives sur les points fondamentaux de la philosophie, de la politique et de la religion. Avignon et Montpellier, Seguin, 1833, in-8, de 252 pag.

BONALD (Berthilde Mazade d'Avèze, dame de), femme du précédent, et non du vicomte Henri, comme nous l'avons dit par erreur dans

notre article de la « Littérature française contemporaine » (1) ; morte le 14 août 1825. *Jeune Languedocienne* (une), âgée de seize ans. Ermitage du mont Cindre, près de Lyon, par — ; suivi de notes historiques par le père de l'auteur. Paris, rue de Vaugirard, n° 10, 1827, in-8, de 162 pag. Pierre-Simon que l'auteur dit avoir accompagné, n'est autre que P. S. Ballanche.

BONAPARTE (Joseph), frère aîné de Napoléon Ier, d'abord roi de Naples, puis d'Espagne, mort à Florence, le 28 juillet 1844. (*Anon.*) Moïna, ou la Villageoise du Mont-Cenis. Paris, Honnert, an VII (1799), in-18. Réimpr., en 1814, avec le nom de l'auteur. (Paris, Pelicier, in-18). Le roi Joseph a laissé des Mémoires dont on annonce (1853) la publication sous le titre de « Mémoires et Correspondance politique et militaire du roi Joseph, publiés, et annotés et mis en ordre, par A. Du Casse, aide-de-camp de S. A. I. le prince Jérôme Napoléon». Cette publication qu'annonce le libraire Perrotin, formera 8 vol. in-8.

BONAPARTE (la princesse Zenaïde-Julie), fille du précédent. Voy. ci-après l'art. de Charles, prince de Canino.

BONAPARTE (Lucien) (2), prince de

_____

(1) Le vicomte Aug. Henri de Bonald a épousé une demoiselle VIVENS DE LADOUX, du Vignan, qu'elle a presque constamment habité.

(2) Lucien avait épousé en premières noces mademoiselle Christine Boyer, de Marseille, morte à peine âgée de 20 ans, mais dont il avait eu deux filles. Quant à sa seconde femme, que quelques biographes ont présentée, par erreur, comme une ancienne actrice, il a été établi, au contraire, que la princesse de Canino descend par sa bisaïeule, née Papet du Nièvre, de l'une des plus célèbres et des plus anciennes familles du Dauphiné. Elle est fille de M. de Bleschamp, qui fut le dernier intendant de la marine royale. Elle eut pour premier mari Jouberton de Vambertie, agent de change, qui suivit le général Leclerc lors de l'expédition de Saint-Domingue ; devenue libre par suite d'un divorce, elle fut épousée par Lucien Bonaparte contre le gré de Napoléon, qui se montra fort irrité de ce mariage. Lucien se consola de la perte d'un trône quelconque par l'affection de sa noble femme.

Canino, frère puîné de Napoléon 1er.
C. L. B. (le). La Tribu indienne,
où Edouard et Stellina. Paris,
Honnert, an VII (1799), 2 vol. in-12.
Cet ouvrage était devenu rare,
parce que l'auteur l'avait retiré du
commerce; il a été réimprimé et
donné comme une traduction de
l'anglais de Mistr. Hélme, sous ce
titre : « Les Ténédares, ou l'Euro-
péen et l'Indienne ». Paris, Cha-
merot aîné, 1821, 2 vol. in-12. —
Lacretelle le jeune. Parallèle, 3514.
Lucien Bonaparte, prince de Canino, est auteur d'un plus grand
nombre d'ouvrages, mais ayant été
publiés avec le nom de l'auteur,
leur mention n'appartient point à
notre plan. (Voy. « la Littérature
française contemporaine », II, 322).

BONAPARTE (Alexandrine), princesse
de Canino, seconde femme du précédent. *Canino* (la princesse de).
1o Batilde, reine des Francs, poème
en dix chants avec des notes. Paris, Rapet, 1820, in-8; 2o Appel à la
justice des contemporains de feu
Lucien Bonaparte, en Réfutation
des assertions de M. Thiers, dans
son «Histoire du Consulat et de
l'Empire ». Paris, mai 1845. Paris,
Garnier frères, 1845, in-8 de 112 p.;
Le premier ouvrage a donné une
idée des talents poétiques de l'auteur, et le second a prouvé l'élé-
vation de ses sentiments pour Lucien Bonaparte, son mari; 3o une Ballade française, en vingt-sept stro-
phes, écrite en style marotique,
imp. à la suite de « la Rosa di Castro, novella », de son fils Pierre
(Brux., 1843, in-18), et reproduite
à la fin de la traduction de cette
nouvelle par L. Barré, in-4. —*OE-
dipa*, nom sous lequel cette princesse a fait imprimer en Italie
quelques fragments d'ouvrages encore inédits, parmi lesquels on cite
un poème intitulé « Lyre nocturne
d'OEdipa » ; un recueil de poésies
sous le titre de « Chants français,
ballades, romances, complaintes,
etc. »; et enfin un livre fort curieux
intitulé le « Sphinx » (1). M. Félix
Wouters, dans son « Histoire de la
famille Bonaparte... » (2e édit.,

1829), p. 173, nous a donné le fac-
simile d'une charade de cette princesse, que nos lecteurs retrouve-
ront ici avec plaisir.

Mon premier, lettre alphabétique;
  Mon second, note de musique,
Offrent, par leur réunion,
    Le nom
  D'un être presque chimérique ;
N'est pourtant licorne ou dragon,
    Oh ! non.
C'est au contraire bien, dit-on,
Un vrai trésor ; mais des plus rares,
  Consolant dans l'adversité,
  Centuplant la prospérité,
  Trésor dédaigné des avares ;
  On le leur voit abandonner
Ou repousser... faut-il s'en étonner ?
De rechef, non ; car dans leur coffre,
    Ce vrai trésor,
  A la lettre resterait mort.
Heureux lecteur ! à toi s'il s'offre
Ou si tu l'as, ce précieux et rare bien,
Qui fait mon tout, ah! conserve-le bien.

(A–MI.)   ŒDIPA.

BONAPARTE (Charles-Jules-Laurent),
fils aîné des deux précédents, d'a-
bord prince de Musignano, ensuite
de Canino, à la mort de son père,
savant naturaliste; né à Paris, le
24 mai 1803. Toutes les savantes
publications de ce prince portant
son nom, leur rappel n'appartient
pas à notre plan. Voy. notre article de la « Littérature française
contemporaine ».

BONAPARTE (la princesse Zénaïde-
Julie), fille aînée du roi Joseph, et
femme du précédent; née à Paris,
le 8 juillet 1804. Les auteurs de
« la Littérature française contemporaine » disent que cette princesse a composé une bonne traduction de Schiller, et qu'elle a travaillé aux ouvrages d'histoire naturelle de son mari.

BONAPARTE (le prince Pierre-Napo-
léon), autre fils de Lucien, après
1848 représentant du peuple; né à
Rome, le 11 octobre 1815. *Pros-
critto (un)*. La Rosa di Castro,
6145.; traduite en français par L.
Barré, ibid.. « Cette nouvelle fut
» écrite au château de Saint-Ange,
» alors que l'auteur y était prison-
» nier. C'est là aussi que le prince
» acheva plusieurs autres ouvra-
» ges intéressants, qui sont encore
» inédits, entre autres : «Un Cha-
» pitre de la vie d'un jeune pros-
» crit », dont la publication éton-
» nerait bien des personnes, et en-

---

(1) Félix Wouters, Histoire de la famille
Bonaparte, depuis 1815 jusqu'à ce jour,
2e édition. Paris, 1849, grand in-8, p. 423.

» fin un travail sur « Un nouveau
» système de chevaux de frise por-
» tatifs », dont le prince est l'in-
» venteur, et que, dans l'intérêt de
» l'art, on doit désirer qu'il laisse
» publier (1). »

BONAPARTE (Louis), ancien roi de
Hollande, troisième frère de Napoléon Ier ; né à Ajaccio, le 2 septembre 1778, mort à Livourne, le
25 juillet 1846 (*Anon.*). Odes .
Vienne, 1er janv. 1813, in-4 de 50 p.
Opuscule aujourd'hui très-rare ;
Réponse à Sir Walter Scott sur son
« Histoire de Napoléon ». Paris,
Trouvé, nov. 1828, in-8. Réimp.
dans la même année. — *Saint-
Leu* (le comte de). Mémoire sur la
versification française, 6963 ; Essai
sur la versification française, 6964 ;
La Mythologie poétique en scènes,
6965. Pour la liste des ouvrages qui
portent le véritable nom de leur
auteur, voy. la «Littérature française contemporaine ».

BONAPARTE (le prince Napoléon-
Louis), ancien prince royal de Hollande, fils du précédent ; né à Paris, le 11 octobre 1804, mort à
Forli, en Romagne, le 27 mars 1831.
N. L. B. Vie d'Agricola, par Tacite, traduite par —. Florence ,
Guill. Piatti, 1829, in-8 de 54 pag.
et quatre autres de notes (2) ; Sac
de Rome, écrit en 1527 par Jacques
Bonaparte (on plutôt Fr. Guicciardini). Florence, 1830, in-8. (Voy.
GUICCIARDINI). Cette traduction,
la seconde, a été réimp. dans le
« Pantheon littéraire ». (Collection
des chroniques nationales), avec
un supplément du prince Louis-
Napoléon-Charles-Bonaparte , et
une Notice historique de M. Bu-
chon.

BONAPARTE (le prince Louis-Napoléon), frère du précédent. Voy.
NAPOLÉON III.

BONAVENTURE (le P.), de Sisteron.
L***. Histoire. 3475.

BONCERF (Paul-François). . *B*.....

(1) Félix Wouters, Histoire de la famille
Bonaparte, 2e édit., in-8, p. 337.

(2) Par une erreur assez singulière, M. De
Manne, sous le n. 2011 de son « Nouveau
Recueil d'ouvrages anonymes et pseudonymes » a traduit les initiales L. N. B. assez
transparentes pourtant, par Libri, et à la
table des auteurs on lit : l'abbé N. Libri.

Adresse à l'Assemblée nationale du
26 février 1792, sur les moyens de
rendre utiles les fonds de secours,
de parvenir à la libre circulation
des subsistances, à l'approvisionne-
ment des villes et des armées, etc....
Paris, de l'imp. nation., 1792, in-8
de 23 pag. ; — *Boudin* (J.-A.).
Renclôture, 773 ; — *Francaleu.*
Fragments, 2559 ; — *Turgot.* In-
convénients, 8362.

BONHOMME (le P.), cordelier. *Fran-
ciscain* (un). Réflexions, 2562.

BONIFACE (Xavier), frère d'Alexand.
Boniface, mort chef d'institution à
Paris. *Ernest.* II, 33 ;— *Henri.* II,
209 ;—*Jonathan le Visionnaire.*II,
308; — *S....* Avec M. de Courcy.
Le Vieillard de Viroflay, tableau
villageois, en un acte et en vaud.
Représenté sur le théâtre du Vaudeville, le 20 juillet 1826. Paris, r.
de Valois, n. 1 ter, 1826, in-8 ; —
Saintine (X. B. de). Ouvrages publiés sous ce pseudonyme, 7191-
7225 ; — *Xavier.* IV, p 658.

BONIVER (Camille), avocat, à Lyon.
*** (M.). Perolla, 9374.

BONJAN (Pierre). *Curé du diocèse de
Paris* (un). Noëls nouveaux sur les
chants anciens. Paris, Valleyre,
1740, in-8. L'approbation est du
3 décembre 1712, et le privilége
en faveur de J.-B.-Christophe Ballard, du 10 des mêmes mois et an,
ce qui me fait présumer que cette
édition n'est pas la première de ces
Noëls, qui ont échappé aux recherches de Barbier. Le volume est terminé par une pièce assez curieuse, de
cent deux « Vers sur la naissance de
nostre Seigneur, dont tous les mots
n'ont qu'une syllabe ». Cette pièce
est un tour de force des plus ex-
traordinaires en ce genre, et présente une autre difficulté vaincue
que la lettre si connue et si souvent
citée de Boufflers. *Catal. Duputel.*

BONNAC (le marq. de). *** (M. de),
gentilhomme de la chambre du
Preste-Jean. Le Mandarin Kin-
chifun, histoire chinoise (conte).
Dieppe, Ve de Lermois, s. d., in-12
de 30 pag. *D-M-ne.*

BONNAIRE. *Vieil actionnaire de
l'Ambigu-Comique* (un). Singulière, 8651.

BONNARD (R.-Al. de). *Mineur* (un).
Observations, 4824.

BONNAUD (l'abbé), ex-jésuite. *Koker-bourn.* Tartufe, 3451.

BONNAY (le marquis de), mort pair de France, en 1825. *C.... S. de L.... H.* (M. le comte) (le comte Ch. de Lameth). La prise des Annonciades. Sec. édit., non augmentée et peu corr. Paris, 1789, in-8. — Autre édition, sous ce titre : La Prise des Annonciades. Epîtres sur la Révolution. Prospectus d'un journal en vaudevilles. Nouv. édition, enrichie de notes et de variantes. Hambourg, juillet 1796, in-8. « La Prise des Annonciades », petit poëme rempli d'une plaisanterie spirituelle, fut composée à l'occasion des recherches ordonnées dans le couvent des Annonciades pour s'assurer que l'ex-chancelier Barentin n'était pas caché chez sa sœur, abbesse de ce couvent. Dans l'Avertissement du Prospectus d'un nouveau journal, par les auteurs de la « Prise des Annonciades », ces auteurs désavouent l'espèce de *suite* de ce dernier ouvrage, qui a paru sous le titre de Réponse.

BONNEAU (Jacqueline-Marie du Plessis, dame). *Dame de qualité (une)* Vie de la vénérable mère Louise-Eugénie de Fontaine, religieuse et quatrième supérieure de la Visitation de Sainte-Marie de Paris, composée par —. Paris, Muguet, 1694, 1696, in-12. Cette vie, dit l'abbé Goujet dans son « Catalogue manuscrit», n'appartient à Port-Royal que par le mal qu'on y dit de cette sainte maison. C'est ce qui a donné lieu à la Lettre (du P. Quesnel) aux religieuses de la Visitation, etc., 1695, in-12. Il y fait l'apologie du docteur Arnauld et de son livre « de la fréquente communion ». *Art. de A. A. Barbier.*

BONNEAU. *Raphaël.* Vertus, 6303.

BONNEAU (Paul-Dom.). *Auteur (un).* Considérations, 360.

BONNEAU D'ESTANG, manufacturier. *Electeur à double vote (un).* Lettres, 2179.

BONNEFONS, valet de chambre du roi. *R. D. C. D. V. B. D. N.* Jardinier, 6340 ; Délices, 6341.

BONNEFOY (le P. Benoît), jésuite. *Gabriel* (P.). Ecclesiæ Monspesulanæ decano. Series, 2679.

BONNEFOY DE BONYON (l'abbé). *L. B. de B.* Un peu, 3933.

BONNELIER (Hippolyte). *Lacenaire,* voleur et assassin, II, 343; — *Max,* artiste tragique. III, 217.

BONNELIER (Madame), femme du précédent. *Bonnelier.* (Hippol.) Fauvella, 761.

BONNEMÈRE (Eugène), d'Angers, avocat. *Dinant* (Eugène de). Premiers Fiacres, 1720.

BONNET (J.-C.). *Habitant de Pensylvanie (un).* Réponse, 2973.

BONNET (Gustave de). *B.* (Gustave de). Avec A. Delcour. Les Jours heureux, tablettes d'une grisette et d'un étourdi. Paris, Malot, 1830, 3 vol. in-12; — *Pauvre hère (un).* (Avec le même). Mémoires d'—.) Paris, l'Auteur, 1829, 4 vol. in-12. Seconde édition. Paris, Denain, 1829, 4 vol. in-12. Ce roman a donné lieu à un procès en police correctionnelle, intenté aux auteurs par le général Desfourneaux, qui crut y découvrir des passages attentatoires à son honneur. Les auteurs, convaincus de diffamation, furent condamnés à remplacer, par des cartons, tous les passages incriminés. La seconde édition n'est donc que la première cartonnée. *D. M.-ne.*

BONNET DE LA BRAGERESSE. *La Brageresse.* II, 342.

BONNET DE MARTANGES. *Martanges* (de). III, 202.

BONNEVAL (René de). *Hermite (un).* Lettre, 3028.

BONNIN (C.-J.-B.). *Collin.* Session de 1819, ou Recueil des discussions législatives aux deux chambres pendant cette session, orné du plan de chaque chambre. Paris, Corréard, 1820, 3 vol. in-8 avec deux plans.

BONNOMET (Joseph-Alfred), alors professeur au collège royal de Douay. *Albonnus,* membre d'aucune académie. Gayant, 59. — *Lelio,* II, 574.

BONNOT DE MABLY (l'abbé Gabriel), frère de Bonnot de Condillac. *Mably* (de). III, 172. — *Nicoclès.* Entretiens, 5131.

BONSTETTEN (Ch. de). *Valayre* (G. de). Légendes, 8491.

BONTET (Miss). *Currer Bell.* Jane Eyre, trad. de l'angl. par O. N. [E. D. Forgues]. Imp. dans « le

National » en 1849 ; Shirley, imité de l'angl. de l'auteur de « Jane Eyre », par le même. Impr. dans « le National », en 1852.

BONTOUR (J.-P.-B.), d'abord acteur, puis instituteur ; né en France, mort à Grivegnée (Belgique), en 1848. *Latour* (J.-P.-B.). 1º Une seule règle pour les participes ; ouvrage où l'on examine le « Traité des participes » par M. Lequein, en établissant un principe simple et clair, au moyen duquel on fait disparaître les difficultés que présente cette question gramaticale, etc. Maëstricht, Th. Nypels, 1811, in-12 de 69 pages ; 2º Grammaire mutuelle analytique, conforme à l'orthographe actuelle de l'Académie française, à l'usage des naturels et des étrangers qui, sachant seulement lire le français, désirent l'enseigner par principes : ouvrage approprié aux écoles nombreuses. Liége, imp. philosoph. et Bruxelles, P.-J. de Mat, 1825, in-8 ; 3º La Prise de Chievremont (sic), anecdote historique. Liége, 1824, in-8, de viij et 160 pag. Bontour, en outre a fourni, de 1819 à 1824, des articles à la « Gazette de Liége » de J. A. Latour. *U. Capitaine. Journaux Liégeois.*

BONVALOT (Ant.-Franc.). *Laforest* (Théodule). La Chapelle des bois. Paris, Ch. Lachapelle, 1838, 4 vol. in-12. Roman qui a d'abord paru sous le titre de « les Vilains et les Contrebandiers », 1836, 2 vol. in-8, et avec le véritable nom de l'auteur. — *Solitaire du Jura* (le). IV, p. 400.

BORDE (Charles), de Lyon. *Mirabeau*. Papesse, 4859 ; — *Plus grands philosophes de nos jours* (un des). Secrets, 5911.

BORDELON (l'abbé Laurent). *D. C.* (M.). Poisson comédien aux Champs Elysées, nouvelle historique, allégorique et comique, où l'on voit les plus célèbres orateurs représenter une comédie intitulée « la Comédie sans femme ». Paris, Ch. Leclerc, 1710, pet. in-12 ; — *Rior* (le chevalier de). Heures perdues, 6542. (Ouvr. faussement attribué à Gayot de Pitaval.)

BORDES (le P. de). *Prêtre de Bordeaux* (un). Et cætera, 6015.

BORDES (le P.), d'Orléans. *Prê-*

tre de l'Oratoire (un). Supplément, 6024.

BORDIER (le P.), prêtre de l'Oratoire. *Docteur en théologie de Paris* (un). Année Sainte, 1807.

BORDIER (Mlle Julie). Voy. DELACROIX (Mme).

BOREL (André-François-Joseph), généalogiste, élève de l'école des Chartes ; né le 3 juillet 1812, à Lyon, d'André Borel, marchand de cette ville, demeurant rue des Quatre Chapeaux, nº 24, et de demoiselle Magd.-Vict. Garnaud, son épouse. (Voir un écrit de M. Lainé, généalogiste, sur l'origine que s'attribue le frère de M. Petrus Borel). *Ancien député* (un). Les Grands Corps politiques de l'Etat. Biographie complète des membres du Sénat, du Conseil d'Etat et du Corps législatif. Paris, Dentu, 1852, in-18 ; — *Borel d'Hauterive*. Annuaire de la Noblesse ; Revue de la Noblesse ; — *Mure* (A.), de Pelanne. La Saône et ses bords, 5159 ; La Seine et ses bords, 5160.

BORGES DE BARROS, baron de Pedra-Branca, ex-chargé d'affaires du Brésil à Paris. *Bahiano* (un). Poésias, 424.

BORGNET (Charles-Joseph-Adolphe), d'abord juge d'instruction à Namur, plus tard professeur ordinaire à la faculté de philosophie et lettres de l'Université de Liége, membre de l'Académie royale de Belgique et de la Commission royale d'Histoire ; né à Namur, le 28 mars 1804. *Pimpurniaux* (Jér.). Légendes, 5869. Ouvrages de M. Borgnet, ibid. — *Pimpurniaux* (Bonaventure), membre de la Société du Casino de Namur, et de nulle autre société savante. Lettre à M. le baron de Reiffenberg, etc. Liége, Redouté, 1842, in-8 de 12 pag.

BORGNET (Jules), archiviste de Namur, frère, et non fils, du précédent. Ses ouvrages, III, 522.

BORIE (l'abbé Pierre-Henri Dumolin). *Prêtre du diocèse de Tulle* (un). Vie, 6046.

BORIE (l'abbé Em. de), anc. grand vicaire, membre du clergé de Saint Roch, à Paris. *B****. Du Sceau épiscopal. Impr. dans le « Recueil de Documents et de Mémoires, publiés par la Société de sphragistique ». Première année, 1851-52, pag. 281 à 305.

BORJON DE SCÈLLERY (Ch.-Emman.), ancien gouverneur de Pont-de-Vaux, où il était né ; mort vers 1795. (*Anon.*). Motifs et conduite de M. Fischer, dans l'attaque des contrebandiers à Gunau. Pont-de-Vaux, de l'impr. de Borjon de Scellery, 1786, in-8 de 10 pag.; Noëls Mâconnais, ou Dialogues sur la naissance de J.-C., en patois mâconnais.... Chambéri, J.-P. Moiroud (Pont-de-Vaux), 1797, in-12 de 72 pag. On attribue ce recueil à Borjon de Scellery ; il l'a imprimé lui-même à Pont-de-Vaux. Le nom de Chambéri ci-dessus est supposé, et prouve que l'auteur n'était pas autorisé à imprimer. — *B. de S.*, gouverneur de P. La Promenade d'un Bressan. Genève (Pont-de-Vaux), 1785, in-12 de 159 pag.;— *C. E. B. D. S.* (M.), anc. recteur. Trésor de pénitence pour les confrères de la dévote société du Confalon, instituée à Pont-de-Vaux. 1767, in-8 de 169 pag. ; Recherches pour servir à l'histoire de l'arquebuse de Pont-de-Vaux, par —, ancien capitaine de la Compagnie. Louhans (Pont-de-Vaux), 1786, in-18 de 48 pag. Tiré à 25 ou 30 exempl. Borjon n'imprimait que pour son plaisir : ses presses ne servaient à personne. Il est certain que les ouvrages ci-dessus portant les rubriques de Chambéri, Genève et Louhans ont été imprimés à Pont-de-Vaux (1).

Sirand. Bibiogr. de l'Ain.

BORN (le baron Ignace de). *Phisiophylus* (Joannes). Essai, 5787.

BORRELLY (J.-Alex.). *Gentilhomme Suédois (un).* Mémoires, 2748 ; — *Hordt* (le comte de). Mémoires, 3137.

(1) Nous connaissons un cinquième et un sixième ouvrages de Borjon de Scellery, mais portant son nom, l'un, intitulé «Mémoire sur l'ancien nom des Bressans», Màcon (Pont-de-Vaux), 1786, in-8 de 22 pag. ; l'autre, «Office des pénitents de Pont-de-Vaux». Livre unique, fruit d'une longue patience, et tour de force typographique, car il est imprimé, lettre par lettre, avec de l'encre de diverses couleurs, par Borjon, membre de la confrérie. Il est net et propre.

BORRING (Louis-Etienne), professeur à l'Ecole royale militaire ; né le 21 décembre 1800, à Copenhague, auteur de plusieurs opuscules qui portent son nom. *Etienne* (L.). Deux mots encore sur le Slesvig. Paris, Ledoyen, août 1848, in-8 de 20 pag.

BORY (Gabriel), de l'Académie royale des sciences. *Officier général de la Marine (un).* Mémoires, 5318.

BORY DE SAINT VINCENT, fils du précédent. *Merle et Ourry.* Fille. 4754; — *Très Saint-Esprit* (le). Lamuel, 8331.

BOSC (Philippe), ouvrier typographe. *Trois ouvriers.* Almanach, 8348.

BOSCHET (le P.). *Académicien (un).* Réflexions, 13.

BOSE (Georges-Mathias). *C.* (l'abbé Jos.-Ant. de). Electricité, 870.

BOSIO (Jacques). *S. D. B. S. D. L.* Histoire, 7421.

BOSQUILLON (Ed.-Fr.-Mar.). *Bourgeois*, étudiant en médecine. Lettre, 778.

BOSSANGE (Adolphe). *Savary*, duc de Rovigo. Mémoires, 7381 ; — *Voisine* (la). Lettres. IV, p. 627.

BOSSICART (le P. Nicolas). *Père de la Société de Jésus (un).* Eléments, 5622.

BOSSUET (J.-B.), évêque de Meaux. *Noailles* (le cardinal de). Ordonnance, 5145.

BOTHEREL (Mme de). *Réguenel* (la comt. de). Maria, 6373.

BOUBÉE DE LESPIN (L.). *Lespin* (L.-B. de). II, 604;—*Recteur d'Académie (un).* Statistique, 6351.

BOUCHER (Jehan), curé de St-Benoît, ligueur, puis chanoine de Tournay. *François de Vérone.* Apologie, 2577, 8583. — *Gimont* (Paul de). Avis contre l'Appel, 2804 ; Avis sur le plaidoyé, 2805 ; *Ribemont* (Pomp. de).Conviction, 6517; Mystère, 6518; — *Valsinghan* (Thom.). Histoire, 8511.

BOUCHER (L.). *Philothée.* Portrait, 5779.

BOUCHER (l'abbé Ph.). *De l'Isle* (l'abbé). Lettres, 1519*.

BOUCHER D'ARGIS (Ant.-Gasp.).—*** (M.). Code, 9040.

BOUCHER D'ARGIS, fils du précédent. *Magistrat de Paris (un).* Lettres, 4459.

BOUCHER DE LA RICHARDERIE (Gilles), ancien avocat au Parlement.

B. de L. R. Discours sur l'u-
tilité des voyages. Paris, 1753;
in-8 ; — *B. D. L. R. A. A. P.* (M.).
Essai sur les capitaineries royales
et autres, sur les maux incroyables
qui en résultent depuis Louis XI.
Paris, Ve Thibout, 1789, in-8.

BOUCHER DE PERTHES (Jacques) (1),
directeur des Douanes à Abbeville.
Christophe (M.). Opinion de —
sur l'Economie politique. Paris,
Treuttel et Würtz, 1831-34, 4 part.
in-18 ; — *Président de la Société
d'émulation d'Abbeville* (le). Du
courage, de la bravoure, du courage civil ; discours prononcé par —.
1837, in-8 de 75 pag.

BOUCHET (Jehan). *Brandt* (Sébast.).
Régnards, 803 ; — *Traverseur des
Voies périlleuses* (le). Déploration,
8316 ; Temple, 8317 ; Opuscules,
8318 ; Triumphes, 8319 ; Faits,
8320 ; Elégantes Epîtres, 8321 ;
Angoysses, 8322 ; Jugement, 8324;
Epîtres morales, 8325 ; Parc, 8326.

BOUCHETEL DE SASSY (J.). *J. B. D.
S.* Discours, 3249.

BOUCHOTTE (Em.). *Propriétaire cultivateur* (un). Mauvais, 6139.

BOUCHOUT (Jean-Joseph van). *A. B.
C.* Réunion, 9 ;— *Épiménide.* Re-
veil, 2226; — *Eupen* (S. E. Pierre
van). Lettre, 2291.

BOUDIER DE VILLEMERT. *Polytha-
lasse* (Abel). Monde, 5959.

BOUDON DE SAINT-AMANS (Jean-Flo-
rimond). *Saint-Amans* (B. de). T.
IV, p. 203.

BOUERIUS (le P. Zach.), capucin.
Capucin (un). Règle de perfection
réduite en un seul point en la volonté de Dieu, par B. de Canfeld,
augmentée de la Vie de l'auteur et
d'un éclaircissement par—. Paris,
1666, in-12. *V. T.*

BOUGARRE (Léopold), avocat à Nan-

---

(1) Un de nos continuateurs, M. Louandre, d'Abbeville, donne à cet écrivain les
noms de « Boucher de Crèvecœur de Perthes, fils d'un arrière-petit-neveu de Jeanne d'Arc par sa mère ». A-t-il vérifié le
fait qu'il avance ? Pour nous, nous trouvons
que la vierge de Domremy a été déjà assez
salie par le poème de Voltaire, sans qu'on
vienne lui donner une masse de descendants, jusqu'à même des directs; et, Dieu
merci, ils sont en nombre; et tous, avant sa
célébrité, eussent renié la paysanne obscure.
De telles assertions méritent d'être bien
prouvées pour qu'on y ajoute foi.

ci. *Fils de Commerçant* (un). La
Noblesse et le Commerce, dédié à
la petite noblesse de province ; ouvrage augmenté de deux satires en
vers, et suivi d'un recueil de chansons trouvées derrière un comptoir. Paris, Renard, 1838, in-8 ; —
Jeune Avocat (un). Aux étudiants
en droit, épître en vers. 2e édition,
revue et augmentée d'une chanson
et ornée d'une vignette de Grandville. Paris, les march. de nouv.,
1837, in-8 de 24 pag. Réimprimé
en 1840 (Paris, Béchet), in-8 de
16 pag. La première édition a dû
paraître dans un recueil littéraire
lorrain, car on n'en trouve pas
l'annonce dans la « Bibliographie
de la France ».

BOUGES (le P.). *Religieux Augustin*
(un). Histoire du S. Suaire, 6391.

BOUHOURS (le P.). *Gentilhomme de
province* (un). Doutes, 2735.

BOUILLY (Jean-Nicolas), né à Tours,
en 1769, ainsi que le prouve le titre de l'écrit suivant, et non en
1761, comme le disent les biographes. *Amateur* (un), né en 1769.
Soixante ans du Théâtre-Français.
Paris, Ch. Gosselin, 1842, in-18 de
216 pag. MM. Paul Lacroix et
Goizet n'ont pas connu l'auteur de
cet ouvrage.   *J. L.-M—x.*

BOUIS, ingénieur géographe. *Simple
plébéien* (un). A la France, 7505.

BOULAINVILLIERS (le comte de).
Hypocrate. Lettre, 3160. — *Ma-
lebranche* (le P.). Traité, 4499.

BOULANGER (Nicolas-Antoine), anc.
ingénieur des ponts et chaussées.
B***. 1º Mémoire sur une nouvelle Mappemonde. Paris, 1753,
in-4 ; — *B. I. D. P. E. C.* (M.)
2º Recherches sur l'origine du
despotisme oriental, ouvrage posthume de — , avec une Lettre de
l'auteur à Helvétius. Genève, 1761,
ou Paris, libraires associés, 1763,
in-8. Les mêmes. Examen critique
de la Vie et des ouvrages de S.
Paul (trad. de l'angl. de P. Anet,
par le baron d'Holbach), avec une
Dissertation sur saint Pierre (par
Boulanger). Amsterdam, Rey,
1766, in-12. On ne trouve pas en
tête de cette dernière édition de
« l'Origine du despotisme oriental » , l'intéressante Lettre de Boulanger à Helvétius, que l'on voit
dans l'édition originale de Genève,

1761, et dans quelques autres. 3º Gouvernement. Ouvrage posthume. Londres, 1776, in-12.

BOULANGER DE RIVERY. *Société* (*une*). Lettres, 7546.

BOULARD (Ant.-Mar.-Henri), laborieux traducteur et bibliophile. *B**** (A.-M.-H.). De l'Origine de la crémation, ou de l'usage de brûler les corps. Dissertation trad. de l'angl. de Jamieson. Paris, Pélicier, 1821, in-8 de 69 pag., et beaucoup d'autres traductions citées par la « France littéraire ». Editeur de la Harengve faicte au nom de l'Université de Paris, devant le roi Charles sixiesmes et tout le Conseil, en 1405... par maistre Jehan Gerson. Paris, Debausseaux, 1824, broch. in-8.

BOULARD (S.), anc. imprimeur-libraire de Paris. *B. I. L.* La Vie et les aventures de Ferdinand Vertamond et de Maurice, son oncle. Paris, Boulard, 1792, 3 vol. in-12.

BOULAY-PATY (Evariste). *Mariaker* (Elie). Elie Mariaker, 4542.

BOULLANGER, né à Paris, d'un magistrat de ce nom. *Petit Père André* (le), religieux augustin réformé, III, 445.

BOULLÉE (Aimé-Auguste), anc. procur. du roi à Lyon, historien et biographe, membre des académies de Lyon, Turin, etc., et de la Société philotechnique de Paris ; né à Bourg (Ain) en 1795. *A. B.* 1º Les Orphelins, drame en trois actes et en vers. Paris, Chaigneau, 1817, in-8 ; 2º De la propriété littéraire et du plagiat. Bourg, Bottier, 1833, in-8 de 8 pag. ; — *Ancien Magistrat* (*un*). 3º Des anciens Royalistes et du Gouvernement. Lyon, 1830, in-8 ; 4º Histoire de France, pendant la dernière année de la Restauration, jusqu'à l'avénement de Louis-Philippe et jusqu'à l'embarquement de Charles X. Paris, Desenne, 1839, 2 vol. in-8. Aucun de ces quatre ouvrages n'a été connu des auteurs de « la Littérature franç. contemp. », mais encore, ainsi que nous l'avons dit autre part (1), les deux tiers des ouvrages de

M. Boullée publiés avec son nom de 1817 à 1844 : vingt-et-un sont passés sous silence. Nous rétablirons donc ici son article, tel qu'on devrait le trouver dans le livre dont nous venons de parler ; 5º Notice sur Lelièvre, dit Chevalier, 1821, in-8 ; 6º Discours sur la nécessité du dévouement dans l'homme public et surtout dans le magistrat. Lyon, 1821, in-8 ; 7º l'Amour de la Vérité, discours prononcé à la rentrée du tribunal de Mâcon, le 6 novembre 1826. Mâcon, 1826, in-8 ; 8º Rapport fait à la Société de Mâcon sur le remplacement des travaux forcés par une autre peine, sujet ouvert à l'Académie de Mâcon. Mâcon, 1827, in-8 ; 9º Le Ministère public français, discours prononcé à la rentrée du tribunal de Mâcon, le 10 novembre 1828. Lyon, 1829, in-8 de 80 pag. ; 10º Rapport fait à la Société de Mâcon, le 17 janvier 1829, au nom de la commission du concours relatif à la mendicité. Mâcon, 1829, in-8 ; 11º Notice nécrologique sur Mme de La Martine de Prat. Mâcon, 1829, in-8 ; 12º Sur la traduction de l'Enfer de Dante par M. Artaud. Lyon, 1831, in-8 ; 13º La Mission des lettres dans les temps de troubles. Discours de réception à l'Académie des sciences, belles-lettres, etc. de Lyon. Lyon, Rossary, 1832, in-8 ; 14º Recherches sur l'histoire et sur l'ancienne constitution de la monarchie de Savoie. Ouvrage composé sur des documents pour la plupart inédits ; traduit de l'italien de M. Louis Cibrario. Paris, Moutardier, 1833, in-8 ; 15º Note pour servir à l'interprétation d'un distique grec, gravé au bas de la statue de Démosthènes. Bourg, de l'impr. de Bottier, 1833, in-8 de 16 pag. ; 16º Vie de Démosthènes, avec des notes historiques et critiques et un choix des jugements portés sur son caractère et ses ouvrages. Paris, Poilleux, 1834, in-8 ; 17º Notices sur M. Poivre, intendant des îles de France et de Bourbon, correspondant de l'Académie des Sciences, et sur M. Dupont de Nemours, conseiller d'Etat, membre de l'Institut. Suivies du Discours de réception de l'auteur à l'Académie de Lyon.

---

(1) Dans nos Omissions et bévues de la « Littérature française et contemporaine », pag. 5.

Lyon, de l'impr. de Rossary, 1335, in-8 de 68 pag. ; 18° Histoire de la vie et des ouvrages du chancelier d'Aguesseau, précédée d'un Discours sur le ministère public, suivie d'un choix de Pensées et Maximes tirées des ouvrages de d'Aguesseau, et d'une Notice historique sur Henri d'Aguesseau, père du chancelier. Paris, Desenne, 1835, 2 vol. in-8. Nouv. édition, rev. et corr. Paris, Langlois et Leclercq, 1843, in-12 ; 19° Aspasie, fragments d'une histoire inédite du siècle de Périclès. Lyon, 1836, in-8 de 23 pag. Opuscule qui n'a pas été annoncé par la « Bibliographie de la France », mais dont « le Journal des Savants » a parlé, ann. 1836, p. 637 ; 20° Compte-rendu des travaux de l'Académie royale des sciences, belles-lettres, etc. de Lyon, pendant l'année 1835. Lyon, G. Rossary, 1836, in-8 de 88 pag. ; 21° Le chancelier d'Aguesseau, 1840, gr. in-8 de 8 pag. à deux col. ; 22° Démosthènes. 1840, gr. in-8 de 8 pag. à deux col. Ces deux notices sont extraites du « Plutarque français » publié par M. Mennechet ; 23° Projet de réglement de l'Académie des sciences, lettres et arts de Lyon, présenté par M. Boullée. Lyon, 1840, in-8 ; 24° Notice sur le général Lafayette. Paris, Desenne, 1841, in-8 de 198 pag. Réimprimée, par extraits, dans la « Biographie universelle » ; 25° Les Etats de Blois de 1588 à 1589. Lyon, de l'impr. de Boitel, 1844, gr. in-8 de 48 pag. Récit en prose ; 26° La Croix de marbre. Souvenirs de Nice. Lyon, de l'impr. du même, 1844, gr. in-8. Ces deux derniers morceaux sont extraits de la « Revue du Lyonnais », t. XIX (1844) ; 27° Etude comparative sur les Etats-Généraux de France, et les parlements d'Angleterre. Lyon, de l'impr. de Boitel, 1875, in-8 de 40 pag. ; 28° Histoire complète des Etats-Généraux et autres assemblées représentatives de France, depuis 1302 jusqu'en 1626. Tom. I et II. Paris, Langlois et Leclercq, 1845, 2 vol. in-8 ; 29° Etudes biographiques sur Louis-Philippe d'Orléans, dernier roi des Français. Paris, Langlois et Leclercq, 1849, gr.

in-8 de 228 pag. Extrait de la « Revue du Lyonnais ».

BOULLIAU (Ismaele). *Philolaus.*, Philolai. 5737.

BOULOGNE (l'abbé de). *Paroissien de Saint-Roch (un).* Lettre, 5482.

BOUNIOL DE MONTÉGUT (l'abbé Ant. Franc.), jésuite. *Montégut (de).* III, 294.

BOUQUET (P). jurisconsulte, neveu de dom Bouquet, bénédictin de St-Maur. *Avocat de province (un).* Lettres provinciales, ou Examen impartial de l'origine, de la constitution et des révolutions de la Monarchie française, par — à un avocat de Paris. La Haye, Le Neutre, et Paris, Merlin, 1772, 2 vol. in-8. Ouvrage qui fut supprimé par un arrêt du conseil d'État du roi, en date du 28 novembre 1772, comme « contenant des as- » sertions hasardées et des notices » peu exactes sur l'histoire de la » Monarchie ».

BOURBON (Nicolaï). *Horatius Gentilis Perusinus.* Horatii de Mamurio, 3136.

BOURBON (la princesse Louise-Marie-Thérèse-Bathilde d'Orléans, duchesse de), née à St-Cloud, le 9 juillet 1750, mariée à Louis-Joseph de Bourbon, prince de Condé, dont elle eut le duc d'Enghien. Elle se sépara de son mari. Mystique et libérale, amie de la Révolution, elle n'émigra pas. En 1790, la duchesse fit les frais d'impression des « Prophéties » de Mlle Labrousse ; en 1793 elle était liée avec Catherine Théo et dom Guerle. Sous le Directoire, alors que l'on craignait pour la République et que tous les Bourbons furent proscrits, la princesse quitta Marseille qu'elle habitait (1797), se rendit à Sarria (Espagne), y fit des aumônes et des livres que nous allons rappeler. A la chûte de Napoléon, elle rentra en France, et y fonda l'hospice d'Enghien, et à sa mort, arrivée le 10 janvier 1822, à Paris, elle fut enterrée à Dreux. Ses biens, qui en un temps, étaient évalués à onze millions, sont passés à la maison d'Orléans, ou plutôt lui sont revenus B..... (Mme de). Correspondance entre Mme de B..... et M. (Rouzet de Folmon) sur leurs opinions religieuses. Tome 1er (Barcelonne), 1813, in-4 de 46 et 486 p. Suite de la Correspondance entre Mme de B.... et M. R...., et divers petits Contes moraux de Mme de Bourbon. Tome II. 1812, in-4 de 486 pag. — (*Anon.*). Opuscules, ou Pensées d'une âme de foi sur la religion chrétienne pratiquée en esprit et en vérité. Tome 1er. 1812, in-4. M. Quérard, dans sa « France littéraire » (ouvrage que je ne saurais trop recommander), dit, tome 1er, page 482, que les « Opuscules ont *deux* volumes. Cela se peut, mais les deux exemplaires que je connais à Paris des trois volumes dont j'ai parlé plus haut, il n'y a point de second volume aux « Opuscules ». Pas de doute que, en imprimant le premier, Mme de Bourbon n'ait eu l'intention d'en publier un second ; mais il est possible qu'il n'ait pas été mis au jour. Dans le premier volume des « Opuscules », page 8, Mme de Bourbon dit : *La force des raisonnements et les preuves les-plus fortes me parurent, je l'avoue, du côté des prêtres constitutionnels.* C'est, sans doute, le volume où se trouve cette phrase, qui fut le sujet de la condamnation par la Cour de Rome, dont parle M. Mahul dans le tome III (1822) de son « Annuaire nécrologique ». Certainement les mots que j'ai rapportés sont plus qu'il n'en faut pour faire mettre un ouvrage à l'index de la sacrée congrégation ; mais je ne trouve aucun ouvrage de Mme de Bourbon dans le « Catalogue des ouvrages mis à l'index ». 1825, in-8. La condamnation aurait-elle été rétractée, sous la condition que le second volume ne serait pas publié ? Je n'ose me livrer à cette conjecture, qui prouverait qu'*il est avec* la terre *des accommodements.* En résumé, si le n° 180 d'un catalogue de vente, annoncé dans la « Bibliographie de la France », sous le n° 2,463 de 1832, n'a que deux volumes, c'est un exemplaire incomplet des OEuvres de Mme de Bourbon, qui ont au moins trois volumes, sans compter les deux ouvrages en deux volumes chaque, dont parle l'abbé Lambert dans ses « Mémoires de

Famille » 1822, in-8 (1). *Beuchot, Bibliogr. de la France*,1832, p.291.

BOURBON (la princesse Louise-Adélaïde de), belle-sœur de la précédente , née en 1757. (*Anon.*) Lettres écrites en 1786 et 1787 (par la princesse de Bourbon et le marq. de La Gervesaie), publiées par M. Ballanche. Paris , J. Renouard, 1834, in-12.

BOURBON-CONTI (de), fils naturel du prince François-Armand de Conti, reconnu par Louis XVIII. *Jacquelin* (Jacq.-André). Le Sang des Bourbons. Galerie historique des rois et princes de cette famille depuis Henri IV jusqu'à nos jours. (Publ. par J.-A. Jacquelin). Paris, A. Egron, 1820, 2 vol. in-4 avec 22 planches. Il y a eu des exempl. tirés sur pap. vélin ; les Bourbons martyrs, ou les Augustes victimes. (Publ. par J.-A. Jacquelin.) Paris, le même, 1821, in-8 de 576 pag. Ces deux ouvrages ont été imprimés aux frais de la Cour.

BOURBON-CONTI (Amélie-Gabr.-Stéphanie-Louise de), sœur du précédent ; née à Paris, le 26 décembre 1762, morte en 1825. Ses Mémoires. Paris, 1797 , 2 vol. in-8.

BOURBON-LEBLANC (Gabriel BOURBON-BUSSET, dit), défenseur officieux à l'époque de la Révolution, depuis avocat, membre de la Société des belles-lettres de Paris ; né à Paris , le 30 mai 1775. (Voy. notre « France littéraire »). (*Anon*). 1° Vie, exploits, triomphes oratoires et derniers moments du comte Foy, etc ; suivis du tableau de la

---

(1) M. l'abbé Lambert, dernier confesseur du duc de Penthièvre, dans ses « Mémoires de famille », 1822, in-8, page 59, dit qu'en 1793 Mme de Bourbon fit présent à Mme d'Orléans, sa belle-sœur, de deux ouvrages qu'elle avait fait imprimer à ses frais : ces deux ouvrages, de la composition de la princesse, contenant des erreurs d'un genre nouveau, l'abbé Lambert fit : « le relevé » de tout ce qui s'y trouvait de contraire à » la foi. C'est sur ce relevé qu'était inter- » venue une censure des deux ouvrages, » très bien faite, parfaitement en mesure » avec les circonstances au milieu des- » quelles nous nous trouvions , et dans » laquelle la Sorbonne s'était surpassée ». Ainsi, aux deux ouvrages dont j'ai donné les titres, il faut encore ajouter les deux que M. l'abbé Lambert a signalés vaguement. Beuchot, « Bibl. de la France, » 1824, p. 415.

journée du 30 novembre 1825 , et des funérailles du général , etc. Ouvrage publié par deux de ses compagnons d'armes. Paris,Théry, 1826, in-18, avec un portr. ; 2º le Véritable duc de Normandie, réfutation de bien des impostures. Paris , de l'impr. de Pihan Delaforest (M.), 1835, in-8. Cet ouvrage avait été promis en 4 vol. qui devaient paraître par livraisons de 2 à 3 feuilles; mais il n'en a été publié que 9 livraisons, formant ensemble 467 pag. M. Bourbon-Leblanc a été l'un des croyants en l'imposteur Claude Perrin (voy. ce nom), ou plutôt l'une de ses nombreuses dupes.Plus bas nous citons deux autres écrits de lui dans la même cause. A. 3º Rédacteur du « Tableau de Bordeaux », alors que Voidel, son fondateur, se trouvait à Paris. M. Bourbon-Leblanc s'attira une condamnation à mort pour ses articles sur les élections d'alors (1797) : il y échappa en fuyant en Espagne;— Calbin (L.). 4º Du propre aveu de M. Bourbon-Leblanc , il existe un ouvrage de lui sous ce nom , mais nous n'avons pu en trouver le titre.— Leblanc (Gabriel). 5º La Tribune publique , journal des élections. (Paris.) Frimaire—15 fructidor an v, 52 livraisons formant 9 vol. in-12. L'auteur fut décrété de déportation le 6 septembre1797 pour ce journal. 6º Causes criminelles traitées et plaidées par—, publiées par Hollier , Paris , de l'impr. de Renaudière, in-8; 7º Introduction à la science de l'Économie politique et de la Statistique générale , ouvrage élémentaire. Paris , Renaudière, 1801 , in-8 de 212 pag. 8º Dictionnaire universel du droit civil français ancien , intermédiaire et nouveau. Tome Ier, livre Ier. Paris , 1804 , in-8. — Le Cabel (le doct.) (1). 9º Douze petits chapitres à l'occasion d'une nouvelle à la main qu'on publie, imprimée sous ce titre : « Déclaration relative au personnage se prétendant duc de Normandie, fils de Louis XVI , connu sous le nom de Naündorf, résidant à Londres. Paris, Carpentier, 1841,

in-8 de 16 pag.; 10º Le Livret du domino magicien, expliquant la manière de jouer ce jeu, et de remplacer par lui les cartes adoptées pour le piquet, l'impériale, l'écarté, etc. Paris, Belin, 1841, in-18 de 72 pag.; 11º Sept Chapitres en vers, pour faire suite à « Douze petits Chapitres » en prose, au sujet d'un certain ouvrage faussement attribué au duc de Normandie, et intitulé : « Révélations sur les erreurs de la Bible » (1). Montmartre, imprim. de Worms, 1842, in-8 de 16 p.; 12º Le Grand, le superbe et fulminant discours de M. Bornicole, lanterne sourde de la cohorte des bornards, contre le sieur Enavant, porte-lumière de la légion des progressifs, translaté en vers français, et dédié à MM.les électeurs de France. Ib.1842, in-8 de 16 pag. Dans notre « France littéraire », nous avons attribué à cet écrivain des « Synonymes nouveaux français, moraux, galants et politiques », Dijon , Causse , 1789, in-12 , tirés à 50 exempl., qui ne sont pas de lui.

BOURDAILLE (E.). S. M. R. D. — R. E. B. S. M. R. D. Théologie, 2138.

BOURDEILLE (Claude de). Montrésor (de). III, 300.

BOURDON (Louis-Gabriel). Empirée (M. de l'). Livre, 2217.

BOURDON DE SIGRAIS (Cl.-Guill.). Sigrais (B. de). IV, p. 325 ; — *** (M.). Considérations, 9120.

BOURDONNÉ (de). Gentilhomme (un). Pensées, 2720.

BOURDOT DE RICHEBOURG (Ch.-A.). Charvet (C.), prêtre. Histoire, 1032; — Richebourg (de). IV, 120.

BOUREAU DESLANDES (André-François). Cosmopolite (un). Remarques historiques et satyriques d'—, tant en prose qu'en poésie , sur différents sujets. (Publié par And.-

---

(1) Pseudonyme que les bibliographes du quai Voltaire ont pris pour un nom véritable. Le doct. Lecabel a un art. dans leur t. V, p. 19.

(1) L'ouvrage que M. Bourbon-Leblanc conteste à l'imposteur Naündorff est intitulé : « Révélations sur les erreurs de l'Ancien-Testament »; publiées par le docteur Charles de Cosson. Paris, de l'impr. de Mme Delacombe, 1840, in-12 de 9 feuill. 1|6. Précédemment il avait paru sous le nom de Charles-Louis, duc de Normandie, que prenait cet imposteur, un livre intitulé : «Doctrine céleste, ou l'Évangile de N.-S. Jésus-Christ dans toute sa pureté primitive ». Genève, 1839, in-12. Ni l'un ni l'autre ne sont de Naündorff, qui ne savait pas écrire en français.

Fr. Boureau Deslandes, fils de l'auteur). Cologne (Nantes), 1731, in-12; — *D.* (M.). Traités sur les différents degrés de la certitude morale, par rapport aux connaissances humaines. Paris, Quillau, 1750, in-12; — *Deslandes.* I, 348; — *F. A. D. L. V.* De la Certitude des connaissances humaines, ou Examen philosophique de diverses prérogatives de la raison et de la foi; (supposé) trad. de l'anglais. Londres, 1741, in-12; — *Kruger.* Histoire des anciennes révolutions du globe terrestre, 3460; —***(Mme). Histoire, 9011.

BOURET, trésorier de France. *D**** (le sieur). Les Poésies diverses du—. Sans indication de lieu, 1718, in-12 de 182 pag., non compris la table qui en a 8. On trouve à la fin douze pages de Contes un peu libres, avec cette signature : Par messieurs B*** L*** G*** D* G***. Un Recueil de poésies diverses (par M. Bouret, lieutenant-général de Gisors), 1733, in-8, contient les Contes qui terminent le volume de 1718. On trouve 1o à la page 106 des « Poésies diverses », des vers et des détails historiques sur la porte dorée de Gisors; 2o à la page 150, un Compliment en prose à la supérieure des Dames Ursulines de Gisors : d'où je conclus que les « Poésies diverses » sont de Bouret père. Je ne vois pas, dit M. Duputel, pourquoi A.-A. Barbier conclut, des détails dans lesquels il est entré à ce sujet, que les « Poésies diverses » sont du père de Bouret, lieutenant-général de Gisors, auteur d'un « Recueil de poésies diverses », publié in-8 en 1733. plutôt que de M. Bouret lui-même, En effet, il y a entre les pièces de 1718 et celles de 1733 tant d'analogies et de rapports, soit pour le fond, soit pour la forme; elles ont une physionomie si semblable, que tout porte à croire qu'elles sont sorties de la même plume; et l'on aurait tort de supposer que, parce qu'elles ont paru à quinze années d'intervalle, elles doivent appartenir pour ainsi dire à deux générations; surtout si l'on considère que M. Bouret n'était plus jeune lors de la publication du second recueil, comme il prend soin de nous l'apprendre lui-même, lorsqu'il s'appelle

Vieux barbon par Vénus de Cythère
[chassé,

et qu'il apporte les rides et les plis de son front pour excuse de ne plus faire de vers galants et amoureux. Dans une autre pièce du même volume, pag. 67, et qu'une note indique avoir été composée en 1721, on voit qu'il y avait déjà longtemps qu'il faisait des vers à cette époque (1). Recueil de Poésies diverses. Paris, 1733, in-8.

BOURG (Edmond-Théodore), plus connu sous le nom de *B. Saint-Edme*, fécond et intelligent compilateur, mais véritable Robert-Macaire littéraire; né à Paris, le 1er avril 1785. Bourg se donnait comme ancien commissaire des guerres et comme ancien secrétaire du maréchal Berthier. Il avait été effectivement, jeune encore, employé dans l'administration militaire en Italie. Une faute grave qu'il commit à Véronne, peu de temps après la prise de cette ville par les Français, le mit dans le cas d'être fusillé; et, s'il ne le fut point, c'est grâce à l'extrême indulgence du comte Beaupoil de Saint-Aulaire, colonel (2) (mort à Paris, en février 1829), qu'il l'a dû. Le coupable fut seulement chassé de l'administration. C'est vraisemblablement après cet événement qu'il devint secrétaire du maréchal Berthier. Bourg, quoi qu'il en soit, ne quitta l'Italie qu'après les revers de la France; car nous connaissons de lui un « Recueil de Poésies », imprimé à Milan, en 1809 (in-4 de 40 pag.). A son retour en France, il se mit à écrire, d'abord dans les journaux, et comme

_____

(1) Catalogue Duputel, p. 183.

(2) Né à Ploermel (Morbihan). Il adopta les principes de la Révolution, et c'était comme colonel de l'armée républicaine qu'il se trouvait à Vérone lors du fait que nous rappelons. Le comte Beaupoil de St-Aulaire donna sa démission quand il apprit que Napoléon songeait à s'emparer du pouvoir. Il était père de l'officier de ce nom, qui, en 1818, publia un pamphlet sous le titre « d'Oraison funèbre de M. le duc de Feltre », qui fut la cause de deux duels, et par suite, celle de la mort de son auteur, tué par M. Harty de Pierrebourg.

rédacteur de troisième ordre. Malheureusement, l'inconduite de Bourg l'a mis toute sa vie aux expédients, et sans conviction aucune, dans le seul but de gagner de l'argent, il a travaillé dans le même temps pour les journaux ministériels et les journaux républicains, parmi lesquels il faut compter « la Tribune » et « le Bon Sens » (voy. notre « France Littéraire », art. *Saint-Edme*). Bourg était un ambitieux, un homme à projets gigantesques, dont la médiocre position de journaliste à la suite ne pouvait lui convenir, à lui qui ne voulait pas travailler en sous-œuvre; qui voulait être administrateur, directeur, chef enfin, pour arriver plus vite à la fortune, alors qu'il ne savait pas se gouverner lui-même. C'est à cette velléité que l'on doit plusieurs essais de longues publications commencées, mais suspendues chaque fois que les bailleurs de fonds ou les éditeurs s'apercevaient de crocs en jambes à la loyauté. C'est à Bourg qu'appartient la première idée de ces biographies vénales, l'une des hontes de la littérature de notre époque, biographies qui se sont tant multipliées depuis la publication de celle des « Hommes du Jour » (1835 et ann. suiv.). Sans plus d'affection que MM. Crouy-Chanel, Barginet (de Grenoble) et quelques autres plumes vénales, le carbonaro Bourg écrivit en faveur du prisonnier de Ham, et fut l'un de ses agents. Après la rentrée de la famille Bonaparte en France, il sut enfler encore les services qu'il avait rendus au prince Louis-Napoléon, afin de s'en faire mieux récompenser. Bourg, quoi qu'on en ait dit, fut un des commensaux de l'Elysée les plus insatiables. Le bonapartisme l'emportant sur le républicanisme, Bourg suivit le cours des événements et fut de l'ordre. Il fut d'abord attaché à la rédaction de « l'Assemblée nationale » dans les premiers mois de sa fondation (28 février 1848); mais la velléité de devenir un personnage ne l'avait point abandonné. Les circonstances lui étaient devenues propices : il était élyséen et de plus rédacteur d'un journal qui avait alors le mot « ordre » pour devise ; il pou-

vait enfin espérer arriver. Remuant et ayant une souple faconde, il se mit à chercher, et découvrit un digne ecclésiastique, ami de la paix, qui possédait un petit capital de 25,000 fr. Bourg le persuada de l'employer à fonder un organe pour la défense des principes d'ordre, et le digne ecclésiastique accéda. Aussi, vîmes-nous paraître, le lundi 1er mai 1848, « l'Assemblée constituante, journal de tous les intérêts», rédacteur en chef : B. Saint-Edme. Si les morts de la ballade de Kœrner vont vite, l'argent entre les mains de Bourg ne fondait pas moins rapidement. M. H. Izambard, dans sa « Presse parisienne », nous apprend que « l'Assemblée constituante » finit avec le neuvième numéro. Cet essai avait néanmoins alléché cet homme qui n'avait rien à perdre. Il recommença sa chasse aux actionnaires, et, sur des promesses, il annonça dans la même année la publication d'une autre feuille quotidienne, « le Mouvement ». Un spacieux appartement fut loué rue J.-J.-Rousseau, où l'on établit l'administration du journal projeté. Des actionnaires crédules se présentèrent et firent un premier versement. Mais, six mois après, le premier numéro n'ayant pas encore paru, les actionnaires intentèrent à Bourg un procès en restitution. Dans ce procès, peu édifiant pour les entrepreneurs de ce journal, qui fut porté devant le tribunal de première instance et perdu par le « Mouvement », le maladroit directeur, qui, loin de vouloir rembourser, voulait qu'on achevât d'acquitter ses actions pour pouvoir commencer ! en rappela en Cour d'appel et en Cour de cassation, fut partout battu, complétement déshonoré par les récriminations qu'on fit surgir, et condamné à la restitution ; mais les fonds des demandeurs avaient été dilapidés. Dans les derniers temps de sa vie, Bourg a été attaché à la rédaction du « Journal des Faits » : il était là à sa place. La vie privée de cet homme était en parfaite harmonie avec sa vie littéraire. Il devait mal finir : aussi s'est-il fait justice lui-même en se pendant, à Paris, le 26 mars 1852, pour échapper aux suites d'une condamnation à deux années d'emprisonnement, prononcée contre lui le mois précédent, pour avoir fait partie d'une bande de voleurs et d'escrocs, dont le chef était le nommé Martin, fils de Martin l'illuminé, laboureur à Gallardon, en Beauce, qui avait eu une certaine réputation dans les premières années du règne de Louis XVIII. (Voy. le Journal des Débats du 27 février 1852.) Y a-t-il dans tout ceci quelque chose pour justifier le passage d'un feuilleton sur l'assemblée générale de la Société des Gens de lettres, impr. dans « la Presse » du 28 mai 1852, dans lequel M. Ch. Monselet, son auteur, dit, en parlant de Bourg : « Un cri de Saint-Edme, parti à » son agonie, nous a montré ce » qu'il y avait au fond de ce cœur » déchiré ; ce fut comme un éclair » qui laisse entrevoir des mondes : » le compilateur cachait un poète » et un homme ». M. Monselet n'a point connu Bourg, et voilà ce qui l'excuse. Bourg a écrit sous les divers pseudonymes suivants : *Audibert.* Bicêtre. Article impr. dans le « Dictionnaire de la Conversation et de la Lecture ». C'est la réimpression textuelle d'un petit vol. in-32 sur Bicêtre, publié par Bourg.— *C. C.* Masaniello, 961 ;— *Charrin* (P.-J.). Titus, ou les Perruquiers, tragédie burlesque en un acte et en vers (1). Paris, Maldan, 1806. 3e édit. Paris, J.-N. Barba, 1823, in-8. Pour l'historique de la substitution du nom d'un autre à celui de l'auteur, v. notre « France littéraire », art. Saint-Edme.—*C.-L.* Masaniello,1511.Même ouvrage que le n° 961; — *Dineur*, administrateur de l'anc. département du Rhin et Moselle. Trahisons de 1814. Paris, L. Rosier, juin 1814, in-8 de 48 pag.; — *Lenormand d'Etioles.* Mémoires, 4031; — *Raban* (P.). Bourg, sans se faire connaître, a terminé le roman de M. Raban, intitulé « le Séminariste », 1831. — *Regnault-Warin*, Saint-E., IV,

(1) Il paraît que la première édition, que nous n'avons jamais vue, porte pour titre : « Titus, ou Savonnette et Toupet, ou la Mort de Peignoir, ou le Repentir de Lahuppe, ou les Perruquiers, petite tragédie sans prose. »

211 ;—*S.* (le colonel). Louis XVIII assassin de Louis XVI. Bruxelles, 1817, in-8 et in-12. La partie du raisonnement, de la discussion, l'état de la France, tout enfin, à l'exception des listes des condamnés, sont de Bourg. Le manuscrit fut porté à Bruxelles par M. Arnaud, employé supérieur de la maison du roi.—*Sabran* (le prince de).Ephraïm, ou le Jeune Israélite. Paris, Tenon, 1825, 2 vol. in-12, avec 2 grav.— *Saint-Edme* (B.). IV, 212 ; — *Wailly* (de). Paris pittoresque, IV, 643.

BOURGELAT (Claude). *Ingénieur de province (un).* Lettre, 3193.

BOURGELIN VIALART (Etienne), comte de **SAINT-MORYS**. *Saint-Morys* (le comte de). T. IV, p. 241.

BOURGEOIS (Louise), sage-femme de de la reine. *Boursier* (Mme). Observations diverses sur la stérilité, perte de fruict, fœcondité, accouchements et maladies des femmes, et enfants nouveaux naiz amplement traitées, et heureusement practiquées, par —, œuvre util et nécessaire à toutes personnes. Rouen, veufve Thomas Daré, 1626, 2 vol. in-8. Cet ouvrage, quoique réimprimé plusieurs fois, est peu commun. S'il n'offre plus rien de nouveau sous le rapport de la science, il est toujours lu avec plaisir, à cause d'une foule de faits curieux, d'anecdotes piquantes et de détails intéressants, que l'on y trouve. Son extrême rareté et la naïveté avec laquelle il est écrit, ont engagé de Laplace à en donner des extraits dans son recueil de « Pièces intéressantes et peu connues ».   *Catal. Duputel.*

BOURGEOIS, professeur au collége Louis-le-Grand. *** (M.). Fables de Phèdre, avec des notes, des éclaircissements, et un petit dictionnaire à la fin, à l'usage des commençants. 3e édit. Paris, 1770, in-12. Cette traduction a eu sept éditions. (Voy. notre « France littéraire », article **PHÈDRE**.)

BOURGEOIS, avocat au parlement; né à La Rochelle, mort dans sa patrie, vers 1780. *Américain (un).* Christophe Colomb, ou l'Amérique découverte, poème en vingt-quatre chants. Paris, Moutard, 1773, 2 vol. in-8.

BOURGEOIS (Louis), ancien châtelain de Clées. *Gremaud* (Jean-Joseph). Pinte, 2906.

BOURGEOIS (Anicet), auteur dramatique. *Anicet*, I, p. 46 ; — *Dumas* (*A.*). Thérésa, 1753 ; Mari, 1959 ; Angèle, 1962 ; Catherine, 1964.

BOURGEOIS, lieutenant de vaisseau. *Officier de marine (un)*. 93 millions, 5287.

BOURGEOIS-GAVARDIN (Amédée). *Emmanuel*. Voyage aux Alpes de la Savoie. Morlaix, Guilmer, 1849, in-8.

BOURGOIN (le P. Edme), prieur des Jacobins. *Religieux de l'Ordre des Jacobins (un)*. Discours, 6430.

BOURGOING (Jacob), conseiller royal. *J.-B.*, parisiensi consiliario regio. De Origine, usu et ratione vulgarium vocum linguæ gallicæ, italicæ, hispanicæ, libri primi sive A, centuria una. Parisiis, Steph. Prévosteau, 1583, in-4. *D-M-ne.*

BOURGOING (le bar. Jos.-Fr.). *Ami de son pays (un) et de la paix*. La paix! la paix ! la paix! 1798, in-8. L'auteur publia dans la même année un second cri sur la paix. — *Condisciples de Bonaparte (un des)*. Quelques Notices sur les premières années de Bonaparte, recueillies en anglais par , — mises en français par le c. B. Paris , Dupont, 1797, in-8 ; — *Jeune militaire (un)*. (Avec Musset de Cogners). Correspondance d', — ou Mémoires du marquis de Lusigny et d'Hortense de Saint-Just. Paris, 1800, 2 vol. in-12. — *Soc. de gens de lettres (une)*. Archives, 7637; — *Suédois (un)*. Jugement, 7890.

BOURGOING DE VILLEFORE (Fr.-Jos.). *Villefore* (de). IV, pag. 620.

BOURGUET (Adolphe). *Philippe*. III, 461.

BOURGUIGNAT (Auguste), de Troyes, avocat à la Cour d'appel. *Deux Paysans de l'Aube*. Dialogue entre —sur les élections. (Troyes, impr. Anner-André , s. d. , in–12 de 23 pag. Les deux interlocuteurs sont Renard et Benneau. Un passage de cet écrit, pp. 18 et 19, nous apprend que M. Bourguignat se portait candidat.

BOURGUIGNON (Hubert-François), dessinateur, frère du célèbre d'Anville. *Gravelot*. I, 184.

BOURGUIGNON – BUSSIÈRE DE LA MURE (Fr.), D. M., professeur et doyen de la Faculté de Montpellier ; mort le 18 mars 1787. Pour la liste de ses ouvrages, voy. notre « France littéraire » à *La Mure*.

BOURGUIGNON D'HERBIGNY (Pierre-François-Xavier) (1), publiciste distingué et littérateur agréable, né à Laon, le 4 décembre 1772, d'une famille depuis longtemps établie et honorée dans le pays. Il dut à son mérite, plus encore qu'à l'attachement porté à sa famille par le marquis de Condorcet, la bienveillance toute particulière de cet académicien qui se chargea de le produire et le fit nommer secrétaire du comité d'instruction publique. Dévoué à la royauté, d'Herbigny, tant que dura l'Empire, ne quitta guère sa solitude d'Haubourgdin. Après le retour des Bourbons, M. Royer-Collard, chargé de la direction de l'instruction publique, l'appela le 4 mai 1816 au rectorat de Grenoble, et, le 26 mars de l'année suivante, à celui de Rouen, charge dont il se démit peu de temps après. Sous le ministère du duc de Richelieu,

(1) D'Herbigny n'a pas été heureux avec les bibliographes français : aucun ne lui a consacré d'article. De renvoi en renvoi « la France littéraire » a fini par ne pas lui en donner du tout, et voilà comment cela s'explique : D'Herbigny a longtemps publié ses ouvrages sous la voile de l'anonyme ; mais enfin le rédacteur de « la France littéraire » avait appris, auriculairement, le nom de cet écrivain , et il en avait pris note au nom ainsi orthographié : DERBIGNY. En 1829, parurent les « Fables nouvelles », en vers, de l'auteur, avec son nom, écrit D'ERBIGNY ; de là, nécessité d'un renvoi à la lettre H. En 1830, le « Traité politique de l'Education publique » fut publié de nouveau avec le nom de l'auteur, mais écrit D'HERBIGNY, nouveau renvoi à la lettre H. Lorsque, parvenu à cette initiale, nous apprîmes que le véritable nom de cet écrivain était BOURGUIGNON D'HERBIGNY. Et voilà comme, malgré que nous fussions en mesure de consacrer une notice à d'Herbigny, il n'en a pas dans notre livre. Il n'a pas été plus heureux avec MM. Louandre et Bourquelot, qui, t. IV, p. 286 de leur « Littérature française contemporaine », ne lui ont consacré que douze lignes, rappelant seulement trois ouvrages, tandis que nous en connaissons treize de lui ! dont nous avions pourtant donné la liste dans nos Omissions et Bévues de ce dernier livre.

d'Herbigny, qui partageait les vues
politiques de cet homme d'Etat,
fut nommé, le 1er août 1820, censeur à Lille, puis, le 30 septembre
de la même année, secrétaire-gé-
néral de la préfecture du Nord,
ayant M.de Rémusat pour chef.
Lors de la formation du ministère
Villèle, M. de Rémusat fut rem-
placé à Lille. D'Herbigny, refusa,
en sa qualité de censeur, de laisser
passer un article du journal qui
applaudissait en des termes incon-
venants à la destitution de cet administrateur. Cette honorable dé-
marche fut travestie en acte d'opposition, et d'Herbigny, frappé à
son tour, fut destitué, sans égard
pour ses services et pour son vieux
dévouement à la royauté. Ce sont
les dernières fonctions que cet
homme honorable ait remplies.
Une disgrâce aussi peu méritée le
jeta dans les rangs de cette opposition qui comptait parmi ses chefs
les hommes les plus distingués
d'alors. D'Herbigny se prépara à
cette lutte qui a commencé en
1822 et qu'il a soutenue coureageu-
sement tant qu'a duré la Restauration, et sans que la révolution de
1830 ait modifié en rien ses opinions. Un de ses écrits lui attira,
en 1826, une condamnation à trois
mois de prison. Plutôt que de se
résoudre à subir cette captivité,
il se condamna volontairement à
l'exil, et ce fut à la Belgique qu'il
alla demander un asile. Reçu par
le roi Guillaume avec l'accueil le
plus bienveillant, et en même temps
le plus distingué, il se fixa auprès
de lui, jusqu'au moment où la révolution de 1830 le rappela en
France. Mais à son retour, il refusa les plus hauts emplois pour ne
pas adopter les vues d'une politique hostile au roi des Pays-Bas,
son bienfaiteur, et qui, suivant lui,
était d'ailleurs contraire aux vrais
intérêts de la France. Il persista
donc dans une ligne d'opposition
fortement tranchée. D'Herbigny,
après son retour en France, vécut
très retiré. Dans les derniers temps
de sa vie, son désir d'isolement
l'avait entraîné à rompre les liens
les plus chers. Replié sur lui-
même, il en était arrivé à se laisser dominer par une exaltation
misanthropique qui le priva de
beaucoup de soins et de consolations. Il mourut à Loos, le 13 mars
1846, après une très courte mala-
die, à l'âge de 73 ans. Le roi ré-
gnant de Hollande, en mémoire
des sentiments de reconnaissante
affection que son père avait portés
à d'Herbigny, l'avait créé conseiller de Légation et membre de
l'ordre du Lion-Néerlandais, par
ordonnance royale du 8 octobre
1842. On a de B. d'Herbigny les
ouvrages suivants : LITTÉRATURE.
1o *Hécube et Polixène*, tragédie
en cinq actes et en vers. Paris,
Vente, 1818, in-8. Anon. L'auteur
avait en portefeuille trois tragé-
dies, celle que nous venons de
citer, *Absalon* et *les Parthes*; il
se décida à faire représenter *Hécube et Polixène*, qui fut admise à
l'unanimité par la commission du
Théâtre-Français. La pièce, dont
la mise en scène avait été complètement négligée, échoua à la première représentation, qui eut lieu
le 15 janvier 1819 ; l'auteur ne voulut point céder aux avis d'amis
éclairés qui l'engageaient à tenter
une nouvelle épreuve. La lecture
de cette pièce, imprimée en 1819
et dans laquelle on reconnaît un
digne émule de nos grands maîtres, autorise à croire qu'il aurait
obtenu une éclatante réparation.
2o *Fables nouvelles*, en vers. Imprimerie de Bronner-Bauwens, à
Dunkerque, 1829, in-18, avec portrait de l'auteur. Réimprimées à
Paris dans la même année, par
Pinard, dans les formats in-12
(2e édit.) et in-8 (3e édit.). C'est
un ouvrage de la jeunesse de l'auteur. Ces fables, remarquables par
la finesse des aperçus philosophiques et politiques, non moins que
par la pureté du style et la vigueur
du trait, manquent peut-être du
naturel et de la gaîté qui sont un
des mérites du genre. POLITIQUE.
3o *Revue politique de l'Europe* en
1825. Paris et Leipzig, Bossange
frères, 1825, in-8 de 96 pages. Ce
fut par cet écrit que d'Herbigny
marqua sa place parmi l'opposition,
sous la Restauration. Cet ouvrage,
le plus remarquable peut-être qui
soit sorti de sa plume, produisit
une grande sensation. Il en fut fait

cinq éditions dans la même année, et une version espagnole, faite sur la seconde édition, fut aussi publiée à Bordeaux, en 1825. Imprimée sous le voile de l'anonyme, cette Revue fut attribuée successivement à plusieurs des personnages les plus illustres de l'opinion libérale, entre autres au baron Bignon. Le général Foy se félicitait d'en connaître l'auteur, avec lequel il était lié. Il lui écrivait : « Nous balbutions la politique, vous seul en savez parler ». 4o *Nouvelles Lettres provinciales*, ou Lettres écrites par un provincial à un de ses amis ; par l'auteur de la « Revue politique de l'Europe en 1825 ». Paris, Bossange frères, 1825, in-8 de 224 pag. Réimprimées dans la même année. Ces Lettres n'ont de commun avec le livre de Pascal, que le titre, et, peut-être au aussi l'élégance du langage. La seconde édition fut saisie. L'on ne peut s'étonner que ce pamphlet virulent ait provoqué les poursuites du ministère public, car les tendances de l'auteur, qui avait marché à pas de géant dans les voies de l'opposition, n'allaient à rien moins qu'à protestantiser la France et à changer sa dynastie. Par jugement du tribunal de police correctionnelle, en date du 30 mars 1826, l'auteur fut condamné à trois mois de prison, et, pour s'y soustraire, il se retira dans les Pays-Bas. 5o *Paris port de mer ;* par l'auteur de la « Revue politique de l'Europe ». Paris, les march. de nouv. (Rey et Gravier ; Delaunay), 1826, in-8 de 84 pag. Réimprimé deux autres fois dans la même année. Dans cette brochure, l'auteur traite avec ampleur les questions industrielles et commerciales ; il démontre la possibilité de rendre Paris l'émule de Londres en permettant à toutes les contrées du globe d'apporter directement leurs produits dans le sein de cette vaste cité. Soit que l'avenir réalise ou laisse stérile cette grande pensée, d'Herbigny n'en conservera pas moins la gloire de l'avoir conçue. 6o *Revue politique de la France en 1826* ; par l'auteur de la « Revue politique de l'Europe en 1825 ». Paris, A. Du-

pont, 1827, in-8. Réimprimée dans la même année. Cette nouvelle Revue a le tort de placer dans un cadre étroit les tableaux déjà si largement développés dans celle de 1825. 7o *Les destinées futures de l'Europe ;* par l'auteur de la « Revue politique de l'Europe en 1825 ». Bruxelles, Tarlier, 1828, in-8 sur pap. vélin. Dans ce livre, écrit pendant son exil, d'Herbigny s'exprimait ainsi : « Un prince » français contemporain a donné à » ses fils une éducation généreuse » et nationale ; c'est un grand trait » de prince ; action profonde qui, » dans le péril d'une famille royale, » empêcherait peut-être d'y envelopper tous ses membres ». N'est-il pas à regretter qu'un homme assez pénétrant pour prédire en quelques sorte, deux années à l'avance, les événements que devait réaliser la révolution de 1830, n'ait pas su se défendre des préjugés les plus violents contre la cour de Rome. Il aurait voulu voir partout le pouvoir civil et le pouvoir religieux réunis dans les mêmes mains. Comment un philosophe, ami de la liberté de conscience, a-t-il pu préconiser un système qui ne peut qu'aboutir à l'oppression des peuples. L'exemple de l'Irlande et de la Russie est là pour l'attester. 8o *Paris port de mer et gare de Saint-Ouen*. Documents authentiques pour servir à l'intelligence de cette spéculation. Paris, de l'impr. de Gaultier-Laguionie, 1828, in-8 de 72 pag. 9o *Traité politique d'éducation publique*. Paris, Jules Lefèvre, 1836, in 8. de 136 pag. Dans cette brochure, l'auteur plein des souvenirs de l'Antiquité, laisse voir qu'il a trop de confiance dans la seule force de l'instruction et de l'éducation classiques. Il n'accorde pas une assez large part d'influence aux saintes leçons de la famille appuyées sur les doctrines religieuses, qui sont l'élément régénérateur des sociétés modernes. 10o *Lettre au prince Léopold de Saxe-Cobourg ;* par l'auteur de la «Revue de l'Europe», des « Destinées futures de l'Europe ». Lille, Bronner-Bauwens, 1831, in-8 de 36 pag. 11o *De l'État moral et politique de l'Eu-*

rope en 1832 ; par l'auteur de la « Revue politique de l'Europe en 1825 ». Premier Discours au Roi. Paris , Ladvocat, 1832, in–8 de 100 pages. 12° *Etudes politiques et historiques ;* par l'auteur de la « Revue politique de l'Europe en 1825 », etc. Paris, Ambr. Dupont, 1836, in–8 de 396 pages. 13° *Du déclin de la France et de l'égarement de sa politique.* Paris, rue de Seine , n. 33, décembre 1841, in-8 de 200 pages. Anon. Alors d'Herbigny portait ses regards sur sa patrie ; il était péniblement affecté de la décadence qu'il croyait apercevoir dans sa politique, tant à l'intérieur qu'à l'extérieur. Cette double pensée se fait jour dans ses derniers ouvrages. « Le plus » grand malheur, dit-il, d'un État, » est de tomber dans les mains des » légistes, qui prennent la connais-» sance des lois pour la science du » gouvernement, et qui s'imagi-» nent que, dans les plis de leur » robe, il y a de l'étoffe de grands » ministres ; il n'en est pas ainsi. » Il en est des grands ministres » comme des grands héros et » comme de tout ce qui porte le » caractère de la grandeur ; la na-» ture les crée, le savoir les for-» me ; si l'éducation ou l'étude les » produisait, il y aurait autant de » grands ministres qu'il y a d'ha-» biles jurisconsultes, et on ne » reprocherait point à la France » de n'en avoir pas eu un par » siècle (1). C'est justement que, » dans le dernier siècle, on a » fait ce reproche aux Français » de n'appliquer leur ardeur qu'à » des guerres d'ambition , et de » ne prodiguer leurs trésors et » leurs soldats que pour quelques » remparts et quelques citadelles » de plus, détournant leurs regards » des vastes intérêts qui les atten-» dent dans de plus utiles et de » plus hautes entreprises ; la con-» quête d'une rivière leur fait per-» dre de vue toute leur gloire ma-» ritime. Le Rhin leur fait oublier » l'Océan , n'observant pas même » que la maîtresse de l'Océan porte » aussi ses ordres sur le fleuve

» (1) ». Toutes les œuvres sorties de la plume d'Herbigny doivent être étudiées par les hommes qui veulent descendre dans les profondeurs de la science politique. Mais il n'en est point qui soit plus digne de leurs méditations que l'ouvrage publié en 1836 sous le titre d'*Etudes politiques et historiques.* C'est là, en effet, qu'il a déposé le plus complet, le plus fécond résumé de ses vastes travaux. Après avoir tracé, à grands traits, le tableau du Monde à l'époque du renversement de l'empire romain, et fait la part qui, dans l'enfantement de la civilisation moderne, doit, selon lui, être accordée à la philosophie ancienne et à la religion chrétienne, il explique les commencements et les progrès de la science politique qui a pour mission de » trouver le secret d'arrêter les » victoires, de réparer les défaites, » d'augmenter la force des faibles, » d'affaiblir celle des puissants, de » donner des règles à la guerre, » des garanties à la paix et de » créer un équilibre entre toutes » les forces rivales ». Il développe ensuite de hautes considérations sur le rôle fondamental qui appartient, dans la politique des peuples, à leur situation géographique. Il signale aussi les places fortes « comme des barrières autrement « puissantes que des montagnes » que l'on peut toujours franchir » ou des fleuves qu'on peut tou-» jours traverser ». Et quand il parle des conditions d'étendue , il s'exprime ainsi : « Une répu-» blique qui étend trop ses limi-» tes marche à la monarchie ; » une monarchie qui étend trop » les siennes court au despotis-» me. A mesure que les rouages » se multiplient, le mouvement » doit se simplifier. Si la circonfé-» rence s'élargit, l'action du centre » doit se resserrer. Rien ne peut » changer l'ordre qui sort des né-» cessités. Aux grands empires, » un grand moteur : c'est la même » loi qui régit le monde ». Il serait trop long d'analyser ici toutes les vues de l'auteur sur les plus hautes

---

(1) Études historiques et politiques.

(1) Du Déclin de la France.

matières de gouvernement et d'administration, de le suivre dans l'examen auquel il se livre au sujet de la centralisation administrative, dans les distinctions éloquentes qu'il établit entre la science du jurisconsulte et celle de l'homme d'Etat. Mais quand on s'est pénétré, comme nous, de la substance de ses œuvres, on ne peut que reconnaître que d'Herbigny était un homme essentiellement monarchique. C'est la royauté qu'il regarde comme « l'institution politique la » plus nerveuse». C'est à la royauté qu'il attribue l'action la plus profonde et la plus bienfaisante sur les sociétés politiques. Il est si loin d'appartenir à l'école démocratique que, dans sa dernière brochure du *Déclin de la France*, il caractérise en ces termes la souveraineté du peuple : « La *souveraineté du* » *peuple* est un mot sonore, qui » frappe plus aisément l'esprit » qu'il n'arrive à l'intelligence. Il » exprime la toute-puissance na- » tionale résidant dans la pluralité » des suffrages. Mais il ne serait » pas prudent de le soumettre à un » calcul mathématique ni à un exa- » men philosophique, car l'on pour- » rait ne trouver que des majorités » numériques où l'on croit ren- » contrer des majorités intelli- » gentes ». Il aurait voulu que la politique s'appuyât toujours sur la loi morale, et c'est cette noble pensée qu'il exprime magnifiquement quand il s'écrie : « Il est donc » vrai que la justice, comme une » divinité, est présente chez tous » les peuples. Elle seule est triom- » phante, elle seule est éternelle. » Les empires périssent, les dynas- » ties s'éteignent, les renommées » se perdent, les événements s'ef- » facent. Il y a une sépulture dans » le temps comme dans la terre ; » tout s'y abime. La loi seule du » juste et de l'injuste survit à » toutes les extinctions ». La lecture même de *ces belles études politiques* laisse à regretter que la plupart des ouvrages de d'Herbigny aient été écrits sous l'impression des circonstances dont il était le témoin, et qu'ils soient exposés par là à perdre auprès de la postérité une partie de leur intérêt. La

variété et l'étendue de ses connaissances, la grandeur de ses conceptions, l'abondance de ses pensées, l'énergie et la pureté de son style lui auraient sans doute réservé une place à part s'il avait plus souvent exercé son rare talent sur des sujets de tous les temps et de tous les lieux. En dehors des ouvrages politiques qu'il a publiés, il consacrait quelques-uns de ses loisirs à la polémique quotidienne. Il était depuis plusieurs années un des rédacteurs du *Messager de Gand*, et les journaux de Lille reçurent de lui plusieurs articles.

***, de Lille.

BOURLAIN (Joseph-André), auteur dramatique et romancier, plus connu sous le nom de *Dumaniant*. I, 414.

BOURLET DE VAUXCELLES (l'abbé Sim.-Jér.). *S. J. B. V.* Editeur de « l'Education des filles », par Fénelon, 7395, 7517 ; — *Vauxcelles* (l'abbé de). IV, p. 585.

BOURON, de la maison Ganneron. *Banquier (un)*. Guerre au crédit, ou Considérations sur les dangers de l'emprunt. Paris, Videcoq fils aîné ; Guillaumin, 1850, in-8 de 60 pag.

BOURRALCHION (L.-H.), chorégraphe. *Henri* (L.). II, 209.

BOURRU (Edme-Claude). — *** (M.). Art, 9092.

BOURZEIS (l'abbé Amable de). *Volvic* (Am. de). Contre, 8787.

BOURROUSSE DE LAFFORE, chef de bataillon, directeur à la Guadeloupe, mort à la Guadeloupe en juillet 1839. *Laffore* (B.). Statilégie, 3524.

BOURSAULT (Jean-François), arrière-petit-fils d'Edme Boursault, l'auteur du « Mercure galant », tour-à-tour acteur et écrivain dramatique, député à la Convention, directeur de théâtres, directeur des jeux, etc., né en 1752, à Paris. De tous les comédiens de notre temps, Boursault sera sans doute le seul qui aura laissé en mourant plusieurs millions à ses héritiers. Bien entendu que cette brillante fortune n'a pas été acquise au théâtre, où Boursault figura pourtant dix-huit ans, mais d'une manière médiocre. Beaucoup de personnes ignoraient même qu'il eût été comédien. C'est en province qu'il débuta, car nous avons trois pièces de lui, imprimées de 1779 à 1782, sous son nom de théâtre *Malherbe*, et qui y ont été jouées : 1° avec V.-C. de Ferville : Les Réjouissances flamandes, divertissement en prose, mêlé de vaudevilles. Douai, Willerval (1779), in-12; 2° le Prix d'honneur, pièce en prose, ornée de chants et de vaudevilles. Caen, Le Roy, 1780, in-8 ; 3°. la Cour du Palermitain, divertissement en prose, accompagné de vaudevilles. Palerme, Gaetan Maria Bentivenga, 1782, in-8. L'auteur était alors directeur d'une troupe de comédiens français, que le marquis de Caracciolo l'avait engagé à conduire à Palerme. Il rentra en France, en 1789, fut nommé actionnaire et directeur-général du grand théâtre de Marseille. En 1790, il revint à Paris, et y fit construire le théâtre dit de Molière, qui fut fermé lors de l'événement du 10 août. Boursault quitta le théâtre, et en 1791 et 1792, il commença sa carrière politique. Nommé député à la Convention nationale, il fut envoyé en mission dans l'ouest et le midi de la France. Boursault a fait imprimer, en 1819, une notice sur lui, dans laquelle il rend compte de la manière dont sa mission fut remplie. Après la Révolution, Boursault redevint directeur de théâtre ; il obtint la réouverture de celui qu'il avait fait construire, et auquel il donna alors le nom de « Théâtre des Variétés étrangères ». Mais cette salle était malheureusement née. Réouverte le 29 novembre 1806, elle fut fermée dès le 15 août suivant. Pendant ce court intervalle, Boursault, presque tout seul, composa le répertoire de ce théâtre, où l'on ne jouait que des traductions (1). C'est à cette époque

aussi qu'il composa « les Solitaires anglais, ou les Quakers », comédie en 3 actes et en prose, représentée sur ce théâtre, mais qui n'a pas été imprimée, non plus que sa tragédie de « Didon ». La seconde fermeture du théâtre Molière obligea Boursault à s'enquérir d'une autre direction : il eut pendant plusieurs années l'entreprise du nettoiement et de l'arrosage de la capitale; plus tard, il obtint avec M. de Chalabre, la ferme des jeux, et puis enfin l'exploitation de l'Opéra-Comique dans la salle Ventadour. — Que n'a pas été Boursault ? Tour-à-tour comédien, écrivain, fournisseur, directeur des jeux, directeur de théâtre, etc., etc. C'est lui qui établit la roulette et le trente et quarante sur les magnifiques bases qui ont duré jusqu'à l'abolition des jeux et qui sont encore florissantes dans tous les pays où on cultive le tapis vert. Spéculateur habile et doué d'un coup-d'œil sûr, il n'eut pas plus tôt accepté l'exploitation de l'Opéra-Comique dans la salle Ventadour, qu'il comprit sa faute. Il fallut trancher dans le vif pour se tirer d'affaire et se soustraire à une ruine complète. Le directeur assembla, un matin, dans le foyer

---

(1) Sur vingt-huit pièces dont se compose le « Répertoire des Variétés étrangères », Paris, A. A. Renouard, 1806-07, 4 vol. in-8, vingt ont été traduites ou imitées des langues étrangères, par Boursault, seul, ou en société. En voici les titres : L'Epigramme, ou les Dangers de la Satire, com. en 4 act., trad. de Kotzebue (1806) ; — Le Mari d'autrefois, com. en 3 act., trad. du même (1807); — Le Mari hermite, com. en 1 act., imitée du même (1807);— La Contribution de guerre, com. en 1 acte, imitée du même (1807); — C'était moi, com. en 1 acte, imitée du même (1807) ; — Le Droit de naufrage, ou la Méprise d'un avare, com. en 1 act., trad. du même (1807). Cette pièce n'a pas été représentée ; — Les deux Klingsberg, ou Avis aux vieillards, com. en 5 act., trad. du même (1807); — L'Illuminé ou le Nouveau Cagliostro, com. en 4 act., imitée de Soden (1807) ; — Célestine ou Amour et Innocence, comédie en 4 actes, imitée de Soden (1807); — Aurore ou la Fille de l'Enfer, com. en 3 act., imitée de Soden (1807) ; — Les Parents, ou la Ville et le village, com. en 3 act., imitée de Kotzebue (1807) ; — Avec Dumaniant : L'Hôtelier de Milan, com. en 3 act., imitée de l'esp. d'Ant. de Solis (1807) ;—Avec Beaunoir : Les Libellistes, drame en 4 act., trad. d'Iffland (1807) ; — L'Enlèvement singulier, com. en 2 act., tr. du comte A. de Steingentesch (1807); — Les Mœurs de Londres, com. en 2 act., trad. de Garrick (1807) ; — Le Schall ou le Cachemire, com. en 2 act., imitée du même (1807) ; — Avec Dumaniant : Les Folles raisonnables, com. en 2 act., imitée de Farquhar (1807) ; — Le Spectre du château, drame héroïque en 3 act., imité de Lewis (1807) ; — A quoi cela tient, com. en 2 act., imité de Garrick (1807) ; — La Fille de quinze ans, com. en 2 act., imitée du même.

tous les artistes et tous les employés du théâtre : chanteurs, cantatrices, musiciens, choristes, contrôleurs, commis, etc. Boursault les reçut assis devant une grande table chargée de piles de pièces d'or et de billets de banque. On eût dit que, se souvenant de ses anciennes fonctions, il les avait invités à une partie de rouge et noire. Quant ils furent réunis, le directeur se leva et dit : « Messieurs et mesdames, j'ai signé avec vous tous des traités de longue durée ; vous pouvez m'obliger à continuer l'exploitation de mon privilége ; je m'y ruinerai, et mon inévitable faillite vous coûtera quelque chose. Si, au contraire, vous voulez bien me permettre de me retirer et rompre immédiatement nos traités, je vous paie sur l'heure, à titre d'indemnité, une année de vos appointements ». Les assistants étaient éblouis et fascinés par la vue du trésor étalé devant eux ; ils acceptèrent tous la proposition et furent payés comptant. Cela coûta six cent mille francs à Boursault ; mais, au prix de ce sacrifice, sa fortune, qui était immense, fut sauvée. Les fleurs coûtèrent à Boursault beaucoup plus cher que l'Opéra-Comique. Les admirables serres qu'il fit construire dans son jardin de la rue Blanche, renfermaient les produits les plus rares de tous les pays. Ses collections de dahlias et de camélias surtout étaient d'une richesse inestimable. Quand Boursault voulait avoir une plante précieuse, il ne connaissait pas d'obstacles. Plus d'une fois, il équipa un navire pour envoyer chercher une simple fleur née sous des climats lointains. Boursault est mort le 26 avril 1842, à l'âge de 90 ans. Outre les trois pièces de théâtre de sa composition et les vingt traductions de diverses langues que nous avons précédemment citées, Boursault a fait imprimer, sous le nom de *Boursault-Malherbe*, une série de brochures pour répondre aux accusations portées contre son administration des jeux. 1° Notice sur la vie publique et privée de J.-F. Boursault-Malherbe, en réponse à quelques pamphlets. Paris, impr. de Lebègue, 1819, in-8 de 40 pag. ; 2° Observations pour servir de supplément à la Notice de M. Boursault, par suite de l'appel interjeté par le sieur Bouvard, sur sa condamnation en police correctionnelle. Paris, impr. de Lebègue, 1819, in-8 de 80 pag. La brochure précédente se trouve réimprimée dans celle-ci ; 3° Factum de M. Boursault contre ses calomniateurs. Paris, de l'impr. de Lebègue, 1819, in-8 de 16 pag. ; 4° Affaire Boursault contre de Chalabre ; — Conclusions de M. Boursault; — Aperçu de la situation de M. de Chalabre avec la caisse des jeux ; — Plainte du sieur Boursault sur la soustraction de 339,189 fr. Paris, impr. de la Vᵉ Scherff, 1820, in-4 de 24 pag. ; 5° Indications de quelques pièces qui feront juger de la véracité de l'auteur d'une pétition adressée à MM. les pairs de France et à MM. les députés des départements, contre le fermier des jeux de Paris. Paris, impr. de Vᵉ Scherff, 1821, in-8 de 24 pag. ; 6° Considérations sur l'établissement des jeux publics, précédées d'Observations sur les jeux de hasard. Paris Delaunay, 1824, in-8 de 66 pag. Cet écrit a paru sous le nom de M. *B****, ex-officier du génie. Boursault a eu un violent antagoniste dans la personne de Cahaisse (voy. ce nom), qui, après avoir été ruiné par les jeux, s'est élevé contre leurs régies ; 7° Epitre à mon ami, qui se croyait athée. Paris, les march. de nouv., 1839, in-8 de 12 pag.

BOUSSARD (J.-F.), littérateur Belge. *Rubens* (P.-P.). Leçons, 6670 ; Voyages, 6671.

BOUTARD (Dominique), auteur dram. *Honoré*. II, 252.

BOUTARD (Charles-Emeric). *Carl-Emeric*. Les Drapeaux de la presse républicaine. Voici ce que nous lisons dans la « Presse parisienne »... de M. Henry Izambard (1853, in-12) sur cette publication « Nomenclature des journaux parus depuis février 1848 : l'auteur n'est pas désigné. La première livraison est du 11 octobre. Quatre seulement ont paru. Ce travail bibliographique est attribué à Antony Thouret. Ce catalogue, fait consciencieusement, a été

» fort utile aux marchands et aux » collectionneurs ». Nous garantissons que cette publication est due à M. Boutard, qui est venu nous voir à son sujet.

BOUTEREAU (Charles), professeur des cours publics et gratuits de géométrie, de mécanique et de dessin linéaire à Beauvais. *C. B.*, etc. Géométrie usuelle, dessin géométrique et dessin linéaire sans instruments, en cent vingt tableaux, dédiés à M. le baron Feutrier, préfet de l'Oise. Beauvais, Tremblay et Paris, Pigoreau, 1832, in-4. publié en cinq livraisons. *D.-M.-ne.*

BOUTERWECK (F.). *Loëve-Veimars* (A.). Résumés, 4264-4265.

BOUTET (Jacques-Marie), de la Comédie-Française, et auteur dramatique. *Monvel.* III, 300.

BOUTET (Noël-Barthélemy), fils du précédent. *Monvel.* III, 300.

BOUTHEMARD (Félix). *Verneuil* (Fél.). Quatrième, 8580.

BOUTIER (Ch.-M.). *Soc. de gens de lettres* (une). Leçons, 7630.

BOUTON (Victor), libraire à Paris. *Crayon rouge* (un). 1o Profil révolutionnaire de Blanqui. Paris, 1848, in-8 ; Profils révolutionnaires, publiés par Victor Bouton. Paris, tous les libr., 1848-49, gr. in-8 de 200p., à 2 colon. Ce volume contient des notes et des documents sur plus de 150 individus qui ont agité le pays depuis quelques années, dans le gouvernement, dans les clubs, dans la chambre, dans les émeutes, dans les journaux, par leurs projets, par leurs idées, etc. 2o Profils contemporains. Par l'auteur des «Profils révolutionnaires ». Tom. Ier (Napoléon III, Carlier, le R. P. Lacordaire, de Cormenin, le pêcheur Rémi, etc.). Paris, Vict. Bouton, 1853, in-18;—*Libraire qui n'est pas gêné* (un). Très humble remontrance au ministre de l'intérieur et au préfet de police contre la loterie des artistes accaparée par des libraires dans la gêne. Paris, passage du Commerce, (déc.) 1849, in-8 de 8 pag. Le but de cette lettre était d'indiquer à tous les libraires de province les moyens de mettre un terme au colportage et à la vente avec primes. Immédiatement après son impression, elle fut envoyée à 1500 des principaux libraires des départe-

ments. Un procès en diffamation fut intenté à l'auteur par les membres de « l'Union des éditeurs », MM. Perrotin, Furne, Pagnerre, Plon, Dusacq, Langlois, Guillaumin, Corréard et Mathias, contre l'auteur et l'imprimeur de sa lettre, à cause des imputations calomnieuses et diffamatoires que renferme cet écrit. (Voy. le feuilleton de la « Bibliographie de la France », du 22 déc. 1849, p. 322). —*Ratapoil* (le colonel). Jacobin de 1848 ; — *Vaute.* Affiches, 8535.

BOUTOURLINE (Dmitri), en 1812, officier dans le régiment des chevaliers-gardes, depuis colonel et aide-de-camp de l'empereur de Russie, en dernier lieu sénateur et directeur de la Bibliothèque impériale publique de St-Pétersbourg ; mort en 1850. *B****, officier des chevaliers-gardes. Relation historique et critique de la campagne de 1799 des Austro-Russes en Italie. St-Pétersbourg, impr. d'Alex. Pluchard et Cie, 1812, in-8 de viij et 180 pag. Dédié au général Vassiltchikof, alors général, mort en 1847, président du conseil de l'empire. Dans la dédicace, l'auteur qualifie Jomini, « le meilleur des écrivains militaires modernes ». — *Officier Russe* (un). Tableau de la campagne d'automne de 1813, en Allemagne, 5326.   *S. P-y.*

BOUTROUX (Jacq.). *Syette.* De la Puissance royale, 7925.

BOUVART (Michel-Philippe). *Médecin de province* (un). Lettre, 4665.

BOUVET DE CRESSÉ (A.-J.-B.), de Provins. *A.-J.-B.* Précis de l'histoire générale des jésuites, depuis la fondation de leur ordre, le 7 septembre 1540, jusqu'en 1826. Paris, A. Payen, 1826, 2 vol. in-18. Une note de ce livre fut incriminée par l'autorité, qui fit poursuivre Bouvet de Cressé. Ce dernier offrit au tribunal de la changer et fit faire un carton ; — *A.-J.-B.B. de C.* Agriculture et Jardinage, enseignés en 12 leçons. Paris, Audin, 1827, in-12 ; — *B. de C.* L'Ane, le Curé et les Notables de Vanvres (1751). Histoire véritable, enrichie de notes instructives et précédée de l'Eloge de l'Ane par Buffon (suivie d'un second éloge tiré d'Agrippa, à l'aide

de la version de L. de Mayerne Turquet).Paris,les libr. du Palais-Royal,
1825, in-18 de 141 pag. Le Mémoire pour l'âne de Jacques Fé-
ron, par Rigoley de Juvigny,
commence à la page 47 ; page 125,
l'on trouve la Lettre d'une ânesse
(celle de Pierre Le Clerc), servant
de réponse au mémoire ci-dessus.

BOUVIER (Alexandre), né à Jodoigne.
Jodoignois (un). Notice, 3356.

BOUVIER. *Deux buveurs d'eau*.(Avec
L. Lurine). Physiologie du vin de
Champagne. Paris, Desloges, 1841,
in-18 de 140 pag. avec vign. dans
le texte.

BOUVIER - DUMOLARD. *B. - D*. Plaidoyer de M.— contre M. Alphonse
de Beauchamp, prévenu de calomnie. Paris, Rousseau, 1814, in-8 de
84 pag.

BOUVILLE. V. GROSSIER DE BOUVILLE.

BOUYER DE SAINT-GERVAIS. *Saint-
Gervais (B. de)*. Mahmoud, 6903.

BOVY, de Bruxelles. *Martin*, auteur
de plusieurs chansons, insérées
dans « l'Annulaire agathopédique
et saucial », 6261.

BOWER (Archibald). *Société de gens
de lettres (une)*. Histoire, 7586.

BOYARD (Nic.-Jean-Baptiste). *Monta-
lan (N.-J.-B.)*. France, 4938;—*Magistrat (un)*. Religion, 4455.

BOYD (Hugues). *Junius*. II, 320.

BOYER (Claude). *Assézan (Pader d')*.
Agamemnon, 318.

BOYER (l'abbé), grand-vicaire de
M. de Cicé. *Prépose au gouverne-
ment du diocèse de Bordeaux* (le).
Règles, 5999.

BOYER (l'abbé P.-Denis), l'un des directeurs du séminaire Saint-Sulpice.
Barrande de Briges (l'abbé). De
la Liberté des cultes, selon la Charte, avec quelques Réflexions sur la
doctrine de M. de Pradt, et sur les
bienfaits du Christianisme. Paris,
Le Normant, 1819, in-8 ; — *Cano-
niste (un)*. Observations d'— sur
l'appel comme d'abus porté au
conseil d'Etat par M. Chasles contre M. de Latil, évêque de Chartres.
Paris, 1824, in-8 de 16 pag.; — *La-
panouse (Joseph de)*. Duel, 3821;
—*Professeur de théologie (un)*.
Antidote contre les Aphorismes de
M. F. D. L. M., 6120.

BOYER (Louis), inspecteur des théâtres. *La Roque (L. de)*. Nièce, 3833.

BOYER DE PRÉBANDIER (P.), méde-

cin de la Faculté de Montpellier.
B. P. Traité de la petite vérole,
trad. de l'angl. de Théoph. Lobb.
Paris, Cavelier, 1749, 2 vol. in-12.

BOYER-FONFRÈDE (Henri), publiciste,
fils du conventionnel Jean-Baptiste
Boyer-Fonfrède ; né le 21 février
1788, à Bordeaux, où il est mort,
en 1840. (*Anon.*) Des Avantages
d'une Constitution libérale. Paris,
1814, in-8 ; — *Ermite de la Gironde (l')*. Des poésies et des articles de littérature dans les journaux
de Bordeaux, réimprimés dans ses
OEuvres ; — *Fonfrède (Henri)*. Ses
OEuvres (choisies) ont été recueillies, mises en ordre et publiées par
M. Ch.-Al. Campan, son collaborateur. Bordeaux et Paris, 1844,
10 vol. in-8.

BRAC fils, avocat en parlement. *C***.
S****. Commerce, 1293.

BRACCINI (G.), anc. capitaine d'État-
major, retraité en mai 1839 ; né à
Péronne, le 10 mai 1807. *Michelle
(la mère)* : le Père Bistoquet, Lus-
tucru, Liline, trois contes d'un
grand'père à ses petits-enfants, tirés chacun à 30 exempl. — *Paysan (un)*. Dix-Décembre, 5548; Un
grain, 5549;— *Paysan d'Eure-et-
Loir (un)*. Appel, 5553; — *Paysan
qui a été soldat (un)*. Armée, 5559 ;
Le Prêtre et le Soldat. Chartres,
Garnier ; et Paris, Dentu, 1852,
broch. in-48. M. Braccini a publié,
il y a une douzaine d'années, dans
le « Journal de Paris », une série
d'articles sur l'art militaire.

BRACHET (J.-F.), associé de l'Académie d'Avignon. *B. (M.)*. Mon dernier voyage à Vaucluse, suivi d'une
Notice sur Pétrarque et la belle
Laure. Avignon, Séguin aîné, 1823,
in-8.

BRACHET DE LA MILLETIÈRE. *Députés de l'assemblée de la Rochelle
(un des)*. Discours, 1556.

BRACK (de). *Figaro*. Lettre de— au
comte Almaviva sur le Magnétisme
animal, avec la révolution de la
doctrine. Madrid et Paris, 1784,
in-8 de 38 pag. ; Lettre de— sur la
crise du magnétisme animal et l'inu-
tilité de cette découverte. Sec. éd.,
précédée et suivie de réflexions qui
ont rapport aux circonstances pré-
sentes. Londres et Paris, Royez,
1784, in-8.

BRAHIN DU CANGE. *Rhiba d'Acunen-*

ga. OEuvres du sieur Hadoux, 6511.
BRAHIN DU CANGE (P.-A.). Le Secrétaire des enfants, ou Correspondance entre plusieurs enfants, propre à les former au style épistolaire.
Paris, Al. Eymery, 1821, in-18 fig.
Une dédicace à Mlle Désirée Eyme-
ry, fille du libraire-éditeur, en tête
du volume, est signée P. A. B. Du
Cange père. — *Du Cange* père (P.
A. B.). Aventures d'un jeune Français, ou la Puissance du Caractère.
Paris, Charles-Béchet, 1826, 3 vol.
in-12.
BRAHAIN-DUCANGE (Victor-Henri-
Joseph), fils du précédent, auteur
dramat. et romancier. *Ducange.* I,
393 : — *Victor.* Pièces impr. sous
ce nom, 8614-8626.
BRAILLARD, avocat d'Angers. *Deleu-
rie.* II, 606.
BRAILLARD, avocat, fils du précédent.
Pervanche. III, 443.
BRAIT DE LA MATHE. *B. D. L. M.*
Aperçu politique de l'ancienne aristocratie et de la nouvelle, suivant
les projets de lois d'élections des
15 février et 17 avril 1820. Paris,
Delaunay, 1820, in-8 de 32 pag.;
— *Delamathe* (B.). Serez-vous ministre, ou ne le serez-vous pas ?
Lettre à M. le duc de Cazes, sur
l'esprit du ministère. Paris, Delaunay, Corréard, 1820, in-8 de 20
pag.; II, 364.
BRAMBILLA (Jean-Alexandre de), chirurgien italien. *M. le P. de N.* (M. le
président de Neny). OEuvres posthumes de—, contenant la réforme
du conseil des domaines et finances
des Pays-Bas. Neuchâtel, Fouché,
1784, in-8.
BRANSIET (frère Philippe), supérieur
général actuel des frères des écoles
chrétiennes. *Philippe* (frère). III,
460.
BRARD (A.-J.) *A. J. B*** D. V.* Le
Réveil de J. J. Rousseau, ou Particularités sur sa mort et son tombeau. Genève, et Paris, Hardouin,
1783, in-8 de 59 pag.
BRASEY (Jean-Nicolas de), comte de
Lyon. *J. N. D. B. C. D. L.* Mémoires politiques, 3346.
BRAY (le comte Fr.-Gabr. de), ambassadeur de Bavière près la Cour
de France. *B**** (le comte de).
Voyage pittoresque dans le Tyrol,
aux salines de Salzbourg et de Rei-
chenhall, et dans une partie de la

Bavière. Berlin, Quien, 1806, in-8 ;
Paris, 1808, in-8. IIIe édition, rev.
et augm. Paris, Gide fils, 1825,
in-fol., avec 24 planches. Il en existe des exempl. avec les planches
avant la lettre. — *L. C. B.* Essai
sur l'histoire de la Livonie, suivi
d'un Tableau actuel de cette province. Dorpat, 1819, 3 vol. in-8.
Toute l'édition, faite aux frais de
l'auteur, a été donnée par lui à l'U-
niversité de Dorpat, qui seule vend
cet ouvrage.
BRAY (le chev. Eugène de), fils du
suivant, conseiller du roi au conseil
général des manufactures. *E. de B.*
(M.). Le Règne de Louis XVIII
comparé à la dictature de Napoléon.
Paris, Opigez, mai 1815, in-8 de
48 pag. Cet écrit a été réimpr. dans
la même année.
BRAY DE VALFRESNE (Alex.-Jos. de),
référendaire à la chancellerie de
France. *B.... V.* (M. de). La France
et l'Espagne en 1805 et 1823. Paris,
C.-J. Trouvé, 1823, broch. in-8.
BRAYER DE SAINT-LÉON (Mme Louise).
Radcliffe (Mistr.). Rose, 6272 ; —
Saint-Léon (Mme Louise B.). Henri, 9951 ; Mém. et Souvenirs, 9952;
— *** (Mlle, plus tard Mme). Orfeuil, 9241; Père, 9242; Maclovie,
9243 ; Alexina, 9244 ; Athanasie,
9245; Clara et Mathilde, ou les Habitants du château de Roseville et
leurs voisins. Paris, Masson, 1824,
3 vol. in-12.
BRAZIER. *Monnier* (Henry). Famille,
4930.—*Pierre, Paul* et *Jean* (MM.)
Le Magasin de masques, 5858.
BRÉBION (l'abbé). *Prêtre du diocèse
de Beauvais* (un). Un Episode,
6034.
BRECHILLET JOURDAIN, célèbre dentiste, et son fils, orientaliste. Pour
la liste de leurs ouvrages, voy. notre « France littéraire », à JOUR-
DAIN.
BRÉCY (Adélaïde-Isabelle-Jeanne Vi-
vien Deschamps, dame de). *Chemin*
(Mme). Courrier russe, 1044.
BREDIN, directeur de l'Ecole vétérinaire de Lyon. *Frappa,* vétér. à
Thullins. Lettre à M. Tessier, sur
les Ecoles vétérinaires. (Extr. du
« Journal encyclopédique », 15 juin
1788). Pet. in-8 de 15 pag.
            Catal. Huzard.
BRÉE l'aîné, impr. à Falaise. *B****
l'aîné. Etrennes sans pareilles de

Falaise, ou le plus utile et le plus curieux des almanachs pour l'année 1832. Falaise, les princip. libr., 1832, in-32.

BREGHOT DU LUT (Claude), magistrat et philologue, membre de l'Académie de Lyon; né à Mont-Luel (Ain), le 11 octobre 1784, mort à Lyon, en 1850. *B.* (Avec Ant. Péricaud) : 1o Nécrologie lyonnaise, 1826-1835. Lyon, Rusand, 1836, in-8 de 12 pag.; 2o Avec A. P. (Ant. Péricaud). Ephémérides Lyonnaises. Lyon, le même, s. d., in-8 de 14 pag; *C. B. D. L.* (M.) 3o Essai sur Martial, ou Imitation de ce poète; suivi de quelques autres pièces. L'an de Rome 3569. (Lyon, 1816, in-8. Tiré à 30 exempl.; 4o Notice sur J.-B. Poidebard. Lyon, de l'impr. de J.-M. Barret, 1826, in-8 de 10 pag.; 5o Lettres Lyonnaises, ou Correspondance sur divers points d'histoire et de littérature. Lyon, J.-M. Barret, 1826, in-8. Ces Lettres sont extraites des quatre premiers volumes des « Archives historiques et statistiques du département du Rhône ». — *Forlis* (Isidore). 11, 87; — *** (M.). 6o Dissertation, 9375; 7o Mélanges biographiques et littéraires pour servir à l'histoire de la ville de Lyon. Lyon, impr. de Barret, 1828, in-8 de 576 pag. Ce volume n'est formé que de tirés à part d'articles insérés dans les sept premiers volumes des « Archives historiques et statistiques du Rhône ». L'auteur a publié, en 1832, de « Nouveaux Mélanges », in-8 de 496 pages, formés de la même façon.

BRÊME (l'abbé L.-Arborio-Gattinara de). *Vivant remarquable sans le savoir (un).* Grand Commentaire, 8757.

BRÉMONT (de). *Mancini* (Mme Marie), connétable Colonna. Apologie, 4510.

BRÈS (J.-P.), colonel, mort en août 1832. *Amoros y Andeano* (don Francisco), colonel-directeur du Gymnase normal civil et militaire. I, 33; — *B.* (Mme *** de). La Trémouille, chevalier sans peur et sans reproches. Paris, Allais; Perronneau, 1806, 3 vol. in-12; — *Gottis* (Mme Augustine). Jeune Loys, 2853; Marie de Clèves, 2854; — *J. P. B.* Isabelle et Jean d'Arma-

gnac, ou les Dangers de l'intimité fraternelle, roman historique. Paris, Marchand, an XII (1804), 4 vol. in-12, avec 4 grav.

BRÈS DE VAMMALLE (l'abbé Ant.) *Vammalle* (l'abbé de). IV, p. 577.

BRESSIER (　　　　) (1), poète, né à Aix (Bouches-du-Rhône), le 5 septembre 1766, d'une bonne famille, alliée aux Siméon et aux Portalis. Destiné au barreau, pour entrer dans la magistrature, la Révolution ne lui permit pas de suivre cette carrière. Il entra dans l'administration des domaines et de l'enregistrement, et fut employé en Italie jusqu'à la chute de Napoléon. Il fut nommé directeur de l'enregistrement et des domaines à Dijon, en 1821 ; il a rempli ces fonctions pendant 25 ans. Il fut reçu à l'Académie de Dijon, le 3 décembre 1824. Bressier est décédé le 16 sept. 1849, à l'âge de 84 ans. Son éloge a été prononcé à l'Académie dont il était membre, par M. Mignard, son collègue, et imprimé dans les Mémoires de cette savante compagnie, ann. 1850, p. 80. *B*** (M.). Fables nouvelles. Dijon, de l'impr. de Frantin, 1824, in-12. Autre édition (augm.), sous ce titre : Fables et Poésies diverses. Paris, de l'impr. de F. Didot, 1828, in-18. La première édition n'a été tirée qu'à 200, et la seconde à 300 exempl. : ni l'une ni l'autre n'ont été destinées au commerce. Le mérite de Bressier comme poète, et surtout comme fabuliste, est connu. Aucun auteur contemporain n'a mieux réussi dans ce genre si difficile après Lafontaine. Sa douce philosophie, la parfaite moralité de ses fables ; son talent de style facile, pur, simple, élégant, lui assignent une place distinguée parmi les poètes de notre temps. A la sollicitation de M. Frantin avec qui il était particulièrement lié, il se décida à publier son recueil de fables, en 1824. Mais, comme il avait laissé quelques pièces inédites et des meilleures, son fils, qui était aussi littérateur, a publié, en 1828,

(1) Bressier n'a point d'article dans la nouvelle Biographie prétendue universelle de MM. Didot, ni dans la « Littérature française contemporaine ».

une seconde édition augmentée. Cette dernière, plus ample que la première, ne renferme pas néanmoins ni toutes les fables, ni toutes les poésies de Bressier, qui, depuis 1828, en a lu d'autres à l'Académie de Dijon, depuis cette époque jusqu'en 1844, et peut-être plus tard, lesquelles sont imprimées dans le recueil de cette compagnie. (Voy. nos « Polyonymes et Anomes », p. 89). Une troisième édit., rev. et augm., a paru en 1837, sous le titre de « Fables et Poésies diverses », avec le nom de Bressier, et et précédée d'une Lettre de M. Emile Deschamps au fils de l'auteur. Paris, Hachette, in-18, mais elle ne comprend pas encore toutes les pièces composées jusqu'en 1844.

BRESSOLLES aîné (J. de). *Ermite de Saint-Vincent-lez-Agen*. II, 32.

BRESSON (Louis). *Citoyen* (*un*). Réponse, 1104.

BRESSON DE COCOVE. *B***son de C***ve* (M.). La Famille Saint-Julien aux bains de Rosbeack, ou le Faussaire anglais. Paris, G. Mathiot, 1812, 4 vol. in-12.

BRETAGNE (dom Claude). *Religieux bénédictin de la congrégation de Saint-Maur* (*un*). Vie, 6398.

BRETEAU (Mme), née Pichery, ancienne maîtresse de pension, aujourd'hui libraire à Paris. *Pichery* (Jules). Projet, 5793 ; Guide, 5794 ; Économie, 5795 ; Gouvernement, 5796 ; — *** (Mme la comtesse de). Grand Jeu, 9394.

BRETON DE LA MARTINIÈRE (J.-B.-J.). *Saint-Maurice* (Mme). Quatre amis, 7025.

BRETTE (Ernest), artiste et auteur dramatique. *Saint-Ernest*. Rose Ménard, 6841 ; Don Pèdre, 6842 ; Jean, 6843 ; Henri le Lion, 6844.

BREUGIÈRE DE BARANTE. *Pelissier* (Georges). Observations, 5583.

BREZILLAC (dom J.-Fr. de). *Soc. de religieux* (*une*). Dictionnaire, 7713.

BREZOLLES (l'abbé de). *Docteur de Sorbonne* (*un*). Traité, 1788.

BRIAS (Charles de), carme déchaussé, dont le nom de religion était le P. Charles de l'Assomption. *Philalèthes* (Germ.), Eupistinum. Thomistarum, 5185.

BRIOIS, employé à la Trésorerie. *Belleroche*. Cent louis, 562.

BRICAIRE DE LA DIXMERIE. *La Dixmerie*. II, 348.

BRICOGNE (Athanase-Jean-Baptiste), ancien maître des requêtes au conseil d'Etat, receveur-général, d'abord du département des Bouches-du-Rhône, ensuite de celui du Bas-Rhin ; né à Paris, le 4 septembre 1779, mort le 4 janvier 1847. (La « France Littéraire », par erreur, l'a fait mourir dès 1820.(*Anon.*) Mémoire des Tanneurs, relativement au droit de marque sur les cuirs et les peaux, dont l'établissement est proposé par le titre V, art. 186 à 210 de la loi présentée à la Chambre des députés, le 23 décembre 1815. Paris, 1816, in-8.—*B. M. D. R.* Errata de quelques brochures sur les finances. Paris, Pelicier, 1818, in-8 de 90 pag. ; — *Créancier de l'Etat* (*un*). Opinion et Observations sur le budget de 1814, sur le budget de 1815 et sur les différents systèmes de finances suivis en France depuis l'an VIII jusqu'au 8 juillet 1815. Paris, Pelicier, 1815. 3e édit. Paris, le même, 1815, in-8 de 320 pag.; Examen impartial du budget proposé à la Chambre des députés, le 23 décembre 1815, et projets d'amendements ; par l'auteur de « l'Opinion et des Observations d'un créancier de l'Etat ». Paris, le même, 1816, in-8. (Voy. LEFÈVRE et MASSON.)

BRIDARD DE LAGARDE (l'abbé Philippe). *Lagarde* (l'abbé). II, 352.

BRIDEL (Philippe) (1), né à Begnins, canton de Vaud, le 20 novembre 1757, mort en...., le doyen de la littérature française en Suisse, mis à large contribution par trois écrivains français. Ce digne homme nous écrivait à nous personellement, de Montreux, près de Vevey, le 20 mars 1834 : « Je pourrais réclamer pour » ma part, la moitié, au moins, » des ouvrages suivants copiés mot

---

(1) Dans nos « Omissions et bévues ». de la « Littérature française contemporaine », p. 13, nous nous accusions d'avoir confondu trois frères. Les auteurs du livre dont nous faisions la censure ont jugé convenable, pour rétablir cette confusion, de les omettre tous. La nouv. Biogr. univ. de MM. Didot ne procède guère mieux à l'égard de Philippe Bridel, dont il n'est nullement question dans leur livre.

» pour mot des miens : 1° Tableau
» pittoresque de la Suisse ; par
» M. le marq. de Langle [Jér.-
» Charlemagne *Fleuriau*]. Paris,
» 1790, in-8 ; 2° Dictionnaire d'a-
» necdotes (par J.-A.-S. *Collin*, de
» Plancy). Paris, les éditeurs, 1825,
» in-18 ; 3° L'Hermite en Suisse
» (par M. Alex. *Martin*). Paris,
» 1829-30, 4 vol. in-12. J'ignore le
» nom de ces deux derniers collè-
» gues et je ne me plains point de
» leurs plagiats, puisque, au fond,
» ils me font l'honneur de me ju-
» ger digne d'être reproduit dans
» leurs compilations. Les Allemands
» qui ont reproduit plusieurs de
» mes pièces sont plus loyaux et
» ont indiqué leurs sources. La pi-
» raterie littéraire, au reste, ne
» m'affecte point ».

BRIDOU (L.), ancien magistrat. *B****
(L). Quel est le culte d'adoration
dû au verbe incarné. Paris, Delaunay, Mongie, 1822, in-8 de 172
pag. *Note de M. Boissonade.*

BRIÈRE, ancien libr. à Paris. *Rœde-*
rer (le comte P.-L.). Monsieur
Hoc, 6578.

BRIFFAULT (Eugène). *Flaneur* (le).
II, 77.

BRILLAT-SAVARIN (Anthelme), alors
conseiller à la Cour de cassation,
mort le 2 février 1826. *Professeur*
(un). Physiologie du goût, 6098.

BRILLON (P.-Jacq.). *Théophraste*
moderne. Théophraste, 8193.

BRION DE LA TOUR (L.), ingénieur-
géographe du roi. *B. D. L. T.*
(M.). Du Partage de la peau de
l'ours, ou Lettres à l'auteur du
« Rêve politique sur le partage de
l'empire Ottoman », et à l'auteur
des « Considérations sur la guerre
actuelle des Turcs ». Belgrade, et
Paris, Cussac, 1788, in-8 ; — *Soc.*
d'artistes... (une). Voyage, 7564.

BRION DE LA TOUR (L.), fils du précédent. *Soc. d'artistes (une)*. Voyage, 7564 ; — *Soc. de gens de let-*
tres (une). Journal, 7598.

BRIQUÉ. *Lateritus* (E.). Plus d'Autriche ! Résultat du rétablissement
des nationalités européennes. Paris, Garnier frères, 1849, in-8 de
56 pag.

BRIQUET DE LAVAUX (l'abbé P.-F.),
ancien avocat au Parlement. *La-*
vaux (l'abbé de). II, 550.

BRISEBARRE (Jean-Bernard). *Joan-*

ny. Un enterrement, 3348 ; Epou-
se, 3349 ; Conseils, 3350 ; Apothicaire, 3351 ; Biographie, 3352 ;
Epitre, 3353 ; Ma Confession, 3354.

BRISSEAU de Mirbel (Charles-Fran-
çois). *Mirbel*. III, 274.

BRISSET (Mathurin-Joseph), auteur
dram. *Ernest*. II. 33.

BRISSET (Mme Sophie), née Panier,
femme du précédent. *Des Nos*
(nom d'une terre de famille appelée
« les Nos, » près de Dreux), auteur d'articles dans « la Mode »
et « la Gazette de France ».

BRISSON, conseiller au parlement de
Paris. *Loyseau* (Charles). OEuvres, 4359.

BRISSON (le P.). *B**** (le P.). Phy-
sique des corps animés. Paris,
Guérin et Delatour, 1755, in-12.
Catal. Huzard.

BRISSOT (J.-P.). *Défenseur du peu-*
ple (un). Un défenseur, 1440 ; —
Indépendant (un). Un indépendant, 3184 ; — *Jeune philosophe*
(un). Recherches, 3327 ; — *Philo-*
sophe de Ferney (le). Lettres,
3765 ; — *Républicain (un)*. Observations, 6449 ; — *Turgot*. Observations, 8361.

BRISSOT (Louis-Saturnin), neveu du
précédent, ancien libraire à Paris.
Brissot-Thivars. IV, p. 480.

BRITARD (Jean-Baptiste), de la Co-
médie-Française. *Brizard*. I, 166 ;
Citoyen de la section du Théâtre
Français (un). Discours, 1127.

BRITZ (l'abbé). *Prêtre du diocèse de*
Léon (un). Introduction, 638.

BRIXHE, général belge. *Démophon*.
Qu'est-ce que le perron de Liége ?
1542.

BRIZARD (l'abbé Gabriel). *Gallo-*
phile. Lettre, 2641 ; — *Xénophon*.
Fragments, 8912.

BRIZEUX (A.). *La Vallière* (la duch.
de). Ses Mémoires, 3894.

BROCHARD (abbate Michael). *Plexia-*
cus. Lexicon, 5905.

BRODEAU (Jean), connu aussi sous le
nom de marquis de Chatres. *Cha-*
tres (le marq. de). Nouveaux Entretiens des jeux d'esprit et de
mémoire. Paris, 1698 ; Lyon,
Lyons, 1709, 1721, in-12 ; —
L. M. D. L. C. (M.). Jeux d'esprit et de mémoire, ou Conversations plaisantes avec des personnes
les plus distinguées de l'Etat. Cologne, Frédéric le jeune, 1694,

in-12. Ouvrage différent du précédent. Bayle s'est trompé dans son « Dictionnaire historique », en attribuant le dernier ouvrage à Pierre-Julien Brodeau, seigneur de Moncharville. Son erreur vient de ce qu'il n'a pas lu avec assez d'attention les articles du « Mercure galant » de mai 1702 et février 1703, qui lui ont fourni les détails qu'il donne sur la famille des Brodeau. Moréri et la « Biographie universelle » ont reproduit la méprise de Bayle. *Art. de A.-A. Barbier.*

BRODEL (l'abbé François). *Hollandais (un.)* Observations, 3061.

BROÉ, seigneur de Citry et de la Guette, écrivain français du xviie siècle. *Citry de la Guette* (S.). I, 256 ; — *La Guette* (de). II, 357.

BROGLIA (Ferdinand), de Bruxelles. *Broglio* (Jacques). Les Hauts Conspirateurs politiques de 1852 dévoilés. Paris, Garnier frères, 1852, in-8; — *Fernand.* Les Traîtrés démasqués. Bruxelles, J.-A. Lelong, 1840, in-8; — *Lefranc.* Furets, 4007.

BROOKE (Mistr. Fr.). — *** (Mme). Histoire, 9147.

BROQUEVILLE (le P.), lazariste. *Beaumont* (Christophe de). Mandement, 518.

BROSSELARD (Emm.). *Thyrion.* Vie, 8228.

BROSSIN (Georges), chevalier de MÉRÉ ; né en Poitou, mort en janvier 1685. *L. C. D. M.* (M.). Aventures de Renaud, 3939.

BROSSIN DE MÉRÉ (Mlle Guénard de Faverolles, baronne). *Aissé* (Mlle). Mémoires historiques de Mlle Aïssé. Paris, Léop. Collin, 1807, 2 vol. in-12. — *B***.* Le Château de Vauvert, ou Charriot de feu de la rue d'Enfer, manuscrit trouvé dans les décombres de l'ancien couvent des Chartreux. Paris, Lerouge, 1812, 4 vol. in-12, fig. — *Boissy* (M. A.-L.-de). Mémoires de Mlle de Montpensier, 718; Histoire de soixante-trois descentes en Angleterre, 719; Histoire des amours de Louis XIV, 720; Agnès Sorel, 721; Le Prévôt de Paris, 722; La Dame masquée, 723; Altamor, 724; La Thébaïde, 725; — *Chatte (une).* Histoire d'—, griffonnée par elle-même, et publiée par Mme ***. Paris, Mme Masson, 1802, in-12 ;

— *D. F.* Le Palais-Royal, ou les Mémoires secrets de la duchesse d'Orléans, mère de Philippe. Hambourg (Paris, Lerouge), an xiv (1806), 2 vol. in-12; — *Du Barry* (la comt.) Mémoires historiques, I, 388 ; — *Faverolles* (M. de). II, 60 ; — *G***d* (la cit.), Lise et Valcourt, ou le Bénédictin. Paris, Pigoreau, 1799, 2 vol. in-18. — *G. D...* (M.). Athanaise, 2698 ; — *Geller* (J.-H.-F). Atala et Musacop, 2707 ; Le Capucin défroqué, 2708 ; Elma, 2709 ; Paul et Virginie, 2710 ; — *Lamballe* (la princ. de). Mémoires historiques, 3591 ; — *Méré* (la baronne de). Morale, 4749 ; — *Montpensier* (Mlle de). Ses Mémoires, 4970. Même ouvrage que le no 718; — *(Pigault-Lebrun).* Chrysostôme, père de Jérôme, de Pigault-Lebrun. Paris, libr. écon., 1803, 2 vol. in-12 ; Achille, fils de Roberville, ou le Jeune homme sans projets ; histoire morale, publiée par l'auteur de « Chrysostôme, père de Jérôme ». Paris, Locard et Davy, 1818, 2 vol. in-12; Le fut-il, ne le fut-il pas ? ou Julie et Charles ; suite et conclusion de l'Égoïsme, de M. Pigault-Lebrun. Paris, Delavigne, 1821, 2 vol. in-12 ; — *P. L. B.* Lucien de Murcy, 5900. Par la construction des titres de ces quatre derniers ouvrages, il est évident qu'on a voulu induire les lecteurs en erreur, en leur faisant croire qu'ils étaient de Pigault-Lebrun (1).

BROUILHONY (de). *Bono-Ilhury.* Mémoires, 766 ; — *Mouche (une).* Mémoires, 5005.

BROUSSE DES FAUCHERETS (Jean-Louis). *Desfaucherets,* I, 344 ; Le Mariage secret, 1606.

BROUSSONET (Victor). *Antimoine* (Jean d'). Essai, 265; — *Philiâtre* (P.). Notes, 5730.

BRUC (René de), marquis de MONTPLAISIR. *Montplaisir* (de). III, 300.

---

(1) Cette dame a été d'une fécondité désespérante; « la France littéraire » ne cite pas moins de cent-dix ouvrages publiés par elle sous des noms différents. Mais on dit qu'elle fut activement secondée dans ses publications par M. C. O. S. Desrosiers, (voy. ce nom), et l'on dit même que celui-ci est le véritable père des meilleurs ouvrages qui ont été attribués à cette dame, les romans de mœurs.

BRUC (le comte de). *Guethenoc* (le comte). Les Blancs, les bleus, 2930.

BRUCHEZ (Mlle Eve-Oliva-Angéla de Brady, baronne de), fille de Mme la comtesse de Brady, et femme du baron Bruchez, colonel suisse. *Epinay* (Mme Marie de l'). II, 29;— *Marcel* (Paul). III, 192.

BRUCKER (Raymond), de Compiègne (1). Pseudonymes sous lesquels il a écrit : *Champercier* (Edouard). I, 224 ; *Davernay* (Eugène). I, 313 ; *De la Berge* (Etienne). I, 323 ; *De la Fronde* (Pierre). I, 325 ; *Delinon* (Gustave). I, 328 ; *Dupuy* (Charles). I, 594 ; *Michel Masson*. III, 253 ; *Michel Raymond*. Le Puritain de Seine et Marne. Paris, Eug. Renduel, 1832, in-8 ; Le Boudoir et la Mansarde, 4792 ; des articles dans la « Revue du XIXe siècle », nouvelle série, t. VII et VIII, entre autres les suivants : De la direction à donner au bonapartisme de la France, t. VII (1838), p. 641-71 ; Une Capitulation de conscience. (Mercier, auteur du Tableau de Paris, et Napoléon), t. VIII (1838), p. 147-76 ; *Milleret* (Prosper). III, 260 ; *Olibrius*. III, 378 ; *Ricard* (Aug.). IV, 111 ; *Seurin* (Paul). Bouquet de mariage, 7476.

BRUGNOT (Charles de). *Panalbe* (C.-B. de). Eloge, 5448.

BRUHL (le comte Aloys-Fréd. de). *Amateur* (un). Traduction, 118.

BRULEBOEUF LE TOURNAN (B.-A.). *B. A. B.* (M.). Guignolet, ou la Béatomanie, poème héroï-comique en neuf chants, suivi de Poésies diverses. Paris, Le Normant, 1810, in-18 ; — *Le Tournan* (B). Ode à S. M. l'empereur de toutes

_____

(1) L'article de la « Littérature française contemporaine » qui concerne cet écrivain est aussi inexact qu'incomplet. C'est une erreur de dire que les ouvrages imprimés sous le pseudonyme de « Michel-Raymond » sont de cet écrivain seul. Ce pseudonyme cachait la collaboration de deux amis, Michel Masson et Raymond Brucker : de là l'origine de ce nom littéraire : M. R. Brucker, qui a été tour à tour fourriériste, néo-catholique et catholique romain, a eu des pseudonymes pour le temps qu'ont duré ses croyances; nous lui en connaissons près de vingt. Dans l'article qui le concerne, nous n'en retrouvons pas un seul, et pourtant il existe de ses ouvrages sous beaucoup de noms d'emprunt. Nous venons de le prouver.

les Russies. Paris, impr. de Didot jeune, 1814, in-4 de 12 pag. ; La Guerre d'Espagne, poème. Paris, impr. de Pillet, 1823, in-8 de 16 pag.

BRUMOY (le P. P.), jésuite. *P. Br. de la C. de J.* (le). Recueil de divers ouvrages en prose et en vers. Paris, Rollin, 1741, 4 vol. in-8. Ce recueil renferme : Tom. Ier, Pensées sur la décadence de la poésie latine en Europe, et sur ce qu'on entend par éloquence des choses, et éloquence des mots. Les Passions, poème en 12 chants, en vers latins, avec la traduction en prose. Chants 1 — 6. Tom. II. Les Passions, chants 7 à 12, suivis d'une lettre à M*** sur la question, savoir : de toutes les passions laquelle est la plus forte ? Plaidoyer pour la paresse. Compliments en vers à M. Guynet, intendant à Caen. Plaidoyers (deux) pour l'Académie des inscriptions et pour l'Académie de peinture. Description du Parnasse français de M. Du Tillet, imitée de la lettre latine du P. Vanière. Discours sur l'usage des mathématiques par rapport aux belles-lettres. Tom. III. L'Art de la verrerie, poème latin en six chants, avec une traduction française en prose à côté. Discours sur l'immortalité du nom, en latin et en français. Epîtres des morts, en vers latins, avec les traductions en prose à côté. Tom. IV, Isaac, tragédie en 5 actes ; Jonathas, ou le Triomphe de l'Amitié, tragédie en 3 actes ; le Couronnement du jeune David, pastorale en un acte et en vers. La Boîte de Pandore, ou la Curiosité punie, comédie en 3 actes et en vers. Plutus, comédie en 3 actes et en vers.

BRUN (Antonius). *Irenicus* (Erasmus). Bibliotheca, 3206.

BRUN (Jean), prêtre de la congrégation de l'Oratoire. *Ami du corps social* (l'). Triomphe du Nouveau-Monde, 161.

BRUN (l'abbé). *Campagnard* (un). Motion, 892.

BRUN-LAVAINNE, archiviste de la ville de Lille. *Prévault* (H.). Abrégé, 6060 ; Vie, 6060* ; Vie de S. Louis, 6061 ; Vertus, 6062 ; Jeunes, 6063 ; Modèles, 6064 ; Famille, 6065 ; Princesses, 6066 ; Héros, 6067 ; Suites, 6068 ; Bon-

heur, 6069 ; Histoire, 6070 ; Voyage, 6071 ; Traité, 6072 ; Robert,
6073 ; Petit, 6074 ; Retour, 6075. —
Rodeur Wallon (le), aut. d'articles
dans la « Revue du Nord » et la
« Boussole », IV, 139.

BRUNEAU DE LA RABATELLIÈRE
(Mme), marquise de MERVILLE,
D. M. (M.). Solitaire, 1759.

BRUNEEL (Henri). *Landsvriend* (H.-
E.). Scènes hist. flamandes, 3799.

BRUNET (G.), de Bordeaux, membre
de l'Académie de cette ville. *Cata-
logus* (dom). Notes extraites des
papiers de —. Impr. dans le
« Bulletin du Bibliophile », Xe
série (1851); p. 308-16, 1138-45.
— *G. B.* Journal de Voyage d'un
ambassadeur anglais en 1842 à
Bordeaux ; trad. et accompagné
de quelques éclaircissements. Paris, 1842, brochure in-8; — *G. B.
de B.* Notice historique et bibliographique sur la légende du Juif
errant. Paris, Techener, 1845, in-8
de 19 p. Tiré à 50 exempl.—*Membre
de l'Académie de Bordeaux* (un).
Essais de Michel Montagne, 4687.

BRUNI D'ENTRECASTEAUX, célèbre
navigateur. *Entrecasteaux* (Jo-
seph-Antoine B. d'). II, 28.

BRUNTON (Miss). *Kelley* (Miss). II,
327.

BRUNUS (Ant.). *Papenhausen* (Wolf-
Ernesti à). Oratio, 5466.

BRUNSWICK (Elisabeth-Christine de),
femme de Frédéric II, et reine
de Prusse. *Constance* (Mme), religieuse. Considérations, 1207.

BRUNSWICK OELS (François-Auguste,
duc de). *F. A. Pr. de B. et L.* Discours
sur les grands hommes. Berlin,
1768, in-8. Réimpr., en 1815, à
Weimar, avec le nom de l'auteur.

BRUSLÉ DE MONTPLEINCHAMP (l'abbé). *Du Belastre*, astrologue.
Renversement, 1840;— *Gerimont.*
Jeux, 2786; — *G. G. D. M.* Vie,
2794.

BRUSSEL (Pierre), conseiller auditeur
de la Chambre des comptes de Pa-
ris ; mort vers 1780. *B. A. D. C.*
(M). Suite du Virgile travesti (de
Scarron), livres VIII à XII. La
Haye (Paris), 1767, in-12 ; —
Deux Parisiens. Promenade, 1675.

BRUTÉ (Jean), curé de Saint-Benoit.
Curé de Paris (un). Lettre, 1305.

BRUTÉ DE LOIRELLE (l'abbé). *Guyot
de Merville.* Ennemis, 2949; —

Merville (de). Ennemis, 4759, même ouvrage.

BRUYS (François). *C. D. G.* (le).
Tacite, avec des notes politiques
et historiques, par Amelot de la
Houssaye et le C. D. G. Amsterdam, 1716 et 1721 ; La Haye, 1731
et 1734, 10 vol. in-12. La Continuation de Bruys contient 6 volumes.—*F. B. D. S. E. M. P: D. G.*
Réflexions, 2363 ; — *Plante-
Amour.* Art, 5880.

BRUZEN DE LA MARTINIÈRE (Ant.-
Aug.). *B. L. M.* L'Art de conserver sa santé, par l'Ecole de Sa-
lerne (Jean, de Milan). Traduction
nouvelle en vers français, par —.
Augmentée d'un Traité sur la conservation de la beauté des dames,
et de plusieurs autres secrets utiles et agréables. Paris, la Comp. des
libr., 1759, pet. in-8. Cette traduction, avec son addition, a encore
été réimpr. en 1760, 1766, 1777 et
1804. Voy. le Dictionnaire de Bibliographie française, de Fleischer,
t. II, p. 139 et suiv. — *Jungerman*
(Valentin). Entretiens, 3403 ; —
La Chambre (Etienne de). II, 345.

BUCAILLE (l'abbé), ancien lazariste.
Du Mont. Projet, 2085.

BUCERUS (Martinus). *Felinus* (Are-
tius). Expositio, 2375; Psalmorum,
2376.

BUCHOZ (P.-Jos.). *B***.* Aviceptolo-
gie françoise, ou Traité général de
toutes les ruses dont on peut se
servir pour prendre les oiseaux qui
se trouvent en France. Paris, Didot
le jeune, 1777, in-12, avec 34 pl.,
ou Paris, Cussac, 1785, 1795,
in-12. Ouvrage réimprimé plusieurs
fois depuis avec des additions de
J. C. (J. Cussac) et Kresz aîné. —
J. P..... Traité de toutes les plantes, ou nouvelle Méthode de les
employer utilement à la teinture et
à la peinture. On y a joint des observations sur les animaux et les
minéraux pareillement propres à la
teinture et à la peinture ; deux dissertations de Linnée sur le même
sujet ; différentes méthodes concernant le blanchiment des toiles ; des
procédés pour teindre la laine en
noir et les draps en deux couleurs,
de même que la manière de prépa-
rer le bleu de Prusse et le vert-de-
gris. Paris, Artaud, an IX (1801),
in-8. C'est le même ouvrage que

celui qui avait paru l'année précédente, sous le titre de « Manuel tinctorial des plantes.... » et avec le nom de l'auteur. — *Soc. de naturalistes (une)*. Flore, 7698 ; — *** (M.). Traité, 9159.

Bucquet (Alexandre-Léon). *Léon.* II, 583.

Budzinski (Michel). *Prisonnier polonais (un)*. Quatre années, 6093.

Buée (l'abbé Adrien-Quentin), né à Paris, en 1748, fut organiste à Tours jusqu'en 1786, ensuite chanoine honoraire de l'Eglise de Paris et secrétaire du chapitre, enfin membre de l'Institution royale de la Grande-Bretagne ; mort à Paris, le 28 juin 1827. *B****. Nouveau Dictionnaire pour servir à l'intelligence des termes mis en vogue par la Révolution, dédié aux amis de la religion, du roi et du bens commun. Impr. pour la première fois en janvier 1792. Seconde édition. Paris, Adr. Leclère, 1821, in-8 de iv et 124 pages. La première édition est anonyme. Elle est attribuée par A. A. Barbier à l'un des frères de A. Q. Buée. Elle ne portait pas le titre de *Nouveau* dictionnaire ; nous devons cette rectification à M. Villenave père. Voir l'article Buée, Supp. de la « Biographie Michaud », tome LIX.

Bugeaud de la Piconnerie (le maréchal). *Isly* (duc d'). Colonisation, 3210.

Buget (Félix), ancien administrateur du département de l'Ain. *B. (Félix).* De la Greffe par application. Bourg, Milliet-Bottier, 1850, in-8 de 18 pages.

Bugny (Valentin de). *Valentin.* M. Botte, 8497.

Buhan (J.-M. Pascal). *Impartial(un), s'il en est.* Revue des auteurs vivants, 3175.

Buissot, aut. dram. *Émile.* II, 23.

Bullet (le P. Jacques). *Religieux de l'ordre des frères prêcheurs (un).* Vie, 6428.

Bulow (H.-Guillaume de), écrivain allemand, mort en 1807. *Officier prussien (un).* Esprit du système de guerre moderne ; trad. de l'allem. (par Léger-Mar.-Phil. Tranchant de Laverne). Paris, Bernard et Magimel, an xi (1803), in-8, avec 58 fig. Ouvrage devenu rare.

Buloz (A.). frère du directeur de la

« Revue des Deux-Mondes ». *Rapp* (le gén.). Mémoires, 6309 ; —*Witt* (Jean). Sociétés secrètes, 8889.

Bulteau (Louis). *Nicole* (feu M.). Traité, 5133.

Burat (l'abbé). *Margottet* (Mlle Virginie). Manuel, 4536.

Burat de Gurgy aîné (Edmond). *Casati.* I, 205.

Burat de Gurgy jeune (H.). *Forbach* (Henri de). II, 87.

Burdin (F.-A.), ouvrier compositeur d'imprimerie. *Profane (un).* Remarques d'— sur deux homélies maçonniques, prononcées dans la R∴ L∴ de.... O∴ de...., le 27 du 10e mois de la Vraie Lumière, 5820. Besançon, J. Petit, 1822, in-8. de 157 pag.

Burette (Théodose), professeur d'Histoire, à Paris. (*Anon.*). La Physiologie du Fumeur. Paris ; Bourdin, 1840, in-32 de 128 pag. Ce petit volume est anonyme ; mais la couverture représente un professeur en robe, un cigare à la main ; ce professeur ressemble parfaitement à M. Burette, qui a pris, vu la gravité de sa position officielle, cette manière détournée de signer. — *B.* (Th.). Histoire des Empereurs romains, bysantins et latins, depuis Auguste jusqu'à la prise de Constantinople par les Turcs en 1453. Paris, Ajasson de Grandsagne, 1832, in-18 de 108 pag. Petit volume faisant partie de la « Bibliothèque populaire ». Il a été réimprimé en 1834, avec le nom de l'auteur.— *Janin* (Jules). II, 279;— *Théo.* Une révolution, 8080 ; Arabelle, 8081.

Burgy (Jules). *Typographe (un).* Présent, 8374.

Burja (A.). *Voyageur (un).* Observations, 8799.

Burke (Edmond). *Bolingbroke.* Apologie, 730.

Burley (Gualter). *Antonius à Sala.* Sous ce nom parut, en 1603, à Casal, in-4, un « Livre de la Vie et des mœurs des Philosophes », que Baillet attribue à Gualther ou Gautier Burley, Anglais vivant en 1337.   *Fr. Gr—lle.*

Bury (Joseph-Désiré-Fulgence de). *Fulgence.* II, 120.

Bury (lady Charlotte). (1) *Bracewich*

---

(1) On a bien cité dans la « Littérature

(Auguste). Une Année à Paris. Paris, Baudry, 1842, 2 vol. in-8.

BUSCH (Frédéric), de Strasbourg, ancien adjoint au maire de cette ville. *Bibliophile (un)*. Découvertes d'—, 644; Supplément aux Découvertes d'un Bibliophile, ou Réponse à l'écrit intitulé : « Les Découvertes d'un Bibliophile réduites à leur juste valeur ». Strasbourg, 1843, in-8. M. Busch a encore publié dans cette polémique : Réponse du Bibliophile à la consultation des quatre avocats du barreau de Strasbourg. Paris, Paulin, 1844, in-8 de 76 pages. C'est une réponse à un écrit imprimé à Strasbourg et intitulé : « L'Enseignement des séminaires de France vengé des attaques du Bibliophile et du « Courrier du Rhin »; suivi d'une consultation de quatre avocats du barreau de Strasbourg » (1).

BUSCHENTAL, israélite. *Lipmann* (Moyse). II, 617.

BUSONNIÈRES (de). *B**** (de). De la Réformation du Théâtre, par Louis Riccoboni. Nouv. édit., augmentée des Moyens de rendre la Comédie

utile aux mœurs, par—. Paris, Debure et Lebreton, 1767, in-12.

BUSQUET (Alfred). *Intimé* (l'). II, 271.

BUSSCHER (Edmond de), l'un des secrétaires de la Société royale des beaux-arts et de la littérature de Gand. *Reiffenberg* (le baron de). Etudes sur les loges de Raphaël, 6379. — Ouvrages de M. E. de Busscher, ibid.

BUSSY (de), ancien instituteur. *L. N. T. D. B.* Fata Telemachi, 4253.

BUTTENSCHOEN. *Soc. de gens de letties (une)*. Archives, 7637.

BYRNE (Mistr.), romancière anglaise. *Dacre* (Charlotte). Zofloya, ou le Maure, histoire du XVe siècle; trad. de l'angl. par Mme de Viterne. Paris, Barba, 1812, 4 vol. in-12; Angelo, comte d'Albini, ou les Dangers du vice; traduit de l'angl. par Mme Elisabeth de B*** (Bon). Paris, Arthus Bertrand, 1816, 3 vol. in-12; — *Rosa Matilda*. III, 209.

BYRON (lord). *Hornem*. Waltz, an apostrophic Hymn. Paris, Galignani, 1822, in-12 de 32 pag. Poëme attribué à lord Byron.

C

C.... (de), ancien colonel du génie.

française contemporaine », au nom de lady Bury, cinq contrefaçons faites à Paris, par un autre libraire Baudry, des ouvrages de cette dame, mais on n'a point mentionné ce qui appartient légitimement à la France et à sa littérature : les traductions. Elles étaient pourtant au nombre de neuf à cette époque : I. Trevelyan, 1834-35; II. Madame Howard, 1836; III. Julie Norwich, 1837; IV. Doverston; V. Love, 1838; VI. Emma, 1839; VII. Godolphin, 1840; VIII. Une Année à Paris, 1842; IX. La Femme divorcée (impr. dans le 2e trimestre de 1847 de « l'Union monarchique »). Pourquoi ces omissions? Mais parce que ces différentes traductions ne portent point de nom d'auteur; que M. Beuchot n'a pu alors les faire connaître, et qu'on ne recherche pas au-delà.

(1) Les auteurs de la « Littérature française contemporaine » ont consacré un article à M. Busch, dans lequel ils ont fait un grand étalage d'érudition ; mais ils n'ont seulement pas rappelé l'écrit qui a soulevé la violente polémique entre le parti jésuitique et ce courageux écrivain.

Soc. de gens de bouche (une). Manuel, 7585.

CABANY (J.-Maurice). *Saint-Maurice Cabany* (J.). Notice historique, 7026; Nécrologe universel, 7027; Notice nécrolog., 7028; Archives, 7029; Galerie, 7030; Notices nécrologiques, 7031, 7032; Adr.-Aug. Almaric, comte de Mailly, 7033.

CABET. *Adams* (Francis). Voyage et Aventures de lord William Carisdall en Italie, 1934; — *Dufruit* (Thom.), maître de langues. Voyage et Aventures, 1934, même ouvrage, de la composition du communiste Cabet, et qui a été réimprimé, ou plutôt reproduit, en 1842, sous le titre de « Voyage en Icarie, » avec le seul nom de Cabet, le véritable auteur.

CABOCHE-D'ÉTILLY, D. M. *Giraudeau* (Jean). Précis, 2824.

CACAULT (Fr.). *Français (un)*. Dramaturgie, 2515.

CADET DE GASSICOURT (le chev. Ch.-L.). *C**** (feu M.), ancien avocat au Parlement de Paris. *Cours gastronomique, ou les Diners de Manantville, ouvrage anecdotique, philosophique et littéraire.* Paris, 1807, in-8. — *C. L. C. G. D. L. S. D. M. B. C. D. V. C. L.* Tombeau, 1165. — *Électeur du département de la Seine (un).* Quatre Ages, 2183.

CADORET, auteur dramatique. *Térodak.* Fourberies, 8061; Arlequin, 8062.

CAFFARO (le P. Franç.), théatin. *Théologien (un).* Lettre, 8147.

CAHAIGNE. *Rouennais (un).* Missionide, 6621.

CAHAISSE (Henri-Alexis), né à Paris, en 1755, de la famille de M. de Flesselles, prévôt des marchands, qui périt, en 1789, victime de la fureur populaire, était, avant la Révolution, officier des maréchaux de France. En 1782, il publia, en société avec madame Bournon-Malarme, un ouvrage intitulé : *Les Fripons parvenus, ou l'Histoire du sieur Delzenne.* (Paris, in-12). Ce n'était pas un roman. M. Delzenne était le tributaire forcé de deux ministres de cette époque : Am... et Larr....... qui enrichissaient leurs créatures, hommes et femmes, en la rançonnant sur les produits d'une entreprise considérable qu'il en avait obtenue. Les deux auteurs furent mis à la Bastille pour cette publication. Cahaisse s'était toujours montré fort opposé aux principes de la Révolution. Compris dans la proscription du 18 fructidor (1797), il parvint à y échapper. Cahaisse se fit alors journaliste. Il fit paraître successivement le « Cercle » du 3 ventôse au 14 floréal an VI (21 févr. au 3 mai 1798), 72 numéros gr. in-8 (1) ; le « Babillard », an VI (1798), 185 numéros in-4 (2). De concert avec l'abbé Aimé Guillon, il commença, en 1800, la publication d'un journal qui fut d'abord intitulé « l'Argus », et qui fut continué sous ceux de « la Vigilante » et du « Thermo-

mètre » (1). S'étant permis, dans l'un de ces journaux (2), quelques plaisanteries à l'occasion d'un ours qui avait attaqué le directeur La Révellière, qui se promenait au Jardin-des-Plantes, il fut arrêté, mis en jugement et acquitté. Napoléon, alors consul, le fit aussi arrêter, avec sa famille, pour avoir fait des allusions satyriques contre son gouvernement, dans un livre intitulé : *Histoire d'un perroquet, écrite sous sa dictée* (1802, in-12). Las de persécutions, Cahaisse s'adonna exclusivement à la littérature ; mais ses affections froissées le firent rentrer dans l'arène politique. Cahaisse passa à l'étranger, et fit paraître le « Mercure du département de la Roër », ouvrage périodique, consacré aux sciences et aux arts, qui s'imprimait à Cologne, dont la collection forme 3 vol. in-8 (3). Il revint en France au retour des Bourbons, et eut beaucoup de part aux écrits dans lesquels furent signalés, d'une manière très forte, en 1815, les nommés Schulmeister, agent de Savary, et Bernard, entrepreneur des jeux. Lorsque Napoléon revint de l'île d'Elbe, en 1815, se dirigeant sur la capitale, Cahaisse fit afficher un placard signé K. S., ex-rédacteur du « Mercure de Cologne », dans lequel il invitait les Français les plus riches à se cotiser pour offrir une somme considérable à celui qui se dévouerait pour délivrer la France de l'usurpateur. Le lendemain de la rentrée triomphale de Napoléon dans Paris, cette affiche se voyait encore sur quelques murs de cette ville. La seconde Restauration cal-

---

(1) Deschiens, p. 101.
(2) Deschiens, p. 102.

---

(1) Deschiens n'a point connu la filiation de ce journal. De « l'Argus » de 1800, il ne dit pas un mot. Sur « la Vigilante », même silence : il cite bien deux « Thermomètres », mais il ne parle pas de celui de Cahaisse.

(2) Nous avons eu, avant 1830, des renseignements autographes de cet écrivain ; mais, alors, la mémoire de ce vieillard n'était plus assez bonne pour nous donner chronologiquement la liste de ses journaux ; nous ne pouvons donc préciser celui où se trouve l'attaque contre La Révellière.

(3) Deschiens (p. 356) n'a connu, de ce journal, ni le rédacteur, ni sa durée.

ma la fièvre politique de Cahaisse, mais il se déclara chez lui une métastase. Cahaisse avait été joueur fanatique, et avait perdu sa fortune au jeu. Après avoir guerroyé, en 1815, contre Bernard et sa régie, il fut, à partir de 1819, l'un des plus violents antagonistes de Boursault-Malhèrbe et de la ferme concédée à celui-ci. Cahaisse est mort dans l'indigence, à Paris, vers 1828.

Presque tous les ouvrages publiés par Cahaisse sont anonymes ou pseudonymes, et nous allons en donner la liste complète (1). I. Avec Mme Bournon-Malarme : *Les Fripons parvenus*, ou l'Histoire du sieur Delzenne. Paris, 1782, in-12. II. *Dix Titres pour un* : les Effets du fatalisme, les Erreurs de la Justice, etc.; par H. A. K...s. Paris, Jombert, an IX (1801), 2 vol. in-12. III. *Histoire d'un perroquet*, écrite sous sa dictée. Paris, Jombert, 1802, in-12. IV. *Historique des Jeux et Anecdotes*, Paris, 1803, in-8. (Anon). V. *Il était temps*, ou Mémoires du marquis de Blinval ; par l'auteur de « Dix titres pour un ». Paris, Léop. Collin, 1808, 3 vol. in-12. VI. *Le Prisonnier de Spandaw;* par l'auteur de « Dix Titres pour un ». Paris, libr. économiq., 1809, 3 vol. in-12. VII. *Virginie de Beaufort*, ou Douze années d'une femme de vingt-cinq ans. Paris, J. Chaumerot, 1809, 2 vol. in-12. Roman publié sous le nom de D. F. Brune, depuis maire d'une petite ville, ami de Cahaisse. VIII. *Mémoires de* (Joseph-Jean-Baptiste Albouy) *Dazincourt*, comédien-sociétaire du Théâtre-Français, directeur des spectacles de la Cour, ex-professeur de déclamation au Conservatoire ; par H. A. K...s. Paris, Favre, 1809, et 1810, avec un portrait. IX. *Mémoires de* (Pierre-Louis Dubus, dit) *Préville*, comédien français, membre honoraire de l'Institut national ; publiés par M. K. S. Paris, 1812, in-8. Cahaisse ne s'est donné que comme l'éditeur de ces deux derniers ouvrages, mais l'opinion publique, et à juste titre, l'en considère comme

l'auteur. Ces deux ouvrages ont été réimprimés par les soins de M. Ourry, dans la « Collection des Mémoires sur l'art dramatique », dont ils forment le tome VIII. X. *Un Mot sur les régicides et autres bannis de la France*, repairés en Belgique ; suivi de l'Analyse d'un procès intenté aux rédacteurs du « Nain jaune », par Mme Henr. de de Saint-Charles, née Wulliamoz, de Lausanne, en Suisse, et par M. Dasiès, son parent. Paris, les march. de nouv., 1817, in-8. XI. *Doit-on tolérer les jeux? Doit-on les prohiber ?* Suivi d'un Sommaire historique, concernant ceux qui les ont gérés, depuis l'époque où ils ont été affermés jusqu'à ce jour. Paris, les march. de nouv., 1818, in-8 de 44 pages. Publié sous le pseudonyme d'A. Henrick. XII. *Des Jeux publics, de hasard et de commerce*, considérés sous leur véritable point de vue. Paris, Corbet, 1818, in-8 de 30 pag. Publié sous le même pseudonyme. XIII. *L'Observateur des maisons de jeux*. Paris, libr. constitution., 1819, in-8 de 316 pag. C'était un recueil périodique qui a paru pendant trois mois tous les dix jours, et dont la réunion des 9 numéros forme 316 pag. L'auteur a publié depuis plusieurs brochures anonymes, qui font suite à ce volume. XIV. *Encore l'Observateur des maisons de jeux.* Paris, libr. constitution., 1819, in-8 de 32 p. XV. *L'Observateur des maisons de jeux*, à M. Boursault, ou Réponse à ses dernières observations. Paris, de l'impr. de Gueffier, 1819, in-8 de 16 pag. XVI. *Réveil de l'Observateur des maisons de jeux.* Paris, de l'impr. de Vict. Renaudière, 1821, in-8 de 24 pag. XVII. *Observateur des maisons de jeux*. Réponse à M. Boursault, fermier des jeux. Paris, de l'impr. du même, 1821, in-8 de 44 pag. XVIII. *Les deux Boursault*, macédoine, précédée et suivie de quelques Réflexions sur la ferme des jeux. Paris, de l'impr. de Pillet, 1819, in-8 de 16 pag. Sec. édit., rev., corr. et augm. Paris, Petit, 1820, in-8 de 16 pag., avec une lithogr. XIX. *Le Vingt-et-un janvier*, ou Fragments pour servir

---

(1) Même pour son époque, celle de la « France littéraire » est loin d'être complète.

à la continuation de la Vie de J.-F. Boursault, publ. par lui-même en 1819. Paris, de l'impr. de Pillet, 1819, in-8 de 16 pag. XX. *L'Argus des maisons de jeux*, précédé de quelques Réflexions sur une Notice de la Vie de M. Boursault-Malherbe, publiée par lui en 1819. Paris, de l'impr. de Pillet, 1820, in-8 de 20 pag. XXI. *Petite Lettre adressée à un grand homme* (Boursault). Paris, Bataille et Bousquet, 1820, in-8 de 16 pag. XXII. *Procès sur procès*, ou Résultat du choix qu'on a fait de M. Boursault comme fermier des jeux ; suivi d'une réponse aux demandes qui me sont faites relativement aux deux Boursault. Paris, Corbet, etc., 1820, in-8 de 44 pag. XXIII. *Supplément au Mémoire de M. Clausel de Coussergues*, en ce qui concerne la préfecture de police dans l'horrible événement du 13 février. Paris, Pillet aîné, 1820, in-8 de 56 pag. XXIV. *Adresse à MM. les membres composant la Chambre des Pairs* et la Chambre des Députés. Sans lieu d'impression. (Paris), 1821, in-8 de 20 pag. XXV. *Le Défenseur des maisons de jeux*, ou Réflexions sur une pétition présentée à MM. les Députés, à l'effet d'obtenir la suppression de ces maisons. Paris, Petit, 1821, in-8 de 36 pag. XXVI. *A bas les jeux !* ou le Cri de l'indignation publique. Paris, Lebègue, Petit, s. d., in-8 de 16 pag. avec une grav. XXVII. *Réponse à un écrit anonyme*, intitulé : Une partie des employés aux jeux, au Défenseur des maisons de jeux. Paris, de l'impr. de Doublet, 1821, in-8 de 12 pag. XXVIII. *La Publicité des jeux considérée comme elle doit l'être*, par un homme qui, sans avoir jamais occupé de place d'employé aux jeux, connaît mieux les causes de leur organisation et la manière dont ils sont tenus, que celui qui a vécu de leur produit....., mais qui n'en vit plus. Paris, Petit, 1821, in-8 de 48 pag. Les quatorze derniers opuscules sont anonymes. XXIX. *Notice historique sur l'abbé Batteux*, imprimée à la tête de l'édition de ses « Principes de littérature ». Paris, Bellavoine, 1824, 6 vol. in-12.

XXX. *Les Ministres anciens et ceux de l'époque actuelle, jugés d'après leurs œuvres ;* par H. A. K. S. Paris, Lebègue, 1826, in-8 de 48 pages.   *V. A. S.*

CAHIER (le P. Charles), jésuite, fils de l'orfèvre du roi. *Achéri*. I, 6.

CAHOUR (le P. A.), jésuite. *Jésuite (un)*. Des jésuites, 3300.

CAHUSAC (Louis de), auteur dramat. *Hadeczuca*. (Didaque). Grigri, 2990.

CAIGNART DE SAULCY (Louis-Félicien-Joseph), de l'Académie des inscriptions et belles-lettres. *Blaghenberg* (van). Revue de la Moselle, I, 131.

CAILHAVA D'ESTENDOUX (Jean-Fr.), auteur dram., de l'Académie française. *Colibri* (l'abbé de). Contés, 1185.

CAILLEAU (André-Charles), libr. à Paris. *A. C. C.* Principes philosophiques de consolation, fondés sur la raison, pour servir aux hommes dans leurs malheureuses destinées. Imitation libre de l'allemand de M. Weitenkampf......, et enrichis de notes historiques par M.—; suivis d'un extrait de la « Consolation de la philosophie » de Boece. Kœnigsberg, et Paris, Cailleau, 1779, 2 vol. in-12 avec figures ; — *Auteur inscrit sur le grand-livre (un)*. Almanach des rentiers, dédié aux affamés. Paris, 1800, in-18 ; — *Javotte* (Mlle), ravaudeuse. Chiffons, 3246 ; — *Partisan de Descartes (un)*. Automatie, 5486 ; — *Rabener* (Isaac). Osaureus, 6254 ; — *Vadé* (Guill.). Boute-entrain, 8454 ; — *** (M.). Les Originaux, 9037.

CAILLOUX (Alphonse). *Cailleux* (Alph. de). I, p. 193.

CAILLY (de). *Aceilly* (le chev. d'). Diverses poésies, 22.

CAJOT (dom Joseph), bénédictin. *Philonagre* (Christophe). Eloge, 5743 ; — *** (M.). Plagiats, 9060.

CALAIS, anc. secrétaire de Genoude. *Scott* (W.). Aymé Verd, 7412 ; Allan Caméron, 7413. On dit que M. Théod. Anne a eu part à ces deux romans.

CALINEAU (L.), de Metz. *Quelqu'un*, citoyen français. Dictionnaire, 6203.

CALLIER (Raoul). Voy. BAZIRE D'AMBLAINVILLE.

CALONNE (de), ministre d'Etat. *Avocat (un)*. Lettre, 385 ; — *Cultivateur (un)*, à Vitry-sur-Seine. Essais, 1295.

CALONNE (le comte Adolphe de). *Gentilhomme (un)*, *A. C.* Apologies, 2724.

CALONNE (P.-F. de), professeur. *Soc. de professeurs (une)*. Journal, 7708.

CALONNE (Ernest de), fils du précédent. *Arlequin*. Articles dans le journal le Corsaire-Satan ; — *Molière*. Le Docteur amoureux, III, 285.

CALVINUS (J.), *Alcuinus* (S.). Institutio, 66.

CAMBIS (Richard-Joseph), sieur de Fargues. *Disambec*. Vie, 1742.

CAMERARIUS (Joach.). *Helvidius* (Stanisl.). Stanislai, 3013.

CAMMAILLE SAINT-AUBIN (M.-C.), auteur et artiste dramatique. *Désiré*. I, 348; — *Saint-Aubin*, IV, 207.

CAMPAN (Jeanne-Louise-Henriette Genet, dame). *Zoé et Elisa*. Lettres, 8969.

CAMPAN (Bernard) (1), de la famille de la précédente, docteur en médecine de la Faculté de Montpellier, poète ; né le 18 novembre 1778, à Montpellier, où il est mort, le 15 mai 1853. 1° Le Misanthrope de vingt ans, comédie en trois actes et en vers, Montpellier, de l'impr. de Bœhm, 1846, in-8 ; 2° Le Théâtre, satire. Ibid., 1846, in-8; 3° Zacharie, tragédie en quatre actes. Ibid., 1846, in-8 ; 4° Le Poète sceptique, satire. Ibid., 1847, in-8 ; 5° Tibère à Caprée, tragédie en cinq actes. Ibid., 1847, in-8 ; 6° Marie de Clèves, trag. en cinq actes. Ibid., 1848, in-8 ; 7° Thamar, tragédie en trois actes. Ibid., 1849, in-8 ; 8° Géronte, comédie en trois actes et en vers. Ibid., 1849, in-8 ; 9° Les Nobles, satire. Ibid., 1849, in-8 ; 10° Le Parasite, satire. Ibid., 1849, in-8 ; 11° Le Pessimiste, satire. Ibid., 1850, in-8 ; 12° L'Ignorant, satire. Ibid., 1850, in-8 ; 13° Constantin-le-Grand, tragédie en cinq actes et en vers. Ibid., 1851, in-8. Toutes ces compositions poétiques, écrites sans

prétention, ont paru sous les initiales de l'auteur B.....C....... : Elles n'ont été tirées chacune qu'à 150 exemplaires pour l'auteur et ses amis. On ne trouve même pas l'annonce d'aucune d'elles dans la « Bibliographie de la France ». V. A. S.

CAMPBELL (Jean). *Société de gens de lettres (une)*. Histoire, 7586.

CAMPION (A.), de Lisieux. *Caumont* (de). Voyage archéologique fait en Normandie en 1831; trad. de l'angl. de Gally-Night. Impr. dans le « Bulletin monumental » et tiré à part, in-8; Relation d'une excursion monumentale en Sicile et en Calabre, précédé d'un Essai historique sur la conquête de la Sicile par les Normands ; traduction de Gally-Knight, communiquée à la Société française pour la conservation des monuments, par M. de Caumont. Caen, Hardel, et Paris, Derache, 1839, in-8 (1).

CAMUS (Jean-Pierre), évêque de Belley. *B. C. O. D.* Anti-Moine, 503 ; — *J. P. C.* (messire), nommé par S. M. à l'évêché de B. Panégyrique de la mère de Dieu. Paris, Claude Chappelet, 1608, in-12. Première production imprimée de l'auteur, qui l'a insérée depuis au tome X de ses « Diversitez », p. 390. — *J. P. C. P.* Remarques, 3388 ; — *Musac* (le sieur de). Conférence, 5023; — *Olenix du Bourg* (l'abbé). Anti-Basilic, 5352 ; — *Plis de Raynonville*. Triomphes, 5907 ; — *Prieur de Saint-Agathange* (le). Eclaircissements, 6084; — *Saint-Hilaire* (de), Rabat-Joye, 6907.

CAMUS (N.-R.). Voy. CAMUS-DARAS.

CAMUS (Pierre-François), littérateur; mort dans la dernière quinzaine d'octobre 1853. *Merville*. III, 241.

CAMUS (Louis-Auguste), baron de RICHEMONT, général du génie en retraite, ancien député, ancien membre du Conseil-d'Etat, grand officier de la Légion-d'Honneur ;

---

(1) Écrivain entièrement inconnu aux auteurs de la « Littérature française contemporaine ».

(1) Les auteurs de la « Littérature française contemporaine » n'ayant pas lu l'avant-propos de ce livre, n'ont pas dit que cette traduction, « communiquée » par M. de Caumont, n'était pas de celui-ci, mais bien de M. A. Campion. Il en est de même du « Voyage archéologique » : la préface du tirage à part en fait foi.   G. M-c-L.

mort dans les environs de Decize (Nièvre) à la fin d'août 1853, à l'âge de 82 ans. *Richemont* (le général). IV, 125.

CAMUS-DARAS (N.-R.). *Habitant de la ville de Reims (un).* Essais historiques sur la ville de Reims. Reims, 1823, in-8; — *Prolétaire (un).* Serio-Jocosa. 6128; — *Vieillard champenois (un).* Opuscules, 8665.

CAMUSAT (Nicolas), mort chanoine de Troyes, en 1656, homme d'étude et de piété. *N. C. T.* Mélanges historiques, ou Recueil de plusieurs actes, etc., servant à l'histoire, depuis 1390 jusqu'en 1580. Avec les Mémoires militaires du sr Jean de Mergey. Le tout recueilli et publié par—. Troyes, Mereau, 1619, in-8.

CANARD (Mlle Elisabeth-Félicie), depuis Mme BAYLE-MOUILLARD. *C**** (Mme Elisabeth). Emilie et Rosalie, ou les Epoux amants. Paris, Ch. Villet, 1820, 3 vol. in-12; Virginie, ou l'Enthousiasme de l'honneur, tiré de l'histoire romaine, avec des notes. Paris, Ch. Villet, 1822, 4 vol. in-12; — *Celnart* (Mlle). I, 217.

CANAYE (l'abbé Etienne). *Alembert* (Jean Lerond d'). Discours, 67.

CANET (J.-B.-N.). *Ca**** (J.-B.-N.). Les Embellissements de Paris, pièce de vers qui a concouru pour le prix de poésie proposé par l'Institut impérial; suivi de la traduction du Songe de Scipion, aussi en vers. Paris, 1809, in-12. *D-M-ne.*

CANISIUS (Jac.), jésuitâ. *Thanatophrastus* (Christ.). Ars Artium, 8079.

CANOURGUES (le vicomte E. de) (1). *Expilly* (Charles d'). Adieu suprême, poëme. Paris, Ildef. Rousset, etc., 1842, in-8 de 16 pag. Sur le second feuillet on lit : Hommage réspectueux à Mme la duchesse d'Orléans. Sous ce pseudonyme de Ch. Expilly, M. le vic. de Canourges a fourni aux journaux quoti-

diens de Paris beaucoup de nouvelles en feuilletons qui ne paraissent pas avoir été imprimées à part, si ce n'est *l'Épée de Damoclès*, réimpr. à Bruxelles, en 1842, in-18. M. le vic. de Canourges a donné, rien qu'en 1846, les sept feuilletons suivants : la Culotte de Richelieu,— Un Rival,— Un Mariage bibliographique, — la Porte noire, —Une Vengeance de Richelieu, — l'Homme propose et Jeanneton dispose, — le Rêve et la Rose.

CANTIMPRÉ (Thomas de). *Apiarius,* ordinis predicatorum. Liber, 276.

CANTIRAN DE BOIRIE (Eugène), mélodramaturge. *Boirie.* I, 135.

CAPEFIGUE (Baptiste-Honoré-Raymond). *Homme d'État (un).* Histoire, 3074; Gouvernement, 3075; Ministère, 3076; Présidence, 3077; Tablettes d'une Révolution. Insérées dans le journal « l'Assemblée nationale » de janvier à la fin de mai 1849, et impr. séparément à Bruxelles, chez Meline, Cans et Ce, 1850, in-18. Des coups d'État. Insérés dans le même journal, du 19 novembre au 24 décembre 1849; — *Pair de France (un).* Statistique, 5431.

CAPELLE (Pierre), vaudevilliste, l'un des fondateurs du Caveau moderne, d'abord libraire, plus tard inspecteur de la librairie; né à Montauban, le 4 novembre 1772, mort à Paris, l'un des doyens des auteurs dramatiques, dans les premiers jours d'octobre 1851, dans sa 81e année. *Cap...l.* Aneries révolutionnaires, ou Balourdisiana, bêtisiana, etc., etc. Anecdotes de nos jours, recueillies et publ. par —. Paris, Capelle, an IX (1801), in-18 de 144 pag. avec une fig. color.

CAPELLE (Marie), femme LAFARGE. Voy. MANCEAU.

CAPITAINE (Félix), docteur en droit, président de la chambre du commerce de Liége, conseiller provincial, membre de l'Institut archéologique liégeois, de la commission de surveillance de l'Académie des beaux-arts de Liége; né à Opleew (Limbourg), en 1804. Il a publié : 1o Quædam de Commercio. Leodii, Lebeau, 1827, in-4o ; 2o Rapports de la Chambre de commerce de Liége, sur la question des droits différentiels. Liége, Desoer, 1844,

---

(1) C'est par erreur que, t. Ier, page 198 de nos « Supercheries », nous avons présenté le nom de CANOURGUES comme le pseudonyme d'EXPILLY, c'était l'inverse qu'il fallait dire. Ce qui n'a pas empêché les auteurs de la « Littérature franç. contemporaine » de plagier cette erreur, et quelques autres, puisqu'ils ont plagié tout notre livre.

in-8 ; 3° *Notice nécrologique sur J.-Fr. Hennequin*, gouverneur et sénateur de la province de Limbourg. Liége, Desoer, 1846, in-8. Anon. 4° *Observations concernant le projet de loi sur la compétence et la contrainte par corps en matière commerciale.* Liége, Desoer, 1848, in-8 ; 5° *Avis à la Chambre de commerce de Liége sur le projet de loi relatif à la condition des classes ouvrières et au travail des enfants.* Liége, Desoer, 1849, in-8 ; 6° *Rapport sur les moyens propres à améliorer le régime alimentaire des ouvriers.* Bruxelles, Stapleaux, 1852, in-8. De 1831 à 1850, M. F. Capitaine a été l'un des principaux collaborateurs du « Journal de Liége », particulièrement pour les matières politiques, économiques et commerciales.   *V. A. S.*

CAPITAINE (Ulysse) (1), secrétaire de la Société libre d'émulation de Liége et de l'Institut archéolog. liégeois, membre de la Commission provinciale de statistique, membre honoraire de la Société royale archéologique du Luxembourg ; né à Liége, en 1828. Quoique fort jeune encore, **M. U.** Capitaine a déjà produit des ouvrages qui annoncent une aptitude prématurée pour les travaux d'érudition. Et pourtant, aussi modeste qu'érudit, il n'a attaché son nom qu'au plus petit nombre des publications qu'il a faites, c'est-à-dire que presque toutes sont anonymes. C'est par cette raison que le nom de M. U. Capitaine a sa place dans ce livre. Nous connaissons de lui : 1. *Notice sur Henri Delloye*, troubadour liégeois ; par un anonyme. Liége, Desoer, 1849, in-18. II. *Recherches historiques et bibliographiques sur les journaux et les écrits périodiques liégeois.* Liége, impr. de Desoer, 1850, in-18 de xiij et 344 pages. Ce livre est non-seulement supérieur à tout ce que l'on a publié sur les journaux français, sans en excepter la « Bibliographie des Journaux » de Deschiens, qui n'est que le catalogue de ceux qu'il

possédait, mais encore supérieur à « l'Essai historique et critique sur les journaux belges », de **M. A.** Warzée (Gand, 1844-45, 2 part. in-8) qui n'a même publié que les journaux politiques. Sans en avoir eu la prétention, M. U. Capitaine se trouve avoir fait, par les notes dont son livre est parsemé, une véritable histoire littéraire du pays de Liége. III. *Notice sur H. Fabry*, dernier représentant politique de l'ancien pays de Liége. Liége, Carmanne, 1851, in-18. Anon. IV. *Nécrologe liégeois*, pour 1851 et 1852; par U. C. Liége, les princip. librair., janvier 1852-janvier 1853, 2 vol. in-18 de 104 et 201 pag. Publication fort estimable, qui ne renferme pas moins de cent vingt-trois notices biographiques sur des hommes célèbres et utiles de la province. L'auteur s'occupe, depuis plusieurs années, d'une « Biographie Liégeoise », depuis les temps les plus reculés jusqu'en 1850, travail auquel le « Nécrologe liégeois » , qui paraît annuellement, servira de complément. Les soins et la conscience apportés par **M. U.** Capitaine pour ses « Recherches sur les journaux liégeois », ainsi que pour son « Nécrologe », sont une garantie qu'on n'adressera pas à cette nouvelle Biographie le reproche qu'on a fait à celle du comte Becdelièvre-Hamal (1) « de ne renfermer que des notices prises à plusieurs sources, et réimprimées souvent sans changement ». *V. Notice sur R.-A.-C. Van Bommel*, évêque de Liége. 2ᵉ édit., augm. Liége, Carmanne, 1853, in-18. Anon. La première a été imprimée dans le « Nécrologe liégeois » pour 1852. VI. *Aperçu historique sur la Franc-Maçonnerie à Liége* avant 1830. Ibid., 1853, in-8 de 35 pag. avec une pl. Extrait du « Bulletin archéologique liégeois », auquel l'auteur a encore fourni un *Rapport sur les travaux de l'Institut* (t. Iᵉʳ, 1852-53, in-8, p. 17-22). VII. *Crassierana*. I. Liége, typogr. de Carmanne, 1853, in-8 de 15 pag. Extrait du même

---

(1) Écrivains entièrement inconnus aux auteurs de la « Littérature française contemporaine ».

(1) Biographie liégeoise..... Liége, J. Desoer, 1836, 2 vol. in-8, avec un supplément pour les auteurs vivants.

Bulletin. VIII. Dans le « Bulletin du Bibliophile belge » 1° *Appendice aux Recherches sur les imprimeurs de Namur* (de M.J. Borgnet, archiviste de Namur). Tome VII, 1851, p. 292-301. Les Recherches de M. Borgnet ont été insérées au même Bulletin, t. VI, p. 429 ; 2° *Madame veuve Huet, bibliomane liégeoise.* (Ibid., p. 484-88) ; 3° *Bibliographie liégeoise.* XVIe siècle. (Ibid., t. IX, 1852, p. 114-34 et 214-52). Tirée à part à 200 exempl. Bruxelles, F. Heussner, 1852, in-8 de 39 pag. C'est le fragment d'un ouvrage considérable, que l'auteur se propose de publier : une « Bibliographie liégeoise », depuis 1550, date de l'introduction de l'imprimerie à Liége jusqu'en 1794, époque de la réunion de cette principauté à la France ; 4° *Nouvelles Recherches sur les imprimeurs de Namur.* (Ibid., tom. X, 1855, p. 49-64). IX. *Règlement de la Société libre d'émulation,* fondée le 29 avril 1779, par le prince-évêque de Liége, Charles de Velbruck, pour l'encouragement des lettres, des sciences et des arts. Liége, typogr. de J. G. Carmanne. 1853, in-8 de 40 pag. Anon. M. Ul. Capitaine a écrit, en outre, dans le « Messager des sciences historiques de la Belgique » et, de 1848 à 1851, dans « le Travail », journal politique fondé à Liége dans le but de combattre les doctrines subversives propagées par différents journaux socialistes, communistes, et répandus à profusion dans la classe ouvrière. Il a fourni des notices à la « Biographie nationale des artistes belges. »   *V. A. S.*

CAPMARTIN DE CHAUPY (l'abbé Bertrand). *Avocat (un).* Réflexions, 384.

CAPO DE FEUILLIDE (J.-G.). *Desjardins* (G.). Table des droits de l'Homme et du Citoyen. Paris, de l'impr. de H. Dupuy, 1832, in-8 de 32 pag. ; — *Jean de Soisy.* II, p. 289.

CAQUERAY (le chev. de), alors député. *C**** (M. le chev. de), chev. de l'ordre royal et militaire de St-Louis. Choix de poésies, traduites de divers auteurs anglais. Paris, de l'impr. d'A. Pihan de la Forest, 1827, in-8.   *D-M-ne.*

CARACCIOLI (le marq. L.-Ant. de). *François* (frère), cuisinier. Lettre, 2573 ; — *Ganganelli.* Lettres, 1170 ; — *Indien à Paris (un).* Lettres, 3187 ; — *Paysan (un).* Lettre à son curé, 5547.

CARADEUC DE KARARDY (1) (Félix-Marie-Sixte), poète dramatique.*** (Sixte). Les Lusitains, ou la Révolution de Portugal, tragédie en cinq actes et en vers. Berlin, sans nom d'impr., 1753, in-8 ; — *** (M. Félix-Marie). Philippe de Macédoine, tragédie. Berlin, s. n., 1754, in-8 de 164 pag. ; — .... (M. Félix). Télémaque à Tyr. Berlin, 1752, in-8 de 142 pag.

CARADEUC DE LA CHALOTAIS (Anne-Raoul). *La Chalotais.* II, 345.

CARAGUEL (Clément). *Karl.* II, 326.

CARDAILHAC, médecin à Paris. *Lagrange* (Augustin). Mademoiselle, 3552 ; Jeanne, 3553 ; Honneurs, 3554 ; un Aveu, 3555 ; Flore, 3556 ; Gueux, 3557 ; Prisonnier, 3558 ; Trois Jeannette, 3559 ; Mariage, 3560.

CAREL (Jacques). *Lerac* (le sr de). Défense, 4155.

CARLET DE CHAMBLAIN DE MARIVAUX (P.). *Marivaux* (de). III, 199.

CARLET DE LA ROZIÈRE (Louis-François). *Rozière* (de la). Ses ouvrages, 6649-6654.

CARLIER (l'abbé Claude). *Blancheville* (de). Mémoire, 677.

CARME-DUPLAN. *C. D*****.* Précis historique de la bataille livrée le 10 avril 1814, sous les murs de Toulouse, entre l'armée française et les armées combinées anglaise, espagnole et portugaise. Toulouse, Bénichet cadet, 1814-1815, in-8. — *Provincial (un).* Comètes, 6155.

CARMOLY (Eliacin) (2), l'un des plus savants hébraïsants de notre époque, membre de la Société asiatique de Paris, de la Société royale des sciences, lettres et arts de Nanci, né à Sultz (Haut-Rhin), en

_____

(1) Ou Caradeuc de Keranroy, d'après M. Paul Lacroix, Catalogue de la Bibliothèque dramatique de M. de Soleinne.

(2) L'article de M. Carmoly, dans la «Littérature française contemporaine», n'est que le décalque de celui du «Dictionnaire des gens de lettres.... de la Belgique » (1837, in-8) ; article mal présenté, et qui n'était plus complet en 1846, lorsque MM. Louandre et Bourquelot l'ont reproduit.

1805 , avait à peine vingt-quatre ans lorsqu'il fit paraître, en hébreu, une *Biographie des Israélites anciens et modernes*, ouvrage très estimé, qui lui mérita, de la part du premier orientaliste de l'Europe, le baron Sylvestre de Sacy, un rapport honorable dans le « Journal des savants », no du mois de juillet 1831. A l'époque de ce rapport, M. Carmoly était le secrétaire intime du marquis de Fortia d'Urban , qui l'affectionnait beaucoup, et l'employait utilement dans ses travaux d'érudition. Les relations entre l'académicien et l'orientaliste furent toujours dans les meilleurs termes, et lorsque M. Carmoly, songeant à l'avenir, alla s'établir en Belgique, la bienveillance du marquis l'y suivit. Aussi, M. Carmoly lui a-t-il dédié sa *Relation d'Eldad la Danite*. M. Carmoly fut élu grand rabbin à Bruxelles en 1834 ; mais il ne tarda pas à s'apercevoir que sa dignité lui imposait des devoirs qui le détournaient de ses études pour l'histoire littéraire de ses co-religionnaires, et il finit par donner sa démission en 1839. Libre dès lors, M. Carmoly put s'adonner entièrement à ses goûts, et les lettres ont profité de sa détermination. Nous connaissons de ce savant hébraïsant : I. *Biographie des Israélites anciens et modernes* qui se sont fait remarquer par leur génie, leurs talents, leurs écrits, leurs actions, leurs vertus, leurs vices et leurs erreurs ; précédée de tables chronologiques pour réduire en corps d'histoire les articles disposés selon l'ordre chronologique. (En Hébreu). Première livraison. Metz, Gerson-Levy, et Paris, Dondey-Dupré, 1829, in-8 de 160 pag. L'ouvrage devait avoir douze ou quinze livraisons ; mais l'auteur, alors sans fortune, fut forcé de renoncer, pour le moment, à cette publication dispendieuse. Depuis, M. Carmoly, qui n'a cessé de s'occuper de son livre, a recueilli d'innombrables matériaux, et il se propose, sa position n'étant plus la même, de publier prochainement une œuvre capitale, qui, cette fois, sera écrite en français. II. *Wessely* (poète hébreu du XIIe siècle) *et ses écrits* ;

extrait du Toldoth Guedolé Israël. Nanci, 1829, in-8. Il existait déjà une Notice française sur ce poète, par Mich. Berr (Paris, 1815, in-8), mais inexacte comme tous les travaux de cet hébraïsant : ainsi, il nomme fautivement le poète, Vezelize au lieu de Wessely. III. *Vie de Saadin Gaon*. Ibid., 1830, in-8. IV. *L'Insurrection*, ode hébraïque, avec la traduction française en regard. Metz, 1830, in-8. V. *Ode hébraïque et française*, en l'honneur de S. M. Louis-Philippe Ier, à son avénement au trône. Metz, de l'impr. de Wittersheim, 1830, in-12 de 12 pag. VI. *Tour du Monde*, de Pethachia de Ratisbonne , voyageur du XIIe siècle , trad. en français et accompagné du texte et de notes. Paris, de l'impr. royale, 1831, in-8. VII. *Notice sur Sabtai Dunolo*, d'après un manuscrit de la Bibliothèque du roi. Bruxelles, 1832, in-8. VIII. *Mémoire sur un médaillon en l'honneur de Louis-le-Débonnaire*, présenté à l'Académie royale de Bruxelles. Avec une lithogr. Bruxelles, 1833, in-8. IX. *Des Khosars au Xe siècle*, suivi d'une Lettre du ministre d'Abd-el-Rhaman III au roi des Khozars et la réponse du prince. Bruxelles, 1833, gr. in-8. X. *Notice sur Chasdai ben Isaac Sprot*, ministre d'Abd-el-Rhaman II, Khalife de Cordoue. Bruxelles, 1834, in-8. XI. *Réglement organique* pour le service publique du culte dans les synagogues belges. Paris, 1834, in-8. XII. *L'Inauguration du Temple*, ode. Bruxelles, 1834, in-8. Tiré à 25 exemplaires. XIII. *Notice historique sur Jean-Henri Simon*, graveur du roi. Bruxelles, 1836, in-8. XIV. *Notice sur Benjamin de Tudèle* et ses Voyages. Bruxelles, 1837, in-8. Nouv. édition, suivie de l'Examen géographique de ses Voyages, par J. Lelewell. Bruxelles et Leipzig, Kiessling et Cie, 1852, in-8 de 36 et 41 pag., avec deux cartes. La Notice de M. Carmoly est intéressante, même au point de vue bibliographique, car elle signale les altérations, interpolations et non sens des éditions imprimées jusqu'à ce jour de ce voyageur hébreu. M. Carmoly prépare depuis plusieurs années la publica-

tion des « Voyages de Benjamin de
Tudèle », traduits en français, ac-
compagnés du texte corrigé et complété d'après un manuscrit du XIVe
siècle, et suivis de notes historiques, géographiques et littéraires».
La Société de géographie, serait
disposée, dit-on, à faire les frais de
cette importante publication. XV.
Les Mille et un Contes, récits
chaldéens. Bruxelles, 1837, in-18.
Cet ouvrage avait été annoncé devoir former 2 vol. gr. in-8. imprimés avec luxe, illustrés par Del-
vaux et Hillen. Si l'ouvrage n'a pas
alors paru dans ces conditions,
c'est par suite de circonstances indépendantes de la volonté de l'auteur, qui avait en sa possession les
matériaux nécessaires pour remplir
sa promesse, et qu'il a tenue plus
tard. (Voy. plus bas le no XXIII).
XVI. *Collection des Voyages hébreux*. Relation d'Eldad le Danite,
voyageur du IXe siècle, traduite en
français, suivie du texte hébreu et
d'une Lettre chaldéenne. Paris,libr.
orient. de Mme Ve Dondey-Dupré,
1838, in-8 de 59 pag. pour la traduction, et de 44 pag. pour le texte. Cette relation a été publiée aux
frais du marq. Fort a d'Urban, qui
y a intercalé, pag. 51 à 59 de la
version, un chapitre intitulé :
« Etablissement des Juifs à la Chine ». XVII. *Itinéraire à l'usage
de ceux qui vont en pélerinage
en Palestine*, publié pour la première fois d'après un ancien manuscrit de la bibliothèque de l'éditeur. (En Hébreu). (Belgique), à la
campagne de l'éditeur, 1841, pet.
in-12. Tiré à soixante exempl.
XVIII. *Recueil de lettres sur les
dix tribus*, écrites de Jérusalem.
(En Hébreu). Ibid., 1841, petit
in-12. Tiré à 60 exempl. XIX.
Revue orientale. (Recueil d'Histoire, de Géographie et de Littérature). Bruxelles, E. Muquardt, 1841-
43, 3 vol. in-8. L'érudition et l'activité de M. Carmoly ont produit
presqu'en entier ce recueil estimé.
XX. *Eldad et Medad*, ou le Joueur
converti ; trad. de Léon de Modène, et précédé d'une Notice sur la
vie de l'auteur. Bruxelles, Meline,
1842, in-8 de 48 pag. XXI. *Ancien
Medrasch*, publié pour la première
fois d'après deux différents manus-

crits. (Belgique) à la campagne de
l'auteur, 1842, pet. in-12. Tiré à 60
exempl. XXII. *Histoire des médecins juifs* anciens et modernes.
Bruxelles, Soc. encyclograph.,1844,
in-8 de VIII et 272 pag. XXIII. *Le
Jardin enchanté*. contes chaldéens.
Bruxelles, l'auteur, 1844, gr. in-8
de 344 pag. *Sour Me—R'a*, ou le
Joueur converti, trad. de Léon de
Modène ; suivi de Mélanges de littérature hébraïque.Bruxelles, Mer-
tens,1844, pet. in-18 de 160 pag.
XXIV. *Bibliothèque judaïco-fran-
çaise*. Impr. dans le « Bulletin du
Bibliophile belge, t. Ier (1845), p.
333-36, 393-96. C'était un essai de
publication de recherches, assez
considérables, sur les Juifs qui ont
écrit en français; mais trop restreint
par le Bulletin qui accueillait ses
recherches; l'auteur s'est arrêté au
53e article. La Biographie et la Bibliographie sont dans les études de
M. Carmoly, si intimement liées,
que tout en continuant ses investi-
gations pour la « Biographie des
Israélites » dont nous avons parlé
plus haut, il a complété ses Recherches bibliographiques, qui, si
on ne nous a pas trompé, sont à la
veille de paraître par fragments dans
« l'Athenæum ». XXV. *Itinéraires
de la Terre-Sainte*, des XIII-XVIIe
siècles, traduits de l'hébreu, et ac-
compagnés de tables, de cartes et
d'éclaircissements. Bruxelles, Vandale,1847, gr. in-8 de XXIX et 572 p.
Cet ouvrage est divisé en deux parties. La première renferme : Itinéraire de Palestine, de Samuel bar
Simson, en 1210.— Description des
tombeaux sacrés, de Rabbi Jacob,
en 1258. — Les chemins de Jérusalem, d'Isahk Chelo, en 1334.— L'a-
mour de Sion, d'Eliah de Ferrare,
en 1438.— Sépulcres des Justes, de
Gerson de Scarmela, en 1560. —
Tombeaux des Patriarches, d'Uri
de Biel, en 1564. — Itinéraire de
Samuel Jemsel, en 1641. On trouve
dans la seconde partie : Pérégri-
nations de Palestine, de Iehouda
Charizi, en 1216. — Itinéraire à
l'usage de ceux qui vont en pélerinage, en 1240. — Lettres de Jérusalem, de Moïse, fils de Nachman,
en 1267. — La terre d'Israël, d'Es-
tori Farchi, en 1322.—Stations des
sépulcres, des cavernes et des syna-

gogues de la Judée, de Samuel bar
Abraham, en 1388.— Voyage dans
la Palestine, d'Isahk Latef, en 1430.
—Itinéraire de Venise à Jérusalem,
de rabbi Baruch, en 1522. — Pélé-
rinages faits dans le pays d'Israël,
de Gergon ben Eliezer, en 1635.
XXVI. *Berachia ben Natronai,*
fabuliste du XIIᵉ siècle. (Avec la
traduction de ses fables). S. l. n. d.,
gr. in-4 de 12 pag. Extrait de la
« Revue de Belgique », ann. 1849.
XXVII. *Paraboles de Sendabar*
sur les ruses des femmes, traduites
de l'hébreu et précédées d'une Notice sur ce sage Indien. Paris, 1849,
pet. in-8. XXVIII. *Histoire littéraire de René Jahya,* écrivains et
poètes Hébreux des XIIᵉ-XVIᵉ siècles. (En Hébreu). Francfort-sur-
le-Mein, 1850, in-8. XXIX. *La Famille Almosino,* écrivains et poètes
des XVIᵉ-XVIIIᵉ siècles. Paris,
1850, in-8. Quelque longue que soit
l'énumération que nous venons de
donner, elle est loin de mentionner
toutes les dissertations, mémoires,
notices et critiques littéraires dus à
M. Carmoly, et dont plusieurs ont
été tirés à part, à un petit nombre(1).
Indépendamment de ses publications spéciales, sa prodigieuse fa-
cilité lui a encore permis de fournir
une grande quantité d'articles, soit
à des feuilles quotidiennes ou à
des recueils littéraires et historiques
de la France, de la Belgique et de
l'Allemagne.

CARMONTELLE (N.). *Clenerzow* (le
prince), russe. Théâtre, 1173.

CARMOUCHE (Pierre-François-Adol-
phe). *Nain connu (un).* III, 312.

CARNOT (le comte Laz.-Nic.-Marg.),
général, anc. ministre d'État sous
Napoléon Iᵉʳ ; mort en exil à Mag-
debourg, le 13 mai 1823. *Belz* (la
comt. de). Télémaque dans l'île de
Calypso, poème en cinq chants.

Berlin, Reimer, 1822, in-8. Cet ouv.
n'est pas le seul que cet homme célèbre ait publié pendant sa proscription, sans se faire connaître.

CARNOT-FEUILLINS (Cl.-Mar.), l'un
des frères du précédent. *Ex-re-
présentant du peuple (un).* Histoire du Directoire, 2339;— *Représentant du peuple (un).* Histoire,
6446, même ouvrage.

CARON (Pierre-Auguste), dit de Beaumarchais (1), mort le 19 mai 1799.
*Administrateurs de la comp. des
eaux de Paris* (les). Réponse à
l'ouvrage qui a pour titre : « Sur
les actions de la compagnie des
eaux de Paris »; par M. le comte
de Mirabeau. Paris, Desenne, 1785,
in-8. Il existe une réplique à cet
écrit : Réponse du comte de Mirabeau à l'écrivain des administrateurs de la compagnie des eaux de
Paris ». Bruxelles, 1785, in-8 de
xij et 104 pag.; — *Célèbre auteur
(un).* Influence du despotisme de
l'Angleterre sur les Deux-Mondes. Boston, Londres et Paris,
1781, in-8.

CARON (Pierre-Siméon). *Bonnepate*
(Guil.). Plat, 762; — *Luc-Eriab.*
Chute, 4385.

CARON (Auguste), de S. A. A. C. D.
S. A. Manuel de santé et d'économie domestique, ou Exposé des découvertes modernes, parmi lesquelles on trouvera surtout le
moyen de prévenir les effets du
méphitisme, de désinfecter l'air,
de purifier les eaux corrompues,
de revivifier une partie des ali-
ments, etc. ; suivi d'Observations,
de recherches et de procédés utiles
à toutes les classes de la société ;
recueillis par —. Paris, Debray,
1805, un gros vol. in-18. Réimpr.
en 1810, au format in-12, avec
le nom de l'auteur.

CARON (l'abbé), mort l'un des directeurs du séminaire de St-Sulpice.
*** (M.). Notice sur les différentes

---

(1) Le Dictionnaire des gens de lettres....,
de la Belgique (1837, in-8), nous fournit
encore les titres de cinq ouvrages de
M. Carmoly, mais sans aucune de ces indications que requiert la Bibliographie: «Aventures du Mar Yakob de Nemez »; — « Recueil de Poésies orientales»;—«Fables et Paraboles»;—«Questions et réponses légales»;
—«Histoire littéraire des Hébreux au moyen-
âge, etc. ». M. Carmoly, ajoute-t-il, s'occupe, depuis 1835, de la traduction d'un
grand ouvrage poétique d'Alcarizi.

(1) L'auteur de ce livre a connu très particulièrement, à Vienne, le bibliothécaire du
prince Esterhazy, qui était le frère légitime
de Beaumarchais, et qui ne portait pas
d'autre nom que celui de CARON. Ce frère a
laissé un fils qui vit, et qui, en 1824, appre-
nait le commerce de la librairie, dans la
même maison où le futur auteur de la
« France littéraire » était lui-même « hand-
lungsdiener ».

éditions du « Discours sur l'Histoire universelle » de Bossuet et sur les corrections et additions que l'auteur y a faites. In-8 de 20 pag. ; Recherches, 9389.

CARPEAU DU SAUSSAY. *V*..... Voyage, 8449.

CARPENTIER. *Alexander*, Anglo, Theologo vetustissimo.Summa,81b.

CARPENTIER, ancien rédacteur en chef de « la Colonne », alors âgé de 28 ans. *Garde mobile* (*un*). Causes des journées de juin. Paris, Ledoyen, août 1848, in-8 de 31 p.

CARPIER (Marie-Anne), aut. dram. *Cartier*, I. 205.

CARRAT DE VAUX (Alexandre). *Rieux* (A. de). Eudoxe, 6536.

CARRÉ (l'abbé), curé de Sainte-Palaye. *Curé de Sainte-Palaye* (le). Parallèle du gouvernement civil et du gouvernement ecclésiastique. (Auxerre), 1789, in-8 de 30 pag.

CARRÉ (Narcisse-Epaminondas), avocat à la Cour royale de Paris. *Avocat à la Cour royale* (*un*). Premier Examen sur le Code civil, contenant les premier et deuxième livres du Code, présentés par demandes et réponses, avec des définitions, notes et explications tirées des meilleurs auteurs et commentateurs. Paris, Warée, 1821, 1823, in-8; Deuxième Examen sur le Code civil, contenant les quatre premiers titres du troisième livre du Code.... Paris, B. Warée fils aîné, 1824, in-8. L'auteur s'était proposé de traiter successivement les autres livres du Code ; mais un anonyme, ayant trouvé le plan de cet ouvrage à sa convenance, a bien voulu épargner à M. Carré la peine de finir le sien.

CARRÉ DE MONGERON (L.-B.). *Mongeron* (de). III, 296.

CARREAU (Mlle), douteux. *Vanhove* (Mlle). IV, p. 579.

CARRÈRE (Thomas). D. M. *J.-B.*, garçon apothicaire. Réponse, 3247 ; — *P*..., Réponse à la lettre, 5410 ; — *Laborde* (Alex.-Louis-Joseph de). Itinéraire descriptif de l'Espagne. II, 340.

CARRIÈRE (le vic. de). *V. de B.* Bucoliques, 8541.

CARRIÈRE-DOISIN (A.), de Paris, auteur dramatique. *C.* Les Fables mises en action et autres Poésies, à l'usage des jeunes gens, suivies de pièces justificatives et de quelques Comédies. Paris, 1787, 2 vol. in-8 ; — *C. D.* (Mlle). Café littéraire, 6705 ; — *Citoyen P. M. C.* (*un*). Délassements littéraires, ou Soirées d' — . 1788, 2 vol. in-8. Reproduction sous un nouveau titre de l'ouvrage publié l'année précédente, sous le titre de « Fables mises en action ». On trouve, dans le premier volume, les « Fables mises en action », dans le deuxième « la Journée de Titus ». *Croisier* (A.), de Paris. L'Heureuse arrivée, com. (en un acte et en prose), terminée par des chants, etc., en réjouissance de l'heureuse arrivée du prince héréditaire de Brunswick à la cour de La Haye. La Haye, 1764, in-8; l'Hommage du cœur, fête à l'honneur de la majorité de S. A. S. Mgr le prince d'Orange et de Nassau (en un acte, en vers libres et en prose). La Haye (Paris, Ve Duchesne), 1766, in-8; Description d'un tableau consacré à la gloire du roi et de M. le comte de Falkenstein, sur son voyage en France. 1777, in-8 ; Lettres à M***, suivies d'un Discours prononcé en 1781 dans une assemblée particulière, sur l'administration de M. Necker. Paris, Ve Valade, 1788, in-8 ; — *R.* (M.). Roméo et Paquette, parodie en 5 actes et en vers burlesques de « Roméo et Juliette ». Véronne, Ve Ravenel (Dijon, Defay fils), 1773, in-8 ; — *S*** (Mme). Nouv. Théâtre sentimental, 6705.

CARRION NISAS fils (André-H.-Fr.-Vict.). *C....de N.* Bobèche à l'Opéra, ou « les Danaïdes », pot pourri en 106 couplets, orné d'une gravure en taille douce, représentant l'Enfer. Rouen, de l'impr. de Blocquel, 1828, in-18 de 36 pag.

CARRO (le chevalier Jean de), docteur en médecine, membre des Facultés d'Edimbourg, de Vienne et de Prague; né à Genève, le 8 août 1770, étudia la médecine à Edimbourg, où il reçut le grade de docteur, le 24 juin 1793. Les troubles qui, à cette époque, agitaient sa patrie, l'ayant empêché de s'y fixer, il choisit l'université de Vienne pour y achever ses études et s'y établir définitivement. Il y exerça la médecine pendant trente-trois ans, c'est-à-dire jusqu'en 1826, époque à laquelle de graves infirmités le conduisirent à Carlsbad, en Bohême, dont les eaux le délivrèrent complètement. Depuis cette époque, M. de Carro s'est fait praticien dans cette ville, pendant la saison des eaux. C'est lui qui, en 1799 (10 mai), fit sur ses deux fils aînés, encore vivants, les premiers essais de vaccination et de contre-inoculation sur le continent de l'Europe ; cette priorité, que personne encore n'a songé à lui contester, fut reconnue honorablement par l'immortel Jenner lui-même, et, sans sortir de Vienne, M. de Carro, puissamment assisté par l'ambassade anglaise et par toutes les missions britanniques de l'Orient, parvint à propager ce préservatif dans toute l'Inde, ce qui lui valut de flatteuses marques de reconnaissance de la part de la compagnie et du gouverneur de Bombay. Il en reçut aussi, pour les mêmes services, des hospodards de la Valachie et de la Moldavie. L'empereur François, en lui conférant le titre héréditaire qu'il porte, confirma son ancienne extraction noble, et le roi de Bavière, à son avénement au trône, en 1825, nomma sa fille aînée, Nathalie, alors âgée de quatorze ans, chanoinesse honoraire du chapitre royal de Sainte-Anne. Le docteur, dès le commencement de ce siècle, a publié, en français, plusieurs ouvrages en faveur de la vaccine, dont voici les titres : 1º *Observations et Expériences sur l'inoculation de la vaccine*, avec une planche enluminée. Vienne, 1801. Sec. édit. Ibid., Kurzbak, 1802, in-8 ; 2º *Expériences sur l'origine de la vaccine*, par J.-G. Loy, D. M., trad. de l'angl., avec quelques observations du traducteur et des fragments de sa correspondance avec le docteur Jenner sur le même sujet. Supplément à ses « Observations ». Vienne, Geistinger, 1802, in-12. Les deux ouvrages ont été traduits en allemand, à Vienne, par le docteur Portenschlag junior ; 3º *Histoire de la vaccination* en Turquie, en Grèce et aux Indes-Orientales. Vienne, Jos. Geistinger, 1804, in-8 de 116 pag.,

avec le portr. de l'auteur. Traduit en allemand, avec des additions, par F.-G. Frise, D. M., à Breslau. A l'époque du mariage de Napoléon avec l'archiduchesse Marie-Louise, M. de Carro traduisit en français : 4º *Le Plutarque autrichien*, du baron de Hormayr. (Tomes I et II. Vienne, Strauss, 1810, 2 vol. in-8), et la nouvelle impératrice, qui en avait accepté la dédicace, lui envoya de Paris une belle tabatière. Quelle est la cause qui a empêché de paraître la fin de la traduction de cet ouvrage, dont l'original (Vienne, Antoine Doll, 1807-14), se compose de 20 parties gr. in-8 avec 76 parties ? Nous l'ignorons. M. de Carro avait encore dans son portefeuille, en 1828, la traduction des autres volumes, mais il ne parlait toujours point de leur impression. La correction de tous les articles français et anglais des « Mines de l'Orient » lui fut confiée par le célèbre baron de Hammer, aussi longtemps que dura cette publication. Pendant le congrès de Vienne (1814), M. de Carro fut choisi par le vicomte de Castelereagh pour traduire de l'anglais en français, et pour l'usage du congrès ; 5º *l'Abrégé des preuves données* devant un comité de la Chambre des Communes de la Grande-Bretagne, en 1790 et 1791, en faveur de l'abolition de la traite des nègres. Vienne, Ant. Strauss, 1814, in-8. Le ministre anglais fut si satisfait de cette traduction, qu'il en témoigna sa reconnaissance à M. de Carro dans une lettre d'un style vraiment remarquable. Les archives de Cour et d'Etat de Vienne doivent à l'intervention spontanée de M. de Carro l'envoi que feue la duchesse de Sagan, princesse de Courlande, fit à la susdite chancellerie, d'une masse énorme de documents qu'elle possédait à Nachod, en Bohême, et jadis appartenant à l'illustre Octave Piccolomini. Le savant baron Hormayer, alors directeur des archives de Cour et d'Etat, après en avoir tiré parti, déclara y avoir trouvé de vrais trésors pour l'histoire de la « Guerre de trente ans ». En 1816, M. Carro érigea à Vienne un bel établissement de fumigations sulfureuses, dont les appareils furent « mutatis mutandis » appliqués, et fit paraître trois ans après : 6° *Observations et Expériences sur les fumigations sulfureuses.* Vienne, Gerold, 1819, in-8, trad. en allem. par le doct. Wæchter, ibid., Gerold, 1819, in-8. Les appareils de M. de Carro furent aussi appliqués, en 1826, à l'organisation de nouveaux bains à vapeur, qui font encore, à Carlsbad, partie du traitement dans divers maux. Dès-lors il a voué toute son activité médicale et littéraire à ces célèbres eaux, dont il a publié une monographie sous ce titre : 7° *Carlsbad, ses eaux minérales et ses nouveaux bains à vapeur.* Carlsbad, Franck, 1827, in-8. Il en existe une autre monographie en anglais, sous le titre de « Treatise on the mineral springs of Carlsbad ». Il a aussi publié sur cette localité : 8° *Ode latine sur Carlsbad*, composée vers la fin du XVe siècle, par le baron Bohuslas Hassenstein de Lobkowitz, avec une polyglotte, une notice biographique sur ce poëte et des observations sur l'ode et l'antiquité de ces thermes. Prague, 1829, in-8. Cet opuscule sert d'explication à cette magnifique ode latine, qui a été érigée, en 1828, à Carlsbad, en lettres d'or sur marbre noir, sur le nouveau bâtiment des bains d'eau minérale que le poëte chante, à une époque où l'on se baignait dans ces eaux, mais où on ne les buvait pas encore. Depuis 1831, M. de Carro publie régulièrement : 9° un *Almanach de Carlsbad*, ou Mélanges médicaux, scientifiques et littéraires, relatifs à ces thermes et au pays. La littérature bohême en fait aussi partie, et les principaux savants de la Bohême secondent avec zèle les bonnes intentions de l'auteur, qui, en 1847, était à son 17e volume. Le 24 juin 1843, à l'occasion de son jubilé doctoral semi-séculaire, tous les honneurs académiques et civiques furent rendus au chevalier de Carro par ses confrères et par les magistrats de Carlsbad, ainsi que par l'antique faculté médicale de Prague. Les « Visiteurs anglais», la plupart ses clients, ne restèrent point en arrière. Si

des éloges prononcés par ses pairs peuvent flatter l'homme de science, la Faculté de Prague ne laissa rien à désirer au jubilaire en lui adressant son diplôme de félicitations « Viro » scientia, scriptis æque ac factis » clarissimo, immortali Jenneri ami-» co et proto apostolo, cujus de » vaccinatione merita vastus reson-» nat orbis, medicorum Nestori ju-» venili solertia insigni, etc.»Le dernier ouvrage publié par M. de Carro est celui-ci : 10° *Jean Gutenberg*, né en 1412, à Kutenberg, en Bohême, bachelier ès-arts à l'Université de Prague, promu le 18 novembre 1445, inventeur de l'imprimerie à Mayence, en 1450. Essai historique et critique, par le révér. Charles Winaricky, curé de Kowan, près de Jungbunzlau. Trad. du manuscrit original. Bruxelles, A. Vandale, 1847, gr. in-18 de 104 pag. Ce petit ouvrage renferme des particularités curieuses sur Jean Gensfleisch, de Kutenberg, ville royale de Bohême, mais n'éclaircit guère la question de l'origine de l'Imprimerie. Outre les ouvrages que nous venons de citer, M. de Carro a souvent fourni des articles à divers journaux allemands et français, sans être collaborateur d'aucun; mais c'est toujours qu'il avait de plus intéressant à la « Bibliothèque britannique», plus tard « Bibliothèque universelle » de Genève, dès le commencement de son existence, en 1796. Pendant un séjour de quelques mois à Bruxelles, en 1846, M. de Carro a aussi donné quelques articles au « Bulletin du Bibliophile belge », t. III, p. 484; t. IV, p. 44; ce dernier art. est sur le doct. A. Pfitzmayer, de Carlsbad, savant linguiste (1).

CARRO (Ant.-Etienne), alors chef de bureau du cadastre à Melun, plus tard imprimeur à Meaux; secrétaire de la Société d'agriculture, sciences et arts de cette ville ; né à

(1) Notice tirée du « Bulletin du bibliophile belge », t. IV (1847), p. 118-20, et traduite de M. W. R. Weitenweber qui l'a publiée dans un journal publié à Prague, «Ost und West», n° 9, 1841, mais à laquelle nous avons fait des additions d'après une lettre à nous adressée par le respectable M. de Carro, et datée de Carlsbad, le 31 août 1828.

Châteaubriand (Loire-Inférieure), en 1797. *C...o* (A.). Episodes vendéens. Paris, Schwartz et Gagnot, 1837, in-8.

CARRON (l'abbé Guy-Tous.-Julien). *Prêtre du diocèse de Rennes (un).* Réflexions, 6045 ; — *** (M. l'abbé). Trois héroïnes chrétiennes, 9190.

CARTIER DE VILLEMESSANT (J.-H.). *Villemessant* (H. de). IV, p. 620.

CASAUBON (Isaac), bibliothécaire de Henri IV. *Lefèbvre de Villebrune* (Jean-Baptiste). Banquet, 4003 ; — *Misoponerus.* Misoponeri, 4889.

CASAUX (le marq. Charles de), mort à Londres, en 1796. *C....x* (M. de), de la Société royale de Londres. Essai sur l'art de cultiver la canne et d'en extraire le sucre. Paris, Clousier, 1781, in-8 avec une pl. Cet ouvrage a paru d'abord dans le 69e volume des « Transactions philosophiques », et séparément, Londres, 1779, in-4. Le Breton l'a reproduit, en 1789, dans son « Traité du sucre ».

CASSAIGNE (A.-D.), académicien français. *A. D. C. A. F.* Traité de morale sur la Valeur. Paris, Cramoisy, 1674, in-12.

CASSÉ DE SAINT-PROSPER (A.-J.-C.). *Conscrit jambe de bois (un).* Oraison funèbre de M. Buonaparte, où l'on trouve établi, d'après « le Moniteur », ce que les vertus du ci-devant empereur ont coûté d'hommes et d'argent à la France ; suivi du Testament dudit M. de Buonaparte. Le tout recueilli par —. Paris, libr. monarchique de N. Pichard, 1821, in-8 de 30 p. — *Homme qui sait compter (un).* Almanach, 3122 ; — *Saint-Prosper* (de). T. IV, p. 242.

CASSÉ DE SAINT-PROSPER (Auguste), frère du précédent. *Saint-Prosper* (de.) T. IV, p. 242.

CASSINI, IVe du nom (le comte Jean-Dominique). *Inissac.* II, 269 ; — *Juge de paix du département de l'Oise (un).* Observations sur quelques articles du nouveau projet de Code rural. Paris, Mme Huzard, 1818, in-8 de 35 pag.

CAST (A.), riche propriétaire. *Ouvrier (un).* Les Socialistes, satire. Paris, E. Dentu, 1852, in-8 de 16 p.

CASTEL (le P. Louis-Bertrand), jésuite. *Académicien de Bordeaux (un).* Lettres, 16 ; — *Académicien*

de Rouen (un). Réponse critique d' —, 21.

CASTEL (Louis), ancien rédacteur de « la Pandore ». *Robert*, ancien chef des assurances dramatiques, etc. Mémoires, 5559.

CASTEL DE COURVAL (la comt. Am.). *C**** (la comt. Am. de). Le Château de Marozzi, ou l'Orpheline persécutée. Paris, Pigoreau, 1820, 4 vol. in-12 ; — *Jeune Grec (un).* Mémoires, 3116.

CASTELLA (N.). *Citoyen inspiré par la patrie (un).* Le Tocsin fribourgeois, pour être entendu de la ville et de la campagne, poème avec des notes. Fribourg, 1783, in-8.

CASTELLET (Constant). *C. C.* (M.). l'Art de multiplier la soie, ou Traité sur les mûriers blancs, l'éducation des vers à soie et le tirage des soies. Aix, Ve de J. David et Esprit David, 1760, pet. in-8.

CASTELLI, poète et auteur dramat. allemand. *Sewrin* (B. de) publie comme de lui une pièce de Castelli, trad. de l'allem. « la Vallée suisse », 7475.

CASTELLO (M.). *Bachelier de l'Académie de Paris (un).* Prélude, 416.

CASTELLUS ALBUS (Rodericus.) *Amatus Lusitanus.* Curationum, 129 ; Enarrationes, 130.

CASTÉRA (Mlle Désirée), romancière. *D. C**** (Mlle), auteur de dix-sept romans anonymes, cités par « la France littéraire » au nom Castéra.

CASTÉRA, pamphlétaire démagogue. *Miot* (Jules). Réponse, 4834 ; — *Pornin.* Vérité, 5978.

CASTILLE (Hippolyte). *Job le socialiste.* Le dernier Banquet de la Bourgeoisie : La Table, — les Crucificateurs, — les Prétoriens, — les Femmes, — les Domestiques, — Poetæ minores, — les Économistes, — les Prêtres, — Toaste à l'Égalité. Paris, rue St-André-des-Arts, n. 39, 1849, in-8 de 23 pag.

CASTILLON (J.-L.). *Soc. de gens de lettres (une).* Histoire, 7586, 7608.

CATALAN (L.-J.), à Paris. *C......n* (L.-J.). Galerie Rabelaisienne, ornée de 76 gravures, où Rabelais mis à la portée de tout le monde. Paris, gal. de Chartres, n. 2 et 3, 1829, in-8. Cette Galerie devait être publiée en huit livraisons ; mais les trois premières seulement ont paru. Elles se composent, ensemble, de neuf feuilles de texte et 33 planches. L'éditeur avait annoncé lui-même que ces planches étaient celles de l'édition de Rabelais, donnée par Bastien en l'an VI. Le travail littéraire de M. L. J. C.....n, non terminé, a été mis depuis au pilon, c'était justice. M. Catalan a eu, depuis, la malheureuse idée de publier un semblable travail sur Montaigne qui méritait le même sort, mais l'éditeur n'a pas su s'exécuter.

CATHELAN (Antoine). *Passe-Vent Parisien.* Passe-Vent, 5489.

CATHERINE II, impératrice de Russie. *Main impériale et maîtresse.* Czarewitz, 4483.

CATHERINET DE VILLEMAREST (Ch.-Maxime); né le 22 avril 1785, à Paris, où il est mort vers 1848. *Avrillon* (Mlle). Mémoires, 392 ; — *Blangini.* Mémoires, 678 ; — *Bourienne.* Mémoires, 789 ; — *Boury* (Mlle, Ad.). Mémoires, 791; — *Darrieux* (Pierre). Des articles dans le journal « la France »; — *Durand* (B.). II, 593 ; — *Holstein* (le vicomte d'). Saint-Cloud, 3062; — *James* (Max.). Mémoires, 3233; — *S. de L.* (le vic.). Palais-Royal, 7422 ; — *Villemarest* (de). IV, pag. 620.

CATIN (Eug.), de la Merlière (Isère), vaudevilliste et romancier. *Eugène.* II, 45 ; — *Lamerlière* (Eug. de). II, 511; — ***** (M.). Amateur 9353. Voy. aussi BASTIDE (Mme J.).

CAUBRIET, alors premier huissier de la chambre des députés. *A.....* (A.) De la rupture des glaces du pôle arctique, ou Observations géographiques et météorologiques sur les mers et les contrées du pôle arctique, etc. ; suivies d'une Notice sur l'expédition faite par le gouvernement anglais pour déterminer les limites septentrionales de l'Asie et de l'Amérique, et chercher un passage par le N.-O. de l'Océan Atlantique à l'Océan Pacifique. Paris, Baudouin frères, 1818, in-8 de 96 p.

CAULLET DE VEAUMOREL (L.). *Veaumorel* (de). IV, p. 587.

CAUMONT DE LA FORCE. *La Force* (de). II, 352.

CAUSSADE (le P. de), jésuite. *Père de la Compagnie de Jésus (un).* Instructions, 5618.

CAUSSIDIÈRE (Marc), préfet de police à l'issue de la révolution de 1848. *C.* (Marc). Le Martyr. Impr. dans « la Réforme », nos des 16 et 17 avril 1844. Cet article a dû être retouché, sinon refait, car le citoyen Caussidière ne savait même pas écrire une lettre. (Voy. les art. Lingay, Savagner et Thoré).

CAUSSIN (l'abbé). *V. P. A. N. D. S. M. D. R. C. D. N.* Analyses, 8828.

CAUX DE CAPPEVAL (N.). *Société de gens de lettres (une).* Semaine, 7591.

CAUX DE MONTLEBERT. *Montlebert* (C. de). III, 299.

CAVAIGNAC (Eléonore-Louis-Godefroy), publiciste, mort à Paris, le 5 mai 1845. A la liste de ses ouvrages, donnée par la « Littérature française contemporaine », ajoutez: *Habitant du Luxembourg (un).* Lettre sur les affaires belges. Impr. dans « le National », no du 4 mars 1839 ; — ***** Une Rencontre. Impr. dans le t. II du « Salmigondis » (1832).

CAVALIER (le docteur Jules). *Hermolaüs* (Jean-Jérôme). Le nouveau Sceau enlevé, ou la Dracéniade, poème héroï-comique (en v chants), suivi de la Pierre de la Fée, légende provençale. Paris, Didier, 1841, in-12 de 160 pag., avec une grav. Autre édition (2e), sous le nom du docteur Jules C..... Paris, le même, 1843, in-8 de 216 pag. Quoique portant le titre du poème d'Alex. Tassoni, celui-ci est tout différent. Le poème du docteur Cavalier est l'histoire, écrite dans le genre de « Vert-Vert », du Sceau de la ville de Draguignan, enlevé en 1652, pendant la Fronde ».

CAVANAS (Jean-Baptiste), art. dramat. *Dalainval.* Soldat, 1351; Arlequin, 1352; Comte de Waltron, 1353.

CAVARD (le P.), jésuite. *Vordac* (le comte de). Mémoires, 8788.

CAVAZZI, aut. dram. *Labat* (Eugène). Richard Savage, 3493; Vie, 3494.

CAVÉ (Hygin-Auguste) (1), chef de la division des beaux-arts et des théâtres, près du ministère de l'intérieur, plus tard, directeur des palais et manufactures au ministère d'Etat; né à Doudeville, arrondissement d'Yvetot, mort à Paris, le 29 mars 1852. *Florentin.* Mardi-Gras, II, p. 81 ; — *Fongerai* (de).

_____

(1) Article nul dans la « Littérature française contemporaine ».

Soirées , 2477 ; des articles dans l'ancienne « Revue de Paris » et dans le « Livre des Cent-et-un » ; — *Luc* (le sieur). Une commission de censure , 4384 ; — *** (MM.). 1° Avec MM. F. Langlé et Dittmer. Les Biographes, com. en un acte et en prose. Paris, Duvernois, 1826, in–8 ; 2° Avec MM. F. Langlé, Rochefort et Dittmer : Les deux Élèves, ou l'Education particulière, com.-vaud. en un acte. Paris, A.-G. Brunet, 1827, in–8 ; 3° un Tableau de Famille, 9410 ; 4° Avec M. Dittmer : La Tentation , ballet opéra en cinq actes. Paris, Barba, 1832, in–8.

CAVEIRAC(l'abbé J. NOVI DE). *Chlévalès* (le docteur): Qu'on y réponde, 1060 ; — *Visigoth (un)*. Lettre , 8753*.

CAYLUS (le comte Anne-Cl.-Ph. de). *V....* (Mme). Loup, 8444.

CAYROL (Louis-Nicolas-Jean-Joachim de), sous-intendant militaire, retraité depuis 1830, député de la Nièvre, de 1820 à 1822, chevalier de St-Louis et de la Légion d'Honneur, membre des académies Ebroïcienne et d'Amiens, de l'Institut historique, des Sociétés d'émulation d'Abbeville, des Antiquaires de Picardie, de l'Histoire de France, etc., etc., etc. ; né à Paris, le 25 juin 1775 (2). L'on a des discours prononcés à la Chambre par cet honorable savant, de 1820 à 1822, et qui ont été insérés dans le « Moniteur universel » de ces années ; des articles politiques et littéraires qu'il a fournis au « Journal de l'Allier », depuis 1826 jusqu'en 1830, et d'autres qu'il a fournis à

la « Gazette de Picardie », dans la première année de sa publication. Mais cela n'est rien en comparaison de ce qu'a fait imprimer M. de Cayrol, depuis qu'il a quitté les affaires publiques pour se livrer entièrement à la culture des Lettres et de l'Histoire. Nous allons essayer d'énumérer ce que l'on doit à son érudition : I. *Lettre à MM. les rédacteurs de la « Bibliothèque royaliste »*, sur le Néologisme. Impr. dans le tome 1er de ce recueil. Paris, 1819, p. 405 à 412. II. *Lettre aux mêmes rédacteurs*, contenant un Extrait des Mémoires pour servir à l'histoire du Dauphin. Ibid., t. II, 1819, p. 284-92. III. *Le Voltigeur de Louis XIV*, par feu Nicolas Boileau, sieur Despréaux de gothique mémoire. Inséré dans « l'Observateur royaliste », Paris, 1819, in-8 p. 247-53. IV. *Biographie du département de l'Allier*. Insérée dans l'Annuaire de ce département pour 1826, pag. 45 à 104. V. *Samarobriva, ou Examen d'une question de géographie ancienne*. Par M. de C....., membre de l'Académie d'Amiens. Amiens, de l'impr. de Machart, 1832, in-8 de 128 p. Tiré à 250 exempl. C'est l'avant-dernier écrit publié dans cette longue polémique provoquée par la publication de la Dissertation de M. Mangon de Lalande sur Samarobriva, ancienne ville de la Gaule (St-Quentin, 1825, in-8, avec carte et plan). La question est aujourd'hui résolue en faveur de Saint-Quentin, ainsi que l'avait établi M. Mangon de Lalande. L'écrit de M. de Cayrol, a-t-on dit, ne réfuta ni n'éclaircit la question ; il fit seulement dégénérer cette polémique en diatribe et en personnalités (1). Aussi, parut-il quelque temps après une réponse à l'écrit de M. de Cayrol, intitulée : « Samarobrive ou Saint-Quentin. Notes critiques et géographiques sur la Samarobriva de M. de C***, membre de l'Académie d'Amiens », par M. Ch. Quentin, membre de la Société d'Emulation de Cambrai.

(1) M. de Cayrol ayant publié quelques ouvrages sous le voile de l'anonyme, cette circonstance nous autorise à lui consacrer un article, et d'autant mieux que celui de la « Littérature française contemporaine » est tout-à-fait nul.

(2) Sébastien-Guillaume de Cayrol (voy. la Biogr. des hommes vivants de Michaud, t. II, p. 91, et la Biogr. universelle et portative des contemporains, t. I, p. 848), commissaire ordonnateur des guerres, créé baron par ordonnance de Louis XVIII, en date du 2 mars 1816, était le frère ainé du savant dont nous nous occupons. Né à Paris, en 1770, il est mort à Tours dans l'exercice de ses fonctions, chevalier de St-Louis et de la Légion d'Honneur, le 22 novembre 1826.

(1) Voyez sur cette longue polémique, notre « France littéraire », à l'art. Mangon de Lalande, t. V, p. 490.

Saint-Quentin, Cottenest, 1833, broch. in-8. VI. *Dissertation sur l'emplacement du champ de bataille où César défit l'armée des Nervii* et de leurs alliés. Par M. de C..... Amiens, de l'impr. de Machart, 1832, in-8 de 64 pag. Tiré à 100 exempl. qui n'ont pas été destinés au commerce. VII. *Examen de quelques passages de « l'Histoire de Napoléon »*, par Walter-Scott. Inséré dans les « Mémoires de l'Académie Ebroïcienne », en 1834, in-8, p. 185-96. VIII. *Examen de quelques passages du Mémoire de M. Mangon de Lalande*, sur l'antiquité des peuples de Bayeux. Inséré dans les « Mémoires de l'Académie Ebroïcienne », en 1835. Tiré à part à 90 ex., in-8 de 25 pag. IX. *Lettre à M. Achaintre père*, membre de l'Académie Ebroïcienne. Louviers, 1835, in-8 de 16 pag. X. *Voltaire étrangement défiguré*, par l'auteur des « Souvenirs de Mme de Créqui ». Compiègne, de l'impr. d'Escuyer, 1836, in-8 de 32 pag. Tiré à 150 exempl. qui n'ont pas été destinés au commerce. On sait aujourd'hui que ces « Souvenirs » sont l'ouvrage d'un habile imposteur, le comte de Courchamps, et que depuis la première ligne jusqu'à la dernière, tout est apocryphe (voy. le n. 1275 des Supercheries littéraires). XI. *Sur la fête appelée « la Veillée de Vénus »*, suivie de la traduction en vers, du « Pervigilium », avec le texte en regard. Inséré dans les Mémoires de la Société d'Emulation d'Abbeville, en 1836 et 1837. In-8 de 31 pag. XII. *Mémoire sur Clermont*, par M. Le Moine, avec des notes. Amiens, 1837, in-8 de 26 pag. XIII. *Notice historique sur Crécy*, tirée des manuscrits de dom Grenier, déposés à la Bibliothèque du roi, et accompagnée de notes. Abbeville, 1837, in-8 de 42 pag. XIV. *Essai sur la vie et les ouvrages du P. Daire*, ancien bibliothécaire des Célestins ; par M. de Cayrol..... Avec les Epîtres farcies telles qu'on les chantait dans les églises d'Amiens au treizième siècle ; publiées pour la première fois, d'après le manuscrit original, par M. M. J. R.

(M.-J.Rigollot). Amiens, de l'impr. de Caron-Vitet, 1838, in-8 de 120 pag. XV. *Le Manuscrit de Froissart de la bibliothèque d'Amiens.* Dissertations et Extraits particulièrement en ce qui concerne les batailles de Crécy et de Maupertuis ; par MM. Rigollot (d'Amiens), de Cayrol (de Compiègne) et de La Fontenelle de Vaudoré (de Poitiers). Extrait de la deuxième série de la « Revue anglo-française ». Poitiers, 1841, in-8 de 104 pag. XVI. *Essai historique sur la vie et les ouvrages de Gresset.* Amiens, Caron-Vitet, et Paris, Dumoulin, 1844, 2 vol. in-8, ornés d'un portr. et d'un fac simile. Les pages 249 à 281 du second volume contiennent la restauration des additions ayant pour titre « les Pensionnaires » et « l'Ouvroir », qui, d'après le projet de Gresset, devaient former les troisième et quatrième chants du poème de « Ver-Vert ». XVII. *Observations sur les positions occupées successivement par l'armée romaine* que commandait César depuis Durocortorum (Reims), jusqu'à Bratuspantium (Beauvais) dans sa campagne contre les Belges. Beauvais, 1849, in-8 de 15 pag. En outre, M. de Cayrol a eu part à la table de l'édition des OEuvres de J.-J. Rousseau, donnée, en 1823, par son ami feu de Musset-Pathay, auquel il avait aussi fourni des notes inédites de J.-J. Rousseau sur la Botanique, d'après un manuscrit existant à la bibliothèque de la Chambre des députés. M. de Cayrol a, en portefeuille, 1º des *Souvenirs d'un député de 1820*, qui pourraient former 3 vol. in-8, mais qui auraient nécessairement besoin d'une nouvelle rédaction, pour être publiés, attendu que son ami Musset-Pathay a fait usage dans le temps, de plusieurs articles de cet ouvrage, sans en nommer l'auteur, alors qu'il était chargé de mettre des cartons à un livre publié, en 1829, sous le titre de « Nouveaux Mémoires secrets, pour servir à l'histoire de notre temps » (Paris, Brissot-Thivars, in-8) ; 2º un travail assez volumineux, dont il s'occupe toujours, sur les différents correspondants de Voltaire, avec additions de toutes les lettres inédites qui sont en sa possession.   *V. A. S.*

CAZE (J.-F.). *D****. Congrégation, 1340; — *** (M.). Réfutation, 9372.

CAZILLAC. *Rey-Regis.* Histoire, 6492.

CELLÉRIER (J.-Isaac-Samuel), pasteur. *Réunion de pasteurs (une).* Etrennes, 6482.

CELLÉRIER (Jacob-Elisée), fils du précédent, professeur à Genève. (*Anon.*). Le Jubilé de la Réformation. Histoire d'autrefois. Genève, et Paris, Cherbuliez, 1835. in-12 de 256 pag.; — *Réunion de pasteurs (une).* Etrennes, 6482.

CELLIÉ, auteur dram. *Eugène.* II, 45.

CELLIER, connu aussi sous le nom de *Cellier du Fayel* (Narcisse-Honoré), ancien notaire à Rouen, depuis professeur à l'Athénée. *C. R.* Lettres sur l'Amour, adressées à Mme A. D.... (Aurore Dudevant). Paris, Delaunay, 1837, in-12 (1). — *Dufayel* (N. H. C.). I, 217.

CELS (Jacq.-Mart.) *** (M.). Coup-d'œil, 9110.

CÉRÉ (Hortense), dame BARBÉ. *Céré-Barbé.* I, 218.

CERFBERR (Alphonse-Théod.), ancien élève de l'Ecole polytechnique. *Alphonse.* Sous ce prénom, M. Cerfberr paraît avoir participé à quelques pièces de théâtre qui ont été imprimées. (Voy. la Table du Catal. de la Bibl. de M. de Soleinne). —*C....* (Alphonse.) Manuel populaire, ou Résumé des principes et des connaissances utiles aux classes inférieures de la société, ouvrage qui a obtenu une médaille de la Société pour l'instruction élémentaire. Paris, Lecointe, 1828, in-18; — *Ibrahim Manzour effendi.* Mémoires sur la Grèce et l'Albanie, 3161.

CERFVOL. *Ego* (M.). (Avec J.-H. Marchand). L'Homme content de lui-même, ou l'Egoïsme de la « Dunciade »; avec des Réflexions sur la Littérature. Berne, 1772, in-8 de IV et 128 pag.; — *V****. (M. de). Parloir, 8417.

CERISIER (A.-M.). *Français (un).*

Pierre, 2513; — *Vrai Hollandais* (*un*). Observations, 8835.

CERISIERS (l'abbé René de). *Des Fontaines* (le s^r). Illustre, 1607.

CERNÉ (l'abbé). *Prêtre du séminaire de St-Nicolas-du-Chardonnet (un).* Pédagogue, 6023.

CERNOT (le P. Jean-Marie de). *P. M. C.* (le). Vie, 5917.

CÉRUTTI (l'abbé Jos.-Ant.-Joach.). *Célèbre géomètre (un).* I, p. 217; ** (M.). L'Intérêt d'un ouvrage, 8977.

CÈS-CAUPENNE (le bar. Octave de), ancien directeur de l'Ambigu-Comique. *Octave.* Réputation, 5226, 8377.

CEZAN (Louis-Alex. de), docteur-régent de la Faculté de médecine de Paris. *Société de médecins (une).* (Avec Lefebvre de St-Ildephont). Etat de la médecine, chirurgie et pharmacie en Europe, et principalement en France, pour l'année 1777. Paris, veuve Thiboust, 1777, in-12; — *** (M.). Le Secret des médecins, 9128.

CHABANON DE MAUGRIS. *Jeune poète* (*un*). Réponse, 3329.

CHABAUD (le P. Joseph), de l'Oratoire. *C*** D. l'O.* (M.). Pièces d'éloquence et de poésie qui ont remporté le prix au jugement de l'Académie de Pau; avec un Remerciment à la même Académie. Paris, Lottin, 1746, in-12.

CHABERT, stéréotypeur. *Brachet.* Dictionnaire chiffré. Nouveau système de correspondance occulte. Impr. de Boulé, à Paris. Paris, Garnier frères, 1851, in-32.

CHABOT (Fr.), député à la Convention, et autres. *Jacobins* (des). Journal populaire, 3220.

CHABOT DE BOUIN (Charles). *Charles-Chabot.* Ce bon monsieur de Robespierre!! Paris, Dentu, 1852, in-12 de 144 pag., avec un portrait sur bois; Garde à vous!!! prolétaires, commerçants et prétendus aristos qui cherchez à vivre en travaillant, voici venir 1852. Paris, le même, 1852, in-12; — *Michel Morin.* Gil-Blas, 4790; Nouveau Charivari, 4791; — *Pécherel* (Jules). Moutard, 5571; — *Saint-Ernest* (Octave de). Physiologie, 6845; Nouv. Grammaire, 6846.

CHABRAND, pasteur de l'église de Toulouse. *Solitaire (un).* Vœux, 7762

---

(1) Dans nos Omissions et Bévues de la « Littérature française contemporaine », publiées en 1848, nous avons signalé l'omission de sept ouvrages à l'article de M. N.-H. Cellier : en voici un huitième.

CHADUC (le Père), de l'Oratoire. *Ma-riolles* (le s^r de). Traité, 4554 ; — *Théologien (un)*. Lettre, 8145.

CHAILLOT le jeune (P.), imprimeur-libraire à Avignon. *Libraire (un)*. Manuel, 4209.

CHAILLOU (le P. Michel), génovéfain. *Ravion de Varennes*. Difficultés, 6320.

CHAILLOU, anc. auditeur au conseil d'Etat. *Voyageur en Suisse (un)*. Lettre, 8818.

CHAILLOU DE LISY (E.), bibliothécaire. *Lisy* (de), II, 618; — *E. C. D. L. B.* Traité, 2155.

CHAISE DE CAHAGNE (François-Arsène), sous-chef de bureau au ministère des travaux publics; né à Thiers (Puy-de-Dôme), le 2 mars 1806 (1). *Cey* (Arsène). Fille, 976 ; Jean, 977; Jolie, 978; Sagesse, 979; Premier, 980 ; Vingt ans, 981 ; Grand-Papa, 982 ; Caprices, 983 ; Quand, 984; — *Ducange* (Vict.) Joasine, 1858.

CHALAMONT DE LA VISCLÈDE (Ant.-Louis), littérateur provençal, fondateur de l'Académie de Marseille; né à Tarascon, le 2 août 1692, mort à Marseille, le 12 août 1760. *La Visclède* (Ch. de). Dimanche, 3928.

CHALAS (Paul-Auguste-Prosper) (2), chef de bureau au ministère de l'intérieur (division des gardes nationales), publiciste, rédacteur de « l'Album » fondé par Fr. Grille, son oncle (1821), du « Frondeur » (1825-26), et du « Temps », fondé par Coste (1829), l'un des signataires, comme rédacteur du « Temps», de la protestation des quarante-cinq journalistes contre les ordonnances de Charles X ; né le 9 janvier 1799 à Paris, où il est mort le 28 janvier 1833. Chalas avait épousé une fille du peintre Roehn, dont il a eu deux enfants. Nous connaissons de Chalas : *Ch**** 1° Le Ministre des finances, roman de mœurs, imité de l'allem. Paris, Tenon, 1825, 3 vol. in-12. La préface, intitulée « Martyrologe ministériel », donne la liste de douze

ministres des finances condamnés à mort. Dans une Notice des ouvrages de M. E. de Monglave, et imprimée par ses soins, il s'attribue ce roman, mais les lettres Ch*** indiquent suffisamment le nom de Chalas. Le Martyrologe ministériel (la préface) est seul de M. de Monglave, qui l'avait fourni antérieurement au « Mercure du XIXe siècle ». 2° Octavie, ou la Maîtresse d'un prince; par l'auteur du «Ministre des finances ». Paris, A. Bonnet ; Corbet aîné, Lecointe et Durey, 1825, 2 vol. in-12. C'est encore une imitation très libre d'une nouvelle, traduite de l'allemand de Kotzebue, à laquelle M. Chalas a eu la plus grande part ; ce qui n'a pas empêché M. de Monglave de se l'attribuer encore, dans la Notice dont nous avons parlé précédemment. Le titre original de cette Nouvelle a été changé, avec l'intention de faire allusion à Mme Du Cayla. 3° Avec M. Eug. de Monglave : Marilie, chants élégiaques, traduits du portugais. Paris, Panckoucke, 1825, in-32. Ce petit volume fait partie d'une collection intitulée : « Traduction de tous les chefs-d'œuvre classiques ». 4° Avec le même : Histoire des conspirations des Jésuites contre la maison de Bourbon en France. Paris, rue Pierre-Lescot, 1825, in-8 ; 5° Journal des Cours publics de la Ville de Paris, des écoles, des académies, des colléges royaux et des sociétés littéraires, savantes et industrielles de la France ; par une société de professeurs et de gens de lettres, sous la direction de Prosper Chalas. Paris, r. des SS. PP., Boucher, Papinot, 1828, in-8. Recueil hebdomadaire, dont le premier numéro a paru le 7 décembre. Il devait former par an 4 vol. de 6 à 700 pag. A-t-il existé longtemps ? Nous l'ignorons. La « Bibliographie de la France » n'a rien annoncé au-delà du 3e numéro; mais Deschiens en possédait 21 numéros, et il est vraisemblable qu'il aura été continué jusqu'au 24e, pour terminer le deuxième volume ; 6° Un décoré de Juillet. Impr. dans les « Cent-et-une Nouvelles, Nouvelles des Cent-et-un », t. 1er, p. 329. Chalas, en société avec M. de Monglave, a

(1) Article nul dans la « Littérature française contemperaine ».

(2) Article nul dans la « Littérature française contemporaine ».

donné à l'Odéon une comédie, intitulée « la Jeune aveugle », qui n'a pas été imprimée.

CHALLAMEL (Auguste); frère de l'ancien libraire-éditeur de ce nom à Paris. *Robert* (Jules). IV, p. 135.

CHALON (Renier-Hubert-Gislain) (1), homme d'esprit et de science, mais effréné mystificateur ; receveur de contributions, correspond. de l'Académie royale de Belgique. (*Anon.*). La Tour de Sainte-Waudru, à Mons, fac-simile du plan original. Notice historique. Bruxelles, Vandale, 1844, in-8 de 16 pag., avec un Atlas composé de six planches sur papier grand aigle ;—*Curé montois (un)*. Essais de littérature montoise, contenant quelques faufes de La Fontaine, éié el' Mariage d'el fie Chose, scèné en trois tableaux. Pa n'in curé Montois. Valenciennes, 1841, in-8 de 64 pag. — *D. T.* Nawreiez numismatographiquez so Lige ramehnéiez par —, di l'Académie d'archéologie de Belgique. Lige, imprimreie di F. Oudârt, yviijcyyyiiii. Avec cette épigraphe : Cez dvissez lehoëz, Tieste di Hoye, diréve: Nouna !... L. Joupeie. In-8 de 11 pag. avec une pl. A l'occasion d'une trouvaille ou peut-être prétendue trouvaille de métaux de plomb. M. R. Chalon lui-même a rendu compte de cette facétie, dans le « Bulletin du Bibliophile belge », t. II, p. 43-45 ; mais il la donne à un savant numismate, habitant le castel de Longré, savant qu'il ne veut pas nommer, mais qui porte le nom d'une province belge et n'est ni M. Brabant ni M. Namur ! — *Fortsas* (J.-Nép.-Aug. Pichauld, comte de). Catalogue, 2486 ; Auteurs, 2487;— *Heleno Cranir*, de Mnos, en Argolide. De la vitesse, 3011;— *Liégeois* (les). Les Liégeois, 4222;— *Oudegherst* (Jean d'), médecin à Nivelles. Lettre à M. (Amédée Latour) le rédacteur de « l'Union médicale ». Impr. dans « l'Union médicale », 2 sept. 1852, p. 424. Nouvelle mystification à l'adresse de la rédaction de ce journal. M. J.-A. Leroi venait d'y publier un « Récit de la grande opération de la fistule

faite au roi Louis XIV en 1686 (feuilletons des 28 et 31 août 1852). Le médecin de Nivelles mande, à cette occasion, qu'un livre unique, une « Histoire et description de la fistule de S. M. Louis XIV », avec gravures, faisait partie de la curieuse bibliothèque de M. le marq. de Fortsas, à Binche (Belgique), et qu'elle a été acquise, à un prix très élevé, par le bar. de Reiffenberg, pour la Bibliothèque royale de Bruxelles !!! — *Pichauld* (Anatole). Une exécution, 5792; — *Société agathopédique* (la). Annulaire agathopédique et saucial, t. IV, p. 17 (1); — *Soc. nationale de boutonistique* (la). Recueil, 7726.

CHAMBET père. *Idiot* (l'), le visionnaire. Bonaparte à Lyon, 3163.

CHAMBET (Charles-Joseph); libraire de Lyon, fils du précédent. *Théodore*. Amour, 8133; Laurette, 8134.

CHAMBON, receveur général des finances. *Citadin (un)*. Commerce, 1096.

CHAMBON DE MONRÉDON. *Militaire protestant (un)*. Lettre, 4816.

CHAMBON DE MONTAUX (Mme Augustine), femme du médecin de ce nom. *C. de M**** (Mme). Réflexions morales et politiques sur les avantages de la Monarchie. Paris, Didot aîné, 1819, in-8.

CHAMBRAY (le marq. George de). *** (M.). Histoire, 9359.

CHAMBRY. *Société d'auteurs latins (une)*. Essai, 7567.

CHAMFORT (Séb.-Roch-Nic.). *Soc. de gens de lettres (une)*. Gr. Vocabulaire, 7595.

CHAMIER. *Lerme* (Gabriel de). Introduction, 4177.

CHAMOUSSET (de). Voy. PIARRON DE C.

CHAMPAGNAC (Jean-Baptiste-Joseph), pédagogue, anc. employé de l'administration des poudres; né à Paris, le 1er mars 1796. (2). *Chan-*

---

(1) Écrivain inconnu aux auteurs de la « Littérature française contemporaine ».

(1) M. Ach. Comte a vu dans cette facétieuse publication les travaux d'une académie sérieuse. (Voir t. IV, p. 17.)

(2) L'article de la « Littérature française contemporaine » est très incomplet, attendu qu'on n'y a cité aucun des ouvrages publiés par l'auteur sous les pseudonymes de CHANTAL, de Raph. GABA, et MIRVAL. Nous n'étions pas encore arrivés à ces noms dans nos « Supercheries », sans cela, il eût été plus complet.

tal (J.-B.-J. de). Rosa, 1008 ; Traité, 1009 ; Beautés, 1010 ; Vies, 1011 ; Civilité, 1012 ; Manuel, 1012* ; Alphabet, 1013 ; Histoire, 1014 ; Piété, 1015 ; Livre, 1016 ; Civilité des jeunes, 1017; La Ruche du Parnasse français, dédié à la jeunesse des deux sexes, en lui offrant des leçons de morale et de littérature dans un choix de pièces diverses empruntées à nos meilleurs poètes anciens et modernes. Nouv. édit. Paris, Lecoffre, 1851, in-18. Nous ignorons la date de la première édition. — *Gaba* (Raphaël). II, 123. — *Mirval* (C.-H. de). Ermite, 4878 ; Robinson, 4879 ; Anacharsis, 4880 ; Petit Matelot, 4881 ; Ernest, 4882 ; Promenades, 4883 ; L'Orphelin de Mogador, ou Notions sur l'empire du Maroc. Limoges, Barbou, 1850, in-18, avec une vign.; Claude, ou le bon Savoyard. Ibid., 1850, in-18, avec une vign.; Le Bonheur des Enfants, contes, historiettes et scènes enfantines, pour l'amusement et l'instruction des petites filles et des petits garçons. Paris, Lehuby, 1852, in-12; — *Société de gens de lettres* (une) (Avec J.-Dan. Goigoux, mort en juin 1823). Dictionnaire historique, critique et bibliographique; contenant les vies des hommes illustres, célèbres ou fameux de tous les pays et de tous les siècles ; suivi d'un Dictionnaire abrégé des mythologies, et d'un Tableau chronologique des événements les plus remarquables qui ont eu lieu depuis le commencement du monde jusqu'à nos jours. Paris, Menard et Desenne, 1821-23, 30 vol. in-8. Le tome XXIX contient la Chronologie, et le tome XXX le Dictionnaire des mythologies. Ce Dictionnaire est nouvelle édition, avec des additions du « Dictionnaire universel » connu sous le nom de Prudhomme (1810-11, 20 vol. in-8), lequel lui-même n'était qu'une réimpression, avec des augmentations, de celui de Chaudon et Delandine, Lyon, 1804, 13 vol. in-8 (1).

_____

(1) Nous avons pourtant commis une erreur, page 215, en attribuant au baron de La Mothe Langon la « Chronique du crime

CHAMPAGNE (J.-Fr.), de l'Institut. *** (M.). Sur l'éducation, 9257.

CHAMPAGNY (le chev. de), officier de cavalerie. *Ch-gny* (le chev. de). Les Voyages d'Amour, fils de Vénus. Paris. Théoph. Barrois jeune, 1784, in-12. (Sec. édit., sous le titre de) « Voyages du prince Amour ». Ibid., 1789, 2 part. in-12 (1).

CHAMPCENETZ (le marq. de). *Grimod de la Reynière.* Parodie, 2915; — *L....* (le marquis de). Lettre, 3486.

CHAMPEAUX (E.-Junien), auteur dramatique. *Junien C.* Petits Maraudeurs, 3406 ; Petit Chaperon, 3407.

CHAMPIER (Symphorien), médecin de Lyon. *Campeggius.* Monarchia, 894 ; — *Campése* (le sr). Histoire, 897 ; — *Du Mas* (Théoph.). Antiquité, 1949 ; — *La Faverge* (le sr de). Histoire des antiquités de la ville de Lyon : ensemble de la hiérarchie de l'Église de Lyon, extrait de la description du seigneur Campèse, par le — (Campier lui-même), revu et corr. par M. Léonard de la Ville. Lyon, 1548, 1574, in-8 ; *Morinus Pierchameus.* Galliæ, 4994 ; — *Pierchameus* (Morinus). Galliæ, 5801. (Même ouvrage).

CHAMPIGNY (le P.), célestin. *Montaigu* (Denis de). Apologetica, 4937.

CHAMPION DE NILON (l'abbé Ch.-Fr.). *Amateur* (un). Amusements lyriques d'—. Paris, Edme, 1778, in-8 ; — *** (l'abbé). Catéchisme, 9176.

CHAMPION DE PONTALIER (l'abbé Fr.), frère du précédent. *Philoso-*

_____

et de l'innocence... » qui a paru sous le nom de M. Champagnac : l'ouvrage est bien de ce dernier. Cette erreur a été empruntée par nous au « Nouv. Recueil d'ouvrages anon. et pseudon. » de M. de Manne, n. 211. Quant à « la Famille du forçat, roman nouveau », aussi faussement attribué au baron de La Mothe Langon, et qui est encore de M. Champagnac, ce dernier ouvrage a bien été annoncé, mais il n'a pas été imprimé, autre erreur.

(1) A. A. Barbier nomme l'auteur de cet ouvrage le chevalier de Champagny, mais ce pourrait bien être le chev. de Champigny, auteur de plusieurs ouvrages cités par notre « France littéraire ».

phe provincial (un). Variétés, 5773.

CHAMPLAIR. *Avocat au Parlement (un).* L'Ami de la Concorde, ou Essai sur les motifs d'éviter les procès, et sur les moyens d'en tarir la source. Londres, 1765, in-8. Nouv. édit. Paris, Monory, 1779, in-8.   *J. L.-M — x.*

CHAMPOLLION jeune (J.-F.), volé par *Rosellini* et *Salvolini.* (Voy. ces noms dans les « Supercheries »).

CHAMPSAUD, avocat à Coutances, maire du village de Mont-Martin, mort à la fin de 1849. *Maire de village (un).* Lettre, 4486 ; Lettre à ses administrés, 4487.

CHANCEL (Antoine), secrétaire de la direction des affaires arabes près le ministère de la Guerre. *Ausone de Chancel.* I, 65.

CHANDEZON (Léopold) (1), mélodramaturge du commencement de ce siècle. *Léopold.* Ses pièces, de 4112 à 4150.

CHANLAIRE (Léon), de Boulogne-sur-Mer, parent du géographe de ce nom. *Léonnar* (Achille). Essais, 4110 ; Fanfan, 4111; — *Diogène.* Martyre, 1735 ; Chansons, 1736 ; Nostalgie, 1737 ; Fastes, 1738 (2). — *Homme d'État (un).* Martyre, 3079; — *Jean-Jean,* paysan de son endroit. Pasquinade, 3274.

CHANSON (Julien), prote de l'imprimerie Poisson à Caen. *Oisif (un).* Almanach, 5343.

CHANTELAUZE (Victor). *V. C.* Essai, 8540.

CHANTREAU (P.-N.). *Épithète* (M. de l'). Dictionnaire, 2228.

CHANTREL, professeur à l'institution Poillout, à Vaugirard. *Racine Aristophane.* Déconfiture, 6263.

CHANU, professeur d'Histoire au collége Henri IV. *Officier de la 32e demi-brigade (un).* Bibliothèque, 5278.

CHANUT (P.). *Fondet* (P.). Seconde Apologie, 2476.

_____

(1) Article nul dans la « Littérature française contemporaine ».

(2) Dans le livre de MM. Louandre et Bourquelot, consacré exclusivement à la « Littérature française contemporaine », on a cité les noms des écrivains grecs CEBÈS et DIOGÈNE ; mais les auteurs de ce livre n'ont point recherché quels sont les écrivains de notre époque qui se sont servis de ces deux masques, et nous ne leur avions pas encore appris

CHANVEL DE PERCE (Gabriel-Louis). *Perce* (Ch. de). Régime, 5590.

CHAPAIS (François), anc. employé des douanes à Rouen ; mort à Paris, le 5 mars 1839. *A. B. C. D. E. F....... X. Y. Z.* (Avec Gentil). La Voix du Parterre, fragments extraits d'un journal sans titre et sans abonnés... Rouen, de l'impr. de N. Hermant, 1804, in-8. — *Du Bel Air* (Jean-Joachim). (Avec le même) : Manuel des élégants et des élégantes. Avec cette épigraphe : Jeune homme, prends et lis. Paris, au bur. du « Journ. de Paris », an XIV-1805, in-18. — *Raoul.* 1º Avec M. Mélesville (Duveyrier) : Recette pour marier sa fille, com.-vaud. en un acte. Représ. sur le théâtre des Variétés, le 27 décembre 1826. Paris, Barba, 1827, in-8. Deuxième édition, corr. et augm. Ibid., 1827, in-8 de 32 pag. 2º Avec MM. T. Sauvage et G. de Lurieu : La Prise de Voile, drame en deux actes, mêlé de chants. Représ. sur le théâtre du Vaudeville, le 6 août 1832. Paris, Barba, 1832, in-8. 3º Avec M. Mélesville (Duveyrier) : Une Affaire d'honneur, com.-vaud. en un acte. Représ. sur le théâtre du Palais-Royal, le 19 juillet 1832. Paris, Barba, 1832, in-8. 4º Avec G. de Lurieu : Le château d'Urtuby, opéra-comique en un acte. Représ. sur le théâtre roy. de l'Opéra-Comique, le 14 janvier 1834. Paris, Marchant, 1834, in-8 de 40 pag., ou in-8 de 16 pag. 5º Avec MM. T. Sauvage et G. de Lurieu : Dolly, ou le Cœur d'une jeune femme, drame en trois actes, mêlé de chants. Représ. sur le théâtre de l'Ambigu-Comique, le 22 janvier 1835. Paris, Marchant, 1835, in-8 ; — *Vandière.* 6º Avec MM. Scribe et Mélesville (Duveyrier) : L'Amant bossu, com.-vaud. en un acte. Représ. sur le théâtre du Gymnase dramatique, le 22 octobre 1821. Paris, Fages, 1821, in-8, et 1829, in-32, deux éditions ; — *** (M.). Le Notaire, 9351.

CHAPAIS (Gustave), fils du précédent, auteur dramatique; mort en... *Dalby* et *d'Alby* (Gustave). Jour de Médecine. 1355 ; Caméléoni, 1356 ; Racine, 1357 ; République, 1358 ;

Madame de Genlis, 1359 (1).

CHAPEAU (Armand), auteur dramat. *Desvergers.* I, 356 ; — *Louis.* Avec M. Varin : Le Bal d'Ouvriers, com.-vaud. en un acte. Représentée sur le théâtre national du Vaudeville, le 25 février 1831. Paris, Bezou, 1831, in-8 ; — *Morel.* Cachucha, 4382.

CHAPELAIN (J.), poète du XVIIe siècle. *Masuccio Salernitano.* Fabliau, 4586.

CHAPOTIN DE SAINT-LAURENT, de la Bibliothèque du Roi. *** (M.). Projets, 9091.

CHAPPÉ (frère François), moine bénédictin. *F. F. C. M. B.* Eclaircissement, 2410.

CHAPPONIER (Alexandre), D. M. *Polyanthe* et *Paulyanthe.* III, 543.

CHAPPRON (E.-J.), maçon régulier des rits ancien et moderne. *E. J. C. M∴∴Regr∴* Nécessaire maçonnique. Amsterdam, L.-C.-A. Hesse, et Paris, Cauet, 1812, in-12 de 120 pag. Deuxième édition (avec le nom de l'auteur), revue, corr. et augm. d'après les diverses observations parvenues à l'auteur, par plusieurs FF∴ des OO∴ de France et de l'Etranger ; à laquelle on a ajouté le « Nécessaire maçonnique d'adoption, à l'usage des dames. Paris, l'Auteur, Cauet, 1817, in-8 de 200 pag. — *Franc-Maçon (un).* Secrets de la maçonnerie dévoilés par —, au très saint Père le pape Pie VII, ou Observations sur sa bulle portant excommunications des Francs-Maçons, auxquelles on a joint le mandement de l'archevêque d'Avignon, pour la publication de la bulle de N. S. P. Benoît XIV, portant également défense des sociétés dites de Francs-Maçons, sous peine d'excommunication. Paris, l'Auteur, 1814, in-8 de 32 pag.

CHAPPUIS ou CHAPUIS (Gabriel), de Tours. *G. C. D. T.* Le Théâtre des divers cerveaux du monde ; trad.

de l'ital. (de Garzoni). Paris, F. Le Mangnier, 1686, in-16. — *Secrétaires interprètes de S. M. (un des).* Histoire, 7434.

CHAPPUYS (le P.), jésuite. *Jésuite (un).* Eloge, 3299.

CHAPUIS (le pasteur). *Réunion de pasteurs (une).* Etrennes, 6482.

CHAPUYS DE MONTLAVILLE (le baron). *Montlaville (de).* III, 299.

CHAPUSEAU (Samuel). *Tavernier (J.-B.).* Voyages, 7999.

CHARAVAY (Gabriel). *Membre de l'ex-comité central de Lyon (un).* Le Projet de constitution jugé au point de vue démocratique, 4719. — *Membre du club de la Fraternité, de Lyon (un).* Observations, 4722.

CHARBONNET (l'abbé Math.), ancien recteur de l'Université de Paris. Auguis lui attribue le poème « Parapilla », qu'on donne plus communément à Charles Bordes, de Lyon. I, 150.

CHARBONNIER DE LA GUESNERIE (Mlle), d'Angers. *La Guesnerie (Mlle de).* II, 357.

CHARDON (Joseph), libraire à Marseille. *A. B......,* chef de la société universelle des Gobe-Mouches. Portefeuille, I. 1; — *Maurille,* de Lyon. Crimes, 4622; —***(M.). Almanach des gens de bien, pour l'an de grâce 1816. Marseille, 1816, in-12.

CHAREAU (Paul-Benjamin), rédacteur d'un journal à Caen, et auteur d'un recueil de « Fables ». *Ben (Paul).* Fils du fermier, 571 ; Science, 572.

CHARLEMAGNE (Armand). *Placide le Vieux.* Mélodrame au boulevard, 5877 ; Epître, 5878; Mirkilan, 5879.

CHARLES-JOSEPH (le P.), de Troyes, père Capucin. *L. P. C. J. D. T. P. C.* Saint Augustin, 4360.

CHARLES-LOUIS DE LORRAINE (S. A. I. et R. le prince), archiduc d'Autriche, l'une des plus grandes gloires militaires de l'Europe, qui commandait en 1793, à l'âge de 22 ans, l'avant-garde du prince de Cobourg, et qui, trois ans plus tard, forçait Moreau à cette fameuse retraite, le plus éclatant épisode de la vie du rival de Bonaparte ; mort en 1847. *Officier autrichien (un).* 1° Principes de la Stratégie développés par la Relation de la campagne de 1793 en

---

(1) L'article de M. Chapais père est non-seulement incomplet, mais inexact ; car il lui attribue une pièce intitulée : « Madame de Brienne », qui a été imprimée sous le nom de Max. Raoul, qui est le nom littéraire de M. Ch. Letellier. Quant à l'article du fils, il manque, et cela se conçoit. Nous n'avions point encore fait connaître son pseudonyme.

Allemagne.; ouvrage traduit de l'allemand, par le général Jomini (ou plutôt J.-B.-Fréd. Koch) et accompagné des notes de ce général. Vienne, Schaumbourg, 1810, 1814, 3 vol. in-8 ; Paris, Anselin et Pochard, 1818, 3 vol. in-8, avec un Atlas militaire ; 2º Campagnes de 1799 en Allemagne et en Suisse; par l'auteur des « Principes de la Stratégie ». Vienne, Schaumbourg et Cie, et Paris, A. Bertrand, 1820, 2 vol. in-8, avec un Atlas in-fol.

CHARLIER, de Gerson (Jehan). Gerson (Jehan). II, 154.

CHARLIER (Victor). Ch. (Victor). Avec M. Eugène Chapus. Titime. Histoire de l'autre monde. Paris, Eug. Renduel, 1833, in-8.

CHARMET (l'abbé), chanoine d'Ingrande. Solitaire des bords de la Vienne (un). Miscellanea, 6780 ; Essai, 8781.

CHARNES (de), diacre, ou doyen de Versailles. D. C. D. D. V. La Vie du Tasse. Paris, Estienne Michallet, prem. imprimeur du roi, 1690, in-12 de viij feuillets non chiff. pour la lettre dédicatoire, 271 pour la Vie et 3 feuill. pour la table.

CHARPENTIER (François), de l'Académie française. Ergaste. Voyage, 2233; — Fidèle sujet du Roi (un). Discours, 2416 ; — Wagenseil (J.-Chr.). Discours, 8855.

CHARPENTIER (l'abbé), curé de Conflans. Curé de Campagne (un). Etrennes aux âmes pieuses. Paris, Egron, 1822, in-18 de 132 pag., avec une grav. Note de M. Boissonade.

CHARPENTIER (Félix) (1), de Damery (Marne), publiciste, ancien secrétaire de M. Peyronnet, ministre de Charles X. Damery (F.-C. de). Sous ce nom, M. Chapentier fut d'abord un des collaborateurs de la « Gazette de France », du « Mémorial catholique » et de « l'Invariable ». En 1834, il fit imprimer un écrit intitulé « l'Anniversaire, ou le Barde de Hradschin aux fêtes de Juillet. Chant royaliste ». Paris, Dentu, in-8 de 20 pages. Il passa en Belgique, où il fonda « l'Impartial », journal bis-hebdomadaire, qui fut l'un des organes de la

presse catholique. (Liége, 1er janvier au 30 juin 1844, 43 num. in-fol. à 3 colonnes), puis ensuite « la Réforme », journal des intérêts moraux, scientifiques et matériels de la pharmacie. (Liége, 1er octobre 1844 au 1er février 1845, 5 num. formant 2 vol. in-8), recueil qui était en opposition ouverte avec la « Gazette médicale belge ». Cette même année, 1844, M. Charpentier fit paraître séparément : Gare la bombe! ou Pétition du quartier du Nord justifiée par les chiffres. Réponse ingénue au critique anonyme du « Journal de Liége », etc. Liége, J.-C. Lardinois, 1844, in-8 de 180 pag. De la Législation pharmaceutique et des réformes à y introduire, considérations suivies d'un Projet de loi sur la pharmacie, son enseignement et son exercice, etc. Première partie. Ibid., 1834, in-8 (1). En 1849, nous retrouvons M. Charpentier à Paris, y publiant cinq ou six opuscules de circonstance, en prose et en chansons.

CHARPENTIER DE COSSIGNY (J.-Fr.), ingénieur en chef de Besançon; mort vers 1778. D. C. I. E. C. D. B. Lettre critique sur « l'Histoire des Indes » de l'abbé Guyon. Supplément curieux à cette Histoire. Genève, Fabri, 1744, in-12. L'abbé Guyon fit une Réponse à cette Lettre, à laquelle Charpentier de Cossigny répliqua.

CHARPENTIER DE MARIGNY (Jacq.). Marigny (de). III, 198.

CHARRAS (2), lieutenant-colonel, représentant à la Constituante de 1848, et à l'Assemblée législative, de 1849 à 1851, pour le dép. du Puy-de-Dôme réfugié en Belgique après le 2 décembre 1851. Né en 1808, à Clermont-Ferrand, du général Charras, l'un des vétérans de la Grande-Armée, mort en décembre 1839. Z. K (le capitaine). Sous ces initiales, M. Charras a écrit un grand nombre d'articles sur l'Histoire et l'Art militaire dans le « Bon Sens », le « National », la « Revue du Progrès », etc. Fél. Delhasse.

(1) Ul. CAPITAINE, Recherches sur les journaux liégeois. Liége, 1850, in-12.

(2) Ecrivain entièrement inconnu aux auteurs de la « Littérature française contemporaine ».

(1) Ecrivain entièrement inconnu aux auteurs de la « Littérature française contemporaine ».

CHARRASIN (Frédéric) cadet, alors avocat près la Cour royale de Lyon, depuis professeur de la philosophie des langues, à l'Athénée de Paris (1845), représentant ; né à Bourg.*** (M. Frédéric). Examen de la question : Si les prêtres doivent recevoir un traitement de l'Etat. Paris, de l'impr. de J. Tastu, 1831, in-8 de 71 pag. — Procès de la « Glaneuse », contenant la plaidoirie de Me Charrasin cadet, avocat à Lyon. Lyon, 1833, in-8 de plus de 100 pag. (1).
            Sirand. Bibliogr. de l'Ain.

CHARRIÈRES DE SAINT-HYACINTHE (Mme), née de Zuylen. *La Tour* (l'abbé de). Héroïne, 3857 ; Trois, 3858; — *Mirabeau*. Observations et Conjectures politiques (2). — *Z....* *L...* (Mlle). Le Noble, 8968.

CHARRIN (Pierre-Joseph). *Société de Girouettes (une)*.Dictionnaire,7663.

CHARRON (Pierre). *Vaillant* (Benoist). Trois, 8487.

CHARTIER (Alain), seigneur d'Allancé. *Allancé* (le seigr. d'). Traité de l'Aimant, contenant les expériences faites à son sujet. Amst., H. Wetstein, 1687, in-12, avec quantité de fig. Un exempl. porté sur le dernier catalogue de la Bibliothèque de M. A. A: Renouard (1853, in-8) sous le no 474, ne porte pour nom d'auteur que : par M.
            Fr. Gr—lle.

CHARVOZ (l'abbé Alexandre), créateur de Pierre-Michel, chef du schisme des vintrassiens, ancien curé de Mont-Louis, au diocèse de Tours. *Aménéraël.* Des articles dans le Recueil intitulé : « la Voix de la Septaine », organe de ce schisme; — (*Anon.*). Exposé, 5831; Maison, 5832 ; Opuscule, 5833. — *Ch.* (l'abbé Alex.). Livre d'or, 5844 ; Erreurs, 5851 ; Officialité, 5852;—*Lap...* Lamentations, 5840; Enquête, 5841 ; — *La Paraz.* Prisons, 3822, 3836 ; — *Lévite* (un). Appel, 5842.

CHAS (J.). *** (le cit.). Histoire, 9223.

CHASLES (Philarète), conservateur de la Bibliothèque Mazarine. *A.* (Edme). Quatorze ans et l'Amour, ou la Danseuse et le peintre ; trad. de l'angl. sur la 3e édition. Batignolles, Peytieux, et Paris, Pigoreau, 1829, 2 vol. in-12 ; — *Jouy* (de). Cécile, 3387 ; — *La Genevais.* Un Humoriste, 3540 ; — *Officier* (un). Lettres sur la guerre de Hongrie ; — *Panam.* (Mme A.-P.-H.-Alexand.). Mémoires, 5449 : — *Saunders-Bevril.* T. IV, p. 296 ; — *Sezane* (de). IV, 322 ; — *Tête à l'envers* (une). Contes, 8067 (1).

CHASOT DE MONTIGNY (Louis). *M. de C....* (le). Tablettes, 4643.

CHASSAGNON (J.-M.), fils d'un épicier de Lyon. *Enthousiaste* (un). II, 28 ; — *Epiménide* l'inspiré. Caractère, 2227 ; — *Homme libre* (un) et un ami des hommes. Offrande, 3117.

CHASSEBOEUF (Constantin-François), comte de Volney. Le plus fécond des écrivains de notre époque, et qui introduit aussi bien le roman dans la Biographie qu'il l'a fait dans l'Histoire, M. Alex. Dumas, imprimait dans le fragment de ses « Mémoires » qui a paru dans la « Presse » le 7 août 1852, que : « Volney était comte de Chasse-» bœuf, et cousin féodal de la mè-» re de Victor Hugo ». Volney était un petit bourgeois de Craon, qui fit ses études au collège d'Angers. Il vendit une ferme pour aller à pied en Egypte, fit des brochures patriotiques et républicaines en 1789, et ne se laissa pas moins créer plus tard sénateur et comte de l'Empire. Son cousin Chassebœuf était quincaillier à Angers, rue Baudrière. Pour la liste des ouvrages de Chassebœuf, comte de Volney, voy. la « France Littéraire » à *Volney*. *Fr. Gr—lle.*

CHASSELOUP DE LAUBAT (le général comte de). *C**** (le gén. comte de). Essai sur quelques parties de l'artillerie et des fortifications. (Sec.

---

(1) Addition à l'art. de la « Littérature française contemporaine », qui ne cite qu'un seul ouvrage.

(2) Cet écrit, attribué à Mirabeau, est de Madame de Charrières. Voir M. de Sainte-Beuve à la suite de « Caliste », page 245 Noté de M. Boissonade.

(1) On n'a rappelé à son article aucun des morceaux fournis par M. Chasles au «Miroir, « Journal des Débats » et à la « Revue des Deux-Mondes » sous les pseudonymes de Sezane, de Saunders-Bevril et de La Genevais; ni le roman dont, sous le nom de Jouy, il est en grande partie l'auteur : « Cécile, ou les Passions ».

édit.). Milan, Destefanis, 1811, in-8. La première édition avait paru en 1805, sous le titre « d'Extraits de Mémoires » (Voy. le no 7957). Peu de temps après la publication de la seconde édition, il parut un écrit, intitulé : Observations faites par des capitaines d'artillerie, sur un ouvrage intitulé : Essai sur quelques parties de l'artillerie et des fortifications, par le général comte C***. Paris, Gratiot, in-4. Cet écrit était de M. Paixhans, depuis colonel. Le général répliqua par la brochure suivante : Lettre à M. le général comte C***, par l'éditeur de « l'Essai sur quelques parties, etc. » (le comte de Chasseloup lui-même). In-8. — *T****. Correspondance, 7956 ; Extraits, 7957.

CHASTELLUX (le marq. Fr.-Jean de), de l'Académie Française. *P....*, vice-consul à E.... Discours, 5412 ; — *** (M.). Essai, 9108.

CHASTENAY DE LENTY (Mme Victorine), anc. chanoinesse, née vers 1770, d'une ancienne et très noble famille, morte à Paris, avant 1838. 1o Le Village abandonné, trad de l'angl. d'Olivier Goldsmith, par la cit. V. de C... Paris, de l'impr. de Réal, an v (1797), in-18 ; 2o Les Mystères d'Udolphe, par Anne Radcliffe ; trad. de l'angl. sur la 3e édition par la cit. V. D. C. (rev. par MM. Benoit et Després). Paris, Maradan, an v (1797), 4 vol. in-12 fig., et 6 vol. in-18. Traduction plusieurs fois réimprimée. 3o Calendrier de Flore, ou Etudes de fleurs d'après nature ; par Mlle V. D. C*******. Paris, le même, 1802-03, 3 vol. in-8 ; 4o Du Génie des peuples anciens, ou Tableau historique et littéraire de l'esprit humain chez les peuples anciens, depuis les premiers temps connus jusqu'au commencement de l'ère chrétienne ; par Mme V. de C*******. Paris, le même, 1808, 4 vol. in-8 ; 5o Les Chevaliers normands en Italie et en Sicile, et Considérations générales sur l'Histoire de la Chevalerie et particulièrement sur celle de la Chevalerie en France ; par Mme V. de C***. Paris, le même, 1816, in-8 ; 6o De l'Asie, ou Considérations religieuses, philosophiques et littéraires sur l'Asie.

Ouvrage composé par Mme V** * de C***. Paris, J. Renouard, Dondey-Dupré, 1833, 4 vol. in-8. Ouvr. dédié au baron Silvestre de Sacy

CHASTENAY-SAINT-GEORGE (le vicomte de). *Gentilhomme Bourguignon (un).* Lettre, 2728.

CHASTENET DE PUYSÉGUR (le marq. J.-Fr.-Max. de), fils unique du maréchal de France. *D****** (le chev.). Histoire de Mme de Bellerive, ou Principes sur l'Amour et sur l'Amitié. Paris, Segault, 1768, in-12 ; Paris, Lejay, 1780, in-12 ; — *M. le M. de P.* Analyse et Abrégé du « Spectacle de la Nature » de Pluche. Reims, 1772, 1786, in-12. C'est vraisemblablement aussi une nouv. édit. de cet ouvrage que le livre qui a paru sous le titre de « La grande Science justifiée contre les imputations de n'être que des idées nouvelles ou dangereuses ; par « l'Analy-e du Spectacle de la Nature » de Pluche. Amst., et Paris, 1789, in-12.

CHASTENET DE PUYSÉGUR (le marq. Arm.-Mar. Jacq.), fils du précédent. *Puységur* (de). III, 609.

CHASTENET DE PUYSÉGUR (le comte Ant.-Hyac.-Anne de), frère du précédent. *C*** C*** D. P.* (M. le). Lettre de — à M. le P. E. D. S. 1783, in-12.

CHATAIGNER, ancien professeur de rhétorique. Auguis lui attribue la traduction de « l'Illiade » d'Homère, qui a été très souvent réimprimée sous le nom de Lebrun, duc de Plaisance. II, 564.

CHATEAUGIRON (l'abbé D.-M. de). *Prêtre catholique français (un).* Eclaircissements, 6014.

CHATELAIN (Henri-Abraham), théologien protestant ; mort en 1743. *C****, principal auteur de « l'Atlas historique », publié pour la première fois en 1713, en 7 vol. in-fol. Voy. notre « France littéraire », à CHATELAIN.

CHATELAIN (René-Théophile). *Etranger (un).* Voyage, 2274 ; — *Sidi-Mahmoud.* Lettres, 7493.

CHATELAIN (Nicolas) (1), à Rolle, canton de Vaud, né à Rotterdam, en 1769, d'une famille de réfugiés français. On lui doit les ouvra-

_____

(1) Écrivain entièrement inconnu aux auteurs de « la Littérature française contemporaine ».

ges suivants : 1, *Visite de madame de Sévigné* à l'occasion de la révocation de l'édit de Nantes, ou le Rubis du P. de Lachaise. Paris et Genève, 1829, in-8 de 47 pag. II, *Réflexions impartiales, ou Résumé des faits* des 17 et 18 décembre et de leurs antécédents. Genève, 1831, in-8 de 23 pages. III, *Conduite des autorités vaudoises envers les Polonais*, ou le Courage de la peur. Paris (Genève), 1834, in-8 de 23 pag. IV, *Lettres de Livry*, ou Madame de Sévigné juge d'outre-ridicule. Genève, de l'impr. de A.-L. Vignier. — Genève et Paris, Cherbuliez, 1835, in-8 de 103 pag. V, *Lettres de Voltaire* (apocr.) à madame Du Deffand, au sujet du jeune de Rebecque, devenu célèbre sous le nom de Benjamin-Constant. Paris, 1837, in-8 de 28 pag. VI, *Guido Reni*, par M. Châtelain (sous le masque d'Abbema), et *Quentin Metsys, ou Revers et Prospérité* ; par madame Caroline Pichler (traduit de l'allem. par mademoiselle Herm. de Chavannes). Paris, 1838, in-12. VII, *la Muselière*. Fragment sur cette question : La protection accordée à l'industrie n'est-elle pas le meilleur moyen de gouverner le peuple et d'en demeurer maître? Paris (Genève), 1837, in-8 de 72 pag. VIII, *Histoire du synode de Dordrecht*, considéré sous ses rapports religieux et politiques, dès 1609 à 1619. Genève, 1841, in-8, avec 4 beaux portraits. IX, *Réflexions sur la mort de S. A. R. monseigneur le duc d'Orléans.* Genève, 1842, in-8 de 24 pages encadré. X, *le Jury des Ombres*, ou les Modernes appréciés par les Anciens sous le rapport de la scène tragique. Strasbourg, 1846, in-8.

CHAUCHEMER ou Chaussemer (?) (le P. Franç.), religieux dominicain. *Docteur en théologie* (un). Lettre, 1082.

CHAUDÉ, d'abord étudiant en médecine, ensuite libraire à Paris, gendre et successeur de Brajeux. *Briand* (Jos.-A.), médecin. Manuel, 811 ; Manuel d'hygiène, 812.

CHAUDES-AIGUES (Jacq.-Germ.). *Z.* Six mois à Turin, 8946.

CHAUDON (l'abbé L. Maycul). *Des Sablons.* Grands Hommes, 1655 ;

— *L. M. D. V.* Bibliothèque d'un homme de goût, 4247. Autre édition, augm. par l'abbé Jos. de La Porte, ibid. ; — *Société de gens de lettres* (une). Nouveau Dictionnaire historique, 7594.

CHAUFEPIÉ (Jacq.-Geo. de). *Soc. de gens de lettres* (une). Histoire, 7586.

CHAULIEU (l'abbé Guil. AMFRYE DE), *Vendôme* (le chev. de). Réponse, 8554.

CHAUMAREYS (de), gentilhomme limousin, père du capitaine de frégate de ce nom, qui fut cause du naufrage de « la Méduse », en 1816. (*Anon.*) Appel à Michel Montaigne (des opinions superstitieuses du XVIIIe siècle), suivi de (le Républicain) Voltaire aux Champs-Elysées, poème (librement imité d'Horace), et précédé d'une Adresse en vers aux Français républicains. Paris, de l'impr. de la Gazette de France nation., 1793, in-8 de 30 pag. ; — *Nouvel Atticus* (le), solitaire des bords de la Corrèze. Epitre à un patriote, habitant des Champs-Elysées. S. l. ni daté, in-4 de 4 pages ; Lettre du — à un ami patriote. (En prose). 26 avril 1792. S. l., in-4 de 4 pag. non chiffrée. — Fragments d'une lettre à M. d'Aubusson, à Paris, écrite en août 1791, et impr. dans le « Journal des révolutions de Paris », par Prudhomme, n. 109, p. 243, du 6 au 13 août 1791. In-8 de 3 pag. ; Ode à la discorde. S. l., n. d., in-8 de 8 pag. (1).

CHAUMEIX (Abraham-Jos. de). *Inconnu* (un). Sentiment, 3178 ; — *L. A. P. D. P. S. D. H.* (M.). Plan d'études, 3823.

CHAUMONOT (Charles-Albert), médecin empyrique ; mort à Paris, en 1849, d'un cancer à l'estomac, à peine âgé de 51 ans. *Charles-Albert* (le docteur). Observations, 1023 ; Médecin, 1024 ; Notice, 1025 ; Coalition, 1026.

CHAUSSARD (P.-Jean-Baptiste-Publicola). *Dicaculus* (le docteur), de Louvain. Nouveau Diable, 1687 ; — *Homme libre* (un). Lettre, 3116 ; — *Huet*, évêque d'Avran-

(1) L'auteur de cette note possède la collection de ces divers opuscules, avec des corrections faites de la main de l'auteur, pour des réimpressions.

ches. Les Antenors, 3149; — *Observateur impartial (un)*. Pausanias, 5223; — *Professeur de belles lettres (un)*. Appel, 6106.

CHAUSSEBLANCHE, fils d'un ancien imprimeur de Rennes, professeur particulier d'éloquence. *Duquesnois*. Manuel de l'orateur et du lecteur, 2111. Cet ouvrage a eu une neuvième édition en 1850. Fables, 2112.

CHAUSSIER (le prof. Fr.). *Souberbielle* (J.). Considérations, 7805.

CHAUSSIER (Hector), fils du précédent. *Radcliffe* (Mist.). Tombeau, 6265.

CHAUVELIN (l'abbé Louis-Philippe), abbé de Montier-Ramey, chanoine de Notre-Dame, et conseiller au Parlement de Paris. *Messieurs (un de)*. Compte-Rendu, 4768.

CHAUVET. *Citoyen français (un)*. Essai, 1142.

CHAUVET (Jos.-Joach.-Vict.), de Toulon. *C. de T.* Sapho, poème en trois chants, suivi de Poésies lyriques. Paris, les march. de nouv., 1815, in-8 de 96 pages; — *Charolois*. I, p. 231.

CHAUVIN (Léon), avocat. *Ancien inspecteur des études (un)*. Réformes, 194.

CHAVANCE, propriétaire, à Brienne-le-Château (Aube). *Electeur de Brienne (un)*. Une plaie sociale. Pochade (en vers). Aux Electeurs. Troyes, Laloy, 1842, in-8 de 15 p. — *Priseur de Brienne (un)*. Tabatière vengée, 6090.

CHAVANNES (Mlle Herminie), de Lausanne (1), pédagogue et biographe estimable, fille du professeur Dan.-Alex. Chavannes, mort en juillet ou août 1847, morte elle-même en 1853. Nous connaissons de cette demoiselle les ouvrages suivants, auxquels, par modestie, elle n'a pas attaché son nom : I. *Soirées de famille*, etc. Lausanne, 1836-39, 4 vol. in-12. II. *L'Ami des Enfants Vaudois*. Ibid., 2 vol. in-12. III. *Fragments et Passages de l'Écriture-Sainte*, choisis pour les enfants. Ibid., in-18. IV. *Quintin Metsys, ou Revers et prospérité*, trad. de l'allem. de Mme Car. Pichler (1838). Imprimé à la suite de « Guido Reni » de M. Nic. Châtelain (voy. ce nom). V. *Mammon*, ou l'Amour de l'Argent considéré comme le péché dominant dans l'Eglise chrétienne, par M. Harris. Traduit librement de l'anglais et publié au profit de la mission vaudoise dans le Haut-Canada. Ibid., 1840, in-8 de 105 p. Anon. L'original anglais a été choisi sur 14 essais présentés au concours ouvert par M. Conquest, médecin anglais. Il s'en est vendu plus de 20,000 exempl. dans les dix-huit mois qui ont suivi sa publication. VI. *Lectures pour les enfants* de cinq à huit ans, imité de l'angl. Genève, in-12, orné de jolies lithographies. Ce petit ouvrage a eu 3 éditions : la 3e est augmentée. VII. *Mélanges moraux et instructifs* ou Lectures pour la jeunesse depuis l'âge de cinq à quinze ans. Lausanne, in-12, avec 2 lithogr. VIII. *Pensées extraites du Journal de Haller*, avec une Notice sur sa vie. Ibid., in-12 de 90 pag. Refondues dans l'ouvrage suivant : IX. *Albert de Haller. Biographie*; par l'auteur des « Soirées de famille ». Ibid., 1840, in-8 de 232 pag. Seconde édition, rev. et considér. augm. Paris, Delay, 1845, in-8. En donnant au lecteur français la biographie de ce grand homme, l'auteur a eu pourtant moins en vue de faire connaître le savant, le littérateur, le personnage, que de faire vivre avec l'homme, et d'apprendre à l'aimer et le respecter. X. *Lettres d'une famille Suisse*; par l'auteur des « Soirées de famille ». Ibid., 1841, 2 vol. in-12 de 317 et 325 pag., avec vues et carte de la Suisse. Cet ouvrage contient la description des sites les plus intéressants de la Suisse, et le récit de plusieurs traits de son histoire. Il raconte entre autres, l'origine des principales villes de la Confédération. XI. *Souvenirs de Berlin* en 1833. Neuchâtel, J.-P. Michaud, 1841, in-8 de 85 pag. XII. *Essai sur la vie de Jean-Gaspard Lavater*; par l'auteur des « Soirées de famille » d'Albert de Haller, etc. Lausanne, Marc Ducloux, 1843, in-8 de 472 pag. Cet ouvrage fait connaître

(1) Ecrivain entièrement inconnu aux auteurs de la « Littérature française contemporaine ».

cet homme illustre, tant dans sa carrière publique que dans sa vie domestique. XIII. *Frédéric Guillaume III, roi de Prusse, et la reine Louise* ; traduit librement de l'allemand de l'évêque Eylert, chapelain de Sa Majesté ; par l'auteur « Albert de Haller », et de « l'Essai sur la vie de J. G Lavater ». Neuchâtel, J.-P. Michaud, et Paris, Delay, 1846, in-3 de 291 pag. XIV. *Vie d'Elisabeth Fry*, extraite des Mémoires publiés par deux de ses filles, et enrichie de matériaux inédits ; par l'auteur des biographies d'Albert de Haller, Jean-Gasp. Lavater, etc., etc. Genève, Mmes Ve Beroud et Sus. Guers, 1850, in-8 de 643 pag., avec un beau portr. XV. *Biographie de Henri Pestalozzi* ; par l'auteur des biographies d'Albert de Haller, et de J.-G. Lavater. Lausanne, G. Bridel, Delafontaine et Cie, 1853, in-8. XVI. *Un jeune Suisse en Australie* ; par l'auteur de la « Vie de Mme Fry ». Genève, 1853, in-12, avec gravures et carte. XVII. *Suzanne.* Imité de l'angl. par l'auteur de la Vie d'Elisabeth Fry. Genève, et Paris, Joel Cherbuliez, 1853, in-72 de 391 pag.

CHAVANNES (Frédéric-L.) (1), de la même famille, ministre du Saint Evangile, instituteur pour les mathématiques, au collège cantonnal de Lausanne, aujourd'hui pasteur de l'église wallonne d'Amsterdam. I. *Tableau synoptique de la conjugaison des verbes latins réguliers.* Vevey, 1831, une feuille in-fol. II. *Poésies chrétiennes et Cantiques.* Lau-

---

(1) On concevra facilement que MM. Louandre, Bouquelot et Maury, pour lesquels la bibliographie n'a point été une étude spéciale, ne connaissent que peu d'écrivains anonymes et pseudonymes, et que, par conséquent, on ne trouve pas, dans leur livre, un article sur Mlle Herminie Chavannes ; mais voici un de ses parents, auteur de huit ouvrages, qui tous portent son nom, et nous n'en trouvons qu'un cité par eux ! On le voit sans cesse, leur livre n'est ni la continuation de la « France littéraire », ni celle de la « Littérature française contemporaine », commencée par nous ; c'est tout simplement le résumé de la « Bibliographie de la France », fait avec plus ou moins d'intelligence, avec addition de notules qu'on trouve partout, une compilation continuelle, n'offrant rien de neuf.

---

sanne, 1838, in-8 de 167 pag. L'auteur de ces Poésies sait unir l'expression des sentiments de la piété aux charmes du langage poétique et à la variété des sujets. Les Cantiques, au nombre de douze, ont été, pour la plupart, reproduits dans les meilleurs recueils de chants sacrés. III. *Cours de Géométrie élémentaire.* 2e édition, revue. Ibid., 1844, in-12 de 304 pag., avec 8 planches représentant 226 fig. Ouvrage approuvé par le Conseil de l'instruction publique, pour l'enseignement de la géométrie au Gymnase. IV. *Notice sur un manuscrit du XVIe siècle*, appartenant à la Bibliothèque cantonale. Poésies inédites de Clément Marot, de Catherine de Médicis et de Théodore de Bèze. Ibid., 1844, in-8 de VI et 72 pag. Cet opuscule, mentionné dans la « Revue de Paris » du 15 avril 1844, n'a été tiré qu'à 100 exempl. V. *Cours d'Algèbre élémentaire.* Ibid., 1845, in-12 de XII et 346 pag. Ce Cours est divisé en quatre livres, traitant des opérations algébriques, des problèmes du premier chef, des problèmes du second degré, des puissances et des logarithmes. En le réunissant au « Cours de géométrie », il complète la matière de l'enseignement dont l'auteur a été chargé. VI. *Le Pasteur de Campagne*, poème en quatre chants. Ibid., 1846, in-16, impr. avec luxe. Ce poème est une idylle dans le genre de « Hermann et Dorothée », de Gœthe. Il se distingue par l'emploi d'un mètre très difficile, et par la peinture fidèle de la nature et des mœurs de la Suisse. VII. *La Crise ecclésiastique dans le canton de Vaud* ; par Fréd. C. Ibid., 1846, gr. in-8 de 64 pag. VIII. *Un Messager de la bonne nouvelle.* Amst., J, de Ruijter, 1851, in-8 de viij et 374 pag.

CHAVANNES (Félix), ministre du Saint Evangile. Editeur du «Mireour du Monde». Manuscrit du XIVe siècle, découvert dans les archives de la commune de La Sarra, et reproduit avec des notes. Lausanne, 1846, in-8 de XIX et 279 pag., impr. sur pap. vélin avec ornements typographiques. Ce volume forme le tome IV de la « Collection des

Mémoires et documents publiés par la Société d'histoire de la Suisse romande » (1).

CHAVIN (François-Émile), de Malan, homme de lettres, anc. bibliothéc. du palais du Luxembourg. *Chavin de Malan* (F.-E.). Vie du B. Henri Souzo, 1041.

CHAYER (l'abbé Chr.). *Écrivain le plus célèbre de notre siècle* (l'). Commentateur, 5158.

CHAZELLES (Laur.-Marie de). *Soc. de gens de lettres* (une). Dictionnaire, 7612.

CHEBROU DU PETIT CHATEAU (l'abbé Laur.-Pierre-Mar.-Nic.), docteur de Sorbonne; né à Niort *C. D. P. C.*, docteur de Sorbonne. Idée de la vérité et de la grandeur de la Religion, démontrée par des preuves claires et à la portée de tout le monde. Paris, Hérissant fils, 1750, in-12. On doit au même une édition du « Concilium Tridenti- » num, cum indicibus novis et ad- » notationibus ». 1754, in-24.

CHEFFONTAINES (Christ. de). *Tenfen- lengou* (Fr.-Christ.). Défense, 8054.

CHEMNITZ (Philippe-Bogislas de). *La- pide* (Hippolytus à). Vrais intérêts des princes, 3825 ; — *Transée* (Joachim). Intérêts, 3824. (Même ouv.).

CHENEVIÈRE (J.-J.), professeur. *Réu- nion de pasteurs* (une). Etrennes, 6482.

CHÉNIER (Marie-Joseph), de l'Acadé- mie franç. *Mauduit* (l'abbé). Mira- cles, 4601 ;—*Officier français* (un). Lettre, 5301.

CHENNEVIÈRES-POINTEL (le marq. Charles-Philippe de), écrivain artis- tique , inspecteur des musées de provinces, né à Falaise (Calvados), le 23 juillet 1820, a d'abord écrit dans divers recueils tels que la « Revue du Calvados », fondée par Paul Delasalle; la Revue de la province et de Paris , fondée par M. Luthereau ; « la Mosaïque de l'Ouest », fondée par M. Em. Sou- vestre, et le « Mémorial d'Aix ». Puis il a publié plusieurs ouvrages sous les pseudonymes suivants : *Jean de Falaise*. Contes normands de—, 3269 ; — *La Boussardière* (François-Marie). Vers d'—. Caen, Hardel, 1842, in-8 de 16 pag. ; —

Normand (un). Historiettes bague- naudières, 5117 ;— *Pointel* (Phil. de). Recherches sur la vie et les ouvrages de quelques peintres pro- vinciaux...5936. M. Chennevières- Pointel a commencé, en 1851, la pu- blication d'un recueil intéressant pour l'art, intitulé « Archives de l'art français. Recueil de Documents inédits relatifs à l'histoire des arts en France ». Paris, J.B. Dumoulin, in-8. Cette publication, qui a ob- tenu du succès, et qui paraît tous les deux mois, par livraisons de 5 feuilles, est aujourd'hui à son 4e volume. M. de Chennevières-Pointel publie dans ces « Archives » « l'A- becedario de P.-J. Mariette », qui formera 4 ou 5 volumes. Le pre- mier vol., tiré de ce Recueil, et comprenant les syllabes A à C a paru (1851-53).

CHEPPE (A. C. de). *C**** (A. C. de). Harangue sur la Tyrannie. Paris, Potey, Le Normant, 1814, in-8 de 56 pag.

CHÉRON DE BOISMORAND (l'abbé Claude-Joseph). *Boismorand* (de). Voy. la France littér., t. II, p. 383; — *Dupré de Saint-Maur*. Paradis perdu, 2103 ; — *Lussan* (Mlle de). Anecdotes, 4395 ; Marie d'Angle- terre, 4396.

CHÉRONNET (Dom.-Jean-Franç.), pa- petier à Paris. *D. J. F. Ch.* (M.). Translation des reliques de S. Vin- cent de Paul, le 25 avril 1830. (En vers). Paris, Adr. Leclère, 1834, gr. in-8 de 8 pag.

CHÉRY, peintre. *Artiste* (un). Lettre d'— à Bonaparte, premier consul de la République française, sur le projet d'une nouvelle Académie de peinture. (Paris, 1801), in-8.

                J. L.-M.-x.

CHESNEL, sieur de LA CHAPPERO- NAYE (J.). *Hermite solitaire* (l'). Révélations, 3041.

CHESNEL (le marq. Louis-Pierre-Fr.- Adolphe de) (1), ancien lieutenant- colonel ; né à Paris, le 24 sep- tembre 1791. *Ch....* (Adolphe de). Le Chant du rossignol. Montpellier, impr. de Fél. Avignon, 1823, in-8 de 12 pag.; —*Des Hercondières*, auteur des articles ainsi signés dans le « Journal polymathique de Mont-

---

(1) Encore une indication qui manque à la « Littérature française contemporaine ».

(1) Article incomplet dans la « Littéra- ture française contemporaine. »

pellier », in-8, fondé par Pierquin de Gembloux. — *La Charbonnelais* (de). II, 345 ; — *Malvins.* Erreurs, 4503; — *Maurice.* III, 215; — *Montferrand* (Alfred de), 4953; — *Nore* (Alfred de),. Animaux, 5168; Livre, 5169; Coutumes, 5170.

CHESNOIS (Antoine). *Serviteur de Dieu (un).* Petit Missionnaire, 7462; Petit Père spirituel, 7463 ; Intérieur, 7464.

CHEVALIER (le P. Jean), jésuite. *Chrestien* (Fr.). Réponse, 1067.

CHEVALIER (Alexandre - Jacques). *Du Coudray* (le chev.). I, 407.

CHEVALIER (Jean-Pierre), bibliothécaire de la ville de Bourges, de 1820 à 1850, membre de plusieurs académies, et entr'autres de l'Académie royale des sciences, arts et belles lettres de Bordeaux ; né le 23 octobre 1782, à Saint-Amand-Montrond (Cher), de Pierre Chevalier, alors bailly de Châteauneuf, plus tard président du tribunal criminel du Cher, ensuite juge au tribunal d'appel de Bourges. M. Chevalier a publié un grand nombre de pièces de poésie légère, telles que romances, épigrammes, fables, chansons, madrigaux et odes , dans « l'Almanach des Muses » et autres recueils littéraires. Plus tard, il a fourni aux divers journaux qui se sont succédé à Bourges, un très grand nombre de notices sur les personnes remarquables du département du Cher, mais qu'il n'a point réunies. Nous connaissons de lui, publié séparément : *Chevalier de Saint-Amard* ; 1º Essai de poésie érotique, 1802, in-12; 2º Le Phénix, poëme imité de Claudien, 1805, in-12 ; 3º Notice sur le séjour de Son Excellence D.-J. Esquoiquiz dans la ville de Bourges. (Avec une traduction espagnole en regard). Bourges, Gilles, 1814, in-8 de 29 pag.; 4º Le Baptême du duc de Bordeaux, élégie. Bourges, J.-B.-C. Souchois, 1er mai 1821, in-8 de 6 pag ; 5º Chevaliers de l'ordre de Notre-Dame de la Table-Ronde de Bourges. Bourges....., in-8 ; 6º Notice sur Sigaud de Lafond. Bourges, Vermeil, 1841, in-8 de 16 pag.; 7º Notice historique sur l'hôtel l'Allemand, à Bourges. Ibid., 1842, in-8 de 16 pag.; 8º Notice biographique sur le P. Bourdaloue. Ibid.,

1842, in-8 de 13 pag. ; 9º Recherches historiques sur Saint-Amand Mont-Rond ; suivies de documents historiques sur la même ville. Ibid., 1845, 1 vol. in-8 ; *Saint-Amand* (J.-P. Ch. de). 10º Traduction de Properce, 6761 (1).

CHEVALIER (A.-F.-T.). *A. F. T. C.* Première Lettre à M. le comte de Cases, en réponse à un discours sur la liberté individuelle. Paris, Dentu, 1817, in-8 de 76 pag.

CHEVALIER (Pierre). *Pitre Chevalier.* III, 525.

CHEVALIER (Madame), femme du précédent. *Camps* (A. de), auteur d'articles dans le « Musée des familles »; — *Jane**** (lady). II, 278 ; — *Melvil* (lady). III, 226.

CHEVALIER DE MONTRÉAL (Mlle Julia), poète et musicienne, née à Paris, le 20 avril 1829, auteur d'un grand nombre de romances, dont plusieurs sont gravées, et souvent avec la musique de l'auteur des paroles. Ses romances ont été réunies et forment aujourd'hui trois « Albums » (Paris, Chaillot, éditeur de musique). Cette demoiselle est aussi auteur de vers imprimés dans divers journaux et recueils, et d'un chant qui a remporté la médaille de bronze, au concours de 1848. *Albano* (Gaston d'). 1º Aux chefs de la dernière insurrection polonaise, un cri de guerre, ode à la Pologne. Paris, de l'impr. de Schneider et Langrand, 1847, très grand in-8 de 16 pag. sur pap. vélin. Le titre que nous donnons n'existe que sur la couverture imprimée ; 2º A Notre-Dame-des-Bois. Ode pour le jour de sa consécration (juillet 1849). Paris, de l'impr. de Guiraudet, 1850, in-8 de 4 pag. ; 3º Les Femmes de la Sainte-Bible. Harmonies sacrées (poésie et musique) du chev. Gaston d'Albano. Couronné par le ministère de l'Instruction publique. Tome 1er, Paris, Chaillot, rue St-Honoré, n. 354, 1851, gr.in-8 avec gravures. Le second volume est sous presse.

CHEVALLIER (Paul), dessinateur distingué. *Gavarni.* II, 136.

(1) L'article de M. J.-P. Chevalier, dans la « Littérature française contemporaine », est formé de la seule citation de la Notice biographique sur le P. Bourdaloue, de cet écrivain !

CHEVANES (le P. Jacques de), capucin et prédicateur. *Jacques* d'Autun (le R. P.) Conduite, 3221 ; — *Saint-Agran* (le sieur de). Entretiens, 6728.

CHEVAS (Jean-Louis) (1), né à Pornic (Loire-Inférieure). *Le Meder* (le Chercheur, en bas-breton). Galerie armoricaine. Nantes, Charpentier, 1846-47, 2 vol in-fol. avec lithographies par Félix Benoit.

CHEVASSU (l'abbé J.), curé des Rousses dans le diocèse de Saint-Claude (Jura) ; mort le 25 octobre 1752. *Ancien curé du diocèse de St.-Claude* (un). Prônes pour tous les dimanches de l'année. Lyon, Deville, 1753,-1758, 4 vol. in-12 ; Avignon, J.-A. Joly, 1820, 4 vol. in-12. Ouvrage souvent réimprimé. —*** (M.), curé du diocèse de St.-Claude. Méditations sur les vérités chrétiennes et ecclésiastiques. Lyon, 1751, 5 vol.; 1763, 1781, 6 vol. in-12.

CHEVREMONT (l'abbé Jean-Baptiste de). *D****. (Mme). Histoire, 1322.

CHEVREMONT (Alexand.), de Rennes. *Tennaec* (Ives). L'Epicurien, 8055 ; Clairières, 8056.

CHEVREUIL (l'abbé). *Député du clergé de Paris* (un) aux Etats-Généraux, de 1789. Véritable constitution, 1553.

CHEVRIER (Franç.-Ant. de). *Belle-Isle* (le maréchal duc de). Testament, 565 ; — *C****. OEuvres complètes de —. Londres, Nourse (Bruxel.), 1774, 3 vol. in-12. — *Ch***** (le chev. de). Les trois C, conte métaphysique, imité de l'esp., par —, et publié par l'auteur du « Colporteur ». Nancy, H. Gouvert, 1762, in-8; — *D****. L'Acadiade, ou les Prouesses anglaises en Acadie, Canada, etc., poëme comi-héroïque en IV chants. Cassel, 1758, pet. in-8. Poëmes sur des sujets pris de l'Histoire de notre temps, publiés par—. Liége, Compagnie, 1758-59, 2 vol. in-8; — *D. C****** (M.). Le Codicille et l'Esprit, ou Commentaire des Maximes politiques de M. le maréchal de Belle-Isle, avec des notes apologétiques, historiques et critiques ; le tout publié par—. La Haye, la veuve Van

Duren, 1762, in-12; — *F. P. T.* (le comte de). Albionide, 2503 ; — *Homme qui n'est pas sot* (un). Almanach, 3121;— *Marchand de Paris* (un). Lettre, 4531 ; — *Rabin génois* (un). Cela est singulier, 6258 ; — *Voisenon* (l'abbé de). Le Réveil de Thalie, com. Impr. parmi les pièces de ce dernier ; — *** (Mlle de). Quart-d'heure, 9016.

CHÉZY (Antoine-Léon). *Apudy* (A.-L.). Anthologie, 279.

CHIMAY (le prince Joseph de). *Rapporteur de la loi de 1845* (le). La Vérité sur la situation militaire en Belgique. Bruxelles, A. Decq, 1852, in-8.

CHINAC DE LA BASTIDE (Pierre de). ... (M.). Editeur du Traité de Levesque de Burigny, 9169.

CHION DU VERGIER. *Inconnu* (un). Remarques, 3180.

CHIRAT (Victoire Massiette, dame). *Massieu* (Mme de). Vraie politesse, 4579.

CHISII, cardinalis Fabrii, posteà Alexandri VII, Pont. Max. *Philomathus.* Philomathi, 5739.

CHOCQUET (Romain). *Père Récollet* (un). Tableau, 5630.

CHODERLOS DE LACLOS (P.-A.-F.) (1). *C*** de L****. Liaisons dangereuses, lettres recueillies dans une société et publiées pour l'instruction de quelques autres. Amst. et Paris, Durand, 1782, 4 part. in-12 ; Londres (Paris), 1796, 2 vol. in-8. Roman souvent réimpr. avec le nom de l'auteur. — *Laclos*, II, p. 346 ; — *Vilate* (Joach.). Causes, 8726 ; Mystères, 8727.

(1) MM. Louandre et Bourquelot prétendent restituer à ce dernier le roman anonyme intitulé : « Le Vicomte de Barjac, etc.», 1784, que M. Quérard n'a point compris dans l'article qu'il a consacré à l'auteur des « Liaisons dangereuses ». Il n'était venu à l'idée d'aucun biographe, ni d'aucun bibliographe, avant ces Messieurs, de contester ce livre à son véritable auteur, le marquis de Luchet, qui, en 1786, donna une suite à ce roman, sous le titre de « Mémoires de madame la duchesse de Mosheim », 2 vol. in-18, et qui, dès 1784, avait publié un autre roman intitulé : « Olinde », par l'auteur des « Mémoires du vicomte de Barjac ». Ces MM. n'ont pas été plus heureux en restituant, tome V, p. 80, à Lemuel Gulliver, un Voyage imaginaire, dont ce personnage est bien le héros, mais qui, comme chacun le sait, sauf les bibliographes en question, à ce qu'il paraît, est de l'invention du célèbre Swift.

---

(1) Écrivain inconnu aux auteurs de la « Littérature française contemporaine ».

CHODZKO (Léonard). *Polski* (Bronislas). III, 543.

CHODZKO (Mme Olympe), née Maleszewska, femme du précédent. *Polonaise (une)*. III, 543.

CHOFFARD (P.-Ph.), dessinateur et graveur, mort en 1809. *P. P....Ch.* Notice historique sur l'art de la gravure en France. Paris, Pichard, an XII (1804), in-8. Reproduite, en 1809, en tête du « Dictionnaire des graveurs », par Basan.

CHOISEUL-MEUSE (la comt. Félicité de), romancière non moins érotique que féconde. (Voy. notre France littéraire). *C****.(Mme de). 1º Alberti, ou l'Erreur de la Nature. Paris, Marchand, 1799, 2 vol. in-12, fig. ; 2º Eugénie, ou N'est pas Femme de bien qui veut. Paris, Pigoreau, 1813, 4 vol. in-12 ; — *P**** (Mme Emilie). Paris, ou le Paradis des femmes. Paris, Lecointe et Durey, 1821, 3 vol. in-12; — *** (le comte de). L'Ecole des jeunes filles. Paris, A. Eymery, 1822, 2 vol. in-12, fig. Cet ouvrage n'est que la reproduction de deux volumes des « Nouvelles contemporaines » de l'auteur (Paris, A. Eymery, 1818, 6 vol.), auxquels on a mis un nouveau titre.

CHOISY (l'abbé Franç.-Timoléon de), de l'Académie française; mort le 2 octobre 1724. *L. D. C.* Journal du voyage à Siam, fait en 1685 et 1686, par—. Paris, Sébastien Cramoisy, 1687, in-4 ; Amst., P. Mortier, 1688, in-12; Journal, ou Suite du voyage à Siam, en forme de Lettres familières; fait en 1685 et 1686. Suivant la copie de Paris. Amst., Mortier, 1687, in-12. Nouv. éditions, augment. 1718, ou Trévoux, la Compagnie (Paris), 1741, in-12. La dernière édition porte le nom de l'auteur.

CHOLET DE JETPHORT, anc. avocat. *D. J.****. Le Fauteuil de M. Etienne, t. II, p. 40.

CHOLIER, avocat. *Abbé Commendataire (un)*. Dissertation sur les Commandes des abbayes. 1675, in-12. L'abbé de Marolles a révélé le nom de l'auteur de cette Dissertation par ce passage du « Dénombrement des livres, etc. ». Le sieur Cholier, avocat, m'a donné son livre des Commandes des abbayes, dédié au roi, et me l'a donné par

les mains de M. l'abbé Le Vigneux; sans l'avoir marqué de son nom. Voy. les Mémoires de l'abbé de Marolles , édition de l'abbé Gouget, 1755, t. III, p. 259.

CHOMEL (l'abbé). *La Sausse* (l'abbé). Ecole du Sauveur, 3837.

CHOMEL (J.-B.-L.), D. M. *Médecin de Paris (un)*. Lettre, 4663.

CHOMEL (A.-Fr.). *Flavigny* (le sergent). Histoire, 2445.

CHOMPRÉ, et non Joël Cherbuliez. *Jeune bachelier ès-lettres (un)*. Une Pichenette, 3307, et t. II, p. 643, aux corrections.

CHOPIN (J.-M.). *J. C.* (M.). Coup-d'œil sur Saint-Pétersbourg. Paris, Ponthieu, 1821, in-8 de 248 pag. Reproduit, avec le nom de l'auteur, sous le titre de : « De l'Etat de la Russie , ou Observations sur ses mœurs, son influence politique et sa littérature , suivies de Poésies traduites du russe ». Paris, rue Montmartre, n. 121 , et Rapilly, 1822, in-8.   *S. P-y.*

CHORIER (Nic.), avocat au parlement de Grenoble. *Meursius* (Joan). Joannis Meursii, 4781; — *Sigea Toletana* (A'oysia). IV , p. 324. (Même ouvrage).

CHORTET (J.-F.). *Société de médecins (une)*. Vraie Théorie, 7685; Encyclopédie, 7686.

CHOUCHOUD (l'abbé), chanoine honoraire, professeur d'éloquence sacrée à Lyon, auteur de plusieurs ouvrages. *Aymès* (de Marseille). Bazar provençal, ou Recueil de toutes les annonces qui ont paru depuis sa fondation, et recettes culinaires de la Provence. Se vend au profit des ouvriers pauvres, qui s'abstiennent de travailler le dimanche, et en faveur desquels nous nous occupons de fonder une bonne œuvre. (Paris), chez l'Auteur, boulev. de la Madeleine, 17, 1851, in-16 de 4 p., non chiffrées, d'un Manifeste du fondateur du « Bazar provençal », et 64 pag. Livret très-curieux, dans lequel on trouve allié, assez plaisamment, la cagoterie, le charlatanisme et la gourmandise.

CHOUDARD (P.-J.-B.), artiste dramatique et littérateur. *Desforges* (P.-J.-B.). I, 347 ; — *Homme de lettres (un)*. Le Poëte, 3090.

CHOULOT (le vic. Paul de). *Kick* (Paul de). Souvenirs, 3447.

CHRESTIEN (Florent). *Homme chrétien (un)*. Apologie, 3065 ; — *La Baronie* (François de). Seconde Réponse, 3491.

CHRESTIEN (F). de l'île Maurice. *Bobre africain (un)*. Les Essais d'—: (Poésies). Sec. édition, augm. du double, et dédiée à Mme Borel jeune (à Tonneins). Ile Maurice, de l'impr. de G. Deroullède et Cie, 1831, pet. in-4 de 79 pag. Autre édit. Ibid., 1848, in-4. Le bobre est la lyre des nègres africains. Ce volume est composé de Fables, Contes, Chansons et Poésies légères, partie en créole, partie en français. Pages 27 à 37 de l'édition de 1831, on trouve des « Méditations mélancoliques » au nombre de quatre. Un exempl. de l'édition de 1848, relié en maroquin rouge et doré sur tranche, porté sur l'un des catalogues du libraire G. Jannet, de 1832, était coté 30 fr.
Eug. de Froberville.

CHRÉTIEN (Michel-Toussaint), bénédictin de la Congrégation de Saint-Maur. *Du Plessis* (dom). I, 589.

CHRISTOPHE (G.-J. Emmanuel), prote d'imprimerie à Chartres. *Professeur (un)*. Album, 6100.

CHUIT (l'abbé). *Ecclésiastique de Savoie (un)*. Ami du riche, 2150.

CIRIER (Nic.), correcteur d'imprim., tour à tour de l'Impr. roy., des maisons F. Didot, Crapelet, Migne. *Wachsbaum*, IV, p. 645.

CISNEROS (Garsias). *Ignace de Loyola* (Saint). Exercitia, 3167.

CIVRY (le comte Eugène de). *C**** (le comte). L'Armée française, sa mission et son histoire (496-1852). Avec cette épigraphe : L'Histoire des peuples est en grande partie l'histoire des armées. Le pr. Louis-Napoléon, 10 mai 1852. Paris, Ledoyen, 1852, in-8. L'auteur a publié depuis, avec son nom, « Napoléon III et Ahd-el-Kader ». Paris, Ledoyen, 1853, in-8.

CIZOS (Fr.), avocat. *Mourant (un)*, qui ne fut membre d'aucune académie. Adieux, 5012.

CLADIÈRE (J.-M.). *Religieux bénédictin de la Congrégation de Saint-Maur (un)*. Histoire, 6399.

CLAPARÈDE (D.). *Ministre de l'Evangile (un)*. Remarques, 4827.

CLAPASSON (André), avocat. *Rivière de Brinais* (Paul). Description, 6551.

CLAPIERS (Luc), marquis de VAUVENARGUES. *Vauvenargues (de)*. IV, p. 584.

CLARET DE FLEURIEU (le comte Ch.-P.), de l'Académie des sciences. *Fleurieu* (de). II, 79.

CLARET DE FLEURIEU (la comtesse Aglaé), veuve du précédent. Voy. BACONNIÈRE DE SALVERTE (Mme).

CLARIOND. *Telmond* (Sabin). Notice, 8029.

CLARIS DE FLORIAN (le chev. J.-P.). *Florian*. II, 80.

CLAUDE (J.), ministre du Saint-Evangile. *J. C. M. D. S. E.* Traité, 3255.

CLAUDE (Anne-Philibert-François), directeur du dépôt central d'artillerie de Saint-Thomas d'Acquin, à Paris. *Nancy*. Alphonse, 5042 ; Secret, 5043 ; Traité élémentaire, 5044 ; Jeanne-d'Arc, 5045 ; Traité théorique, 5046.

CLAUSADE (Georges-Jacques-Amédée), avocat à la Cour royale de Toulouse, et docteur en médecine, etc. ; mort à Rabastens (Tarn), sa ville natale, le 22 octobre 1847, à l'âge de 38 ans. *Dalauze* (C.). Mes prisons, 1354.

CAUSADE (Gustave), du Tarn, cousin du précédent. *Du Tarn* (Gustave). Légende, 2121.

CLAUSEL (l'abbé), dit « Clausel de Coussergues » du nom de son lieu natal (en Aveyron), conseiller au Conseil d'instruction publique sous Charles X, et vicaire-général de Beauvais. *Ancien grand-vicaire (un)*. 1º Quelques Observations sur le dernier écrit de M. l'abbé de Lamennais. Paris, A. Leclère, 1826, in-8 de 20 pag. ; 2º Nouvelles Observations sur l'ouvrage de M. l'abbé Fr. de Lamennais, intitulé : « De la Religion, considérée dans ses rapports avec l'ordre politique et civil, et sur diverses apologies de cet auteur, avec une courte Réfutation de certains jugements portés sur les discours de M. l'évêque d'Hermopolis, relatifs aux affaires ecclésiastiques. Paris, le même, 1826, in-8 ; 3º Lettre d'un ancien grand-vicaire à un homme du monde, sur l'écrit de M. de Lamennais, intitulé : De la Religion considérée dans ses rapports avec l'ordre politique et civil. Paris, le même, 1828, in-8 de 74 pag. Ecrit qui n'a pas été annoncé par la

« Bibliographie de la France » ; 4o Dernières Observations sur le dernier ouvrage de M. l'abbé F. de Lamennais et sur les nouveaux écrits de ses apologistes. Paris, le même, 1826, in-8 de 66 pag. ; 5o Réflexions sur les divers écrits de M. l'abbé F. de Lamennais et sur le « Mémorial ». Paris, le même, 1826, in-8 de 60 pag.

CLAUSEL DE MONTALS (Claude-Hippolyte), frère du précédent, évêque de Chartres. *Claude-Hippolyte*, évêque de Chartres. 1o Lettre à S. Ex. Mgr de Vatimenil, ministre de l'Instruction publique, au sujet des comités cantonnaux du départ. d'Eure-et-Loir. Chartres, 1828, in-8 ; — *Evêque de Chartres* (M. l'). ; 2o Instruction pastorale de —, au sujet des attaques livrées dans les derniers temps à la religion et à ses ministres. Paris, Adr. Leclère et Cie, 1826, in-8 ; Lettre de —, à un de ses diocésains, sur un écrit de M. l'abbé de Lamennais, intitulé : De la Religion, considérée dans ses rapports avec l'ordre civil et politique. Paris, le même, 1826, in-8 de 80 pag.

CLAVEL, comédien à Angers sous le Directoire, depuis avocat. *Gabriel.* Joseph, 2628.

CLAVEL (François). *Membre du grand-conseil* (un). Essai, 4732.

CLAVEL (J.-F.-B.), auteur d'articles dans les journaux sous les pseudonymes suivants : *B.-C.—Bernier* (Eugène), — *Bridault* (Pierre), — *Calmels* (Jules), — *Carottier* (Eustache) ; — *Cascaret* (Jean), — *Giroux* (César), — *Gorju* (Thomas), — *Lancay* (Jules de), — *Lesourd* (Jérôme), — *Rondet* (Cam.), — *Saint-Canat,— Simiane* (Ed. de).

CLAVELIN, libraire. *Deux amis de la Liberté.* Histoire, 1666.

CLAVIÈRE (Etienne), de Genève. *Créancier de l'Etat* (un . Opinion d'—, sur quelques matières de finance importantes dans le moment actuel. Londres, et Paris, 1789, in-8 ; — *Mirabeau.* Caisse d'escompte, 4844.

CLÉMENCE (l'abbé Jos.-Guill.). *Goulmy de Rosoy.* Défense, 2862.

CLEMENCET (dom Charles), bénédictin. *Doge de la république des Apistes* (le). Lettres, 1810 ; — *Gramme* (Phil.). Lettre à l'auteur,

2878 ; — *Philalèthe* (Eus.). Lettres à M. F. Morenas, 5684.

CLÉMENT (Nic.). *Antimon* (le sr d'). Défense, 266.

CLÉMENT (P.), de Genève. *Vincent.* Frimaçons (les), 8745.

CLÉMENT (l'abbé Aug.-J.-Ch.), frère de Clément de Boissy. *Jurisconsulte* (un). Lettres, 3415.

CLÉMENT DE BOISSY (Ath.-Alex.) (1), frère du précédent, jurisconsulte. *Fontenay.* De la Grâce de Dieu et de la Prédestination. Paris, 1787, in-12 ; Jésus-Christ, notre amour. Paris, Méquignon le jeune , 1788 , in-12 ; Abrégé de l'Ancien et du Nouveau Testament. Ibid., 1788, 2 vol. in-8. Ce sont les tomes 1 et 3 de l'ouvr. suivant. Manuel des Saintes-Ecritures. Ibid., 1789, 3 vol. in-12.

CLERC (Nicolas-Gabriel), médecin et historien. *Le Clerc* (N.-G.). II, 567.

CLERC, avoué à Chatillon-sur-Seine. *Propriétaire* (un). Principes, 6134.

CLERC, de Landresse. *C. D. L.* (M.). Le Cri de la Nature, ou le Magnétisme au jour ; ouvrage curieux et utile pour les personnes qui cherchent à étudier les causes physiques du magnétisme, ainsi que les phénomènes qui s'y rapportent. Londres, et Paris, 1784, in-8 de 40 pag. Il existe des exempl. qui portent : par M. *C. de Landresse.*

CLERC, de Landresse (Doubs), bibliothécaire actuel de l'Institut. *Landresse.* II, 522.

CLEREL DE TOCQUEVILLE (Al.-Ch.-Henri). *Tocqueville* (de). IV, p. 521.

CLERICUS (Joan). V. LE CLERC (J.).

CLERJON (Pierre), médecin. *Lorry* (Alphonse). Attaque, 4284. Voici le titre exact de cet ouvrage : Chroniques françaises. Première partie : le Curé de campagne, ou la Petite Ville en révolution. Paris, Boulland, 1829, 4 vol. Deuxième partie : l'Attaque du pont, ou la Fille retrouvée. Paris, le même, 1830, 4 vol. En tout 8 vol. in-12.

CLERMONT, marquis de MONGLAT (Franç. de Paul de). *Monglat* (de). III, 296.

CLERMONT-TONNERRE (le duc de). *Habitant du département de l'Eure* (un). Essai, 2981.

(1) Et non Clément de Boissy, comme nous l'avons imprimé par erreur, au tome II, page 86.

CLEVER (Charles-Auguste), baron de MALDIGNY, D. M., fils d'un officier supérieur. *Maldigny* (de). III, 183.

CLICQUOT DE BLERVACHE (Simon). *Delisle.* Mémoire, 1520 ; — *Savoyard* (un). Essais, 7389.

CLINCHAMP (le marq. Max. de), l'un des bibliophiles les plus distingués de l'époque actuelle. *J. T.* II, 314.

CLINCHAMP DE MALFILLATRE (Jacques-Charles-Louis). *Malfillatre* (de). III, 185.

CLODORÉ (J.), secrétaire de vaisseaux. *J. C.S. D. V.* Relation, 3256.

CLODORÉ (de). *Voyageur en Asie* (un). Souvenirs, 8816.

CLONARD (J.-Ernest de). aut. dram. *Ernest.* II, 33.

CLOOTS (J.-B, qui s'est nommé depuis Anacharsis). *Ali-Cier-Ber.* Certitude, 88 ; Lettre, 89 ; — *C. V. D. G.* (le bar. de). Lettre sur les Juifs, à un ecclésiastique de mes amis, lue dans la séance publique du Musée de Paris, le 21 novembre 1782. Berlin , 1783 , in-12 ; — *Orateur du genre humain* (l'). Etrennes de l'— aux cosmopolites, 1793 ; — *Prussien* (un). Adresse, 6166.

CLOSSET, belge. *Potaie* (G). III, 567.

CLUGNY (le P. Franç. de). *Pécheur* (un). Dévotion, 5572 ; Manuel, 5573 ; Oraison, 5574 ; Sujets, 5575 ; Sujets d'oraison, 5576.

COCHIN (Ch.-Nic.), dessin. et graveur célèbre. *Jérôme,* râpeur de tabac. Réponse, 3287 ; — *Société d'amateurs* (une). Misotechnites, 7552.

COCHON DU PUY (Jean), médecin de la marine. *Dupuy* (J.-C.), I, 591.

COGEY, auteur dramatique. *St-Luc.* Huit jours, 6967 ; M. Touche-à-tout, 6968.

COGNIARD (Charles-Théodore).*Théodore C.* Cocarde, 8138 ; Modèle, 8139 ; Enfants, 8140.

COGNIASSE (le P. ', jésuite. *Du Carrier* (l'abbé). Oraison, 1859.

COIFFIER-DE DEMORET (Simon), littérateur et historien, officier de dragons, en 1780 ; député de l'Allier à la Chambre de 1815 ; né à Moulins (Allier), en 1764, mort recteur de l'académie d'Amiens, en 1826. *C**** (S.) Les Enfants des Vosges. Paris, Frechet, 1808, 2 vol. in-12 ; Le Pélerin. Impr. dans la « Bibliothèque des romans » 5e ann., t. x ; — *Officier de dragons*

(un). Le Cheveu, etc., 5259. — Avec le nom de l'auteur. Histoire du Bourbonnais et des Bourbons qui l'ont possédé. Paris, L. G. Michaud, 1814-16, 2 vol. in-8 avec carte et deux tableaux. Cet ouvrage a été reproduit, en 1824, avec de nouveaux frontispices, portant : Seconde édition. Paris, Lecointe et Durey.

COIFFIER DE VERSEUX (le baron Henri-Louis), cousin du précédent, officier d'infanterie en novembre 1787, inspecteur général des études en 1808, fonctions qu'il remplissait encore en 1829, membre de plusieurs sociétés ; né au château de la Faye, près de Moulins (Allier), le 16 novembre 1770. M. Coiffier de Vérseux a publié un certain nombre d'ouvrages, surtout de traductions, mais tous ont paru soit avec ses initiales *H. C.* et *H. L. C.* ou anonymes. Nous allons en donner ici la liste chronologique. 1o En 1789 et 1790, il a composé des chansons, des romances, des satires et des parodies politiques. 2o Saint Julien, roman trad. d'Aug. Lafontaine. Paris, 1798, 2 vol. in-12. La même année, il a fourni différents articles littéraires au « Spectateur du Nord » et au « Journal bibliographique de Hambourg ». 3o Dictionnaire biographique et historique des hommes marquants de la fin du XVIIIe siècle, et plus particulièrement de ceux qui figurent dans la Révolution française, suivi d'un Supplément de quatre tableaux des massacres et proscriptions, rédigé par une Société de gens de lettres. Londres (Hambourg), 1800, 3 vol. in-8. « Un homme, que la vieille amitié » qui m'unit à sa famille m'empê- » che de nommer, a cru pouvoir, » à certaine époque, et dans l'inté- » rêt de son avancement, s'attri- » buer le « Dictionnaire biogra- » phique » que j'ai rédigé seul à » Brunswick, de 1799 à 1800, ou- » vrage très imparfait sans doute, » comme le sont nécessairement » tous les premiers essais en ce » genre, mais qui n'en a pas moins » servi de type, de base aux com- » pilations semblables faites depuis » cette époque. Je suis loin d'atta- » cher une grande importance ni

» à ce livre, ni à aucun des écrits » de ma jeunesse ; cependant, il est » toujours bon que la vérité perce, » et surtout il est juste que chacun » réponde de ses œuvres, mais ne » réponde que des siennes (1) ». L'homme que M. Coiffier de Verseux n'a pas voulu nommer est le marquis L. Dubois de La Maisonfort. Le « Dictionnaire biographique » de Hambourg a été réimprimé à Paris, en 1802, avec des suppressions et des additions, sous le titre de « Biographie moderne », etc., mais l'auteur primitif est resté étranger à cette réimpression, aussi bien qu'à celle faite à Leipzig. 4o Testament d'un émigré, publié par H....C.... . Hambourg (Paris Poignée), 1800, in-12. L'auteur crut devoir désavouer en quelque sorte ce roman : la crainte qu'inspirait alors la police ayant porté l'imprimeur à y faire, de son chef, des changements aussi contraires à la langue que contraires, pour la plupart, aux idées de l'auteur. 5o Le Chevalier noir, nouvelle du VIIIe siècle; par H. C. Paris, Frechet, 1801, in-12, et 1803, in-18 ; 6o Ouliana, ou l'Enfant des bois (nouvelle), et (cinq) autres nouvelles Nouvelles ; par Henri C***. Paris, Legras et Cordier, 1801, 2 vol. in-12. Quelques exemplaires sont anonymes. Les cinq autres nouvelles qui suivent « Ouliana » sont : Hortense, ou le Fou par jalousie, nouvelle française ; Henriette, nouvelle allemande : Fanny, nouvelle anglaise ; Gemmaina, nouvelle africaine ; la Marchande de modes, ou le Préjugé vaincu, nouvelle allemande. Toutes avaient paru dans la nouv. « Bibliothèque des romans » ; 7o Aristippe et quelques-uns de ses contemporains, par Wieland. Trad. (de l'allem.) par H. Coiffier ; suivi d'une Notice sur la vie et les ouvrages de Wieland. Avec portraits. Paris, Poignée, an x (1802), 5 vol. in-8, et Paris, Hénée, 1805, 7 vol. in-12 avec 7 portr. ; 8o Les Sybarites, roman historique du moyen-âge de l'Italie, trad. de l'allemand (de Conrad) ; par H. C. Paris, Poi-

gnée, an ix (1801), 2 vol. in-12 avec gravures ; 9o De 1800 à 1804, des articles littéraires dans divers journaux, et des nouvelles dans la « Nouv. Bibliothèque des romans », parmi lesquelles : l'Abyme sans fond (3e ann., tome xiv, 1801) ; 10o La belle Nièce, histoire tirée d'une chronique. originale du XVe siècle. Paris, Frechet, 1804, et 1805, in-12 ; 11o Tableau historique et politique de l'année 1806 et des années antérieures. Paris, Buisson, 1807, in-8. Anon. 12o Romans du Nord, imités du russe et du danois de Karamsin et Suhm. Paris, Frechet, 1808, 3 vol. in-12. Anon. Une nouv. édition, revue par le traducteur, a paru dans la même année. 13o Léontine de Blondheim, par Aug. de Kotzebue; trad. de l'allem. par H. L. C. Paris, Buisson, 1808, 3 vol. in-12. De 1807 à 1808, M. Coiffier de Verseux a été rédacteur en chef du « Publiciste ». Depuis sa nomination à la place d'inspecteur-général des études, il n'a plus rien fait imprimer, mais, en 1829, il avait en portefeuille un ouvrage sur la Gaule, un roman destiné à peindre les mœurs des hautes classes, depuis la Régence jusqu'à la Révolution, et des Mémoires sur la fin du XVIIIe et le commencement du XIXe siècles. Le bar. Coiffier de Verseux est mort à Orléans, dans l'exercice de ses fonctions, peu de temps après la révolution de 1830 (1).

V. A. S.

COINTEREAU (Franç.). *Professeur d'architecture rurale* (un). Almanach, 6104 ; Économie, 6105.

COIZY (Félix de), aut. dram. *Félix.* II, 64.

COK (Josse). *Jonas* (Justus). Traité, 3361.

COL DE VILLARS (Élie). D. M. ** (M.). Recueil, 8975 ; — *** (M.). Recueil, 9174 (Même ouvr. que le no 8975).

COLAU (P.). *P. C.*, auteur de plusieurs pamphlets et de brochures de circonstances, publ. dans les

---

(1) Quelques biographes ont confondu mal à propos les deux hommes de lettres dont nous venons de parler, soit entre eux, soit avec leur oncle, Henri Coiffier, baron de Bréville, membre de l'Assemblée constituante.

premières années de la Restauration.— *Société de militaires (une)*. Dictionnaire, 7694.

COLET, médecin. ✝* (M.). Bacha, 9010.

COLIN (Sébastien), médecin. *Lisset-Bonancio* (maître). Déclaration des abus, 4232.

COLINOT (l'abbé). *Prêtre du diocèse de Paris (un)*. Pensez-y-bien, 6044.

COLLANGE. *Hottinga* (Dom. de). Frison. Polygraphie, 3142.

COLLÉ (Charles). *Ane-onyme, onisime (un)*. Chansons, 220.

COLLET (Pierre), lazariste. *C. D. T. (le)* (le continuateur de Tournely). Traité des dispenses en général et en particulier. Paris, 1742, 2 vol. ; 1758, 3 vol. in-12; et 1759, in-4. Nouv. édit., revue, refondue et corr. par M. C*** (Compan), prêtre de la même congrégation. Paris, Varin, 1788, 2 vol. in-8 ;— *Prieur de St-Edme (un)*. Lettres, 6085 ; — *Théologien (un)*. Lettres, 8158 ; — *Tournely* (Hon.). Institutiones, IV, p. 524.

COLLET (Et.). *Raban.* Bonnard, 6240.

COLLEVILLE (Charles-Denis), ancien capitaine de cavalerie. *J. C.* Un peu de temps, 3250.

COLLEVILLE (Mlle de Saint-Léger, depuis Mme). *** (Mlle de). Lettres, 9166.

COLLIN (Jacq.-Aug.-Simon), de Plancy. *Béranger* (Paul). Voyage, 605, 6744 ; — *C*** de P*** (J.-A -S.)*. Dictionnaire de la folie et de la raison, parsemé de petits romans, de nouvelles et de contes, d'anecdotes inédites ou peu connues, de facéties, de recherches curieuses et d'aperçus variés sur les superstitions et la philosophie, sur la littérature et les mœurs, sur le libéralisme et la féodalité, sur le siècle présent comparé aux siècles passés, etc. Paris, Théoph. Grandin, 1820, 2 vol. in-12 ; — *Croquelardon* (le R. P. Jean-Gilles-Loup-Boniface). Trois animaux, 1288 ; — *Hormisdas-Peath* (sir). Voyage, 3130 ; — *La Chalotais*. Résumé, 3507 ; *Loyseau* (Jacq.). Légende du blasphême. Plancy, Soc. St-Victor, 1832, gr. in-32, grav. ; Légende du Dimanche. Ibid., 1849, gr. in-32, grav. ; *Neveu de mon oncle* (le). Légendes,

5116 ; — *Nilense* (le bar. de). Deux Robinsons, 5135 ; — Charles Martel. Histoire des maires du Palais. Plancy, Soc. St-Victor, 1851, in-18 avec des vign. ; — *Nilense* (le frère Jacq.). Guirlande catholique, 5136 ; — *Nilense* (le P. Jacq.). Le Mois de l'enfant Jésus, lectures, méditations et prières, pour tous les jours de janvier... Paris, Paul Mellier, 1845, in-32 avec 32 vign. ; — *Saint-Albin* (J.-S.-C. et Jacques). Contes noirs, 6743 ; Trois animaux philosophes, 6745 ; Droit du Seigneur, 6746 ; Voyageur au centre de la terre, 6747 ; Guide des Voyageurs, 6748 ; Voyage au centre de la terre, 6749 ; Dictionnaire anecdotique, 6750 ; (Même ouvrage que le « Dictionnaire de la folie et de la raison »). Bibliothèque facétieuse, 6751 ; Mulier Bonus, 6752; — *Septchênes* (Jean de). Histoire des Jésuites, 7455 ; Jacquemin, 7456 ; — *Société de naturalistes (une)*. Dictionnaire, 7699 ; — *Videbimus* (Joan). Trésor, 8645.

COLLIN (Mme Clotilde-Marie), femme du précédent. *Heures* (Mme Marie d'). II, 235.

COLLIN, des Gimées (Mlle Victoire). *Des Gimées* (Mlle V. C.). Charité, 1615 ; Nancy, 1616 ; Bal, 1617; Cour, 1618 ; — *Observatrice* (l'). III, 358.

COLLINI (Côme-Alexandre). *Voyageur Français (un)*. Lettres, 8820.

COLLOMBET (F.-Zachar.). *Z.* Lettre, 8945 ; — *Z***. Notice, 8948.

COLLOT D'HERBOIS (J.-M.). *C.* Les Vendeurs d'argent, ou les deux Portefeuilles, com. Avignon, Ant. Garrigan, an III (1795), in-8. Contrefaçon entièrement dénaturée de la pièce de l'auteur, intitulée : « les Portefeuilles ». — *C***** d'H*******. Les Français à Grenade, eu l'Impromptu de la guerre et de l'amour, com.-divertissement en deux actes et en prose, mêlée de chants, de danses et de vaudevilles. Lille et Douai, 1799 ; et Bordeaux, P. Philippot, 1780, in-8; — *Gérard* (le P. Franç.). Almanach, 2761.

COLMONT (de), ancien receveur général. *Paysan champenois (un)*. A Timon, 5551.

COLNET DU RAVEL (Ch.-Jos.-Aug.-

Max.). *Voisine* (là). IV, p. 627.

COLOMBE (Etienne-Guillaume), dit de Sainte-Colombe. *Ste-C...* La Nouvelle imprévue, 7147.

COLOMBIER (J.), docteur-régent de la Faculté de médecine de Paris. *C.-(M.).* Préceptes sur la santé des gens de guerre, ou Hygiène militaire. Paris, Lacombe, 1775, in-8 ; — *** (M.). Avis, 9152. Même ouvrage, auquel on a mis un nouveau titre.

COLONNE (Fr.-Marie-Pompée). *Croisset de la Haumerie.* Secrets, 1289; — *Le Crom* (Alex.). Expériences utiles sur la médecine, la métallurgie, etc. Paris, Jollet, et Lamesle, 1718-25, 2 vol. in-12 ; Vade Mecum, 4001.

COLSON (L.-Dan.). *Sandisson* (de). Aventures, 7338.

COLSON (Jean-Bapt.). *Every-One.* Tableau, 2333.

COLTELLI, D.-M. de Montpellier. *Procope-Couteaux.* III, 585.

COMBES-DOUNOUS (J.-J.). *Témoin oculaire* (un). Notice, 8041.

COMEIRAS (Vict.-DELPUECH DE). *V. C.* Tableau, 8539.

COMMARIEU (A.), architecte de l'église de saint Isaac de Saint-Pétersbourg, fils d'une sage-femme. *Montferrand* (A. de). (1) Pour la liste de ses ouvr., voir notre « France littéraire » à ce dernier nom.

COMMERSON (J.), fondateur du « Tam Tam », ensuite du « Tintamarre ». *Citrouillard* (Joseph). (Avec M. E. Vachette). Mayonnaise d'Ephémérides et de Dictionnaire assaisonnée par — et retournée par les deux hommes d'Etat du « Tintamarre ». Ouvrage dédié à l'âge mur et à l'impubère. Paris, Martinon, s. d. (1850), in-18 de XIV et 129 pag. Deux parties : la première intitulée « Éphémérides à jet continu », et la seconde « Dictionnaire du Tintamarre » etc. — *Emballeur* (un). Pensées d'—, pour faire suite aux « Maximes de Larochefoucault ». Paris, Martinon, 1851, in-18 de 144 pag. Ces Pensées ne sont de M. Commerson qu'en partie. La plus grande part de ces

_____

(1) Nous avons en France deux Montferrand : l'un dans la Dordogne, l'autre dans le Puy-de-Dôme. M. Commarieu est né dans l'un ou dans l'autre, de là son nom.

drôleries, extraites du journal « le Tintamarre », revient à M. Jules Lévy, ancien collaborateur de M. Commerson à ce journal, et, plus tard, l'un des rédacteurs du « Corsaire ».

COMNÈNE (Démétrius-Stéph.-Const.). *Mirabeau.* Précis, 4843.

COMPIÈGNE (de), officier au régiment du Roi. *Officiers du régiment du Roi* (les). Réponse, 5337.

CONARD (le P. Louis), jésuite. *Père de la Compagnie de Jésus* (un). Vie de G. Lopez, 5612.

CONDORCET (M.-J.-Ant.-N. CARITAT, marquis de). *Ami de Voltaire* (un). Réponse, 154 ; — *Bourgeois de New-Heaven* (un). Recherches, 779 ; — *Citoyen catholique* (un). Réflexions, 1118 ; — *Citoyen des Etats-Unis* (un). Lettres, 1132 ; — *Citoyen non gradué* (un). Réflexions, 1146 ; — *Laboureur de Picardie* (un). Lettre, 3497 ; — *Républicain* (un). Sentiments, 6448 ; — *Schwartz.* Réflexions, 7408 ; — *Soc. de républicains* (une). Républicain, 7714 ; — *Théologien* (un). Lettre, 8061 ; — ** (M.). Lettre, 8979.

CONDORCET O'CONNOR (Arthur). *Goubault* (Ch.). II, 175.

CONNY (le vicomte de). *Royaliste* (un). Lettre, 6643.

CONSTANT (Mme), femme de l'ex-abbé Alp.-Constant, auteur de la « Bible de la Liberté ». *Capitaine de chevau-légers* (un). Fragments sur les campagnes d'Italie et de Hongrie. Paris, de l'impr. centr. de Nap. Chaix, 1851. in-8 de 191 pag.; — *Vignon* (Claude). Salon, 8723.

CONSTANT DE REBECQUE (Samuel). *Citoyen du Léman* (un). Instructions, 1138 ; — *Frédéric II*, roi de Prusse. Pensées (dernières), 2587.

CONSTANT DE REBECQUE (Benjamin), fils du précédent. *Electeur* (un). Entretien, 2177.

CONSTANTIN (Claude-Louis), 10e supérieur général des frères de la doctrine chrétienne. *Anaclet* (le frère). I, 34.

CONTANT D'ORVILLE (André-Guill.). *Azéma.* Ses Mémoires, contenant diverses anecdotes des règnes de Pierre-le-Grand et de l'impératrice Catherine, son épouse. Amst., 1767, in-12 ; — *C*** D***.* Métamorphoses de l'Amour, 1768, in-12 ; —

Main de maître. Pensées philosophiques, morales et politiques, ouvrage de —, tirées des œuvres de Stanislas, roi de Pologne, et de Frédéric II, roi de Prusse. Amst. et Paris, Le Jay, 1768, in-12 ; — *Père (un).* Etrennes, 5593 ; — *Soc. de gens de lettres (une).* Dictionnaire, 7599.

CONTAT-DESFONTAINES (Jos.-Jean). *Dormeuil.* Télégraphe, 1819 ; Réflexions, 1820. M. Contat-Desfontaines est, en outre, auteur de plusieurs articles sur l'excommunication des comédiens, impr. dans le « Journal des Comédiens », en 1829.

CONTI (Louise-Marie de Lorraine, princ. de), fille du duc de Guise. *L.-P. D. C.* Grand Alcandre, 4361.

COOLS DESNOYERS. *Officier du corps royal d'État-Major (un).* Vie d'Agricola, 5291.

COPEL (Jean-François), carme déchaussé, célèbre prédicateur. *Elisée* (le P.). II, 22.

COQUELET (L.). *D... (Guy-Mathurin).* Eloge, 1329.

COQUELET DE CHAUSSEPIERRE (C.-G.). *Doucet.* M. Cassandre, 1821.

COQUEREAU (Ch.-Jacq.-Louis), *D. M. *** (M.).* Bibliothèque, 9095.

COQUEREAU (J.-B.-L.), avocat. *Terray* (l'abbé). Mémoires, 8063.

CORAY (Adamance), savant helléniste. *M.,* de Chio. Facéties d'Hiéroclès, en grec, avec une traduction française. Paris, 1812, in-8 ; — *Pantazes.* III, 408.

CORBEAU DE SAINT-ALBIN (Omer-Charles-Alexandre ROUSSELIN, depuis). *Rousselin* (A.). Ses ouvrages, sous ce nom. IV, p. 185 à 192. — *Saint-Albin* (de). Ses ouvrages, ibid., p. 179-80.

CORBEAU DE SAINT-ALBIN (Hortensius de), fils du précédent. *Saint-Albin* (H. de). Ses ouvrages, IV, 193. A publié, comme étant de lui, les Mémoires de *J. Sulkowsky.*

CORBIN (le P.), précepteur de M. le Dauphin, fils de Louis XVI. *Prêtre de la doctrine chrétienne (un).* Traité, 6018.

CORBUEIL (Franç.). *Villon* (Fr.). IV, p. 623.

CORDELLIER-DELANOUE (E.-C.-H.). *Dumas* (Alexandre). Napoléon, 1954 ; Bathilde, 1972.

CORDIER (le P.). *Père de l'Oratoire (un).* Manuel, 5625.

CORDIER (J.-B.), d'Angers. *Soc. de philantropes (une).* Calendrier, 7705.

CORDIER DE SAINT-FIRMIN (l'abbé Edme). *Saint-Firmin.* Jeune, 6879; Mariage, 6880 ; Galant, 6881.

CORDONNIER (Hyacinthe). *Mathanasius* (le doct. Chrysost.). Chef-d'œuvre, 4588 ; — *Membre de la Société royale de Londres (un).* Recherches, 4714 ; — *Themiseul de Saint-Hyacinthe.* IV, 222.

CORMIS (Louis de), sieur de BEAURECUEIL, président à mortier au parlement d'Aix. *Hozier* (L.-Pierre d'). Tables, 3144.

CORMONTAIGNE, officier de distinction sous le règne de Louis XIV, volé par *Bardet de Villeneuve.* Cours, 444 ; *** (M.). Architecture militaire, ou l'Art de fortifier. On y a joint un Traité de l'Art de la guerre. La Haye, J. Néaulme et A. Moetjens, 1741, 2 parties in-4 avec planches.

CORMOULS, avocat, au Parlement de Toulouse. *Neufville Montador (le chev. de).* Pudeur, 5102.

CORNEILLE (P.). *Désintéressé (le).* Lettre, 1620.

CORNEILLE (Thomas), frère du précédent. *D. C.* Dictionnaire, 1427.

CORNELIUS NEPOS. *Probus (Æmilius).* III, 584.

CORNET. *Gary* (Alph.). Essai, 2880.

CORNU (Francis), auteur dramatiq. *Francis.* II, 102.

CORNU (Mme Hortense), femme du peintre de ce nom. *Albin* (Sébast.). Ballades, 56 ; Gœthe, 57 ; Essai sur l'histoire des Arts en Italie. (Extr. de l'Encycl. moderne). Paris, F. Didot, 1848, in-8.

CORNUT (Romain). *Saint-Martin* (R.). T. IV, p. 237.

CORPÉ, auteur de la « Sultane pour rire ». *Pécor.* III, 429.

CORREA DE SERRA (Jos.-Fr.). *Soc. de gens de lettres (une).* Archives, 7637.

CORSANGE DE LA PLANTE (J.-Fr.-Jacq.), aut. dramat. et romancier, anc. agent de change. *Cangrosse de Planlade.* Deux années, 907 ; Châteaux, 908 ; — *Lafontaine* (Auguste). Deux années, 3531 ; Invisibles, 3532 ; — Prison, 3533 ; Enfants, 3534.

CORSEMBLEU DESMAHIS (Jos.-Franç.-Edouard de). *Desmahis.* I, 349.

CORTAL (Hughes de). *Locar* (H.)

II, 623 ; — *Lola Montès*, comtesse
dè Lansfeld. Ses Mémoires. (Extr.
du journal « le Pays »). Tome 1er
(et unique). Paris, 1851, in-8.

CORTAMBERT (Mme), femme du médecin et mère du géographe de ce
nom. *Latour* (Mme Charl. de).
Langage, 3859.

CORVISART, fils du célèbre baron
Corvisart, médecin de Napoléon.
Pencatagèle. Olla podrida, 5450.

CORVO DE LA MIRANDOLE (Andreæ).
Cocles(Barthol.). Bartholomei,1181.

COSTARD (J.-P.), anc. libraire. *C***.*
Etat conjugal. Paris, 1809, in-12 ;
— *D**** (P.). Le Ton de la bonne
compagnie, ou Règles de la civilité, à l'usage des personnes des
deux sexes. Paris, an x (1802),
in-18 ; — *D. C.* Amusements dramatiques. Londres, et Paris, Delalain, 1770, in-8. ; — *D. C***.* Les
Orphelins, contc moral, mis en action en forme de pièce dramatique,
en cinq actes et en prose. Paris,
Lacombe, 1787, in-8 ; — *Soc. de
gens de lettres* (une). Dictionnaire, 7599; — *Welford* (lord). Lettre, 8867.

COSTE (J.-Fr.). premier médecin des
armées. *Médecin des armées* (le
premier). Eloge, 4666.

COSTE D'ARNOBAT (C.). *C**.* Essai
sur de prétendues découvertes nouvelles, dont la plupart sont âgées
de plusieurs siècles. Paris, Patris,
an XI (1803), in-8 ; — *C*** (le
cit.). Nouvelles imitées de Cervan-
tes et autres auteurs espagnols.
Paris, Girard, 1802, 2 vol. in-12 ;
— *Comédien du théâtre de la
République* (un). Lettre d'— aux
demoiselles Gros et Bourgoing,
dont les débuts doivent suivre celui de Mlle Volnay. Paris, Lerouge, an IX (1801), in-8 ; — *Du-
mesnil* (Mar.-Franç.). Mémoires,
2078 ; — *Pyrrhonien* (un). Doutes
d'—, proposés à J.-J. Rousseau.
Paris, 1755, in-8 ; — *Vieil amateur* (un). Almanach, 8653.

COSTER (J.-F.). *Citoyen* (un). Lettres,
1101.

COSTER (Marie-Auguste), aut. dram.
Auguste. Nuit, 4980.

COTINET (J.-L.). *Déporté* (un). Almanach, 1548.

COTOLENDI (Ch.). *Du Mont* (le sieur).
Dissertation, 2082.

COTTENET (Emile), auteur dramat.
Emile. II, 23.

COTTIN (Mme Joséphine). *** (la cit.).
Claire, 9224 ; Malvina, 9225 ; A-
mélie, 9226.

COTTON (le P.), jésuite. *Bonald* (le
P. François). Réponse, 744 ; —
Duval (André). Vie , 2125 ; —
Montholon(Me Jacq. de).Plaidoyer,
4955.

COTTU (Charles), ancien magistrat et
publiciste légitimiste. *Lacan*(Mme).
II, 343.

COUAILHAC (L.). *Dumas* (Alexandre). Une fille, 2035 ;—*Journaliste*
(un). Physiologie, 3382 *;—*Louis.*
III, 7 ;— *Rédacteurs du Messager*
(*l'un des*). Biographie, 6356.

COUAILHAC (Victor), artiste et aut.
dramat., frère du précédent. *Fra-
delle* (Eug.). Deux Grisettes, 2504 ;
Mariette, 2505.

COUCY (de), évêque de la Rochelle.
*Evêque de**** (l').Protestation, 2311.

COUDURIER. *Raban.* IV, 9.

COUET (Bernard). *Théologien* (un).
Lettres, 8154.

COULMANN (J.-J.), avocat. *Etudiant
en droit* (un). Défense, 2279.

COULON (l'abbé Cl.-Ant.) , grand-
vicaire de Nevers. *Bossuet.* Défense
l'Eglise gallicane. Publ. par M. de
Genoude. Paris, Perrodil, 1845,
in-12. — *Habitant de Cambridge*
(un). Lettres, 2959.

COULY (Placide). *Saint-Julien.* T.
IV, p. 224.

COUPÉ (l'abbé J.-M.-L.). *Soc. de gens
de lettres* (une). Histoire, 7603.

COURBEVILLE (le P. J.-Fr. de), jésuite. *Chanoine* (un). Sentiments,
999.

COURBON (Guillaume), curé d'Anno-
nay. *La Rivière* (le sr de). Calvi-
nistes, 3830.

COURCELLE (Adrien de). *Taylor* (le
bar.). Voyages, 8000.

COURCELLES LABROUSSE (Clotilde-
Suzanne), célèbre visionnaire. *Labrousse.* II, 342.

COURCY (Fréd. de), auteur dramat.
Frédéric. II, 111 ; — *Odry* (Ch.).
III, 361.

COURDURIE, avocat du Roi. *Vourric*
(Mme de). Usure, 8793.

COURIER (Paul-Louis). *Officier d'artillerie à cheval* (un). Commande-
ment, 5253.

COURNIER (J.-Marie). *Plus célèbre
de nos romanciers* (le). Les Ga-

lanteries du Roi. Paris, 1846 ou 1847, 2 vol. in-8. C'est la reproduction d'un roman qui a d'abord paru sous le titre de « l'Archevêque de Cantorbéry, épisode du douzième siècle ». Paris, rue des Gr. Augustins, n. 1, 1845. Il a été reproduit une seconde fois au moyen de nouveaux frontispices, portant : « Henri II, roman historique ».

Cros (J.-P.), docteur en droit à Carcassonne. *Delacroix* (J.-P.). Vie de Félix Armand, curé de Saint-Martin, diocèse de Carcassonne, auteur de la route de la Pierre-Lis. (De l'impr. de Manavit, à Toulouse). Paris, Adr. Leclère, 1835, in-8 .de xxiii et 119 pag.

Coursiers (Théodore), ancien élève de l'Ecole des chartes, ancien rédacteur-directeur de la « Revue de la Meuse ». *Maurin* (Jean). III, 245.

Courson (Aurélien de), conservateur-adjoint à la Bibliothèque du Louvre. *A. C.* et *de C.* Guerre à l'apostasie ! M. Emile de Girardin peint par lui-même. 24 avril 1850. Paris, Ledoyen, 1850, gr. in-18 de viii et 144 p.; — *Janin* (J.). La Bretagne, 3240.

Courtier fils (M.). *Maximilien.* III, 218.

Courtin d'Ussy (le comte d'). *C. D.* Le nouveau Ragotin, ou l'Assaut du Moulin, poème héroï-comique en v chants. Paris, impr. de Faïn, 1822, in-8 de 84 pag. ; — *Ussy* (le comte d'). IV, p. 550.

Courtivron (le marquis Tanneguy de). *T. de C.* Moyens, 8010.

Courtois, procureur au parlement de Paris. — ** (M.). Voyage, 8976.

Courtot (le P. Jean), de la congrégation de l'Oratoire. *Alétophile.* Lettre, 73 ; — *Aletophilus Charitopolitanus.* Manuel, 79 ; — *Cordier* (J.). Calomnie, 1234 ; Proxima, 1235.

Courtray de Pradel (Eugène), improvisateur français. *Eugène.* II, 45 ; — *Pradel* (Eugène de). III, 569.

Courville (Isidore), auteur dramat. *Isidore.* II, 272.

Cousin (Charles-Yves), d'Avalon, fécond compilateur, mort à Paris, vers la fin de 1839. *Borel.* I, 153 ; — *C***.* Mémorial du Sage, ou petit Dictionnaire philosophique. Paris, Fréchet, 1807, in-12 de 237 pages ; Révélations de Napoléon Bonaparte, contenant ses Discours, ses Conversations et ses Entretiens confidentiels avec les personnes qui lui paraissent attachées, et dans lesquelles il révéla ses pensées secrètes et les vues ambitieuses qui dirigeaient sa politique et sa conduite pour l'accomplissement de ses vastes projets. Paris, Tigér, 1822, 2 vol. in-18 avec 2 gr. — *C**** (L.). Académie, 872 ; — *C. D.* L'Ermite du Mont-Jura, ou les Tableaux du siècle. Paris, Delacour et Levallois, 1809, 2 vol. in-12, fig. ; Vie militaire de Cambrone, maréchal de camp. Paris, Locard et Davy, 1822, in-18 ; Tableau de l'horrible naufrage de la Méduse. Paris, Ve Demoraine et Boucquin, s. d. (1828), in-18, fig.; — *C***D***.* Guerre en Egypte, et Syrie et en Palestine. Paris , Ve Demoraine, 1826, in-18, fig. ; — *C. d'Av.* Bonapartiana. Paris, Pillot frères, 1801, in-18; Comédiana. Paris, Marchand, 1801, in-18; Fontenell ana. Ibid., Marchand, 1801, in-18 ; Harpagoniana. Ibid., Pigoreau, 1801, in-18 ; Linguetiana. Ibid., Vatar-Jouannet, 1801, in-18 ; Molierana. Ibid., Marchand, 1801, in-18 ; Pironiana. Ibid., Vatar - Jouannet, 1801, in-18 ; Santoliana. Ibid. , Brasseur, 1801, in-18; Scarroniana. Ibid., Hedde jeune, 1801, in-18 ; Voltairiana. Ibid., 1801, in-18 ; Christiana, ou Recueil complet des maximes et pensées morales du Christianisme, extraites de la vie, discours, etc. de Jésus-Christ et de quelques épîtres de saint Paul. Paris, Vatar-Jouanet, an x (1802), in-18; et beaucoup d'autres depuis, avec le nom de leur auteur. (Voy. la « France littéraire »). Le Nouveau Bon Jardinier, ou Manuel des jardiniers... Paris, Corbet aîné, 1823, in-12, fig. ; Le nouveau Facardin, ou Aventures comiques et plaisantes, etc. Paris, Chassaignon, 1826, in-18 ; — *D**** (Em.). Résumé, 1341 ; — *D**** (L.). I, 302 ; — *Gaffet.* Parfumeur, 2637 ; — *Gérard.* Vies, 2763 ; — *Gouin.* Nouveau Bon Jardinier, 2860 ; — *La P**** (l'abbé de). Dictionnaire, 3820 ; — *Raimbault* (A.-T.). Parfait Cuisinier, 6280 ; La Nouvelle Cuisinière bourgeoise. IXe édit., considérablement augmentée. Par l'auteur du « Parfait Cuisinier ». Paris, Locard et Davi, 1822, in-12, 1 fr. 80 c. Une édition plus récente a paru sous le nom de Raimbault, et avec le titre de « la Nouvelle Cuisinière bourgeoise, appropriée aux progrès de l'art culinaire ». 7e édit. Paris, Garnier, 1833, in-12.

COUSIN (Maurice), comte de COUR-CHAMPS, imposteur littéraire et plagiaire. *Cagliostro.* Mémoires inédits, 882 ; — *Courchamps* (le comte de). Nuits, 1260 ; Néo-Physiologie, 1261 ; — *Créquy* (la marq. de). Souvenirs, 1275.

COUSIN DE GRAINVILLE (l'abbé Jean-Bapt.-Franç.-Xavier). *Grainville* (l'abbé). II, 150.

COUSIN-DESPRÉAUX (Louis). *D**** (Louis). Leçons, 1337.

COUSTEL (P.). *Du Clouset.* Traduction, 1926.

COUSTELIER (Alt.-Urb.). *Fillon* (la). Lettres, 2428 ; — *Français* (un). Lettre, 2510 ; — *Georgin* (Jeannot). Lettres, 2758.

COUTIER (Mlle), alors âgée de 16 ans. *Jeune Insulaire* (une). Montagne, 3320.

COUTURE (l'abbé J.-Bapt.). *J. C. A. G.* Abrégé, 3251.

COUVRAY DE BEAUREGARD, ancien censeur. *Freytag* (J.-D.). Ses Mémoires, 2605.

COVENTRY (le rév. F.). *Johnson* (Abraham). Lucina, 3357.

COYER (l'abbé Gabr.-Franç.) *Diderot.* Lettre, 1695 ; — *L. C.* (M.). Voyage, 3936 ; — *Voyageur* (un). Nouv. Observations, 8796.

CRAMAIL (le comte). *Solitaire* (le). Pensées, 7746 ;— *Vaux* (de). Jeux, 8536.

CRANNEY (Eugène), auteur dramat. *Desperrières.* La Tarantule, 1649.

CRASSET (le P. J.), jésuite. *T**** (l'abbé de). Histoire, 7939.

CRASSOUS (P.-Etienne), D. M. *Dupuy des Esquilles.* Leçons, 2110.

CRÉBILLON (Cl.-Pr. JOLYOT DE) fils. *Rognon* (de). Télémaque, 6587 ; — ***** (la duch. de). Lettres, 9083.

CREDEN (de), officier irlandais. *La Touche* (Jacques-Ignace de). Le Militaire, 3852.

CRELLIUS (Joan.). *Brutus* (Junius), Polonus. Vindiciæ, 833.

CRESSY (de), huissier-pris. *Aboyeur* (le citoyen), crieur. Avrillonade, 10.

CRESTIN (J.-B.), maire et depuis sous-préfet à Saint-Claude (Jura). *Ermite du Jura* (l'). Contes, 3037.

CRÉTINEAU-JOLY (J.). *Ancien député* (un). Histoire de M. de Genoude et de la « Gazette de France », 185. Cet ouvrage a d'abord paru par chapitres dans la « Revue du XIXe siècle » (1838), où l'on trouve encore, avec la même signature, « l'Histoire de l'Etoile ».

CRÉTU (Etienne), auteur dramatique. *Etienne.* II, 42.

CREUZÉ DE LESSER (le bar. Auguste), anc. préfet de l'Hérault, mort au château de Villiers-en-Vexin, le 19 août 1839. *A. C. D. P.* Les Voleurs, trag. en prose, en 5 actes, par Schiller, imitée de l'allem. Paris, an III (1795), in-8. Creuzé de Lesser a fait de grands changements et des additions très remarquables à l'original. Voy. entre autres la scène 7e du 3e acte. — *Auguste.* Le Déjeuner de garçon, com. en un acte, mêlée d'ariettes. Paris, Barba, 1806, in-8 ; Monsieur Des Chalumeaux, ou la Soirée du carnaval, opéra-comique en trois actes. Paris, le même, 1806, in-8.— ***** (MM.). (Avec M. Roger, de l'Acad. franç.). La Revanche, com. en trois actes et en prose. Paris, Vente, 1809, 1815, in-8 ; (Avec le même) : Le Billet de loterie, comédie en un acte et en prose, mêlée d'ariettes. Paris, Vente, 1811, in-8 ; (Avec le même) : Le Magicien sans magie, opéracom. en deux actes. Paris, Vente, 1811, in-8 ; (Avec le même) : Mademoiselle De Launay à la Bastille, com. histor., mêlée d'ariettes, en un acte. Paris, Delaunay, 1813, in-8 ; (Avec le même) : Le Nouveau Seigneur de village, opéracomique en un acte. Paris, Barba, 1813, 1815, in-8.

CRÈVECOEUR (J.-Hector-Saint-John). *Cultivateur américain* (un). Lettres, 1296 ; — *Membre adoptif de la nation Onéida* (un). Voyage dans la Haute-Pensylvanie, et dans l'état de New-York, trad. et publié par l'auteur des « Lettres d'un Cultivateur américain ». Paris, Maradan, an IX (1801), 3 vol. in-8.

CRIGNON D'AUZOUER. Faux. Voyez VANDEBERGUE-SEURRAT.

CRILLON (l'abbé Athan. BERTON DE).
*** (le bar. de). Mémoires, 9142.
CROISMARE (de), conseiller au parlement de Rouen. *Varack* (le comte de). Mémoires, 8520.
CROISSANT DE GARENGEOT René-Jacques), célèbre chirurgien. *Garengeot.* I. 134.
CROMELIN (J.-M.). *Mathieu.* Mes Radotages, 4592.
CRONEGK (le bar. J.-Fr. de). *Français (un).* Observations, 2514.
CROSNIER (Edmond). *Edmond.* II, 10. — *** (M.). Mariage, 9360.
CROZE-MAGNAN (S.-C.). *S. C. C. M.* Le Gastronome à Paris, épître à l'auteur de « la Gastronomie ». Paris, Desenne, 1803, in-18 ; — *Souscripteur (un).* Lettre, 7818.
CRUCEUS (Annibal). *Rucecus* (J.). J. Ruceci in juris civilis, 6672.
CRUSSOLLE (P.-R.), littérateur distingué, fils du célèbre Daubou. *Lami.* II, 511.
CRUSY (Pierre-Louis-Aug. de), marquis de MARCILLAC. *Marcillac,* III, 194.
CUBIÈRES l'aîné (le marq. Sim.-L.-Pierre). *S....L....P.....C........* Histoire, 7524.
CUBIÈRES (le chev. Michel de), qui a pris aussi le nom de Cubières-Palmezeaux, frère du précédent. *Ancien membre de l'Académie des antiquités de Hesse-Cassel (un).* Epître (en vers) à Mme la comtesse (Constance) de Salm (depuis princesse). Paris, impr. de Lefebvre, 1812, in-8 de 24 pages ; — *C*** (le chev. de). L'Homme d'Etat imaginaire, comédie en cinq actes et en vers. Paris, Volland, 1789, in-8 ; — *Castelvadru* (l'ex-rév. P. Ignace de), petit-neveu du R. P. Brumoi. Art. 942 ; — *Dorat-Cubières.* Dorat-Cubières à Jean Acton, suivi d'une Lettre sur la fédération de 1790. Paris, Couret de Villeneuve, 1790, in-8 ; — *Geoffroy* (l'abbé Julien-Louis). Mort de César, 2754 ; — *Gresset.* Epître, 2908 ; — *Hermite de Seine-et-Marne* (l'). Essai historique, 3035 ; Essai sur l'Art poétique, 3036 ; — *Jeune penseur (un).* Réponse, 3325 ; — *Laurès* (le chev. de). Lettre, 3870 ; — *Maribarou* (de). Confession, 4544 ; — *Métrophile* (Michel). Opuscules, 4773 ; *Palmezeaux.* Jenner, ou le Triom-

phe de la Vaccine, poème en quatre livres. Paris, imprim. de Froullé, 1811, in-8 ; — *Raynal* (l'abbé). Etats, 6330 ; — *Solitaire de Chalcide (un).* Lettre d'— à une dame Romaine ; suivie de plusieurs pièces fugitives. Amst. et Paris, Monory, 1772, in-12 ; — *Tavel.* Thrasybule, 7998.
CUCURON SICARD (l'abbé Roch-Ambroise). *Sicard.* IV, p. 324.
CUISIN (J.-P.-R.), mort garde-magasin de poudres vers 1845. *Descendant de Rivarol (un).* Dictionnaire, 1600 ; — *G*** (Mme). Jeune navigateur, 2623 ; — *Dessinateur au charbon (un).* Cabarets, 1657 ; — *Ecouteur aux portes (un).* Perfidies assassines, 2157 ; — *Ermites du jour de l'an* (les). Etrennes, 2241 ; — *Homme qui s'est marié sept fois (un).* Guide, 3123 ; — *Lynx magicien (un).* Peintre, 4426 ; — *Miquelet transfuge (un).* Vie de Mina, 4835 ; — *P.,* pensionnaire du Roi. L'Urne royale, ou le Cyprès du trône, offert à la mémoire de S. M. Louis XVIII... Paris, Masson, 1824, in-12, fig. ; — *Parasite logé à pouf dans un grenier (un).* Vie de garçon, 5467 ; — *P. C.* Les Invincibles, ou Gloire des armées françaises : précis des actions éclatantes qui ont fait surnommer les Français les premiers soldats du monde ; dédié aux braves. Paris, Vauquelin, 1819, in-12. Réimpr. dans la même année. Sargines et Sophie d'Apremont, ou l'Elève de l'Amour, anecdote française tirée de l'histoire de la chevalerie. Paris, le même, 1819, 2 vol. in-18. Reproduit, en 1825, avec de nouveaux frontispices portant le nom de l'auteur. Les Grenadiers français, ou les Soldats immortels, recueils de faits héroïques et actions mémorables. Paris, le même, 1819, in-12. Cet ouvrage a eu une troisième édition en 1822. Histoire de la guerre d'Espagne, ou les Etrennes à nos braves... Résumé de la campagne d'Espagne en 1823... Paris, Locard et Davy, 1824, in-18, avec une grav. et une carte. L'Enfant du hasard, trouvé dans une corbeille, et devenu seigneur de Perse. Paris, Dabo jeune, 1825, 3 vol. in-12 ; Les jeunes Conteurs, ou

les Loisirs du pensionnat, nouvelles, contes moraux et faits historiques, entremêlés d'aperçus sur les mœurs des nations, sur des personnages illustres par leur génie et par leurs vertus, etc. Paris, Locard et Davy, 1825, in-18, avec 6 fig. ; Le Parfait jeune homme, ou le Modèle des bons fils, histoire instructive, morale et amusante... Paris, Dabo jeune, 1826, 2 vol. in-12, avec gravures ; Le Temple de la Victoire, ou l'Elite des guerriers français. Paris, Corbet jeune, 1829, in-12, figur. ; Les Fastes, ruses et intrigues de la galanterie, ou Tableaux de l'amour et du plaisir. Paris, Terry, 1835, in-18, fig. ; — Rodeur (un). Duels, 6577 ; — S*** (le vic. de'. Conjugalisme, 6706;— Soc. d'agriculteurs (une). Manuel, 7550* ; — Soc. de chasseurs (une). Théorie, 7570 ; — Vélocifère (M.). Amour, 8552 ; — Victime de la tyranie de Bonaparte (une). Crimes, 8609 ; — Victime des Femmes entretenues (une). Femmes, 8610 ; — V. L. (MM.). L'Ecole du Chasseur, suivie d'un Traité sur l'oisellerie, la pêche et les nouveaux fusils de chasse à piston, sans pierre à poudre, etc. Manuel, etc. Paris, l'Ecrivain, 1822, in-12, avec une planche.

CUJACIUS (Jac.). Mercator (Ant.). Antonii Mercatoris notata, 4746.

CULANT-CIRÉ (M. le marquis René-Alex.), C.... de C... (M. le marq.). Lettres intéressantes, philosophiques et critiques. Amsterdam, P. Mortier, 1753, in-12 ; — L. M. de C....C. (M.). Recueil, 4245 ; — Mandarin (un), Opinions d'—, ou Discours sur la nature de l'Ame. 1784, in-8.

CUREAU DE LA CHAMBRE (Marin). Philalèthe. Observations, 5682.

CURIO (Cœlus-Secundus). Recteur de l'Université de Basle (le). Vie de David George, 6354.

CURMER (Léon), et non Hetzel, comme nous l'avons imprimé par erreur. Neilson (C.). Histoire, 5073.

CURTY (le comte Léopold et non Louis de). P. L. C. L. D. C. Lettres, 5901.

CURY. Mélidor. Travaux d'Aristée, 4680.

CUSSAC (J.). C*(J.). Pisciceptologie, ou l'Art de la pêche à la ligne ; Discours sur les poissons, la manière de les prendre et de les accommoder ; la la Pêche aux filets et autres instruments; suivie d'un Traité des étangs, viviers, fossés, réservoirs, etc. Paris, Cussac, 1816, in-12, avec 29 pl. ; ou Paris, Corbet, 1820, 1823, in-12, avec 29 pl. ; — *** (M.). Histoire d'Eléonor de Guyenne, 9209.

CUSSON, imprimeur et avocat au parlement. Gonnelieu (le P. Jérôme de), jésuite. Imitation de J.-C. 2842-2843.

CUSSON (P.), médecin. Bauge (Nic.). De Singultu, dissertatio. Monspeliensis, ex typ. J. Martel, 1764, in-4 ; — Dupuy des Esquilles. Leçons, 2110 ; — Luchados (Jourdan). De Proctostenià, 4387 ; — Peressoncu, D. E. M. M. P. A. P. D. B. D. L. D. M. D. M. Ode à la merde, avec des notes. Montpellier, 1807, in-8 de 20 pag. C'est vraisemblablement une réimpression de cette sale facétie qui a paru sous le titre de « Ode à la merde, dédiée aux gens de goût », par Merdophile. Se trouve à Paris, dans tous les lieux, s. d., in-8 ; — Perrier (Michel). De Bradyspermatismo, 5646.

CUVELIER DE TRIE (Jean-Guillaume-A.). Cordelier. Le Sac, 1233 ; — Cuvelier (Mlle Flora). Le Gnôme, 1317 ; — Guillaume. II, 190.

CUVILLIER-FLEURY. Janin (J.). Le Prince-Royal, 3239.

CZATORISKY (le prince Adam). Philhellène (un). Essai, 5728.

D

DABERT (l'abbé), prêtre du diocèse de Viviers. Marie Arsène. Vie de M. Vernet, 4546.

DADIN DE HAUTE SERRE (Antoine). Haute-Serre. II, 207.

DAGONEL (le P. Pierre), jésuite. P.

⁗*de la C. de Jésus (un)*. Avis chrestiens, 5565.

DAGUESSEAU (le chancelier). *Landié* (Edouard). Développements, 3795 ; Histoire, 3796.

DAGUESSEAU de Frêne, fils du chancelier. *Ancien avocat aux conseils (un)*. Lettre, 177.

DALEMBERT (Jean LEROND). *Al**** (M. d'). Lettre de —, à M. le marpuis de C*** sur madame Geoffrin. S. l., ni d., in-8 de 16 pag. — *Auteur désintéressé (un)*. Sur la Destruction, 363 ; — *Diderot*. Lettre, 1689 ; — *Remy* (l'abbé). IV. 92.

DALERAC. *Beaujeu* (le chev. de). Mémoires, 514.

DALLIÈS, de Bordeaux. *Paysan des Landes (un)*. Vérité, 5556.

DALMBERT (A.). *Rembaldt*, réd. en chef du « Moniteur de la Mode ».

DAMAME. *Duchêne* (le père). Grande colère, 1882.

DAMARIN (Edouard), aut. dramat. *Ernest*. II, 33.

DAMER (Mme). *Dymmer* (Mme). Belmour, 2136.

DAMETH (Henri). *Gorrse* (Henri). Notions élémentaires sur la science sociale de Fourier. Impr. en Belgique.

DAMIENS DE GOMICOURT (A.-Pierre). *Carré* (Jérôme). Essai, 931 ; Traité analytique, étymologique et raisonné de l'accent et de la prononciation de la langue anglaise ; suivi d'une Table des verbes anglais, réguliers et irréguliers, etc. Paris, Pissot, 1778, in-8 ; — *Gomicourt* (D. de). II, 174 ; — *Observateur français* (l'). L'Observateur français à Londres, etc. Paris, Merlin, 1769-72, 32 vol. in-12 ; L'Observateur français à Amsterdam, etc. Tome 1er (et unique). Amst., 1772, in-12.

DAMME (Van). *Dilettante (un)*. Vie de G. Rossini, célèbre compositeur, membre de l'Institut, directeur du chant de l'Académie royale de musique de Paris, chevalier de la Légion d'honneur, et d'une quantité d'ordres impériaux et royaux, membre de la grande harmonie de Bruxelles et de toutes les institutions harmoniques de l'Italie. Dédiée aux vrais adorateurs du célèbre maître. Anvers, à la librairie nation. et étrangère, 1839, in-12

de 215 pag. Il y a plus d'une erreur dans l'énumération des titres de ce célèbre compositeur. Rossini n'a point appartenu à l'Institut de France ; il n'a point été directeur du chant de l'Académie royale de musique, mais il a été *intendant-général de la musique du roi et inspecteur général du chant en France*, sinécures grotesques qui ne lui imposaient d'autre obligation que celle de recevoir un traitement annuel de 20,000 f. *Fél. Delhasse*.

DAMOURS (Louis), jurisconsulte. *Ninon de l'Enclos*. Lettres, 4027 ; — ***(Milady). Lettres, 9183.

DAMPIERRE DE LA SALLE (de), mort en 1793. *Amateur (un)*. Théâtre d'—. Paris, veuve Duchesne, 1787, 2 vol. in-18. *Ancien munitionnaire de vivres (un)*. Lettre, 204 ; Mémoire sur une question relative aux vivres des troupes de terre. 1790, in-8.

DANCEL (l'abbé), du diocèse de Coutances. *Prêtre de la maison et société de Sorbonne (un)*. Apologie, 6019.

DANCOURT (L.-H.), aut. et art. dram. *Laval* (P.-A.). P.-A. Laval, comédien, 3889 ; Lettre, 299, 3890.

DANDELIN (Henri), échevin de la commune de Saint-Josse-ten-Noode lez Bruxelles. *Electeurs* (des). Sur le quartier Léopold. Saint-Josse-ten-Noode, Th. Lesigne, 1852, in-8 de 10 pag. ; — *Habitant du quartier Léopold (un)*. Aux habitants du quartier Léopold. Ibid., 1852, in-8 de 3 pag. ; Affaire du quartier Léopold. Ibid., 1852, in-8 de 12 pag. *Fél. Delhasse*.

DANÈS (P.). *Bellocirius* (P.). C. Pline, 568.

DANGUY DESDESERTS, médecin à Landerneau ; poète et romancier. Il écrit dans les « Revues » de Bretagne, sous le pseudonyme de *Lennoc'h*.

DANICAN (André), compositeur de musique, né à Dreux en 1726, mort à Londres, le 31 août 1795. *Philidor* (A.-D.). Analyse, 5734 ; Traité, 5735.

DANICAN (Auguste), général, fils du précédent ; mort à Itzehoe (duché de Holstein), en décembre 1848, a l'âge de 85 ans. *Vrai patriote de 1789 (un)*. Fléau, 8839.

DANJOU, anc. employé de la Bibliothèque royale de Paris. *Bibliothé-caire (un)*. Exposé, 646.

DANTAL (le prof. Ch.), lecteur de Frédéric II. *Habitant de Postdam (un)*. Hipparchia, 2974.

DANTINE (dom Maur), religieux bé-nédictin de la Congrégation de St-Maur. *Religieux bénédictin (un)*. Les Psaumes, 6402.

DANTON (François). *Lacase*. II, 343 ; — *Ourouch*, 5399.

DAQUIN DE CHATEAULYON. *Esprit follet (un)*. Messager, 2263 ; — *Petit cousin de Rabelais* (le). Elo-ge de Molière, 5658 ; — *Rabelais-Daquin*. Apparition de Marat, 6253 ; — *Soc. de gens de lettres (une)*. Semaine, 7591 ; — *** (le chev. de). Observations, 9019.

DARBOY (l'abbé G.), anc en professeur de théologie au séminaire de Lan-gres, aujourd'hui aumônier de l'E-cole normale. *G. D*. (l'abbé). Jéru-salem et la Terre-Sainte. Paris, Belin-Leprieur et Morisset, 1852, gr. in-8 orné de 24 grav. sur acier par Rouargue et 2 cartes lithogr.

DARÇON (le gén.). Voy. LE MICHAUD D'ARÇON.

DARD DU BOSCO, de Gy. *Barbantane* (le R. P. Achille de). Discours, 442.

DARET (Pierre), graveur en taille douce. *Bombourg* (Jean de). Re-cherches sur Raphaël, 734.

DARMAING(Jean-Jérôme-Achille),anc. magistrat ; mort à Paris, le 30 juil-let 1836. *Jean qui pleure et qui rit*. Nouv. Tour d'Ugolin, 3283.

DARRIGOL (l'abbé), supérieur du grand séminaire de Bayonne. *Ecclésias-tique du diocèse de Bayonne*. Dis-sertation, 2143.

DARTHENAY, anc. rédacteur de « la Gazette des tribunaux ». *Louveteau* (D.). III, 139.

DARTOIS DE BOURNONVILLE (Louis-Charles-Achille), aut. dramatique. *Casimir*. Ange gardien, 935 ; — *Losier*. III, 639 ; — *Odry*. La Bande joyeuse, III, 360.

DARTOIS DE BOURNONVILLE (Louis-Armand-Théodore), frère du pré-cédent. *Théodore*. Mariage, 8131.

DARTOIS DE BOURNONVILLE (Franç.-Vict.-Armand), frère des deux pré-cédents. *Léveillé de Charenton*. (Avec M. Gabriel). Les Mémoires contemporains, ou la Maison des fous, à-propos en un acte, mêlé de couplets. Représenté sur le théâtre

des Variétés, le 14 févr. 1829. Pa-ris, Barba, 1829, in-8.

DARTON (Alphonse). *Saint-Hilaire* (E.-M.). Une mauvaise plaisanterie, 6917.

DARUT (Franc.-J.). baron de GRAND-PRÉ, lieutenant-général. *G***P**** (le comte de). Aimable petit maî-tre, 2873 ; — *Grandpré*. II, 180.

DAUDÉ (Pierre) ; *D. S. L*. Discours, 1835 ; — *Virgilius Maro* (P.). Sybilla Capitolina, 8749.

DAULEBARD DE FÉRUSSAC (le baron J.-Bapt.-L.). *Férussac* (de). II, 69.

DAUNOU (Pierre-Cl.-Franc.), mort secrétaire perpétuel de l'Académie des inscriptions et belles-lettres, garde général des archives du royaume et pair de France, le 20 juin 1840. *Humorist* (James). Pro-jet d'inscription en l'honneur de Pilâtre du Rosier et Romain (aéro-nautes). Impr. dans le « Journal encyclopédique », du mois d'octo-bre 1788. *Note de M. Boissonnade*.

DAUXION DE LAVAISSE (J.-F.). *La-vaisse*. II, 546.

DAUZATS (A.), artiste peintre. *Dumas* (Alex.). Quinze jours au Sinaï, 2049.

DAVACH DE LA RIVIÈRE. *La Ri-vière* (de). II, 532.

DAVENNE (Fr.), parisien. *Frondeur désintéressé (un)*. Réponse, 2611 ; — *F. D. P*. Tragédie, 2365.

DAVID (le P. Jean). *Indinau* (Dona-tien). Jeu, 3191.

DAVID (J.-B.-Fr.-Cl.), commissaire or-donnateur des guerres, volé par le marquis *Masson de Pezay*, pour une Traduction en prose de Catulle, Tibulle et Gallus, 5668.

DAVID (Pierre), consul général de France à Smyrne, plus tard dépu-té. *Phalanthée* (Sylvain). Alexan-dréide, 5671 ; Athènes, 5672.

DAVID (Jules), artiste et littérateur. *Scott* (W.). Le Proscrit des Hé-brides, 7414 ; La Pythie des High-lands, 7415.

DAVID DE SAINT-GEORGE (J.-Jos.-Alex.). *Nodier* (Charles). Archéo-logue, 5150 ; — *Saint-Georges* (de). IV, p. 218.

DAVIN (Félix). *Félix*. Wolfthurm, 2377.

DAVITY (Pierre). *D. T. V. Y*. Nou-veau Théâtre, 1838.

DAVY DU PERRON (le cardinal Jac.). *Connestable* (H.). Examen. 1203.

DAYDE (R.). *Dantille*. Observations, 1375.

DÉADDE (Edouard), ancien directeur du théâtre de la porte Saint-Antoine. *Saint-Yves.* Ses pièces, 7074-7134.

DÉADDÉ (H.), frère du précédent. *St-Yves* (H.). Souper du Diable, 7076 * ; un Pélerinage, 7079.

DE BEAUCE, autographiste à Paris. *Ste-Croix* (E. de). Prérogatives de la femme, 7149.

DE BURE junior (Guill.-Franc.). *Rebude* (G.-F.). Musæum typographicum, 6347.

DE BURE DE SAINT-FAUXBIN (J.-F.). frère du précédent. *Eremita* (Joan.). II, 31 ; — *Solitaire* (un). Lettres, 7756.

DECAZES (la baronne). *Mirbel* (Elisa de). Tour de Biaritz, 4860 ; Cosi sempre, 4861 ; Histoires d'Amour. Paris, Permain, 1851, in-8.

DÉCHAMPS (le P.), jésuite. *Docteur catholique* (un). Secret du Jansénisme, 1768 ; — *Marandé.* Secrète politique, 4522.

DECHEZ (Louis-Hippolyte-Alexandre), artiste dramatique; né à Lyon, en 1803, mort sur le champ de bataille, près d'Anvers, le 19 octobre 1830, *Jenneval.* Etudes poétiques, 3286.

DECOMBE, choréographe. *Albert.* I, 14.

DECOMBROUSSE (Franc.-Isaac-Hyacinthe). *Hyacinthe.* II, 261 ; — *Montbrun* (de). Canne de Voltaire, 4948.

DÉCOUR. Voy. LAFFILARD.

DEDON (Fr.-L.), lieutenant-général d'artillerie. *Officier supérieur de l'armée.* Mémoires, 5332.

DEFÉLICE (Guill.). *Vaudois* (un). A-dieux, 8531.

DEFORIS (J.-Ennemond). *Foris* (de). II, 87.

DEFRÉ (Louis) (1), avocat à la Cour d'appel de Bruxelles. (*Anon.*). La Femme, l'Enfant et le Penseur. Bruxelles, Emile Lelong et Cie, 1848, in-8 de 31 pag. ; L'Université de Louvain et le Christianisme, ou Jésuitisme et Socialisme. Ibid., 1850, in-12 de 30 pag. Deuxième édit., précédée d'une Lettre de Mazzini à Montalembert, etc., suivi de la Belgique socialiste ou cosaque (par M. Defré). Ibid., 1850,

in-12. — *Ancien élève de l'Université catholique* (un). Courtes Observations à la « Revue démocratique » au sujet de son article « Coup-d'OEil sur quelques doctrines sociales ». Bruxelles, N.J. Slingeneyer jeune, 1846, in-8 de 12 pages ; — *Boniface* (Jos.). De l'Indépendance nationale au point de vue catholique. Lettre à M. Malou, membre de la Chambre des représentants. Bruxelles, A. Daros, 1853, in-12 ; — *Voituron* (Maur.). Le Parti libéral joué par le parti catholique, 8765. *Fél. Delhasse.*

DEGÉRANDO (le baron Joseph-Marie). *Gérando* (le bar. de). II, 150 ; — *Soc. de gens de lettres* (une). Archives, 7637.

DEGOLA (l'abbé Eust.). *Prêtre italien* (un). Justification, 6051.

DEGRAND (J.), avocat-avoué et juge suppléant au tribunal de Carcassonne. *J. D.* Matinados, 3259 ; Repaïch, 3260.

DEGUERLE (J.-Nic.-Marie). *Ackerlio* (le docteur). Eloge, 24 ; — *Arnay* (le marquis d'). Proclamation du camp de Jalès. 1790, broch. in-8 ; — *Chanely* (de). Origine, 996.

DEHÈQUE (F.-D.). *Cébès*, de Thèbes. Devoirs des hommes, 964.

DEHULSTÈRE (Pierre), poète belge : mort le 10 janvier 1839, à l'âge de 59 ans. *Brabançon* (Pierre). Les Amours, en trois contes. (En vers). Bruxelles, Tarlier, 1827, in-18 de 47 pages. Ces Amours sont le poétique, le raisonnable et le platonique. Poésies, 800.

DEIDIER (l'abbé). *Mathématicien* (un). Lettre, 4589.

DEJAER (L.-Joseph) (1), de Liége. Nous connaissons de lui : 1o Essai sur l'Amitié. Liége, Dessain, 1841, in-18 de XIII et 30 pag. ; 2o Considérations historiques et pratiques sur les mœurs et la société actuelle. Ibid., 1841, in-18 de XVI et 191 pag. ; 3o Le Franc parleur, voyageant dans certaines contrées de la Belgique sans oublier la mémorable Hesbaie. Ibid., Redouté, 1845, in-18 de XIV et 209 pag. ; 4o Examen raisonné de la contradiction, de l'absurdité et de l'impiété

(1) Ecrivain entièrement inconnu aux auteurs de la « Littérature française contemporaine ».

(1) Ecrivain entièrement inconnu aux auteurs de la « Littérature française contemporaine ».

des principes dogmatiques, moraux et ecclésiastiques des divergentes religiosités humaines, opposés aux préceptes de la religion divine, naturelle et philosophique. Première partie. Ibid., F. Oudart, 1847, in-18 de 138 pag. ; 5° Exposé sommaire de la religion philosophique. Ibid., F. Oudar, 1847, in-8 de 11j et 100 pag. Ces cinq opuscules, œuvres d'un cerveau malade, sont des modèles de littérature excentrique. Ils sont devenus peu communs. M. Dejaer a participé à la rédaction de deux journaux socialistes liégeois : d'abord de « l'Ouvrier, organe des intérêts populaires » (juillet 1848 à juillet 1849), ensuite du « Travailleur, organe des intérêts de la classe ouvrière » (9 nov. 1848 au 27 mai 1849). Le 1er avril 1849, M. L.-J. Dejaer, président de l'Association démocratique républicaine de Liége, devint le principal rédacteur de ce dernier. Ses articles sont signés l'*Ordre*. U. Capitaine.

DELAAGE (A.-J.). *Témoins oculaires* (des). Journées, 8052.

DELACROIX (Auguste). *Lacroix* (A. de). Le Château de la Pommeraie. Paris, Passard, 1848, 2 vol. in-8. Les Belges ne volent pas seulement nos auteurs, ils volent encore leur réputation. Le roman de M. Aug. Delacroix a été réimprimé à Bruxelles, dès 1848, avec le nom de Paul Lacroix. M. Delacroix a écrit plusieurs types pour les «Français peints par eux-mêmes ».

DÉLACROIX (Mme Julie), née Bordier, femme du précédent, et sœur de M. Henri-Léonard Bordier, avocat, élève de l'Ecole des Chartes, etc. *Anspach* (Maria d'). Juliette, nouvelle. 1843 (dans un recueil littéraire) ; Fastel, 257 : Français peints par eux-mêmes, ibid. ; Samuel le joaillier. Impr. dans un journal de Paris, vers 1845, « l'Echo des Feuilletons » peut-être.

DE LA FIZELIÈRE (Albert-André), auteur de nouvelles et d'articles dans plusieurs journaux, sous les pseudonymes : *A. D. L. F.* ; *André* (A.), *Egerton* (Henri) ; *Marsay* (L. de). III, 200 ; — *Pompilius* (le capitaine). III, 548.

DE LA FONTAINE (le P. Jacq.), jé-

suite. *Montbron* (Jacobus de). Disquisitio, 4946.

DELAFONTAINE. *Caporal de grenadiers* (un). Mémoires, 912.

DELAHAYE (Gustave), aut. dram. et romancier. *Jules*. II, 315 ; — *St-Aure* (Jules de). Les Inséparables, 6820 ; L'Inceste, 6821 ; La Famille d'une choriste, 6822 ; Hygiène, 6823 ; M. Popot, 6824 ; Le Val d'amour, 6825.

DELALANDE (J.-J.), ancien prote. *Typographophile* (un). Sur les livres d'usage, 8375.

DE LA MARCHE (le P.). *Religieux de Grandmont* (un). Lettre critique, 6409.

DELANGLE, de Mortagne (Orne). *Adjoint de l'état-major de l'armée du Rhin* (un). Essai sur les colonies orientales, depuis 1753 jusqu'à présent. Alençon, 1801, in-8 ; — *Officier de l'état-major de l'armée du Rhin* (un). Mémoire, 5281.

DE LA RUE (F.), médecin. *L**** (de). Recherches de la Vérité, 3483.

DELASALLE (Paul), et non « de Lassalle », comme l'appellent les auteurs de la « Littérature française contemporaine » (1), avocat-avoué à Mamers et littérateur ; né à La Haye-du-Puy (Manche), le 2 juin 1812, mort à Auteuil, le 30 juillet 1845. On a de lui : 1° Pierre Gringoire. Vers publiés par Paul Delasalle. Paris, Charpentier, 1836, in-18. Voici l'anecdote que Paul Delasalle raconte dans sa préface, afin d'éluder la responsabilité de ses premiers vers : « Il y avait, au » temps de Louis XII, un pauvre » poète, désigné, dans les chartes » latines qui le concernent, sous » le nom de *Petrus Gringorius*, » originaire de Normandie, selon » les uns, de Lorraine, selon les » autres ; possédant, au dire de » l'abbé De la Rue, qui en fait un » de ses trouvères Neustriens, des » maisons et des domaines héréditaires à Caen et à Thury, et, » d'après une opinion toute différente, ayant été élevé par charité » à l'évêché de Toul. Ce qu'il y a. » d'à peu près certain, c'est que,

<hr />

(1) Au tome IV de leur livre, où ils n'ont donné qu'un article nul. Delasalle ayant publié des poésies sous le pseudonyme de Gringoire, cette circonstance nous permet de refaire cet article.

» s'il ne fut pas valet-de-chambre
» comme les deux Marot et bien
» d'autres, au moins, il fut hérault
» d'armes du duc de Lorraine, ajou-
» ta le noble nom de Vaudemont
» à son nom. roturier de Pierre
» Gringoire, et vint mourir à Pa-
» ris, rue St-Denis, n. 90, par une
» froide journée du mois de décem-
» bre 1545.

. . . .
.» Le nom de Pierre Gringoire
» ne périt pas avec celui qui le por-
» tait, car on voit ce nom quelque-
» fois figurer dans les histoires
» littéraires ou dans les archives
» locales, et un de ses derniers
» descendants, jeune homme obs-
» cur et parfaitement ignoré, occu-
» pait, il y a peu de mois encore,
» à Caen, dans la rue de l'Odon,
» qui s'appelait, du temps de son
» ancêtre, rue Vidion, un coin assez
» retiré de la maison pour laquelle
» ce même ancêtre payait annuelle-
» ment, à l'abbaye d'Ardennes,
» une redevance de cinquante sols
» parisis. Le jeune Gringoire a su-
» bitement disparu sans qu'aucun
» indice puisse aider à découvrir
» la cause de ce brusque départ et
» le lieu de sa nouvelle résidence.

. . . .
» Le rapprochement singulier qui
» avait placé dans la vieille maison
» du poète Gringoire un héritier de
» son nom, attira un instant l'at-
» tention sur cette demeure ; mais
» on n'y rencontra qu'un vieillard
» aveugle, sourd et paralytique,
» à demi couché au fond d'une
» alcove délabrée, et duquel il fut
» impossible d'obtenir, après beau-
» coup de démarches et d'efforts,
» autre chose que la communica-
» tion officieuse de quelques liasses
» de papiers, dont le jeune homme
» l'avait rendu dépositaire, pour le
» cas où il reviendrait un jour. A
» la grande surprise de tous ceux
» qui l'avaient approché sans le
» connaître, il s'est trouvé que ces
» papiers contenaient une quantité
» considérable de poésies, dont nous
» publions ici les moins personnel-
» les, etc...... » ; 2º Fleurs de pommiers, vers. Paris, Charpentier,
1839, in-16 ; 3º Contes tristes. (En
prose). Paris, Charpentier, 1842,
in-16 ; 4º Excursion à St-Céneri-le-
Géré (Orne). (En prose). Alençon,
Bodé, 1842, in-8 ; 5º Les Rêves du
printemps. (Poésies). Le Mans,
Fleuriot, 1843, in-8 ; 6º Documents
inédits sur le fédéralisme en Normandie. Le Mans, Fleuriot, 1844,
in-8 ; 7º Charlotte Corday. Paris,
Charpentier, 1845, in-8 de 96 pag.
Livre bien supérieur à tout ce qui
a paru jusqu'à ce jour sur cette
femme célèbre, et qui, au dire de
M. Michelet, critique si compétent
en pareille matière, donnait de
brillantes espérances pour l'avenir.
8º La Bibliothèque bleue. Caen,
Chardel, 1845, in-8 de 32 pag. On
trouve des articles de Paul Delasalle dans les divers journaux du
Calvados, de la Sarthe et du Loi-
ret, dans la « Revue du Calvados », dont il fut le principal fondateur, la « Revue de Rouen »,
où nous avons remarqué de lui :
Le Tribun (poésie), 22 octobre
1836, pièce signée Pierre Gringoire, — Les deux Bretons, en deux
articles (1836), — Pierre Gringoire
(nov. 1836), — Avant d'entrer dans
la vie commune. A madame Numa
Danjon. Poésie (tome XIII, 1839,
p. 125-130) ; dans « l'Illustration »,
« le Magasin Pittoresque » et surtout dans la « Mosaïque de
l'Ouest ». Beaucoup des articles
qu'il a fournis aux recueils que
nous venons de citer ont été tirés
à part in-8 et in-16. M. Emile
Souvestre a réuni les œuvres diverses de Paul Delasalle et les a publiées sous ce titre : 9º Une Voie
perdue. Réimpression des OEuvres
de Paul Delasalle. Paris, Charpentier, 1847, gr. in-8 de 407 pag.,
avec un port. sur bois (1). Ce livre
est loin de renfermer tout ce qu'a
écrit Delasalle ; de plus, il est à
regretter que l'édition ait été si peu
soignée ; elle fourmille de fautes
d'impression. Au reste, il était
difficile que M. Souvestre, habitant Paris, pût surveiller complètement une impression faite à Blois.
Ce volume contient un long mor-
ceau de l'éditeur « Aux amis de

(1) Ce volume, non annoncé dans la
« Bibliographie de la France », année 1847,
n'est pas cité dans l'art. tronqué, que MM.
Louandre et Bourquelot ont consacré à Paul
Delasalle, fautivement à la lettre L.

Paul Delasalle », formant 51 pag., puis viennent les ouvrages de l'auteur : Pierre Gringoire, — Fleurs de pommiers, — les Rêves du printemps, — des Chansons, — Charlotte Corday, — Documents inédits sur le fédéralisme en Normandie. — Excursion à St-Cénery-le-Géré. M. Geo. Mancel, le savant et spirituel bibliothécaire de Caen, qui fut l'ami intime de Paul Delasalle, lui a consacré une notice courte, mais substantielle, dans « les Normands illustres » 1845.

DELAULNAYE (Fr.-A.-Stan.). *Soc. de maçons (une)*. Mémoire, 7679.

DELAUNAY, comte d'ENTRAGUES. Voy. AUDAINEL.

DE LAVIGNE. *Mordac.* Bataille, 4978. Vives escarmouches, 4979.

DELAVILLÉNIÉ, ancien acteur de la Porte Saint-Martin. *Lavillénié* (J.-F. de). Epître, 3927 ; — *Philippe.* III, 460.

DELBARE (F.-Th.). *F. T. D.* Le comte d'Artois justifié, et quelques Vues sur les guerres de la Révolution. Paris, de l'imprim. d'Egron, 1815, in-8 de 15 pag.; Les Crimes de Buonaparte et de ses adhérents, ou les Ennemis de l'autorité légitime, en conspiration permanente. Paris, Dentu, 1815, in-8. Seconde édit., considér. augmentée et accompagnée de notes, ainsi que du récit des derniers troubles de Nimes. Ibid., 1815, in-8. IIIe édit. Ibid., 1816, in-8 ; Epître au roi sur la révolte du mois de mars 1815. (En vers). Paris, de l'impr. d'Egron, 1815, in-8 de 8 pag.; — *Société de gens de lettres (une).* L'Observateur, 7646 ; *Témoin oculaire (un).* Relation, 8043 ; — *T. F. D.* Histoire, 8069.

DELCOUR (A.) *Pauvre Hère (un).* Mémoires, 5241.

DELEAU (Gérard), de Spa, jurisconsulte et homme de lettres, auteur de divers pamphlets concernant Spa, etc., mort en 1813. *Berinzen* (Gérard de). Le plus hardi de ces pamphlets, et l'un des plus piquants, est, dit-on, celui qui a pour titre « le Buon-upas », etc., par Gérard de Berinzen ; mais il n'est guère connu en France ; l'auteur, qui s'était déguisé sous ce nom, n'ayant publié son pamphlet qu'en Allemagne, pendant qu'il y

était émigré. *Fél. Delhasse.*

DELEBEQUE, avocat-général à la Cour d'appel de Bruxelles. A. *Richard*, reproducteur du livre de ce magistrat, 6530.

DELECOURT (V.). *Vandenhoven* (Hub.). De la Langue, 8514.

DELEPIERRE (Octave), aujourd'hui consul de Belgique à Londres. *D.* (Octave). La Marguerite et l'Alouette. Londres, Acton Griffith, 1853, in-12 de 8 pag., impr. en lettres d'or. Cinquante exemplaires seulement ont été mis dans le commerce. — *Tridace Nafé-Théobrome.* Description, 8336.

DELESTRE (l'abbé F.), né à Neufchatel (Seine-Inférieure), mort en déportation à Cayenne, en 1798. *F. D**** Six années de la Révolution française, ou Précis des principaux événements correspondants à la durée de ma déportation de 1792 à 1797, inclusivement. (Mis en ordre, et publié avec un Avant-propos, par M. Delestre-Boulage). Paris, Dentu, 1819, in-8.

DELESTRE-BOULAGE (T.-Fr.), neveu du précédent, ancien élève de l'Ecole normale, anc. libraire à Paris, aujourd'hui l'un des adeptes de la secte de Vintras. *Ancien élève de l'Ecole normale (un).* L'Anti-Novateur, ou Réflexions sur les mœurs, la morale et la religion. Paris, Delestre-Boulage, 1820, in-12. Réimpr. l'année suiv. avec le nom de l'auteur. — *D**** (T.-F.). Etoile, 5847. Cet ouvrage n'est pas le seul que M. Delestre ait écrit en faveur du schisme vintrassien.

DELEYRE (Alexandre), député de la Gironde à la Convention. *Raynal* (l'abbé). Histoire philosophique, 6323 ; — *M********. Le Père de famille, com. trad. de Goldoni, 9427.

DELEYRE (Mlle), fille du précédent. *** (Mme). Contes, 9289.

DELFAU (dom), bénédictin. *Des-Bois-Franc.* Abbé commendataire, 2608.

DELHASSE (Alexandre-Antoine), écrivain politique et littérateur belge ; né le 19 décembre 1810, à Spa, où il est mort le 10 février 1850. Delhasse a été le rédacteur en chef du « Radical » de Bruxelles (1837 à 1838). En 1847, il fonda, en société avec M. J. J. Servais, « l'Enquête communale. Revue de Spa ». C'était, dit M. U.

Capitaine, un journal de circonstance, fondé en juillet 1847, dans le but de renverser l'administration communale spadoise, existant alors. Ce journal vécut jusqu'à la fin de 1848, et Delhasse en fut le principal rédacteur. A cette feuille succéda le « Journal de Spa et du canton », dont le premier numéro parut le 6 mai 1849, et que Delhasse a rédigé jusqu'à l'époque de sa mort. Plusieurs des articles de cet écrivain, dans ce dernier journal, sont signés : *A. H.* (ces initiales indiquent le nom d'Alexandre Havard), et *un Phalanstérien. Diablocore* et *Helsedas* sont deux autres pseudonymes dont il a signé des articles qui ont paru dans deux journaux satiriques belges. Nous connaissons en outre de Delhasse, et portant son nom : 1° *Galilée et M. l'abbé de Foere.* Bruxelles, N. J. Slingeneyer, 1847, in-8 de 8 pag. ; 2° *La Grotte de Remouchamps, près de Spa,* avec notes historiques. (Ouvr. posth.). Bruxelles, A. Labroue et Cie, 1815, in-8. La notice en tête du volume et les notes à la fin, sont de son frère Félix ; 3° *Spa, son origine, son histoire, ses eaux minérales, ses environs et ses jeux,* poème en sept chants, avec des notes historiques, par Et. Arago. Ibid., 1851, in-18. La très grande partie des notes historiques appartient à M. Félix Delhasse.

DELHASSE (Félix-Joseph), frère du précédent, écrivain politique et littérateur ; né à Spa, le 5 janvier 1809, a été l'un des rédacteurs du « Libéral » de Bruxelles (1835-36), et l'un des fondateurs et principaux rédacteurs du « Radical » (1837 à 1838). Il a écrit depuis dans plusieurs autres journaux de Bruxelles. On a de M. Félix Delhasse : (*Anon.*) 1° *Annuaire dramatique* (1) pour 1839 à 1847, contenant, pour chaque jour de l'année, des Ephémérides dramatiques ; le personnage des théâtres de la Belgique, le relevé des pièces représentées (annuellement) sur les théâtres de la Belgique, une Galerie belge et

étrangère d'auteurs, de musiciens et artistes vivants ; les Tablettes nécrologiques de chaque année, etc., etc. Bruxelles, Tarride et J. A. Lelong, 1839-47, 9 vol. in-18 et in-12. Nous avons eu en France, à diverses époques, des almanachs de spectacles, dont quelques-uns ont eu une assez longue existence, mais, sauf le « Mémorial dramatique » qu'Armand Ragueneau publiait au commencement de ce siècle, aucun d'eux n'a offert, par sa forme attrayante, l'utilité et l'intérêt que présente celui de M. F. Delhasse : ses Notices biographiques, ainsi que ses Tablettes nécrologiques, embrassent toute l'Europe. Il est très regrettable que les énormes frais d'introduction en France aient nui chez nous au succès que cet ouvrage devait avoir, et fait perdre courage à son auteur ; 2° (Avec M. Aimé Paris). *H. Vieuxtemps.* Erratum de la « Biographie universelle des Musiciens », par M. Fétis. (Extrait du « Débat social »). Bruxelles, Wouters et Cie, 1844, in-8 de 7 pag. ; 3° *Laidaes* (F.). II, 358 ; 4° *Neutre* (un), *ni de l'une ni de l'autre coterie.* (Avec M. Const.-Phil. Vandenbroeck). Plus d'octrois. — Très humbles remontrances d'un bourgeois des bords de la Ghère, à MM. les bourgmestre et échevins de la ville de Tirlemont. Bruxelles, Ch. Vanderauwera, 1851, in-8 ; 5° *Peintre flamand* (un). (Avec M. Théoph. Thoré) : Les bords de l'Amblève, promenades pittoresques. Liége, J. Desoer, 1853, in-8 ; 6° *Vieux Spadois* (un). Souvenirs d'un vieux bourgeois de Spa, insérés dans le « Nouvelliste de Spa » de 1853. Ajoutons que M. Fél. Delhasse, en vrai bibliophile, a eu une part très active à la rédaction des « Supercheries littéraires », et qu'il nous a fourni beaucoup de notes pour notre future « Encyclopédie méthodique du Bibliothécaire » ; que c'est à ses frais qu'a été publiée l'édition de la « Servitude volontaire... » avec un commentaire babouviste, par M. Rechastelet (Ch. Teste). Brux., 1836, in-18, et qu'enfin il a été l'éditeur de deux ouvrages posthumes de son frère (Voy. l'article précédent).

(1) La première année porte pour titre : « Annuaire dramatique de la Belgique ».

DELINGE (Edouard), avocat belge. *Argus*. Législation pinopénale : L'Adultère consommé sur un mur mitoyen peut-il être considéré comme perpétré dans le domicile conjugal? Elucidez l'espèce, et, sans être trop long, mettez au pied du mur les auteurs qui ont approfondi cette matière délicate. Facétie imprimée dans « l'Annulaire agathopédique et saucial ».Tom.IV, p. 17. — *Wardy*. Aggregati, 8859.

DELISLE DE LA DREVETIÈRE (Louis-Franc.). *Méry* (Jos.-Eug.) lui emprunte le sujet de son « Paquebot », 4760; — *S. D****. Timon le misantrope, 7419.

DELLIENT, ministre du St-Evangile. *Suisse* (*un*). Histoire, 7901.

DELMAS (Gaétan) (1.), ancien secrétaire de l'un des derniers ministres de Louis-Philippe, dit-on, a écrit dans plusieurs recueils littéraires, entre autres dans « les Français peints par eux-mêmes », où il a donné les types : le Canard (tome III, pag. 43 et suiv.), et les Agents d'affaires (Ibid., pag. 237 et suiv.), et dans la « Revue du dix-neuvième siècle » dont il était l'un des rédacteurs habituels. Nous avons remarqué de lui, dans ce dernier recueil, les articles suivants : 1° Etudes historiques sur quelques villes du Midi de la France, en trois articles : Le premier qui a pour objet la ville d'Aigues-Mortes, a paru dans le n° de septembre 1838 (Sec. série, tome IV), et les deuxième et troisième dans le tome V, 1839, pag. 630-46, et 699-706. Les deuxième et troisième articles contiennent la description de Montpellier, Beziers, Lodève, Pezenas, Nimes, etc. ; 2° Recette économique pour faire un bon roman de mœurs, à l'usage des apprentis littéraires (t. V, 1839, p. 396-403 ; 3° Les Poètes populaires de la France : le perruquier Jasmin, — Beuzeville, — Théodore Lebreton, — Magu, — Alexis Durand, — Hégésippe Moreau, — Pierre Goudelin, — Aubanel, en deux articles, imprimés dans le même volume. 4° Mœurs contemporaines. Le premier jour de l'an,

(1) Ecrivain inconnu aux auteurs de la « Littérature française contemporaine ».

ann. 1838, p. 876-922. Après la révolution de février 1848, M. G. Delmas a publié divers ouvrages piquants, pour lesquels il a pris des masques que nous allons faire connaître. *Girondin* (*un*). Curiosités révolutionnaires. Les Journaux rouges. Histoire critique de tous les journaux ultra-républicains, publiés à Paris depuis le 24 février jusqu'au 1er octobre 1848, avec des extraits spécimens et une préface. Paris, Giraud, 1848, gr. in-18 de 162 pag. Curiosités révolutionnaires. Les Affiches rouges. Reproduction exacte et histoire critique de toutes les affiches ultra-républicaines placardées sur les murs de Paris depuis le 24 février 1848. Avec une préface. Paris, Giraud et Dagneau, 1851, in-18 format angl. Ce volume devait être suivi d'un autre, et ils eussent constitués ensemble une « Bibliothèque politique. Curiosités révolutionnaires et historiques ». *Haut fonctionnaire en activité* (*un*). Bulletins de la République, émanés du ministère de l'intérieur, du 13 mars au 6 mai 1848. Collection complète, avec une préface. Paris, rue de Bussy, n. 6, 1848, in-32. Les Bulletins de la République n'ont été insérés ni au « Moniteur », ni dans le « Bulletin des Lois ». Ils ont paru régulièrement tous les jours. L'autorité les faisait placarder sur les murs. M. G. Delmas a donc rendu un grand service en les recueillant. C'est un petit livre très curieux pour servir à l'histoire des saturnales révolutionnaires en France. *Junius* (1). Curiosités révolutionnaires. Le citoyen Proudhon devant l'Assemblée nationale. Paris, même adresse, 1848, in-18. Exposé de la doctrine du citoyen

(1) Ce nom de « Junius » avait été pris quatre ou cinq fois avant de l'être par M. G. Delmas. Voy. les « Supercheries », t. XI, p. 320, mais en 1848, il était déjà en possession d'un pamphlétaire démoc-soc, qui cria au faussaire lorsque M.G. Delmas publia, sous ce nom, son écrit réac. Nous ne savons si le premier possesseur de 1848 avait la prétention de descendre de l'auteur des célèbres lettres anglaises publiées sous ce nom, ou de l'horrible Marat, qui s'était posé, en 1790, comme un « Junius français ». Le nom réel de l'accusateur de M. Delmas était le citoyen Malapert, avocat au barreau de Paris.

Proudhon, son projet de décret, son discours à la Chambre des représentants du peuple. Rapport du citoyen Thiers; Compte-rendu de la séance du 31 juillet 1848.

DELMOTTE (Henri-Florent). *Belge (un)*. Réveil, 556 ; — *Prud'homme* (Anatole-Oscar). Scènes populaires, 6162; — *Tridace-Nafé Théobrôme*. Voyage, 8335.

DELMOTTE ( ), fils du précédent. *Tibert*. Plusieurs chansons facétieuses, impr. dans « l'Annuaire agathopédique et saucial » (Voy. t. IV, p. 19.)

DELOLME (J.-L.). *Junius*. Lettres, 3410.

DELOUIT, ancien oratorien, alors professeur au séminaire d'Amesfort. *Ami du sens commun (un)*. Lettre à un hollandais, 163.

DEMANDOLX (Jean-François). *Saint-François (M. de)*. Lettre, 6886.

DEMANDON (Vincent). *Religieux de l'ordre des FF. Prêcheurs (un)*. Vie de Ste-Catherine de Sienne, 6429.

DEMANDRE, maître en géographie ; né à Paris, mort près d'Auxerre, en mars 1808. *Caron (Julie)*, sœur de Beaumarchais. Existence, 925.

DE MANNE (Mme T.-V.-B.), veuve de l'ancien conservateur de la Bibliothèque impériale de ce nom. *Incrédule (un)*. Réflexions sur un article du « Moniteur » du 26 févr. relatif à Mme la duchesse de Berry. S. l. n. d., in-8 de 4 pag. — ... (Mme). (Avec son fils Edmond). Souvenirs, poésies, avec notes. Paris de l'impr. de Crapelet, 1845, broch. in-8. Non destiné au commerce.

DE MANNE (Vict.-Amédée), capitaine d'artillerie, fils de la précédente. ***. Les Trois Armes, 9396.

DE MANNE (Armand-Edmond), frère du précédent, conservateur-adjoint à la Biblioth. impér. ; né dans un village de l'Orne, vers 1803. (*Anon.*). Parallèle de Talma et de Joanny. Paris, Guiraudet, s. d. (1822), in-8 de 4 p., et des pièces de vers ; — *Bartevelle (Al.)*. Chansons, 457; — *D—s (Arm.)*. Une conquête, 301; — *Duplessis (Arm.)*. I, 589 ; — Avec Vict. Lagoguée : Un laquais d'autrefois, com.-vaud. en un acte. Paris, Tresse, 1853, in-8 ;—*Dupré*. Emery, 2102 ; — *Lisle (Fern. de)*. (Avec Mme Vandertaëlen). Un Voisin de campague, com.-vaud. en

deux actes. Paris, Beck , 1852, in-8 ; — *M. (E. de)*, élève au collège royal de Henri IV. Histoire d'un chien naufragé. S. l. n. d (Paris, 1820), broch. in-8. Cette anecdote est extraite du dix-septième cahier du « Journal des Voyages ». *M****** (Edmond de)*, élève, etc. Le Naufragé sauvé par son chien. (Fait historique). S. l. n. d. (Paris, 1820), broch. in-8. Extr. du même recueil. — *Nouel* (Ed.). Femme, 5193 ; Un Dimanche, 5194 (1).

DEMARTIN-DU-TYRAC, comte de MARCELLUS (Mar.-Louis-Aug.). *Marcellus*. III, 193.

DE MERSAN, ancien capitaine de chasses. *** (M.). Manuel, 9292.

DEMESMAY (Auguste), de l'Académie de Besançon, député sous Louis-Philippe, et représentant à l'Assemblée de 1848; mort en nov. 1853. *Jeune montagnard (un)*. Essais, 3323.

DEMETZ-NOBLAT, conseiller à la Cour royale de Nanci. — *** (M.). Petit Traité, 9386.

DEMIA, directeur général des écoles de Lyon. *Officier de l'archevéché de Lyon (un)*. Trésor clérical, 5266.

DEMIDOF (Anatole). *Ni Tag*. Lettres sur la Russie, 5142.

DEMOLIÈRE (Hippolyte-Jules). *Moléri, Molérie et Moléry (Guillaume)*. Ses ouvrages, 4908 à 4918.

DEMONVAL (Auguste-Eugène). Voy. TRENTE-LIVRES.

DEMZAIN et non Denizain (H.). *Admirateur (un)*. Nouvelles farces, 30.

DENAIN (H.). *Genoüde* (de). Pères de l'Eglise, 2719.

DENORMANDIE. *Sous-préfet de Béthune (le)*. Essai, 7824.

DENYS (Pierre-Marie-Joseph), connu aussi sous le nom de Denys de Montfort, du chef de sa femme, Jeanne-Sophie-Julie Issaurat de

---

(1) Tandis que tant d'auteurs n'ont point d'articles dans la « Littérature française contemporaine », M. de Manne en a deux : L'un, incomplet à De Manne ; l'autre, plus complet, mais peu exact, à Manne (de). C'est une erreur d'avoir dit dans le dernier que M. De Manne a fourni de nombreux articles au « Moniteur de la Librairie » et au « Bibliothécaire » deux journaux rédigés par nous, et auxquels M. De Manne n'a pas fourni une panse d'A. Il eût été plus exact de dire qu'il nous a donné beaucoup de notes et pour nos « Supercheries littéraires », et pour nos « Polyonymes et Anonymes ».

Montfort; né le 17 juin 1766, à Dunkerque, de Pierre-Jacques Denys, négociant dans cette ville. *Montfort* (D. de). III, 297.

DE PREZ MAHAUDEN (J.-B.). *Jean le Rimeur*. Petites actualités, 3277.

DERGY (Alphonse-François), auteur dramatique. *Alphonse-François*. I, 25;—*François* (Alphonse). II, 105.

DEREUME (Auguste), bibliographe belge. *Potaie* (Gilles). III, 567 ; — *Reume* (A. de): Ses ouvrages, 6470 à 6481.

DERIÈGE (Félix). *** (le duc de). Dominique, 9385.

DERMONT (P.). *Vieux lapin* (un). Almanach, 8694.

DESAUBIEZ, maître de forges dans la Normandie. *D—z.* Bonheur public, 2137.

DES AUTELS (Guillaume). *A. B. C. D. E.... Y. Z.* Mythistoire barragouyne de Fanfreluche et Gaudichon...... (Troisième édition). Paris, P. Jannet, 1850, in-16. — *Glaumalis de Vezelet*. Traité, 2827.

DES BANS (Louis), avocat, plagiaire. *Bellegarde* (l'abbé de). Art. 560.

DESBIEZ DE SAINT-JUAN (Alexand.). *Saint-Juan* (Alex.). Le Bataillon mobile, 6927.

DESBILLONS (le P. Franc.-Jos. TERRASSE). *Sçavant de Strasbourg* (un). Lettres (deux), 7399.

DESBORDS DES DOIRES (l'abbé Olivier), prêtre habitué de la paroisse de Saint-Louis en l'Isle, à Paris. *Amelincourt* (d'), prêtre. Science du salut, 141 ; Des Eglises, 142 ; — *D. B.* De la meilleure manière de prêcher. Rouen. 1700, in-12.

DESBROSSES (Mme. Marguerite). *** Mathilde de Puiseley, 9260.

DESCAMP (Henri), employé au ministère de la marine. *Macé Descartes.* Histoire et géographie, 4441.

DESCHAMPS (J.-Bapt.), peintre. *Houssage* (Arsène), puise largement dans la « Vie des Peintres »... de Descamps, pour son « Histoire de la peinture », 1343.

DESCHAMPS (Stéphanus). S. J.*Ricardus* (Antonius). Antonii Ricardi defensio, 6524 ; Responsio, 6525.

DESCHAMPS (Emile), poète et auteur dramat. *Bernard* (MM.). Tour de faveur, 617 ; — *** (MM.). (Avec H. de Latouche) : Selmours de Florian, (comédie en trois actes.

Paris, Dalibon, 1818, in-8 ; (Avec M. de Wailly) : Ivanhoé, opéra en trois actes (en prose). Imité de l'angl. Paris, Vente, 1826, in-8.

DESCLOSIÈRES (Aymar), avocat à Caen. *Salent* (Louis). T. IV, 268.

DESCUBES DE LASCAUX (Mme Paul). *Renneville* (la vic. de). IV, 95.

DESDORIDES (le général). *G. D. D. S.* (le). Vestiges de l'Homme, 2699.

DESDORIDES, fils du précédent, aide-de-camp ; né à St-Malo, en 1783. *D. D.* Précis de la vie du général Roger Valhubert, commandant de la Légion-d'Honneur, et armé d'un sabre d'honneur. 1808, in-8.

DESESSARTS fils, avocat. *Ombre* (une). Physiologie des Champs-Elysées, 5367.

DESESSARTS D'AMBREVILLE (Joseph), auteur dramatiq. *Ambreville* (d'). I, 29; — *Gérin*. Blaisot, 2787.

DESESSARTZ (Jean-Baptiste), diacre. *Poncet.* III, 548.

DESFONTAINES (l'abbé). Voy. GUYOT-DESFONTAINES.

DESFONTAINES (G.-Fr.). Voyez FOUQUES.

DESFORGES (Evariste-Désiré), chevalier, puis vicomte de PARNY. *Parny* (le chev. de). III, 411.

DESFORGES-MAILLARD (Paul). *Malcrais de la Vigne* (Mlle). Poésies, 4496.

DESGRANGES, avocat au parlement. .·. (M.). Essai, 9196.

DESGRANGES (le P. Michel), prêtre-capucin. *Archange* (le P. Michel), de Lyon. Aperçu, 281 ; Explications, 282 ; — *D***, anc. prof. de théologie. Précis abrégé des vérités qui distinguent le catholique de toutes les sectes chrétiennes et avouées de l'Eglise de France. Lyon, Rusand, 1817, in-8.

DESGROSEILLIEZ, auteur dramatique. (*Anon.*). Art de devenir député et même ministre. Paris, 1846, in-18 ; — *** (M). L'Amateur, 9353 ; (Avec MM. Poirson et Eug. Catin) : Le Sourd, ou l'Auberge pleine, de Desforges, comédie réduite en un acte, et arrangée pour l'état actuel du théâtre. Paris, Aimé-André, 1824, in-8.

DESGUERROIS (Jean-Baptiste-Ch.), propriétaire, à Troyes. *Polémis.* Cri public, 5941.

DESHAYES (Noël), curé de Compigni, doyenné de Pont-Audemer, même diocèse, volé par Rich. *Séguin* :

- Histoire du pays d'Auge, 7443.
DESHAYES. *Sehaysed.* Lettre, 7479.
DÉSIRÉ (Arthus). *Sutra Erised.* Ses Ouvrages, 7916.
DESJOBERT (A.). *Vieux soldat (un).* Lettre, 8711.
DESLANDES, auteur dram. *Raymond.* IV, 44.
DESLAURIERS, comédien de l'hôtel de Bourgogne. *Bruscambille.* Ses ouvrages, 824 à 831.
DESLOGES (Pierre), relieur. *Sourd et Muet (un).* Observations, 7846.
DESLOGES (L.), libraire-éditeur à Paris. *Renaud.* Grandeurs, 6438 ; — *Soldat de J.-C. (un).* Appel. 7335.
DESMARAIS (Jean). *Boisval* (le sieur de). Esther, 728.
DESMARAIS (le R. P.), jésuite. *D**** (le R. P.), et l'abbé de *Hautécourt.* Amusement physique, 3003.
DESMARES (le P.), de l'Oratoire. *La Tourelle* (le sieur de). Divers doutes, 3860.
DES MASURES (Louis). *Bienvenu* (Jacques). Triomphe, 650 ; — *Philone.* Josias, 5744 ; Adonias, 5745.
DESMAULANTS (J.-B.). *J. B. D.* Sur Saint-Domingue, 3248.
DES MONTAGNES (Fr.). *Montanus.* III, 290.
DESMONTS (dom Rémy), bénédictin. *Religieux de la congrégation de Saint-Vannes (un).* Libertinage combattu, 6417; Méthode latine, 6418.
DESNOYER (Charles-Louis-François), auteur dramatique. *Anatole.* (Avec MM. Daubigny (Baudouin) et Poujol) : Zazezizozu, féerie-vaudeville en cinq actes. Représentée sur le théâtre du Cirque Olympique, le 5 décembre 1835. Paris, de l'impr. de Dondey-Dupré, 1835, in-8 ; — *Beaulieu* (Anat. de). Les Bédouins en voyage, mélodrame, 1835. Pièce non annoncée par la « Bibliographie de la France ».
DESNOYERS (L.) auteur dramat. *Derville.* Nouveau préfet, 1562 ; Vive le divorce, 1563 ; Balthasar, 1564.
DESNOYERS (C.-H.-Edmond), auteur dramatique. *Biéville* (de). Ses ouvrages, 651 à 670.
DÉSORMERY, née Desperrières (Mme Louise-Françoise). *Evelines.* (Mme Louise). Evariste, 2305 ; Chant funèbre, 2306.
DESORMES, comédien français, volé par son copiste. *Escalier* (l'). Bramine, 2248.

DESOTEUX DE CORMATIN (le baron P.-M.-F.). *Du Châtelet* (le duc). Voyage, 1860.
DESPERRIERS (Bonaventure). *Du Clevier* (Thomas). Cymbalum Mundi, 1925.
DESPRÉS (J.-B.-Denis). *D.* Une soirée, 8943 ; — *Parisau.* Roi Lu, 5472.
DESPREZ (le lieut.-gén.), chef d'état-major général. *Officier de l'armée d'Afrique (un).* Journal, 5271.
DESPREZ DE BOISSY (Ch.). *Desp. de B*.* Lettres de M. — sur les spectacles. 1756, in-12 ; 7e (et dern.) édition, augm. ; avec une Histoire des ouvr. pour et contre les spectacles. Paris, 1780, 2 vol. in-12 ; — *** (le chev. de). Lettre, 9032.
DESRIVIÈRES (Ferdinand), dit Bourguignon. *Soldat au régiment des gardes françaises (un).* Loisir, 7733 ; Essais, 7734.
DESROSIERS (Alfred), auteur dram. *Léris* (de), et *Deléris.* Ses ouvrages, 4159 à 4176.
DES RUELLES (A.-T.-J.-M.), religieux bénédictin, connu sous le nom de dom Théophile. *Maupeou* (le chanc. de). Lettre, 4618.
DESSALEURS l'aîné, fils de l'ambassadeur à Constantinople. *Patissier anglais (un).* Lettre, 5494.
DESSOLIERS. *Membre du conseil général du département des Bouches-du-Rhône (un des).* Notice sur M. d'Anthoine, 4739.
DESTOURNELLES. *Voyageur français (un).* Malte, 8821.
DESTRÉS (l'abbé Jacq.). *Desgrouais.* Réplique, 1619 ; — *Le Sage de l'Hydrophonie.* Contrôleur du Parnasse, 4184 ; — *Wale* (Balth.-Fr.), chevalier de Mesmes. Requête du sieur —, avec sa généalogie. (1747), in-fol. — *** (l'abbé), prieur de Nefville. Lettre de M. — , à M. l'abbé d'Olivet, pour servir de réponse à sa dernière lettre à M. le président Bouhier, ou Réfutation de ses fausses anecdotes et de ses jugements littéraires. Bruxelles, Fricx, 1739, in-12 ; — *** (le chev. de). Recueil de Poésies galantes du —; avec quelques pièces de l'abbé de Chaulieu. 1744, in-8.
DESVAULX, baron D'OINVILLE (Jacques-Nicolas), maréchal de camp. *Oinville* (d'). III, 376.
DE THEUX, ministre de l'intérieur de la Belgique. *Ministre de l'intérieur*

de la Belgique (le). État de l'Instruction, 4828 ; Rapport triennal, 4829.

DEVAU DU SAINT-SACREMENT (le P. J.). *P. D. S. S.* (le). Réponse, 5569.

DEVAUX (Eugène), auteur dramatique. *Eugène.* II, 45.

DEVAUX, jeune homme se disant le fils naturel du fameux Ledru-Rollin. *Républicain de la veille (un).* La Présidence, s'il vous plaît ? 6455; Ledru-Rollin. Sa vie politique, ibid.

DE VILLE (François). *Docteur de Sorbonne(un).* Préjugés légitimes,1778.

DEVILLE (P.-Fr.-Albéric), professeur à Sens. *A. D.* Biévriana, ou les jeux de mots de M. de Bièvre. Paris, Maradan, an IX (1801), in-18 avec portr. Ce petit volume a eu une troisième édition dans la même année ; — *Philana.* Révolutioniana, 5693.

DEVILLIERS (Alexandre), ancien officier. *Henri*, coutelier de la Chambre des pairs. Précis sur les instruments de chirurgie, 3021.

DEVISIANO, seigneur de Hoove. *D*** S. D. H.* (M.). Nobiliaire, 1834.

DEVISME DU VALGAY (Anne-Pierre-Jacques). *Dev.* (M.). Eléonore d'Amboise, duchesse de Bretagne, roman historique. Paris, Guillemot; Léop. Collin, 1807, 2 vol. in-12 ; — *V.* (A.-P.-J. de). Recherches, 8405.

DEVOUCOUX (Jean-Sébastien-Adolphe). *Chanoine de l'église cathédrale d'Autun (un).* Description, 1000.

DEZALLIER D'ARGENVILLE (Ant.-J.), naturaliste, mort le 29 nov. 1765. *D***.* Théorie et la pratique du Jardinage, et le Traité d'Hydraulique convenable aux jardins. Paris, 1709, in-12. Il existe de cet ouvr. une 4e édit., avec des augmentations et des planches nouvelles. Paris, Mariette, 1747, in-8. — *** (M.).. L'Histoire naturelle éclaircie dans une de ses parties principales, l'oryctologie, qui traite des terres, des pierres, des métaux, des minéraux et autres fossiles. Paris, de Bure, 1755, grand in-4, avec 26 fig. ; L'Histoire naturelle éclaircie dans une de ses parties princ., la conchyliologie, etc., 9026.

DEZALLIER D'ARGENVILLE (Ant.-N.), fils du précédent, mort en 1794. *D.* Description sommaire des ouvrages de peinture, sculpture et gravure, exposés dans les salles de l'Académie. Paris, 1781, in-12 ; — *D***.*

Voyage pittoresque des environs de Paris. Paris, de Bure, 1749. IIIe édit. Ibid., 1768, in-12 ; Voyage pittoresque de Paris, ou Indication de tout ce qu'il y a de plus beau dans cette grande ville en peinture, sculpture et architecture. Ibid., 1752. VIe édit., 1778, in-12 ; Manuel du Jardinier, ou Journal de son travail, distribué par mois. Paris, de Bure père, 1771, in-12 : Vies des fameux architectes et des sculpteurs. Paris, Jombert, 1788, 2 vol. in-8.

DICKENS (Charles), romancier anglais. *Boz.* Life, 799; — *De Candolle* (A.-V.).I,317;— *Warren*(Sam.).IV,646.

DICKINSON. *Fermier de Pensylvanie (un).* Lettres, 2395.

DIDELOT (dom), bénédictin. *Membre de la constitution de la ville de Saint-Mihiel (un).* Légitimité du serment, 4702.

DIDEROT (Denis). *Crudelli* (Thomas). Entretien, 1292 ; — *Grimm* (le bar. Fréd.-Melch. de). Correspondance, 2911 ; — *Main de maître.* Art. Jésuite, 4482 ; — *Raynal* (l'abbé). Histoire philosophique, 6323.

DIÈRES, avocat. *Petit-Maître (un).* Trois âges, 5660.

DIEUDONNÉ DE CORBECK-LOO(Mme la baronne Trinette de), née de Joestens ou Joostens. *Mère (une).* Poésies, 4748.

DIEULAFOI (Jos.-Mar.-Arm.-Mich.), auteur dramatique. *Bernard.* Quatre heures, 613.

DILLON (l'abbé Henri). *Coquillard* (M.). Lettre, 1231.

DINGÉ (Ant.). *Citoyen français (un).* Un citoyen français à la Convention nationale. Avec cette épigraphe : la Vérité ne déplaît qu'aux tyrans. Signé A. D. Paris, 21 déc. 1792, in-8;—*Ripault-Desormeaux* (Jos.-L.). Histoire de Louis de Bourbon, 6543 ; Histoire de la maison de Bourbon, 6544 ; Mémoires sur la noblesse française, 6545 ; Discours sur l'histoire de France, 6546.

DINOCOURT (T.). *Dulaure* (Jacques-Antoine). Histoire de Paris, 1739.

DIOULIN (feu l'abbé). *Vicaire-général (un).* Essai, 8607.

DISCRET, écrivain du XVIIe siècle. *L. C. D.* Nopces, 3937.

DITTMER (Antoine–Didace-Adolphe), auteur dramatique ; mort à Paris, le 10 mai 1846. *Florentin.* II, 84 ; — *Fongeray* (de). Soirées de Neuilly,

2477 ; —**** (M.). Un tableau, 9410.

DIVONNE (L. de). *Law* (Will.). Voie de la science, 3929 ; — *Lodoïk*. Voix qui crie dans le désert, ibid.

DIVRY (Jean). *Riand Jhevy*. Étrennes, 6516 ; — *Secrétaire des dames* (le). Secrets, 7430.

DMOCKOWSKY (Franç.-Xav.). *Citoyen polonais (un)*. Mémoires, 1143.

DOAZAN (Gabr.-Eloy). *Urbanus*. Lettres, 8390.

D'OCAGNE (Edmond). *Edmond*. II, 10 ; — *Gaconde* (Éd.). L'A. B. C. romantique, 2633.

DODSLEY (Robert), littérateur et libraire anglais du XVIIIe siècle.*Ancien Bramine* (un). Economie de la vie; 179 ; — Elixir de la morale, 180;—*Chesterfield*(lord).Elixir,180; — *Lemaire* (Henri). Indispensable, 4022.Traductions différentes du même ouv.;—*Nathan-Ben-Saddi*.Chronique des rois d'Angleterre, 5057.

DOIGNY DU PONCEAU. *Citoyen de l'Univers (un)*. Aux mânes de Voltaire,1128;—***(MM.).Pièces, 9118.

DOINET (Victor). *Remy* (Christian). IV, 92.

DOLGOROUKI (le prince Pierre). *Almagro* (le comte d'). Notice sur les princ. familles de la Russie, 105.

DOLIVIER, journaliste, auteur d'articles signés des pseudonymes : *Rivoli* (Éd.). *Rudemain*.

DOLLONE (le P. Jean-Marie), carme déchaussé.*** (le P.). Lexicon, 9057.

DOMENY DE RIENZI (Grég.-Louis), voyageur infatigable. *Rienzi* (G.-L.-D. de).Il a publié sous son nom « la Guerre de Spartacus », roman d'Aug.-Théod. Meissner, trad. antérieurement de l'allem., 6535.

DOMERGUE(Fr.-Urb.), gramm. *Soc. de gens de lettres (une)*. Journal, 7609.

DOMERGUE (Louis-Antoine), auteur dramatique. *Louis*. III, 7.

DOMILLIER DE THÉSIGNY (François-Denis). *Thésigny* (de). IV, p. 470.

DONEAU (Hugon.). *Furnesterus* (Zacharius). Joannis Montlucii, 2617.

DONNANT(Denis-François),traducteur. *Louis*.Ses traductions 4287 à 4300.

DONNEAU (J.), sieur de VISÉ. *Louis XIV*. Relation, 4306 ; — *Visé* (de). IV, p. 624.

DONZÉ DE VERTEUIL (l'abbé Jos.). *Verteuil* (de). IV, p. 594.

DOPPET (Fr.-Amédée), d'abord médecin à Genève, ensuite général au service de la république française.

D***, médecin de Genève. Aphrodisiaque externe, ou Traité du fouet, et de ses effets sur le physique de l'amour ; ouvrage médicophilosophique, suivi d'une Dissertation sur tous les moyens capables d'exciter aux plaisirs de l'amour. 1786, in-16 ; Médecine occulte, ou Traité de magie naturelle et médicale. Paris et Lausanne, Mourer, 1790, in-8 ; — *Français qui fait sa confession générale (un)* et qui rentre dans sa patrie. Commissionnaire de la ligue, 2553; — *Warrens* (Mme de). Ses Mémoires suivis de ceux de Claude Anet, Chambéri, 1785; Genève et Paris, Leroy, 1785, in-8.

DORAT (Cl.-Jos.), poète. *Amateur (un)*. Bagatelles anonymes, recueillies par —. Genève et Paris, 1766, in-8. Pezay fit paraître, l'année suivante, une « Suite » à ces « Bagatelles » ; — *Bagnolet* (Pierre), citoyen de Gonesse. Epître, 423 ; — *Chanoinesse de Lisbonne (une)*. Lettres, 1005 ; — *D*. (M), ci-devant mousquetaire. Lettres en vers et OEuvres mêlées. Paris, Séb. Jorry, 1767, 2 vol. in-8 ; Recueil de Contes et de Poèmes. Paris, 1770,in 8.IIIe édit., augm.de L'Hermitage. Paris, Delalain, 1772, in-8.

DORIGNY (Ant.-Cl.). *Médecin de la faculté de Paris (un)*. Examen de l'inoculation, 4660.

DORIMONT DE FÉLETZ (l'abbé Ch.-Mar.), de l'Académie franç., administrateur de la (Bibliothèque Mazarine. *Féletz* (Ch.-Mar. D.).II, 63.

DORIS (Charles), de Bourges, pamphlétaire. *B**** (le baron de). Mémoires secrets sur Napoléon Bonaparte, 400 ; Amours secrètes du Napoléon Bonaparte, 401 ; Amours secrètes des quatre frères de Napoléon, 402 ; Amours et Aventures du vicomte de Barras, 403 ; Vie privée, politique et morale de L. N. Carnot, 404 ; L'Ecolier de Brienne, 405 ; Le Protégé de Joséphine, 407 ;—*Fou de qualité (un)*, Mémoires historiques et politiques d'—. Paris, Lemonnier, 1819, in-8 ; — *Lebret* (le P.), jésuite portugais. Usurpateur, 3980 ; — *Saintiné* (Edwige). Chagrins, 7226.

DORIVAL (J.-Fr.-Fél.). *Mercandier* (le P.). Lettre, 4525.

DORLÉANS (Louis), avocat et ligueur,

Anglais banni (l'). Réplique, 242.

DORTIGUE DE VAUMORIÈRE (Pierre). *Vaumorière* (de). IV, p. 583.

DORTOUS DE MAIRAN (Jean-Jacq.). *Mairan*, III, 180 ; — *Missionnaire de Pékin* (un). Lettres, 4892.

DORVIGNY (Louis-Archambault), auteur dramatique et romancier. *D.... gny.* Ménage diabolique, histoire pour quelques-uns, roman, pour quelques autres, sujet à réflexion pour tous. Paris, 1801, 2 vol. in-12, fig. ; — *Do....y.* Ma tante Geneviève, ou Je l'ai échappé belle. Paris, Barba, an IX (1801), 4 vol. in-18, fig. ;—*D....y* (le cit.). L'Hospitalité, ou le Bonheur du vieux père, opéra com. en un acte (en prose), et en vaud. Paris, Louis, an II (1794), in-8 ; — *Piquant Le Noir.* Madame Botte, 5871.

DOSSION (Etienne-Auguste).*Bernard, de Montmartre, dit Hilarion le drôle de corps.* A quelque chose, malheur est bon, 614 ; — *Noissod.* Epître au poète, 5164.

DOUBLAT. *Habitant de Bar-sur-Ornain* (un). Lettre à M. Etienne, 2955.

DOUDART DE LAGRÉE (Marc-Octavien). *Lagrée* (de). II, 357.

DOUGADOS (Jean-Franç.). *Venance* (le P.). IV, p. 588.

DOURILLE (Joseph), de Crest (Drôme). *Napoléon, empereur des Français.* XL Lettres inédites, 5052.

DOVAR, médecin. *Médecin* (un). Legs d' — à sa patrie, 4652.

DOYAR (le P. Pierre de), jésuite des Pays-Bas. *Chanoine pénitencier* (un). Lettres, 1004 ; — *S. J. D.* Développement, 7491.

DOYÈRE (L.-F.), curé de St-Jean des Essartiers. *Desservant du diocèse de Bayeux* (un). Memento des vivants et des morts, 1656.

DRACH (P.-L.-B.), ancien bibliothécaire du duc de Bordeaux, depuis bibliothécaire à Rome, aujourd'hui de retour en France. *Rabin converti* (un).Lettre sur sa conversion, 6257 ; — *Tsarphati.* Des articles de journ., avant sa conversion, en 1830.

DRELINCOURT (Ch.), le père. *Philaléthe.* Lettre, 5683.

DREVON. *Officier hollandais* (un). Voyage en Suède, 5320.

DRIGON DE MAGNY (C.), généalogiste, créé marquis par le pape Grégoire XVI, auquel il a été attaché comme chambellan intime. *C. D.* De l'Abrogation de la loi salique par S. M. le roi d'Espagne. Paris, de l'impr. de Gaultier-Laguionie, 1830, in-8 de 28 pag. ; — *Magny* (de). Archives nobiliaire·, 4464 ; Vraie Science des armoiries, 4465 ; Collège héraldique, 4466 ; Canalisation des isthmes, 4467.

DROMANI (Richard). *Drachir d'Armoni.* Carabinage, 1830.

DROUET DE MAUPERTUY (l'abbé J.-Bapt.). *Ecclésiastique solitaire* (un). Sentiments d'un chrétien touché d'un véritable amour de Dieu. Paris, 1702; Avignon, 1716, in-12, ouvr. souvent réimpr. ;— *S. S. S. J. P. R. V. L. E. R. E.* Vie, 7845.

DUARTE RIBEYRO DE MACEDO (Ed.), envoyé ordinaire d'Alphonse VI, roi de Portugal, en France, de 1668 à 1677. *Cohon-Truel.* Advertencias, 1183.

DU BELLAY, sieur DU RESNEL (J.-Fr.), de l'Académie des Inscript. et Belles-Lettres. *Du Resnel.* I, 594 ; — *Jaucourt* (le chev. Louis de). Les Sorts des Saints, 3243, dissertation prise à Du Resnel.

DUBERGIER (1), auteur et traducteur de romans, mort à Paris, en septembre 1828. ***. *Ouvrages originaux :* 1º Aventures de deux illustres proscrits. Paris, Caillot, Delarue, 1820, 2 vol. in-18 ; 2º le Glaneur à Londres. Paris, Bruxelles, 1820, in-8 ; 3º Considérations morales et politiques, recueil de pensées, de maximes et d'anecdotes; par l'auteur du « Glaneur à Londres ». Paris, au P.-R. (Bruxelles), mai 1821, in-12 de vj et 360 pag ; 4º Vermont et Floricourt, ou le Choix délicat, suivi de l'Ecole de l'humanité, de l'Amour et la Nature, et de la Force d'une première inclination. Paris, Tiger, 1822, in-18, fig. ; 5º Jeunesse et Folie, ou Mémoires et Voyages de Victor de Lineul. Paris, Pigoreau, etc., 1823, 2 vol. in-12. Ce roman a d'abord paru sous le titre de : « le Chartreux, ou la famille de Li-

(1) Cet écrivain ne figurant pas dans notre « France littéraire », et n'étant mentionné dans les « Supercheries » que pour un seul ouvrage (9368), nous croyons devoir donner ici l'indication de vingt-six autres, que l'auteur a constamment publiés sous le masque de M***.

neuf »; 6º le Jugement par jury, ou la Vengeance d'une femme. Paris, Dondey-Dupré fils, 1824, 2 vol. in-12 ; 7º Adélaïde, ou la Famille du magister. Paris, l'Auteur ; Lecointe et Durey, 1826, 3 vol. in-12. II. *Traductions;* 8º les Ruines du château de Dunnismoyle, ou les Malheurs de la famille du lord St-Kathleen, par l'auteur de « Edmond le rebelle » ; trad. de l'angl. Paris, Corbet, 1822, 5 vol. in-12, fig. ; 9º La Femme criminelle par ambition, ou Lady Annandale, roman trad. de l'angl. Paris, Pigoreau, etc., 1823, 6 volumes in-12 ; 10º Le Grand'Père, ou l'Incendie de Moscou, roman trad. de l'angl. Paris, Masson, 1823, 4 vol. in-12; 11º Les Bohémiens, ou l'Ecossais parvenu, par l'auteur du « Nécromancien irlandais » ; traduit de l'angl. Paris, Pigoreau, etc., 1823, 5 vol. in-12 ; 12º La Famille Bertrand, roman trad. de l'anglais. Paris, Pigoreau, etc., 1823, 4 vol. in-12 ; 13º Les Trois Périls de l'Homme : amour, guerre et sorcellerie, par James Hoggs, auteur du « Songe de la Reine », etc. ; trad. de l'angl. Paris, Masson, 1824, 5 vol. in-12 ; 14º Le Nécromancien irlandais, trad. de l'angl. Paris, Delavigne, 1824, 4 vol. in-12 ; 15º Le Mariage de Dunamore, par Mar.-Reg. Roche. Paris, Hautecœur, 1824, 4 vol. in-12 ; 16º Tradition du château, ou Scènes de l'île d'Emeraude, par Mar.-Reg. Roche. Paris, Boulland, 1824, 3 vol. in-12 ; 17º Les Trois écueils de la Femme, l'amour, la science et la jalousie, par James Hoggs, trad. de l'angl.; suivi du Tableau, ou les Regrets maternels, nouvelle par Mme de Flesselle ; de la Méprise heureuse, nouvelle ; et de la Rose et de l'OEillet, ou la puissance des fleurs. Paris, Hautecœur et Gayet, 1825, 4 vol. in-12 ; 18º Ricardo le proscrit, trad. de l'angl. Paris, Boulland, 1825, 4 volumes in-12; 19º Herwald de Wake, 9368 ; 20º Une Légende d'Argyle, ou il y a cent ans de cela ; trad. de l'angl. Paris, Boulland, 1825, 4 vol. in-12; 21º L'Homme de la douleur, trad. de l'angl. Paris, Tenon, 1825, 4 vol. in-12. Ce roman paraît être la traduction de celui de R.-N. Kel-

ly, intitulé : De Renzey, or the Man of Sorrow. London, 1823, 3 vol. in-12 ; 22º Histoire du général La Fayette, par un citoyen américain, trad. de l'angl. Paris, Ponthieu ; Jehenne, 1825, in-8. Cet ouvrage a eu trois tirages dans peu de mois ; 23º Malpas, ou le poursuivant d'amour, traduit de l'angl. (de Lée Gibbon). Paris, Tenon, 1826, 5 vol. in-12; 24º La Jeune Pensionnaire, trad. de l'angl. Paris, Tenon, 5 vol. 1826, in-12; 25º Passe temps moral, à l'usage des jeunes demoiselles, trad. de l'angl. Paris, le même, 1826, in-12 ; 26º Le Grand-Papa, ou les Contes du temps passé, trad. de l'angl. Paris, le même, 1826, in-12 ; 27º Nouvelles anglaises, trad. de l'angl. Paris, Guérin, 1826, 4 vol. in-12.

DUBIGNON (Jean), de Redon (Ille-et-Vilaine). *Jan.* Fables, 3235.

DUBNER (Frédéric), helléniste distingué. *Johanneau* (Eloy). Un Horace latin, publié chez Panckoucke ; — *Sinner* (G.-R.-L. de). Sophocle, en grec. IV, p. 328. Ce ne sont pas les deux seuls classiques auxquels M. Dubner ait donné ses soins, qui n'aient pas été publ. sous son nom.

DUBOIS, poète français du XVIe siècle. *Cretin.* (Guillaume). Blason des fausses amours, 1227 ; Poésies, 1278 ; Quinze joyes, 1279.

DUBOIS (Louis-François), anc. bibliothécaire de la ville d'Alençon, plus tard employé aux archives du Royaume. *L. D. B.* Geneviève et Siffrid ; correspondance inédite du VIIIe siècle. Paris, L'Huillier, 1810, 2 vol. in-12 ; Histoire de l'abbaye de la Trappe, 3954 ; — *Lucius Dubitator.* Réponse de — à Laigneaux Duronceray à l'occasion d'un article inséré dans le « Journal de Paris » du 21 frimaire. 1805, in-8. Dans la même année, l'auteur a encore publié une autre pièce satirique, intitulée : « Hommages à Duronceray ». Caen, in-8.

DUBOIS (J.-B.). ancien directeur des théâtres de la Porte-St-Martin et de la Gaîté; sous la Restauration, bibliothécaire du duc de Bourbon. *D***.* Monsieur et Madame Bernard, ou les Deux Portraits, comédie en un acte et en prose, mêlée de vaud. Paris, J.-N. Barba, 1814, in-8 ; Les Maîtresses filles, ou les Pères à l'Ecole, folie en un acte, mêlée de couplets, représentée sur le théâtre de la Gaîté, le 1er décembre 1814. Paris, Barba, 1814, in-8 ; Maître Frontin à Londres, ou l'Indemnité conjugale, comédie en un acte et en prose. Paris, le même, 1816, in-8 ; La petite Bonne, ou Qu'elle est méchante ! com. en un acte, mêlée de couplets. Représentée sur le théâtre de la Gaîté, le 13 mars 1816. Paris, Barba, 1816. Sec. édition. Ibid., 1818, in-8 ; Le petit Eugène, ou la Croix de St-Louis, pièce en un acte, mêlée de vaudevilles. Représentée sur le théâtre de la Gaîté, le 26 septembre 1816. Paris, Barba, 1816. Seconde édition. Ibid., 1818, in-8. Le Grenadier de Louis XV, ou le Lendemain de Fontenoy, pièce en un acte et en prose, mêlée de couplets. Nouv. édit. Paris, 1817, in-8 ; — Delabosse. I, 323 ; — Muet (un). Infortunes malheureuses, 5017 ; — Saint-Remy. Cendrillon (la) des Ecoles, 7040 ; — *** (M.). Stanislas, roi de Pologne, mélodrame en trois actes et en prose. Paris, Barba, an XIV (1805), in-8 ; — *** (MM.) Duc de Craon, 9321 ; La Pie de Palaiseau et le Chien de Montargis, ou le Crime aux prises avec la Vertu, parodie en un acte (en prose), mêlée de couplets, ornée d'un ballet de pies et de chiens. Paris, Barba, 1815, in-8 ; (Avec C.-F.-J.-B. Moreau). La Robe feuille-morte, pièce en un acte, mêlée de couplets ; tirée des « Conseils à ma fille », par M. Bouilly. Représentée sur le théâtre de la Gaîté, le 29 mai 1819. Paris, Barba, 1819, in-8 ; Mme Frontin, 9322 ; — ..... (MM.). Fausse marquise, 9423.

DUBOIS (Louis), marquis de LA MAISONFORT, dans le Berry. Dubois de L***. Projet de divorce, 1851 ;— L. D. L. M. L'Héritière polonaise. Paris, Allais, 1810, 3 vol. in-12 ; — L. M D. L. M. F. Lettre à S. E. M. le cardinal Maury , sur son mandement pour ordonner qu'un Te Deum soit chanté solennellement dans la métropole ainsi que dans toutes les églises de la ville et du diocèse de Paris, conformément aux pieuses intentions de S. M. l'impératrice reine et régente. Paris, Dentu, 1814, in-8 de 24 pag. (Voyez aussi ARSÉNIEFF).

DUBOIS (Charles-Hippolyte), d'Avesnes, auteur dramat. Ses pièces, 1409 à 1418.

DUBOIS (H.-C.). Patriote du Val de Travers (un). Histoire de Neuchâtel, 5517.

DUBOIS (Auguste), ancien professeur. Michel-Morin. Gil-Blas, 4790.

DUBOIS (Charles), de Liége. D***** (Ch.). Histoire d'Albert et d'Isabelle. Bruxelles, A. Jamar, 1847, in-8. Faisant partie de la « Bibliothèque nationale », publié par le même libraire.

DUBOIS, procureur de la République au Mans, auteur d'un travail sur Tacite. Magistrat (un). Considérations, 4456.

DUBOIS DE FONTAINE-MARANS (Madeleine). Religieuse carmélite réformée (une.) Vie de Cath. de Jésus, 6388.

DUBOIS DE LAUNAY (l'abbé), ex-jésuite de Nanci. ***. (M.). Remarques, 9129.

DUBOIS DE ROCHEFORT (Guillaume), de l'Académie des Inscriptions et Belles-Lettres. Rochefort (G. D. de). IV, 138.

Du BON (A.), professeur à Lausanne. Membre de la société pour la propagation de la doctrine chrétienne (un). Remarques, 4713.

DUBOS (l'abbé J.-B.), de l'Académie française. Bavière (S.-A.-E. de). Manifeste, 491.

Du Bosc (le P.), cordelier, volé par Le Bret. Elisa, 3979.

DUBOST, maire de Taverny. Maire de Taverny (le . Comparaison 4485.

DUBOURG (Félix), artiste dramatique. Neuville (Auguste). OEuvres de feu Mayeux, 5105 ; Souvenir, 5106 ; La France, M. Mayeux et le Choléra, 5107 ; Entre onze heures et minuit, 5108 ; OEuvres d'un désœuvré, 5109 ; Industriéls et industrieux, 5110 ; Portefeuille d'un comédien, 5111 ; Un service d'ami, 5112 ; Apothéose, 5113.

Du Boys (Albert). Challabot (Al.-D. de). Fuite de Didier, 986 ; — Solitaire des Alpes (un). IV, 398.

DUBREUIL (le P. Jean). Bilainvieu (le sieur de). Art des fortifications, 675 ; — Parisien (un), religieux de la Compagnie de Jésus. Perspective pratique, 5473 ; — *Père de la Compagnie de Jésus (un)*. Ibid.

DUBROCA (Jean-Franç., et non Louis), né à St-Sever (Landes), le 17 décembre 1753, et non en 1757, mort à Paris, le 3 juillet 1831. *D*. Un nuage noir se forme à l'horizon, où des Signes précurseurs du fanatisme religieux ; suivi de quelques Observations sur les dangers de tous les fanatismes en général. Paris, de l'impr. de Rougeron, 1814, in-8 de 32 pag ; — *D****. Ornements poétiques de la Mémoire. Paris, Delaunay ; Mongie, etc., 1823, in-12 ; A mon fils au moment de ses débuts dans la carrière théâtrale, sur les lois, les convenances et les conditions de son art, et sur les bienséances d'honneur et de morale qui doivent le guider dans sa profession. (Publ. avec un Avertissement de l'éditeur, M. Alex. Roy). Paris, Delaunay, Mongie, 1823, in-8 de 152 pag.; — *Tachigraphe (un)*. Séance, 7971 ; — ***** (M.). Essai, 9287 ; Essais de discours religieux pour la fête anniversaire du couronnement de Napoléon, pour celui de sa naissance et celui du rétablissement de la Religion dans l'Empire français, etc. Paris, Dubroca, 1807, in-12 de 240 pag. ; De l'Institution du célibat, 9288.

DU BOAT-NANCAY (le comte Louis-Gabr.). *Anti-philosophe de Province (un)*. Lettre, 267 ; — *Français (un)*. Remarques, 2516.

DU BUISSON, baron de GRANNAS. *Des Accords* (le sr.). Escraignes, 1566.

DU BUISSON (Pierre-Ulric), publiciste et aut. dramat., né à Laval, et non Américain, qualificatif qu'il a pris sur l'un de ses ouvrages. *D****. Zélia, drame en trois actes. Paris, Barba, an II (1794) ; — *D. B.*. Le Tableau de la Volupté, ou les Quatre parties du jour, poème en vers libres. Cythère (Paris), 1771, in 8 ; Nouv. Considérations sur St-Domingue, en réponse à celles de M. H. D. (Hillard d'Auberteuil). Paris, 1780, in-8 ; Le Vieux Gascon, comédie en cinq actes et en vers ; par l'auteur de « Thomas Koulikan ». Paris, 1783, in-8. —***** (M.). Abrégé, 9150.

DUBY (J.), pasteur. *Réunion de pasteurs (une)*. Etrennes, 6482.

UCAMP (Pierre), sieur d'Orgas. *P. D. S. D*. Satires, 5568.

DU CASTRE D'AUVIGNY (Jean). *D**** (Mme). Voyages et Aventures d'Aristée et de Thélasie. La Haye (Paris), 1731, 2 vol. in-12 ; L'Histoire et les Amours de Sapho, 1326 ; — ***** (Mme de). Histoire, 8992, même ouvrage que le précédent.

DU CAURROY DE LA CROIX (A.-M.), professeur à la Faculté de droit de Paris. *A. T. H. et Bourlet*. Thémis. I, 157.

DUCHALARD DE L'AGAPARIOLLE, *Pront-Berthommier*. Le Providentiel, 6131.

DU CHASTEL (Pierre), évêque de Maçon. *Fransciscus primus*. Francisci..., adversus Caroli V calumnias, 2563.

DUCHATEL. *Millot* (l'abbé). Eléments d'hist. d'Allemagne, 4817.

DU CHATELET (Achille). *Soc. de républicains (une)*. Républicains, 7714.

DUCHEMIN DE LA CHENAYE (Ferd.-Cam.). *Ancien Magistrat (un)*. Réponse d'— à un curé sur la constitution civile du Clergé. Paris, 1791, in-8 ; — *La Chenaye*. II, 346 ;—*Soc. de gens de lettres (une)*. Gr. Vocabulaire, 7995.

DUCHESNE DE LA SICOTIÈRE (Léon). *La Sicotière* (L. D. de). Notice sur l'arrond. de Mortagne, 3843; Rapport sur les monuments de Laval, 3844 ; Béranger (P.-J. de), 3845 ; Mémoire sur le roman historique, 3846 ; Excursions dans le Maine, 3847 ; Histoire du collége d'Alençon, 3848 ; Notice sur la cathédrale de Séez, 3849 ; Charlotte Corday, 3850.

DUCKETT (William). *Rothschild* (M.). Art (l') de gagner de l'argent, 6619.

DUCLOS (le chev.). *F**** (Mme). Histoire de Mylord Pet, 2342.

DUCOEUR-JOLY (S.-J.), de Paris. *Du..ly* (le cit.). Trois heures d'amusement, 1943 ; — *Duc...ly*. Le Furet littéraire ; Recueil contenant ce qu'il y a de plus agréable en anecdotes, faits historiques et contes. Paris, Debray, 1802, in-12, fig.

DUCOIN (Auguste). *Michaud* ainé (L.-G.), libraire et écrivain. Histoire de la conspiration de Grenoble en 1816. III, 250.

DUCOLOMBIER (J.-P.). *Membre de la*

société dramatique de Gap (un). La Victoire et la Paix, 4710.

Du COMBOUST DE PONT-CHATEAU (S.-J.). *Beaulieu* (le sieur de). Vie de St-Thomas de Cantorbery, 515.

Du COMMUN, dit Véron (Jean-Pierre-Nicolas). *J. P. N. Du C.* dit *V.* Les Yeux, le Nez et les Tétons, 3392.

DUCRET (l'abbé Paul), curé de Passenans (Jura). *Passenans* (P. D. de). Russie, 5487.

DUCREUX (l'abbé Gabriel-Marin). *** (l'abbé). Siècles, 9125.

DUDEMAINE. *Docteur de Sorbonne (un).* Chrétien raisonnable, 1792.

DUDEVANT, de Bordeaux. *Jeune négociant (un).* Apologie du commerce, 3324.

DUDEVANT (Mme Aurore-Amantine). *Sand* (Georges). Romans, Contes et Nouvelles, 7259-7302 ; — Mélanges, 7303-7317 ; — Théâtre, 7318-7328 ; — Politique, 7329-7333 ; — OEuvres, 7334-7337 ; — Biographes et Critiques de Mme Dudevant, t. IV, p. 290-91.

DUDUIT DE MEZIÈRES. *D. D. M.* (le chev.). Le Portefeuille du — , ou la Métrologie, Amst. et Paris, 1771, in-12 ; — *** (le chev. de). Muses, 9050.

Du FAIL (Noël), sieur de LA HERISSAYE. *Eutrapel.* Baliverneries d'—, 1549. Réimprimé sous le titre de « Contes et Discours ». La dern. édit. est de Paris, 1732, 2 vol. in-12; — *Ladulfi* (Léon). Propos rustiques, 3519.

DUFAU (J.-B.), belge. *Satan.* Satan, 7371.

DUFEY (P.-J.-S.), de l'Yonne. *Napoléon, empereur des Français.* Confession de Napoléon, 5051.

DUFF (Mlle Nina), sœur de Mme la comt. A. d'Adhémar. *Nina* (Miss). Marquise de Senneville, 5140.

DUFFAUD (Henri-Louis), auteur dramatique. *Louis.* III, 7 ;— *Ludovic.* III, 163.

DUFILHOL (L.), prof. de mathématiq. *Kerardven* (L.). Guionva'h, 3443.

DUFOUR (le P. Joseph), de l'ordre des frères Prêcheurs. *Philalethi* (le chev.), vénitien. Explication de quatre paradoxes, 5691 ; — *Théologien (un).* Lettre, 8757.

DUFOUR. *N*. L*. F***.* Alonzo, 5145.

DUFOUR, conseiller à la Cour royale de Metz. *Président d'assises (un).* Aide-Mémoire, 6000.

DUFOURQUET (Mlle Jenny). Voyez BASTIDE (Mme).

DUFRAISSE (Marc), ancien représentant du peuple, réfugié à Bruxelles. *Cremutius Cordus.* Ce que coûte l'Empire. — Ses Finances. — Ses Traitements. Bruxelles, L. Labarre et Cie, 1853, in-18.

DUFRESNE DE FRANCHEVILLE (Joseph). *Angilbert* (d'). Histoire des expédit. de Charlemagne, 238 ; — *Francheville.* II, 102 ; — *Frère-Masson (un).* Consolation de Boëce, 2594 ; — *Société de gens de lettres (une).* Observateur, 7587 ;— ***. Relations curieuses de différents pays nouvellement découverts. Paris, Mérigot, 1741, in-8.

DUFRESNE DE LA CHAUVINIÈRE. *Officier supérieur (un).* Projet, 5329 ; — Notice (courte) sur Mathieu de Dombasle, impr. dans la « Patrie » du 8 sept. 1851.

DUFRESNE-FORGET (P.), secrétaire d'État. *Français retenu dans Paris (un).* Fleur de lys, 2554.

DUFRICHE DE VALAZÉ. *Valazé* (de). IV, p. 566.

DUFRICHE-DESGENETTES (le baron René-Nicolas), savant et célèbre médecin, membre de l'Institut, etc. *Desgenettes* (le baron). I, 347.

DUGUET (l'abbé), ex-oratorien. *Carmélite (une).* Lettre, 922.

Du HAMEL (Joan.), professeur de l'Université. *Agnostus.* Agnoiæ amplissima, 38 ; — *Ignare.* Panégyrique, 3167*.

DUHAMEL (l'abbé Jos.-Rob.-Alex.). *Philosophe (un).* Lettres, 5751.

Du HAMEL, de Milly, près Mortain (Orne). *Du Valconseil* (Alphonse). Revue analytique et critique des romans contemporains. Paris, Gaume frères, 1845-46, 3 vol. in-8 ; — *M.* III, 171.

Du HAN (le frère François), religieux cordelier. *F. F. D. R. C.* Traité des anges et des saints, 2411.

DUJARDIN (Bénigne), ancien maître des requêtes. *Boispréaux* (de). Satire de Pétronne, 713 ; Histoire de N. Rienzi, 714 ; Vie de P. Arétin, 715 ; Satires de M. Rabener, 716.

DUJARDIN (Ernest). *** (Ernest). Conséquences, 9362.

Du LAU D'ALLEMANS (le comte). *Vormeuil* (le vicomte de). Vicomte, 8789.

DULAURE (Jacq.-Ant.), anc. conventionnel. *Citoyen (un).* Réclamation d'— contre une nouvelle enceinte de Paris, élevée par les fermiers-généraux. 1787, in-8 ; — *Citoyen du district des cordeliers* (*un*). Réfutation, 1137 ; — *D****. Défense des propriétaires ruraux. Paris, Delaunay, 1814, in-8 de 56 pag. ; — *J. A.-D.* Pogonologie, ou Histoire philosophique de la barbe. Constantinople et Paris, Lejay, 1786, in-12 de 210 pag., avec une fig. ; Lettre à M***, sur le cirque qui se construit au milieu du Palais-Royal. Paris, 1787, in-8 de 15 pag. avec une grav. ; Singularités historiques, ou Tableau critique des mœurs, des usages et des événements de différents siècles, contenant ce que l'histoire de la capitale et des autres lieux de l'Ile de France offre de plus piquant et de plus singulier. Londres, et Paris, Lejay, 1788, in-12 de 329 p. Réimpr. en 1825, in-8 ; — *Mon pauvre oncle*. Le Retour de —, ou Relation de son voyage dans la Lune, écrite par lui-même et mise au jour par son cher neveu. Ballomanipolia (Paris, Lejay), 1784, in-8 de 60 pag. ; — *Société de gens de lettres* (*une*). Thermomètre, 7623.

DULONG (Jules), auteur dramatique. *D*. L** G.* (Jules). Le Rival en l'air, vaudeville en un acte (et en prose). Paris, Mme Huet, 1825, in-8 ; — *Jules.* II, 315.

DUMANOIR (Philippe), auteur dram. *Motus.* III,306;— *Philippe.*III,460.

DUMARQUEZ (le P. Louis-Joseph), chanoine régulier d'Eaucourt, ancien curé de Liégescourt. *Paresseux* (*un*). Délassements, 5468.

DUMAS (l'abbé Hilaire), doct. de Sorbonne. *Docteur de Sorbonne* (*un*). Deux Lettres touchant les hérésies du XVIIe siècle, 1784 et 1785.

DUMAS (Louis), de Nîmes. *Perquis.* Réponse, 5645.

DUMAS (le comte Mathieu), lieutenant-général. *Soc. de gens de lettres* (*une*). Archives, 7637.

DUMAS (Alexandre DAVY), marq. de la Pailleterie. *Davy.* I, 315 ; Chasse, 1949 ; Noce, 1950 ; — *Dermoncourt* (le gén.). Vendée et Madame, 1560; — *Dinaux.* Richard d'Arlington, 1957 ; — *Dumas* fils (Alex.). Aventures de quatre femmes, 2046 ; —*Talma* (Fr.-Jos.). Mémoires, 7987; — *** (M.). Mari de la veuve, 1959.

DUMAS D'AIGUEBERRE (J.-D.). *Garçon de café* (*un*). Lettre, 2669 ; — *Souffleur de la comédie de Rouen* (le). Réponse, 7811 ; Seconde Lettre, ibid.

DUMAY (Jos.-Adolphe). *** (l'abbé de). Lettre, 9094.

DUMONCHAUX (P.-J.). D. M. *Barb... du B....* Anecdotes, 440 ; *Médecin* (*un*). Etrennes, 4654 ; — *P. J. D.* Bibliographie médicale raisonnée, ou Essai sur l'exposition des livres les plus utiles à ceux qui se destinent à l'étude de la médecine. Paris, Ganeau, 1756, in-12.

DUMORTIER (Barthélemy-Charles), ancien membre du Congrès constituant, aujourd'hui membre de la chambre des représentants de la Belgique. *Belgicus.* Lettre sur le manifeste du roi; 547 ; — *Dumortier* (Mlle Pauline). Guérison, 2089.

DU MOUCHET (Philippe), avocat au Parlement de Paris. *Nordville* (de). Remarques sur les douaires, 5167.

DU MOULIN (Charles). *Challudre* (maître Simon). Défense, 987.

DU MOULIN (Pierre). D. M. D. S. E. Justification, 1430.

DU MOULIN (P.), fils aîné du précédent. *L'Ormegregny* ou *L'Ormeginy* (le sieur de). Réflexions, 4283.

DU MOULIN (P.). *Monginot* (Franç.). Résolution des doutes, 4927.

DUMOULIN (Louis), avoué. *Société de gens de lettres* (*une*). Iliade, 7652.

DU NOUY (...... Nomophile). *Nomophile.* III, 348.

DU NOYER (Mme Anne-Marg.). *C...* (Mme). Lettres, 869 : — *Du N.* (Mme). Mémoires de Mme—, écrits par elle-même. Cologne, 1710, in-12.

DU PARC, comte de LOCMARIA (en Bretagne) , ancien capitaine-adjudant dans la garde royale. *Locmaria* (le comte de). Henri IV, 4257; Etat militaire, 4258 ; Devoirs, 4259 ; Guérillas, 4260 ; Souvenirs des voyages... 4261.

DUPARC-POULLAIN, avocat à Rennes. *Amilly* (d'). Preuves, 164.

DU PERRIER. *Flachat Saint-Sauveur.* Pièces, 2442.

DU PERRIER DU MOURIEZ. *Dumouriez.* I, 588.

DUPERRON, auteur dramatique. *Bréjot* (Philippe de). Mainfroy, 809.

DUPEUTY (Charles–Désiré), aut. dramatique. *Monnier* (Henry). Famille improvisée, 4930.

Du Peyrat (Guillaume). *Aumônier des rois Henry IV et Louis XIII* (*un*). Réponse, 349.

Dupin aîné (Andr.-Mar.-J.-Jacq.). *Hullin* (le comte P.-Aug.). Explications, 3135.

Dupin (Jean-Henri), auteur dramat. *Casimir*. Ange gardien, 935 ; — *Henri*. II, pag. 209 ; — *Odry*. La Bande joyeuse, III, 330.

Du Pinet (Antoine). *A. D. P.* Taxes des parties casuelles de la boutique du Pape (ou de la Chancellerie et Pénitencerie romaine), en latin et en français, avec des annotations, etc. Lyon, 1564, in-8. Réimpr. en 1701, in-8 ; — *Julien de Saint-Acheul*. Taxes, 3401. Nouv. édit. du livre précédent.

Duplan (Paul), *X*. Lettre, 8898.

Du Plessis (Armand-Jean), cardinal de Richelieu. *Desmarets de Saint-Sorlin*. Ouverture, 1630 ; — *Français de qualité* (*un*). Remontrance, 2544 ; — *Mézeray* (de). Histoire, 4782.

Duplessis Kergomard (Jules), de Morlaix. *Penmarch* (Gustave de). Les Courtils du Léonais, poèmes. J. Le Mal du Pays (1846). II. Le Kloareck de S. Pol (1847). 1847, in-18 ; Les Feux-Follets, vers. Paris, Permain, 1851, in-16, avec une vign. Quarante pièces.

Du Pont (le comte Pierre), connu aussi sous le nom de Du Pont de l'Estang, lieutenant-général. *Lieutenant général* (*un*). Odes d'Horace, 4223.

Dupré de Saint-Maur, anc. intendant de Guyenne. *Subdélégué de la généralité de Guyenne* (*un*). Lettre, 7885.

Dupré de Saint-Maur (Emile). *Ermite en Russie* (l'). Coup de pistolet, 2240.

Du Puget, officier d'artillerie. *Officier du corps d'artillerie* (*un*). Essai, 5292.

Dupuis-Delcourt (J.-B.), aut. dramatique. *Henri*. II, 209 ; — *Octo*. Han d'Islande, 5227 ; Odette, 5228.

Du Puy (Nicolaï). *Bonapses*. Bonaspei Trecensis, Libellus, 748 ; Elucidarius carminum, 749.

Dupuy (Jacques). *Bessin* (Petr.). Nominum propriorum. 638.

Dupuy-Demportes (J.-B.). *Anglais* (*un*). Lettre, 239; — *S.D***. Le Printemps, comédie en un acte et en

vers. Paris, Jacques Clousier, 1747, in-12 ; Parallèle de la Sémiramis, de Voltaire et de celle de Crébillon. Amst., 1748, in-8 ; — *Walpole*. Testament, 8857.

Durand (C.). *Docteur en théologie* (*un*). Avis, 1799.

Durand (Mme). **. Aventures, 8973.

Durand (dom Ursin), bénédictin de la congrégation de Saint-Maur. *Deux Religieux bénédictins* de la Congrégation de Saint-Maur. Voyage littéraire, 1677.

Durand (David), membre de la Société royale de Londres. *La S. R.* (de). Dissertation, 3851.

Durand (Camille-Hilaire), ancien caissier des vivres en Italie, puis employé au ministère de l'intérieur. *Bourgeois de Paris* (*un*). Détails sur le 10 août 1792, 782.

Durand (Charles), de Saint-Hippolythe. *Ami de la Hollande* (*un*). Le Jour des prières publiques en Néerlande. Vers de Tollens, trad. par —. (2 décembre 1832). Rotterdam, J.-L.-C. Jacob, 1832, in-8 de 10 pag. ; *Anonyme de Gand* (l'). Réplique à M. de Potter, 254 ; — Ouvrages de M. Ch. Durand, publiés à l'étranger, t. Ier, p. 592-93.

Durand de Beauregard, auditeur au conseil d'Etat, auteur dramatique. *Dugard* (Louis). L'Article 170, ou un Mariage, 1935 ; — *Luigi*. Les Trois Lièvres, 4393.

Durantin (Anne-Adr.-Arm.). *Villevert* (Arm. de). La Guimard, 8741; Amours, 8742.

Durao (José-Santa-Rita). *La Landelle* (G. de). Homme de feu, 3584.

Durell. Voy. Lanovius.

DuRenau. *Maistre de musique* (*un*). Secret pour composer en musique, 4493.

Duret, d'Archiac, juge au tribunal de première instance de la Seine. *Archiac* (d'). I, 53.

Du Revest (l'abbé). *La Monnoye* (Bern. de). Hist. de M. Bayle, 3782.

Durey de Morsan (Jos.-Mar.). *Albéroni* (le card. Jules). Testament, 53.

Durfort (le comte Armand de), maréchal de camp, ancien commandant de l'Ecole militaire de St-Cyr. *Ancien militaire* (*un*). Quelques réflexions, 199 ; — *Militaire français* (*un*). Révélations, 4815 ; — *Officier-supérieur* (*un*). Forces militaires, 5316.

Du Rosel (le P.), jésuite, copié par l'abbé *Dinouart*. Art de se taire, 1734.

De Roveray, de Genève. *Mirabeau* l'aîné. Adresse, 4851.

Durozoir (Charles), prof. d'Histoire au collége Louis-le-Grand. *Professeur de l'Université (un)*. L'abbé de la Salle, 6111.

Durret. *Bachelier*, chirurgien de Bourg-en-Bresse, et *D.* (le sieur). Voyage, 415.

Du Saix (Antoine). *Espéronnier de discipline* (l'). Petits, 2259.

Dusaulchoy de Bérgemont (Jos.-Fr.-Nic.), mort en juillet 1835. *Joseph.* II, 308; — *Soc. de gens de lettres (une)*. Le Causeur, ambigu littéraire, critique, moral et philosophique. Paris, Ferra jeune, 1817, 2 vol, in-12 ; — *** (Joseph). Protégé, 9358.

Du Sillet (Cl.-Jos.-Fr.-Léon). *Turpin* (l'arch.). Yseult, 8365.

Dussault (Jean-Joseph). *Belier*. Culotte, 558 ; — Y. T. IV, p. 662.

Dutasta (J.), armateur de Bordeaux. *Raynal* (l'abbé). Histoire philosophique, 6323.

Dutens (Louis). *D.* (M.). Poésies de —. 1767, in-12; 1777, in-8 ; — *D* — *s* (Louis). Recherches, 1833 ; — *L.D...s* (M.). L'Ami des étrangers qui voyagent en Angleterre. Londres, Elmsley, 1787, in-12; 1789, in-8.

Dutertre (Mme), née baronne de Carlowitz. *Carlowitz* (la baronne de). I, 201.

Du Tillet (Jean), évêque de Meaux. *Eli. Phili.* Opus inlustrissimi, etc. 2193 ; — *Evêque (un)*. Epitre, 2307.

Du Tillet, évêque d'Orange. *Evêque (un)*. Sentiments, 2308.

Dutoit Mambrini (Marc-Philippe), ministre protestant. *Keleph Ben Nathan*. Philosophie divine, 3440 ; Philosophie chrétienne. 3441 ; — *Théophile*. Sermons, 8183.

Dutrésor (J.-Fr.-Gasp.). *Sorcellicot* (Rob.). L'Astucieuse, 7801.

Dutrone de la Couture (Jacq.-F.). *** (le cit.). Inviolabilité, 9230.

Du Trousset de Valincour (J.-B.-Henri). *Valincour* (de). IV, p. 568.

Du Vair (Guillaume), premier président au Parlement de Provence. *D. V. Pr. Pr au Parl. de Pr.* (le sieur). Traité de l'Eloquence, 2135.

Duval (Pierre). *Vrai Perdu* (le). Le Puy, 8842.

Duval, conseiller au Châtelet de Paris. *Soc. logographique* (la). Journée, 7725.

Duval (Georges), auteur dramatiq. *G.....s D...l.* Calembourgs de l'abbé Geoffroy, faisant suite à ceux de Jocrisse et de Mme Angot, ou les Auteurs et les Acteurs corrigés avec des pointes, ouvrage piquant, rédigé par—. Paris, Capelle, an XI (1803), in-16, fig. ; — *Léon.* II, 583 : — *** (MM.). Avec Marion du Mersan). M. Chose, ou la Forêt de Pantin, folie-vaud. en un acte. Paris, Mme Cavanagh, 1809, in-8.

Duval (Henri-Louis-Nicolas), ancien secrétaire du comte de Lascases. *Bonnefoi* (Eustache). Monsieur Grassinet, 758 ; — *Cardelli*. Manuel du limonadier. 915 ; Nouveau Manuel, id., 916 ; Manuel du cuisinier, 917 ; Manuel de la jeune femme, 918 ; Manuel complet des gourmands, 919 : — *D*** (le comte). Précis historique, 1339 ; — *Marc-Luc-Roch-Polycarpe.* Mes Contes, 4524.

Duval d'Espréménil fils (J. J.). *Espréménil* (D. d'). II, 36 ; — *Magistrat (un)*. Réflexions, 4450.

Duval Sanadon. *D. D.* Le Patriotisme, ode in-8 ;— *Colon de Saint-Domingue (un)*. Discours sur l'Esclavage, 1195 ; — *Royaliste (un)*. Symbole de foi, 6641.

Duvaucel (L.-Fr.), mort en 1793. *Anc. grand-maître (un)*. Réflexions sur les bois, 192.

Duverger de Hauranne, abbé de Saint-Cyran. *Aurelius* (Petrus). Vindiciæ censuræ, 352; Petri Aurelii, 353 ; — *Eslusse* (Alexandre de l'). Somme des fautes du P. Garasse, 2337 ; — *Grandval* (le sieur de). Vie de la Sainte-Vierge, 2881 ; — *Saint-Cyran* (l'abbé de). Question royale. 6830.

Duvergier, auteur dramat. — *** (M.). M. Sensible, 9348.

Duvernet (l'abbé Théophile-J.). *Guillaume le disputeur*. Intolérance religieuse, 2933 ; — *Saint-Leu* (feu M. de). La Retraite, 6962; — *** (M.). Vie de M. de Voltaire. Genève, 1786, in-8 ; 1787. in-12; Paris, 1798, in-8 ; Les Diners de M. Guillaume avec l'histoire de son enterrement ; par l'auteur de « la Vie de Voltaire ». Paris, 1788, in-12.

Duvert (Félix), auteur dramatique. *Félix*. II, 64 ; — *Monnier* (Henri). Famille improvisée, 4930.

DUVEYRIER (le baron Hon.-Mar.-Nicolas). *Le Franc de Pompignan* (J.-G.), archevêque de Vienne (Dauphiné). Lever de Baville, 4009 ; *Témoin oculaire* (*un*). Anecdotes, 8050 ; — *Vermond* (l'abbé de). Cour, 8571 ; Supplément, 8572 ; Essais, 8573 ; Lever, 8574. Même pièce que le n° 4009 ; Destruction, 8575.

DUVEYRIER (Anne–Honoré–Joseph), fils aîné du précédent, connu en littérature sous le nom de « Mélesville ». *Lesparat* (Mme Adélaïde). Oncle rival, 4189 : la Prêté rendu, 4190 ; — *Mélesville*. III, 225 ; — *Nain connu* (*un*). III, 312 ; — *St-Amand*. La Veuve du Malabar, 6762 : — *Saint–Marc* (Amédée de). Koulikan, 6676.

DU VIVIER (Charles-Ernest-Emmanuel), curé de Saint-Jean, à Liége. *Weyer de Streel* (le). La Cinéide, ou la Vache reconquise, poème national héroï-comique en XXIV chants. Liége, Grammont-Dondus, 1852, in-12. « C'est une piquante débau-

» che d'esprit.... Pour retracer les » événements de cette étrange guer- » re, causée par l'enlèvement d'une » génisse et qui rendit célèbre la » petite ville de Ciney au XIIIe » siècle, de cette guerre sanglante » qui désola le Condroz pendant » trois années (1275-1277), l'auteur » aurait bien fait de préférer les » vers de dix syllabes, ou, mieux » encore, les vers de différentes » mesures aux majestueux alexan- » drins. Quoi qu'il en soit, si l'on » peut reprocher à l'ouvrage des lon- » gueurs et des expressions par- » fois un peu triviales, il n'est pas » permis de méconnaître qu'on est » dédommagé par des détails in- » génieux, des aperçus vrais, des » mœurs du moyen-âge et des ta- » bleaux tracés d'une main habi- » le » (1).

DU WICQUET D'ORDRE (L.-A.). *Ordre* (d'). III, 381 ; — *Pauvre diable* (*un*). Vie et doléance, 5536.

DU WICQUET D'ORDRE (Mlle Sophie Moser, baronne). *S. D.* Nouvelles helvétiques, 7420.

E

EBERSTEIN (le baron). *Inconnu* (*un*). Remarques critiques, 3180.

EBINEAU (l'abbé). *Vicaire de campagne* (*un*). Mémoires, 8605.

ECHALLARD (dom Olivier), bénédictin. *Fille religieuse* (*une*). Ecole du pur amour de Dieu, 2427 ; — *Religieuse* (*une*). Le même ouvrage, 6385.

ECOUCHARD LEBRUN (Ponce-Denis). *Lebrun* (P.-D.-E.). II, 564.

ECOUCHARD LEBRUN (Jean-Etienne), frère du précédent. *Lebrun de Granville*. II, 566.

EDAIN (Hippolyte). *Viade* (Hippolyte). Six années, 5123.

EDAN (B.), auteur dramatique. *Montréal*. Marchand de bois, 4972.

EFFEN (Juste van). *Cr.* (J.-P. de), *P. E. P. E. M. D. L. A. D. L.* Dissertation, 1268.

EIDOUS (Marc-Ant.), fécond traducteur. *E**** (M.). Les Caractères modernes, trad. de l'angl. Paris,

1771, 2 vol. in-12 ; — *** (M.). Aventures, 9064 * ; Voyages, 9065 ; Voyage, 9066 ; Histoire, 9067.

EILLEAUX (Mme), née Désormeaux. *De Sor* (Charlotte). Second Mariage, 1641 ; — Mme de Tercy, 1642 ; Souvenirs du duc de Vicence, 1643, 8608 ; Napoléon, 1644 ; Duc de Bassano, 1645 ; Plus heureuse femme, 1646 ; Berger Roi, 1647. C'est ce dernier ouvrage qui a été traduit en allemand sous le titre de « Serbiens Freiheitskrieg und Milosh ».

EISENMENGER. *Siderocrates* (Sam.). De Usu, 7492.

ELIÇAGARAY (Edouard). *E.* (Avec M. Amic). L'Homme à la longue barbe, précis sur la vie et les aventures de Chodruc-Duclos, suivi de ses lettres; orné du portrait de ce mystérieux personnage et d'un fac-simile de

---

(1) Baron de Stassart. Discours à l'Académie roy. de Belgique, séance du 11 mai 1853.

son écriture. Paris, les march. de nouv., 1829, in-8 de 72 pag. 2e édit. Paris, les mêmes, 1829, in-8 de 80 pag. M. Eliçagaray fut condamné par arrêt de la Cour royale de Paris, du 23 juin 1829, à un mois de prison et 100 fr. pour la publication de cet écrit, qui renfermait une diffamation envers la famille Larochejaquelein, et la destruction de l'écrit fut ordonnée ; — *Célèbre courtisane (une).* Mémoires, 967 ; — *Scandinave* (Jules). Le Comité directeur, 7396 ; — *Vieux habitué....* (*un*). Grande Chaumière, 8659.

ELLIES DUPIN (Louis), docteur en Sorbonne et professeur de philosophie. *Clairval* (l'abbé de). Histoire d'Apollonius, 1155 ; Bibliothèque des historiens, 1156 ; — *Dupin* (L.-E.), I, 589 ; — *D.* Mémoires et Réflexions sur la constitution « Unigenitus » de Clément XI. Amsterdam, 1717, in-12.

EMÉRIGON (Balthaz.-Mar.). *** (M.). Commentaire, 9157.

EMERY (l'abbé Jacq.-And.), supérieur gén. de la congrég. de St-Sulpice. *** (Mme de). Lettre, 9216.

ENAULT (Louis), avocat à Caen. *Salent* (Louis). t. IV, p. 268.

ENGEL (Samuel), géographe suisse. *Ami des hommes* (*un*). Traité des pommes de terre, 158 ; — *L. B. d'E.* Essai sur cette question : Quand et comment l'Amérique a-t-elle été peuplée d'hommes et d'animaux ? Amsterdam, M. M. Rey, 1767, in-4, ou 5 vol. in-12 ; Mémoire sur la navigation dans la mer du Nord, depuis le 63e degré de latitude vers le pôle, et depuis le 10e au 100e degré de longitude, avec une nouvelle carte sur cette étendue. Berne, Fetcherin; 1779, in-4 ; — *** (M.). Mémoires, 9064.

EPINAY (Mme de LA LIVE D'). *Grimm* (le bar. Fréd.-Melch. de). Correspondance, 2911.

ERBIGNY (Henri-Lambert d'), marq. de THIBOUVILLE. *Thibouville* (de). Thélamire, 8200.

ERNST (Simon-Pierre), curé d'Afden. *Ami de la Vérité* (*un*). Observations sur l'instruction en forme de catéchisme, publ. par le professeur Eulogius Schneider, à Bona. (Cologne). 1791, in-8 de 98 pag. ; — *Bon et franc catholique* (*un*). Pen-

sées diverses d'—, à l'occasion du bref de N. S. P. le Pape, à l'archevêque de Malines, sur le serment de haine à la royauté. Maëstricht, Nypels, an VII (1799), in-8 de 78 p. ; — *Homme* (*un*). Trois Lettres d'— à trois grands vicaires, pour les prêtres nommés fidèles, relativement au serment de haine à la royauté. Ibid., an VIII (1800), in-8 de 100 p. ; — *Reiffenberg* (le baron F. de). Mémoire sur les sires de Cuyk, 6374; Chronologie historique des comtes de Salm, 6375 ; Mémoire sur les comtes de Louvain, 6376; Supplément à l'Art de vérifier les dates, 6377 ; — *** (M.). Observations historiques et critiques sur la prétendue époque de l'admission des ecclésiastiques aux Etats de Brabant, vers l'an 1383. Maestricht, Lekens, 1787, in-4 de 72 pag.

ESCHERNY (le c. Fr.-L. d'), Suisse. *Habitant de Paris* (*un*). Correspondance, 2971.

ESPAGNAC (J.-Bapt.-Jos. DAMARZIT DE SAHUGET, baron d'), lieutenant-général. *D. P. N.* (le baron). Supplément aux « Rêveries », 1829.

ESPEVILS (Claude-Guillaume-Robert). *Louis XIV.* Lettre, 4308.

ESPINEL (Vincent). *Le Sage* (A.-R.). Vie de l'écuyer Obrégon, Estevanille, Gil-Blas, 4183 ; — *Obrégon* (Marc d'). Relations, 5209.

ESPRIT, de l'Académie française. *Desbans* (Louis), abrège un ouvrage de l'académicien Esprit et le publie comme de sa composition : l'Art de connaître les hommes, 560.

ESQUIROU DE PARIEUX, ministre de l'instruction publique en novembre 1849. *Parieux.* III, 410.

ESTERNO (le comte H. d'). *H. d'E.* Essais poétiques, 3008.

ESTERNOD (Claude d'). *B*** (le sieur). Satires, 396, 7394 ; — *Franchère* (le sieur Claude). Espadon, 2560.

ESTRIX (Ægid.), S. J. *Simonis* (Fr.). De Fraudibus, 7503 ; — Trad. en franç., ibid.

ETIENNE (Ch.-Guill.), de l'Institut. *Foy* (le génér.). Histoire, 2502 ; — *Gosse* (Et.). Le Médisant, comédie, 1816. Cette comédie a été entièrement refaite par Etienne.

ETOURNELLES (Mme Louise de Constant-Rebecque, dame d'). *E.....* (Mme L. d'). Alphonse et Mathilde. Paris, Brissot-Thivars, 1819, 2 vol.

in-12 ; — E*** (Mme L. d'). Pasca-
line. Paris, Villet, 1821, 2 vol,
in-12 ; — Constant (Mme Louise
de). Deux Femmes, 1210. -
ETTEMARE (l'abbé d'). Théologien
français (un). Lettre, 8171.
EUDES (Morton), Anglais. Th. A. J.
C. Tradition, 8074.
EUDES (François), né à Mézeray,
hameau de la paroisse de Rye,
près d'Argentan, en 1610. D. M.
Vanités de la Cour, 1758 ; — Har-
douin de Beaumont de Péréfixe.
Histoire de Henri le Grand, 5633 ;
— Mézeray (Fr. de). III, 248 ;
— Sandricourt. Complot, 7339 ;
Censeur, 7340 ; Cordeliers, 7341 ;
Descente, 7342 ; France, 7343 ;
Maréchal-des-logis, 7344 ; Pasquin,
7345 ; Préparatifs. 7346 ; Réponse
pour MM. les princes, 7347 ; Ré-
ponse pour Son Altesse, 7348 ;
Sentiments, 7349 ; Songes, 7350 ;
Recueil, 7351 ; L'Accouchée espa-
gnole, 7352.
EUMATHE MACREMBOLITHE, gram-
mairien grec du IVe siècle. Eusta-
the. II, 48.
EUSTACHE (Ange-Jean-Robert), au-
teur dramatique. Legan. II, 570 ;
—Angel. Ses ouvrages, 223 à 236.
EVE (Antoine-François), auteur dra-
matique. Desmaillot et Démaillot.
Ses ouvrages, 1622 à 1627.
EVRA, auteur dramat. Lore. II, 632.
EVERTS (J.), célèbre poète latin de
la Hollande, au XVIe siècle. Jean
Second. II, 291 ; IV, 305.

EYMA (Xavier), employé au ministère de la marine. Ricard (Adolphe). Cascarinette; 6521.
EYMERY (Alexis), de Saintes, ancien
libraire-éditeur à Paris. A. D. S. ;
— A..... E ...., électeur du département de la Seine. Le Magistrat
du peuple, ou Instruction sur les
droits que la Charte accorde, les
devoirs qu'elle impose, et la loi
des élections. Paris, A. Eymery,
etc., 1818, in-18 de 104 p. ; —
A. E. D. S. Voy. DESAINTES ;—
Desaintes et de Saintes. Ses ouvrages, 1568 à 1597 ; — Deche-
vaille (l'abbé). Cardinal de Che-
verus, 1435 ; — La Chabeaussière
(le vicomte de). Titus, 3506 ; —
Noreiv (Mme la baronne Amélie
de). Ses ouvrages, 5171 à 5175 ;—
Salvage (Mme de). Folies, 7239 ;
Récréation, 7240 ; Alphabet, 7242;
Aventures, 7243 ; Les Petits enté-
tés, 7244 ; Burlesques, 7245 ; —
Soc. de girouettes (une). Dictionnaire, 7663 ; — Talabot (la vic.
Eug. de) : Une Journée, 7975 ;
Poupée, 7976 ; L'Enfant, 7977 ;
L'Ombre, 7978 ; Alphabet, 7979 ;
Aglaé, 7980 ; Les Grotesques, 7981;
— ***. Le Parisien parvenu, ou
Petit Tableau de mœurs. (Nouv.
édit.). Paris, A. Eymery, 1822, 4
vol. in-12. La prem. édit. de ce
roman portait pour titre « l'Heu-
reux Parisien », etc, 1809, 4 vol.
in-12.

F

F*** (Charles-Louis), imprimeur en
taille-douce et marchand d'estampes à Paris. Michel fils aîné. Poésies nationales, 4789.
FABERT (Richard), auteur dramatique. Richard. Dénouement en
l'air, 6527 ; Arlequin Lucifer,
6528 ; Amour et loyauté, 6529.
FABRE (Marie-J.-J.-Victorin). Victo-
rin. Inès, 8642.
FABRE (Jean-Louis) dit Fabre-Terreneuve, docteur en médecine ; né
le 2 mai 1781, au Péage du Rous-
sillon (Isère). Fabre-Terreneuve

(J.-L.). La Nouvelle Agnodice, ou
Précis de médecine. Paris, Méqui-
gnon-Marvis, 1830, in-8. Cet ouvrage avait déjà paru en 1825. Essai sur la manière et les moyens
d'exercer la médecine honorablement. Lyon, Ayné, 1836, in-8 ; —
Terre-N... Correspondance, 8065 ;
—Terreneuve (F.), de l'Isère. Grenoble et Lyon, l'Isère et le Rhône.
Précis des événements qui ont eu
lieu dans ces deux départements,
depuis 1814 jusqu'à ce jour (juin
1818). Paris, Plancher, 1818, in-8.

FABRE (Ant.-Franç.-Hipp.). *Phocéen (un)*. Némésis médicale, 5781.

FABRE D'ÉGLANTINE (Ph.-Fr.-Nazaire). *** (M.). Étude, 9097.

FABRE D'OLIVET. *Soc. de gens de lettres (une)*. Bibliothèque, 7627.

FABRE DE VAUGELAS (Claude). *Vaugelas* (de). IV, p. 583.

FABRÉ-PALAPRAT, D. M., grand-maître des Templiers. *P.....* (J.). Rech. sur les Templiers, 4518.

FABRI (Honorat). *Carterius* (Ludov.). Justa expostulatio, 932.

FABRI DE PEIRESC (Nic.-Cl.). *Peiresc* (de). III, 429.

FABRY (J.-B.-G.). *Habitant de Paris (un)*, réfugié à Blois. Régence à Blois, 2972.

FABRY (Émile de), ancien capitaine d'artillerie. *Français (un)*. Allemands, 2537.

FAGUET (Victor). *V. F.* Béatrix, 8596.

FAILLY (de). *Inconnu (un)*. Prusse, 3183.

FALAISEAU DE BEAUPLAN. *Leroux de Montgreffier*. Lettre au cit. E. Delamothe, 4182.

FALKEMBERG, aut. dram. *Falberg*. Obligeant maladroit, 2349.

FALQUES (Mlle), d'Avignon, née Pillement, sœur de Pillement, peintre et dessinateur célèbre. Elle avait épousé Falques, agent de change à Lyon, où il fut pendu, depuis, pour crime de faux. Après avoir quitté son mari Falques, cette créature vint à Paris sous un nom de guerre, et elle épousa par les intrigues de Villetard, vicaire de St-Gervais, un ex-mousquetaire noir, nommé Clermont-Blêtre, sans fortune, lequel la quitta et alla servir à Cayenne avec le chevalier de Turgot, son parent, qui y commandait. Mme Falques vécut alors en catin, sous le nom de comtesse de Clermont. Elle avait été belle ; la ville de Lyon lui faisait une pension d'aumône de 600 livr. Elle ne vivait que de lait. Elle avait avec elle une fille de son premier mari Falques. A l'âge d'environ 45 ans, elle se tua, en novembre 1773, se jetant par la fenêtre d'un troisième étage de la maison au coin du carrefour de Bussi, où elle demeurait, maison appartenant au marquis de Montholon (1). *Fauque* (Mlle). Voy.

notre « France littér. ». III, p. 71 ; — *Pompadour* (Mme la marquise de). Histoire, 5962 ; — *Vaucluse* (Mme de). IV, p. 582.

FARCY (J.-G.). *Cousin* (V.), trad. de Platon, 1264.

FAU (Eugène), ancien directeur du journal « le Paris élégant », de « la Silhouette » et de plusieurs autres recueils littéraires. *Falsa* (F.) et *F. de Falsa*. II, 58.

FAULAIN DE BANVILLE (Théodore), fils d'un officier de marine ; né à Moulins, en 1822. *Banville* (Théod. de). Les Cariatides Paris, Pilout, 1842, in-8 ; Les Stalactites, recueil de Poésies. Paris, impr. de Bourgogne et Martinet, 1846, in-8 ; Les Nations, ode mêlée de divertissements et de danses, chantée sur le théâtre de l'Académie nation. de musique, le 6 août 1851. Paris, Ve Jonas, 1851, in-8 ; — *Villon* (Fr.). Articles de journaux. IV, p. 623.

FAURE (P.-Jos.-Den.-Guill.), imprimeur-libr. au Hâvre. *Citoyen (un)*. Réflexions sur la marine, 1100.

FAURE (J.), poète, anc. notaire, anc. sous-préfet de Sisteron, etc. ; né à Chabottes. *Habitant des Hautes-Alpes (un)*. Stances, 2980.

FAUVEL (Guillaume-Amédée), avocat normand ; né le 12 juin 1808, mort le 14 octobre 1841. *Donaldson* (miss Ellen). Des articles dans des journaux de la Normandie ; — *Réville* (Edouard). Guibray, 6488.

FAUVELET DE BOURRIENNE (L.-Ant.), ancien ministre d'Etat. *Villemarest* (Max. de). Mémoires de M. de Bourrienne, 789.

FAVARD DE LANGLADE (le baron Guill.-Jos.). *Ancien magistrat (un)*. Instruction, 198 ; — *Jurisconsulte (un)*. Conférence du Code civil, 3416 ; Suppl. au Code civil, 3417.

FAY, marquis de LATOUR-MAUBOURG (Marie-Victor). *Latour-Maubourg*. II, 539.

FAYOT (Charles-Frédéric-Alfred), industriel littéraire. *Carême*, artiste culinaire. I, 200 ; — *Discy* (Alfred). I, 372 ; — *F**** (Alf.). Conjuration de quatre-vingt-seize gentilshommes Polonais, Ecossais, Suédois et Français, contre le gouvernement russe, et massacrés dans les ruines du château de Macijowicke ; ouvrage trad. de l'anglais. Paris, Gueffier, 1821, in-8. Traduction

---

(1) Note inéd. de Mercier, abbé de St-Léger.

10

supposée. — *Molé* (Mᵐᵉ la comt.).
III, 283; — M. Alfr. Fayot a été
le rédacteur du « Mémorial de Ste-
Hélène », par le comte de Las-Cases.

FAZY (Jean-James), de Genève. *Américain* (un). Lettre d'— sur la situation continentale de la France.
Impr. dans le « Mercure du XIXᵉ
siècle » ; — *Erlélib*. Voyages, 2244.

FÉRAUD (l'abbé Jos.-Max.). *Soc. de
gens de lettres* (une). Biographie
des hommes remarq. des Basses-
Alpes, 7657.

FERNEL, chef de bataillon. *Officier
de l'armée expéditionnaire* (un).
Campagne d'Afrique en 1830, 5274.

FERRAND (le comte Antoine de), mort-
pair de France et membre de l'A-
cadémie française. *Citoyen* (un).
Essai d'—. S. l. n. d. (Paris, 1789),
in-8 ; — *Commerçant* (un). Douze
Lettres d'— à un cultivateur, sur
les affaires du temps. Nice (Paris),
1790, in-8. ; — *F**** (M. A). OEuvres dramatiques. Paris, de l'impr.
roy., 1817, in-8 ; — *Ministre d'u-
ne Cour étrangère* (un). Lettres
d'—, sur l'état actue. de la France,
1793, in-8 ; — ***** (M.). Philoctète,
9200. Réimpr. dans les OEuvres
dramatiques de l'auteur.

FERRÉ (Alexandre), artiste et auteur
dramatique, ancien sergent de la
garde royale ; mort le 27 février
1839. *Saint-Firmin*. Le Fils du
portier, 2883 (Anon). ; Ménage,
6882 ; Tiennette, 6883.

FERRIÈRE (Théophile de), secrétaire
d'ambassade. *Baça* (Samuel). Il
Vivière, 414.

FERVILLE. *Vaucorbeil* (F.). Révision,
8528.

FESQUET (J.-L.). *J. L. F.* Voyage à
Paris, 3344.

FEUILLET (L.-F.), mortbibliothécaire
de l'Institut. *Landon* (C.-P.). A-
mours de Psyché, 3797 ; — *L. F.
F.* Antiquités d'Athènes, t. II, p.
521 ; — *Soc. de gens de lettres*
(une). Galerie, 7640.

FÉVAL (Paul), de Rennes (Ille-et-
Vilaine), journaliste et romancier.
Ouvrier sans ouvrage (un). Des
articles dans le journal « le Pamphlet », III, 393 ; — *Sol* (Daniel).
Des feuilletons dans divers journaux ; — *Trolopp* (sir Fr.). Mystères, 8350 ; Forêt, 8351.

FEYDEL (Gabriel). *Dialecticien* (un).
Observations, 1686 ; — *P* P* P**.

Remarques, 5991 ; — *Roger* (Nicolas). Méthode pour nager, 6580.

FIÉVÉE (J.), publiciste et littérateur.
Feller (l'abbé). Relation véritable
et remarquable du grand voyage
du Pape en Paradis et en Enfer,
par—, suivie de la Translation du
Clergé aux enfers par le cardinal de
Montmorency, ou la Révolution
impériale. Paris, Fiévée, rue Ser-
pente, s. d., in-32 ; — *J. F.* Frédéric. Paris, Plassan, 1799, 3 vol.
in-12, et Paris, Maradan, 1800, 3
vol. in-18. ; — *T. L.* Des articles
dans le « Journal des Débats »,
IV, p. 521.

FIOCARDO (Henri), rédacteur-pro-
priétaire du journal « l'Oracle » de
Bruxelles, noyé en 1827. *Vieux
Belge* (un). Bruxelles, les palais
Lacken et Tervueren. Brux., Vᵉ Sta-
pleaux, 1824, in-12.

FIORENTINO (Pier-Angelo), romancier et critique. *Dumas* (Alex.).
Comte de Monte-Christo, 2032 ;
Corricolo, 2054 ; Crimes célèbres,
2066 ; Speronare, 2055 ; —*Rovray*
(A. de), rédacteur, depuis 1853,
de la revue musicale du « Moniteur », dans laquelle il a inséré des
notices sur des compositeurs célèbres : Pergolèse (30 janv.) et Jom-
melli (6 mars).

FIRMIGIER (Aug.). ***** (M.). Code
des successions, 9445.

FLACHAT (Stéphane). *Mauny de Mor-
nay*. Ses ouvrages, 4608 à 4616.

FLACON, dit ROCHELLE (Joseph-Hen-
ri), avocat aux conseils du Roi et
à la Cour de cassation, auteur dramatique. *Philidor R.* IV, 459. ; —
R. (Philidor). IV, p. 5 ; *Rochelle*
(J.-H.). Ibid., 138.

FLERS (le marquis Hyacinthe-Jacq.
de), auteur dramatique. *Hyacinthe*
II, 261.

FLEURY (Jules) (1), rédacteur du
« Corsaire-Satan », de « l'Artiste »,
de la nouvelle « Revue de Paris »,
etc., etc. *Champfleury*. I, 224, et
p. 602 des corrections. Voici la
liste que nous promettions des ouvrages de ce pseudonyme : 1º
Pierrot, valet de la mort, pantomime en sept tableaux. Paris, dé
l'imprim. de Gerdès, 1846, in-16

---

(1) Écrivain entièrement inconnu aux
auteurs de la « Littérature française contemporaine ».

de 32 pag. ; 2º Chien-Caillou. Fantaisies d'hiver. Paris, Marti-non, 1847, in-12 de 164 pag. ; 3º Pauvre Trompette. Fantaisies de printemps. Paris, Ferd. Sartorius, 1847, in-12. Ces deux petits ou-vrages forment le commencement d'un recueil dont il devait paraître un volume pour chaque saison ; 4º Biographie et Statistique. I. Les Journaux depuis la révolution de février. II. Les Livres et les Bro-chures. III. Chansons, canards et complaintes. Impr., en feuilleton dans « la Presse », nº du 28 mai 1848 ; 5º (Avec H. Monnier). La Reine des carottes, pantomime fan-tastique en douze tableaux. Repré-sentée sur le théâtre des Funam-bules, le 27 septembre 1848. Pa-ris, Dechaume, 1848, in-8 de 8 p.; 6º Les Trois Filles à Cassandre, pantomime, représentée sur le mê-me théâtre, en 1849. Paris, le même, 1849, in-8 de 8 p. lithogr.; 7º Confessions de Sylvius. Impr. dans les « Soirées littéraires illus-trées » ; 8º Essai sur la vie et l'œu-vre des Lenain, peintres laonnais. (Avec un Catalogue complet de leurs gravures, dessins et peintu-res). Paris, Didron, 1850, in-8 de 56 pag. (Voir « l'Illustration » du 18 mai 1850, p. 319) ; 9º Les trois Filles à caserne, pantomime bour-geoise en huit tableaux. Paris, Dechaume, 1850, in-12 de 8 pages; 10º Les deux Pierrots, pantomime réglée par MM. Pierrot, Arlequin, Colombine, Cassandre et Polichi-nelle, avec prologue et épilogue de M. Champfleury, représentée les 2 et 4 mars 1851, aux galeries des associations des peintres et des mu-siciens, boulevart Bonne-Nouvel-le. Paris, de l'impr. de Juteau, 1851, in-12 de 12 pages ; 11º Les Excentriques (depuis la révolution de février). Paris, 1852, in-12. Les types renfermés dans ce volume ont d'abord paru dans le journal « l'Evénement ». Celui de l'apôtre Jupile est impr. dans le premier nº de ce journal ; 12º Contes vieux et nouveaux, 1852 ; 13º Contes do-mestiques. Paris, Vᵉ Lecou, 1852, in-18 ; 14º Souffrances de M. le professeur Delteil. Impr. dans la nouv. « Revue de Paris », en fé-vrier 1853 ; 15º Contes du prin-

temps. Aventures de Mˡˡᵉ Mariet-te. Paris, V. Lecou, 1853, in-18; 15º Enfin, M. Jules Fleury a été l'annotateur d'une étude sur H. de Balzac, publiée par M. Arm. Bas-chet (Paul Dumont), 1851, in-8.

FLEURY DE CHABOULON (le bar. de). Secrétaire de Bonaparte (un). Conspiration du 20 mars, 7428.

FLOCON (Ferdinand), l'un des minis-tres de 1848. Accusés du complot (un des). Révélation sur le coup de pistolet du 19 novembre 1832. Paris, Levavasseur; Prévost, 1832, in-8 de 88 pag. ; —Ricard (Aug.). IV, p. III.

FLOTARD (J.-T.). Dulaure (Jacques-Antoine). Histoire de la révolution française 1814-1830-1840.

FLOUR DE ST-GENIÈS, alors premier commis de la direction de l'enre-gistrement et des domaines à Di-jon. Ambel (Charles-Henri d'). Trappiste d'Aiguebelle, 133.

FOISSET (Jos.-Théoph.), juge au tri-bunal civil de Dijon. Magistrat (un).Nomination des évêques, 4453.

FOLIGUET (Eugène), auteur drama-tique. Danvin (Charles). Chambre verte, 1376; Sur les toits, 1377 ; Bal Mabile, 1378 ; Paris à la cam-pagne, 1379.

FOLLET (Aug.), auteur dramatique. Nus-Follet. Adultère, 5206 ; Jac-ques le Corsaire, 5207.

FONTAINE (Pierre-Julien), auteur du « Manuel de l'amateur d'autogra-phes ». Speyer Passavant (J.-H.). Description, 7836.

FONTANES (le comte L. de), grand-maître de l'Université et pair de France. Lefranc de Pompignan. Bible, 4008.

FONTANES DE SAINT-MARCELLIN (J.-Victor), fils naturel du précédent. Saint-Marcellin (de), t. IV, p. 236; — Victor (J.). Arrêts, 8631 ; — *** (M.). Wallace, 9332.

FONTANEY (A.), rédacteur de la « Re-vue des Deux-Mondes », mort en juin 1837, âgé de 34 ans. Feeling (lord). Scènes de la vie, 2368. Ou-vrage reproduit avec le véritable nom de l'auteur, et sous le titre « d'Impressions de voyage en Es-pagne » ; — O'Donnor (Andrew). Parlement, 5241 ; — Y. IV, 662.

FORESTIER, dit BOINVILLIERS (J.-E.-J.). Professeur de Belles-Lettres (un). Abrégé de l'Histoire et des

Antiquités romaines, 6107.

FORGUES (Emile Dauran), littérateur et critique, du petit nombre des hommes honorables de la presse actuelle, a successivement écrit dans « le Temps » de Coste, « la Charte de 1830 », « le Commerce », les Revues « de Paris », « du XIXe siècle », « des Deux Mondes » et « Britannique », le journal « le National », les Français peints par eux-mêmes » et « l'Illustration ». On a de cet écrivain, dans ces recueils et journaux, de nombreux articles de critiques littéraires, remarquables par l'érudition et la conscience avec lesquels ils sont écrits, ainsi que des traductions, dont on vante la fidélité et l'élégance. *Old Nick.* Histoire générale des voyages, 5349 ; Petites misères, 5350 ; Notice sur Shakspeare, 5351 ; Chine ouverte, 5352 ; La Lettre rouge A, roman américain, trad. de Nathaniel Hawthorne, 1853 ; — *O. N. T. III*, p. 380. Aux indications données sous ces initiales, il faut ajouter les suivantes : 1o Année littéraire pour 1840, imprimée, ainsi que celle de 1841, dans le journal « le Commerce », et dont il y a eu un petit nombre d'exempl. tirés à part ; 2o La Cardami, roman, publié dans « l'Illustration » en 1846, ou 1847 ; 3o Jane Eyre, imité de l'angl. de Currer Bell (miss Bontet), impr. dans « le National », en 1849 ; 4o Shirley, imité de l'angl. de l'auteur de « Jane Eyre ». Impr. dans le même journal en 1850 ; — *Tim. IV*, p. 512 ; — *Trois têtes dans un bonnet.* Cent Proverbes (illustrés) par Grandville. Paris, Fournier, 1844, gr. in-8 orné de cent sujets, de vignettes, de frises et lettres ornées. M. Forgues a fait au moins le quart de cet ouvrage : les autres collaborateurs ont été MM. Taxile Delord, Arnould Frémy et Amédée Achard.

FORMANOIR (Aug.-Hub. de), lieutenant d'artillerie. *Socialiste phalanstérien (un).* Etudes, 7542.

FORMANOIR DE PALTEAU (Guill.-L.). *Palteau* (F. de). III, 402.

FOSCOLO (Nicolo-Ugo), littérateur italien. *Dumas* (Alexandre). Jacques Ortis, 2008 ; — *Ortis* (Jacopo). Ultime Lettere, 5392.

FOSSÉ DARCOSSE (Emilien), imprimeur à Soissons. *Membre du comité archéologique de Soissons (un).* Essai sur l'abbaye de St-Jean-des-Vignes, 4723.

FOUCHER (Paul-Henri), auteur dramatique. *Paul.* Prisonnier sur parole, 5530.

FOUCQUES. *Rfaneque.* Quatre Napolitains, 6493.

FOUDRAS (le marquis de). *L...* (la duch. de). Mme de Miremont, 3485.

FOURCHEUX DE MONT-ROND (Clément-Melchior-Justin-Maxime (1), élève de l'Ecole des Chartes, promotion de 1831 ; né à Bagnols (Gard), le 4 septembre 1805. *Max de M.* Mentor des campagnes, 4632 ; Jeanne d'Arc, 4633. Réimp. en 1844, avec le nom de M. Maxime de Mont-Rond. Paris, Sagnier et Bray, in-12 ; et de nouveau, Lille, Lefort, 1850, in-12 ; Mont-Valérien, 4634 ; — *Maxime **** (du Gard). Souvenirs d'un voyage, 4635 ; — *Mont-Rond* (Maxime de). Essais historiques sur la ville d'Etampes (Seine-et-Oise), avec des planches, des notes et des pièces justificatives. Etampes, Fortin, et Paris, Debécourt, 1836-37, 3 vol. in-8 avec 10 pl. lithogr. ; Tableau historique de la décadence et de la destruction du Paganisme en Occident, de Constantin à Charlemagne (306-800). Paris, Perisse frères, 1838, in-12 ; La Vierge et les Saints en Italie, études et récits d'un pélerin. Paris, Oliv. Fulgence, 1842, in-8 ; Histoire du brave Crillon. Lille, Lefort, 1845, in-12. Réimpr. en 1850 ; Missions d'Amérique, d'Océanie et d'Afrique. Lille, Lefort, 1846, in-12, figur. ; Missions du Levant, d'Asie et de la Chine, Ibid., Lefort, 1846, in-12, figur. La France chrétienne, ou Beaux Traits inspirés par la Religion et recueillis par l'Histoire de France. Ibid., Lefort, 1846, in-12, fig. 3e édit. 1851, in-12 ; Histoire de Christophe-Colomb. Ibid., Lefort, 1846, in-12, fig. ; Les Marins les plus célèbres. Ibid., Lefort, 1846, in-12, fig. ; 2e édit. 1849 ; L'Art

---

(1) Écrivain entièrement inconnu aux auteurs de la « Littérature française contemporaine ».

de se réjouir toujours. Ibid., Lefort, 1847, in-18 ; Les Découvertes les plus utiles et les plus célèbres : agriculture, navigation, boussole, etc. ; par l'auteur des « Marins les plus célèbres ». Ibid., Lefort, 1847, in-12 ; Les Guerriers les plus célèbres de la France ; par l'auteur des « Découvertes ». Lille, Lefort, 1848, in-12, fig. ; Les Magistrats les plus célèbres de la France ; par l'auteur des « Guerriers les plus célèbres ». Lille, Lefort, 1849, in-12, fig.; Les Hommes d'Etat les plus célèbres de la France, par l'auteur des « Magistrats les plus célèbres ». Lille, Lefort, 1849, in-12, fig. ; Les Français à Rome, 1849-1850. Lille, Lefort, 1851, 2 vol. in-18 (1).

FOURNIER (Edouard). *Thurnier* (le chev. de). IV, 510.

FOURNIER-PESCAY (François), médecin. *Edmond* (Franç.). Etrennes, 2165 ; — *Habitant de Versailles* (un). Encore un mot sur Conaxa, 2976 ; — *Merlin l'Enchanteur.* Prophétie, 4756; — *Xentralès* (Hugues de). Le Vieux Troubadour, 8913.

FRANÇAIS DE NANTES (le comte Ant.), pair de France ; né à Beaurepaire, en Dauphiné. *Désormeaux* (feu). Tableau de la vie rurale, 1648 ; — *Du Coudrier.* Voyage dans la vallée, 1929 ; — *Jérôme* (feu M.). Manuscrit, 3289 ; Recueil de fadaises, 3290 ; Voyage sur les Alpes, 3291.

FRANÇOIS (le comte Nicolas-Louis), de Neufchâteau (Vosges), ministre de l'Intérieur sous Napoléon 1er, membre de l'Académie française. *Arrière-neveu de Guillaume Vadé* (un). Nouveaux Contes moraux, en vers. Genève, 1775, in-8, et Berlin, 1781, in-12 ; — *Deux amis.* Poésies diverses, 1665 ; — *Neufchâteau* (Fr. de). III, 326; — *Soc. de gens de lettres* (une). Nécrologe, 7608 ; — ***(M.). Poésies, 9075. Même ouvrage que le n° 1665.

FRANÇOIS (A.-L.-Fr.), dentiste belge. *Talma.* IV, p. 144.

FRANKOWSKI (le colonel), Polonais au service de la Russie. *Niepowie.* III, 332.

FRAPPAZ (l'abbé Zéph.). *Z. F.* Vie, 8966.

FRÉDÉRIC, auteur dramatique, né au Petit-Méré. *Dupetit-Méré.* I. 588 ; — *Monkey.* Sapajou, 4929.

FRÉMOLLE (J.). cordonnier et poète, à Bruxelles. *Pauvre diable* (un). Histoire, 5537 ; Un pauvre diable, 5538 ; Correspondance de M. le marquis de Chabannes et du pauvre diable, 5539.

FRÉMY (Arnould). *Cournaud.* I, 287; — *Trois têtes dans un bonnet.* (Avec MM. Forgues, Tax. Delord et Am. Achard). Cent proverbes (illustrés) par Grandville. Paris, Fournier, 1844, grand in-8 avec grav. (Voy. l'art. FORGUES.)

FRÈRE-ORBAN, alors ministre des finances de la Belgique. *Van Damme* (Jean).Lettre à M. de Decker.Brux., A. Labroue et Cᵉ, 1852, in-8.

FRERSON. *Employé du ministère de l'Intérieur* (un). Réflexions sur les hôpitaux, 2218.

FRESSANCOURT (le P.), jésuite. *Père de la compagnie de Jésus* (un). Méditations sur la vie de J. C., 5621.

FRITOT (Albert), avocat à la Cour royale de Paris. *Homme dégagé de tout intérêt personnel* (un). Constitution réformée, 3084; — *Publiciste* (un). Observations d'— sur le projet de loi relatif à l'indemnité des émigrés. Paris, B. Warée fils, 1825, in-8 de 32 pag.

FROMAGE-CHAPELLE (Prosper), anc. secrétaire particulier du maréchal Gouvion-Saint-Cyr, à la guerre et à la marine, depuis sous-intendant militaire à Cambrai. *Saint-Chapelle.* Propositions, 7139 ; Histoire, 7140 ; Garde nationale, 7141 ; Eléments, 7142 ; Les Ministres, 7143 ; Justice militaire, 7144 ; Code de justice militaire, 7145 ; Code milit. franç., 7146 ; Juillet ! Manuscrit des Tombeaux. Paris, A. Belin, 1838, in-8 de 89 pag. (Anon.).

FROMAGE-CHAPELLE, ancien employé du ministère de la marine et des colonies, auteur dramat. *Auvray.* Mˡˡᵉ de La Faille, 370 ; Don Pasquale, 371 ; Georges, 372 ; Jean Lenoir, 373 ; Daniel, 374 ; — *Evrard.*

---

(1) Tous les ouvrages cités dans cet article ne portent pas le nom de M. Maxime de MONT-ROND, plusieurs sont anonymes ; plusieurs aussi n'ont point été annoncés par la « Bibliographie de la France », et nous ne les avons connus que par une note qu'obligeamment l'éditeur nous en a donnée.

Lanciers, 2334; — *Laurencin.* II, 545; Amant, 8376; — *Léonard.* II, 589; — *Lucy* (de). III, 162.
FROMENT (C.). *Herberghen* (H. Van). Coup-d'œil sur les Pays-Bas, 3025.

FROSSARD (B.-S.) *Jeune militaire (un).* Mes dernières folies, 3322.
FURPILLE. *Langlois* (Théo.). II, 526.
FUSI (Antoine). *Grevé* (Victor). Mastigophore, 2909.

G

GABEREL, pasteur. *Réunion de pasteurs (une).* Etrennes, 8482.
GABRIEL (Jules-Joseph), auteur dramatique.*Flore* (Mlle).Ses Mémoires, 2461; — *Jules.* II, 315; — *Léveillé de Charenton* (Avec M. Arm. Dartois), Mémoires contemporains, ou la Maison des fous, à-propos en un acte, mêlé de couplets. Paris, Barba, 1829, in-8; — *Pierre-Paul et Jean.* Magasin de masques, 5858; — *Sapajou.* Deux Jockos, 7359.
GAIL (Jean-François), fils de l'helléniste. *Francisque.* II, 103.
GAILLARDET (Frédéric). *Dumas* (Alexandre). Tour de Nesle, 1960.
GALIANO, membre des Cortès. *Espagnol constitutionnel (un).* Appel au peuple français, 2256.
GALLAND (A.), membre de la Commission des sciences et des arts, séante au Caire, depuis imprimeur à Paris. *G....d* (A.). Antonio, ou les Tourments de l'amour et ses douces illusions dans un cœur sensible. Paris, Favre, 1797, in-8 et in-12; Tableau de l'Egypte pendant le séjour de l'armée française, avec la position et la distance réciproque des principaux lieux de l'Egypte; un Coup-d'œil sur l'économie politique de ce pays; quelques détails sur ses antiquités, et la procédure exacte de Soleyman, assassin de Kléber. Paris, Gérioux, 1803, 2 vol. in-8; — *Typographe (un).* Sort, 8373. Réimp. en 1809 avec le nom de l'auteur.
GALLET (P.). *Solitaire provincial (un).* Première Promenade, 7791.
GALLIMARD (M.-P.-J.). *Homme raisonnable (un).* Ce qu'on dit des femmes, 3124.
GALLIOT, historien de Namur, copié par *Reiffenberg* (le baron de). Monuments, 6378.
GALLOIS (Charles-André-Gustave-Léo-

nard), historien et publiciste de l'opinion républicaine ; né à Monaco, de parents français, le 30 novembre 1789, mort à Paris, dans les derniers jours de janvier 1852, dans un état voisin de la misère. (*Anon.*). Qu'en dis-tu, citoyen ?... Paris, les march. de nouv., 1852, in-8 de 24 pag., avec une lithogr. color. (Talma dans Sylla) servant de couverture. — *Bertrand* (le gr. maréchal). Eloge funèbre de Napoléon, 636; — *Celui qui va écouter aux portes.* Les pétards et cætera. Paris, de l'imprimerie de Guiraudet, 1821, in-8 de 8 pages. Ecrit qui fut saisi le lendemain de sa publication ; — *Napoléon.* Biographie des contemporains. Paris, Ponthieu, 1824, in-8.
GALOPPE D'ONCQUAIRE (C.). *Bedeau de Saint-Sulpice (un).* Le Siége de la Sorbonne, ou le Triomphe de l'Université. Poème héroïque en VI chants; par — et revu par Petrus Noele (autre masque de M. Galoppe d'Oncquaire). Paris, Delavigne, 1844, in-8 de 52 p. IIe édit. Ibid., Delavigne, 1844, in-8 de 16 pag.
GAMORY. *Monrose* (Louis). Un comique à la ville, 4933.
GANDONNIÈRE (Almire), né le 3 août 1814, à Loué (Sarthe), patrie de Germain Pilon, statuaire. *Archiloque.* A toi, Barthélemy! 287. Il existe une réponse au premier numéro de ce recueil, qui a paru sous ce titre : A toi la honte, Archiloque! gloire à Barthélemy! satire ; par M. F. Modelon. Paris, de l'imp. de Cosson, 1844, in-8 de 8 pag.; — *Goulet* (le baron Paul). II, 176 ; — *Lazare.* La Nouvelle Némésis, 3930; Ode, 3931 ; — *Loué* (Philibert). Plusieurs articles dans la « Chronique, revue mensuelle » (1).

_____

(1) Outre les art. qu'il a donnés sous ce

un, entre autres, intitulé « Un Club (littéraire) à Briançon » (2e année, t. 1er, 1842), satire sur quelques hauts barons littéraires contemporains; L'Expiation, nouvelle (Ibid., t. II, 1843); — *Mortimer* (sir Henry). III, 305; Les Mystères de la Bastille. Impr. dans la « Chronique, revue mensuelle » (IVe année, t. VII, 1844); — *Tom Pouce*. Littérature, 8283.

GARAY (François-Eugène), dit de Monglave. *Byron* (lord). Lettre au Grand-Turc, 868;—*Dufresne* (Maurice). Bourreau, 1932; — *Eugène*. II, 45;—*Marin* (un). Histoire des missionnaires, 4553 ; — *Monglave* (Eugène de). III.,287 ; — *Portier de la maison* (le). Biographie pittoresque des 40 de l'Académie française, par —. Première édition, revue et corr. par un de ces messieurs, et suivie de l'Histoire des 40 fauteuils. Paris, les march. de nouv., 1826, in-32; — *Valet de chambre congédié* (un). Biographie, 8500.

GARCIN-TASSY, professeur d'hindoustani. *Garcin de Tassy*. II, 132.

GARNIER (l'abbé), supérieur général de la congrégation de Saint-Sulpice, mort à Paris. *Genoude* (l'abbé Eugène de). Sainte-Bible, 2716.

GARNIER (Adolphe, professeur de philosophie à la Faculté des Lettres de Paris. *Jouffroy* (Thomas). OEuvres de Thomas Reid, 3380.

GARNIER (Paul-Aimé), l'un des rédacteurs du « Satan »; mort à Paris, le 27 janvier 1846. *Ariel*. I, 54; — *Reinrag* (Paul). Lettre, 6383; — *Zéro* (Paul). Barbus-Graves, 8965.

GARON (Antoine), docteur en médecine et chirurgien-major en retraite. *Patriote* (un). Emile de Girardin et Cavaignac, 5512.

GASCHON DE MOLÈNES. (Alex.-Jacq.-Denis), ancien procureur du roi. *Magistrat* (un). De la Liberté individuelle, 4452.

GASCHON DE MOLÈNES. *Molènes* (G. de). Cousins d'Isis, 4905: Valpéri, 4906; Revue des Deux-Mondes, ib.; — *La Genevais* (F. de). Derniers romans, 3545.

GASPARIN (le comte Agénor de). *Aud. au Conseil-d'Etat* (un). La France doit-elle conserver Alger? 337.

pseudonyme, M. Gandonnière en a fourni un plus grand nombre avec son véritable nom.

GASPARIN (la comtesse Agénor de), née Boissier. *Ignorante* (une). Voyage dans le Midi, 3169.

GATTI (Mme Zoé), née de Gamond. *G**** (Marie de). II, 122.

GAUCHEZ, littérateur belge. *Retchezken*. IV, 97.

GAUDICHOT-MASSON (Aug. - Mich.-Ben.). *Masson* (Michel). III, 206.

GAULLE (de), de la Société de l'Histoire de France. *Taylor* (le bar.). Voyages, 8000.

GAUNÉ (Hippolyte), auteur dramat. *Hippolyte*. II, 235.

GAUTIER (Robert-Alphonse), auteur dramat. *Alphonse*. Fin d'un bal, 6362; le Poltron, 6363.

GAUTIER (Aubin), D. M. *Aristophane Philoradix*. Anti-Lucrèce, 297.

GAUTROT (Emile), auteur dramatique. *Durand de Valley* (Emile). Une Spoliation, 2114; Dodore en pénitence, 2115.

GAY (Mme Sophie), morte à Paris, le 4 mars 1852. *Pergami* (lisez Bergami). (Avec M. J. Vatout) : Mémoires de M. le baron de Pergami, chevalier de Malte, chevalier du Saint-Sépulcre, etc. (Supposés) Traduits d'après le manuscrit italien, par M***. Paris, Brissot-Thivars; Ponthieu, 1820, in-8 de 80 pages; — *Soc. de gens ridicules* (une). Physiologie, 7660.— *Valet de chambre* (un). Malheurs, 8499; — *** (Mme). Laure, 9246.

GAY (Mlle Delphine), fille de la précédente. Voy. GIRARDIN (Mme de).

GAY (Joseph-Louis), de Lussac, chimiste, membre de l'Académie des Sciences; mort le 9 mai 1850. *Gay-Lussac*. II, 137.

GEBERT, anc. officier au 154e régiment, actuellement à l'hôtel royal des Invalides. *G****.. Récit histor. du blocus de la ville de Besançon, en 1814. Paris, l'Auteur, hôtel des Invalides, 1840, in-8 de 47 pag.

GEBHART (A.). *A. G.* Recueil de Traités de paix, d'amitié, etc., conclus entre la République française et les différentes puissances de l'Europe depuis 1792, jusqu'à la paix générale, en 1802. Hambourg, 1803, 4 vol. in-8.

GENDEBIEN (Alexandre), avocat, anc. membre du gouvernement provisoire, du Congrès national belge, de la chambre des représentants, anc. ministre de la Justice ; né à Mons, le 4 mai 1789. *Abonné (un)*. M. Gendebien a publié sous ce déguisement et sous le titre *les E-trangers*, une série de lettres politiques très piquantes dans le journal « La Nation » de Bruxelles (août, septembre et octobre 1830.).

GENLIS (la comtesse Stéphanie-Félicité), depuis marquise de SILLERY. *Ami des talents et des arts (un)*. Réflexions d'—. Paris, an VI (1798), in-8. C'est le seul ouvrage pour lequel l'auteur ait déguisé son nom. « J'étais à Hambourg, durant le » règne du Directoire. Le désir d'ê-» tre de quelque utilité à MM. de » La Harpe et Suard, alors persé-» cutés, me fit concevoir l'idée de » composer ce petit ouvrage. Le » nom d'une femme n'aurait pu » que diminuer le poids de mes » réflexions ; je cachai mon nom. » L'ouvrage fut imprimé et débité » à Paris, afin qu'on pût l'attribuer » à un citoyen français ». (1) ; — *Soc. de gens de lettres (une)*. Nouv. Bibliothèque des romans, 7627.

GENSOUL (Jean-Marie-Alexandre-Justin), auteur dramatique. *G. .. (Justin)*. Mon premier pas. (Poésies). Paris, Goujon, an XI (1803), in-8 ; —*Justin*. II, 322.

GENSSE, littérateur belge. *Cléotboom (le doct.)*. Aperçu sur l'huile de caillou, 1175 ; — *Vétérinaire de la classe des sciants (le)*. Rapport, 8594.

GENTIL (le P.), chartreux. *François (le frère)*. Jardinier solitaire, 2572.

GENTIL, anc. employé des Douanes à Rouen. Voy. CHAPAIS (Franç.).

GENTIL (Michel-Joseph), baron de CHAVAGNAC, auteur dramatique. *Chavagnac (le bar. de)*. I, 235 ; —*** (MM.). Prêté, 9339.

GENTIL (Pierre), né à Choisy-le-Roi, intendant militaire, conseiller d'Etat, puis député. *Gentil de Bussy* II, 148.

GENTILHOMME (Paul). *Holé-Gentilhomme*. III, 283.

GEOFFRIN ou JOFFRAIN (le P. Claude), feuillant. *Jérôme de Sainte-Marie*. II, 294.

GEOFFROY (R.), médecin et voyageur. *R. G*. V. Afrique, 6496.

GEORGEL (l'abbé J.-Fr.), ex-jésuite. *Contemporain impartial (un)*. Mémoires pour servir à l'histoire des événements de la fin du dix-huitième siècle, depuis 1760 jusqu'en 1806-1810. (Publiés par M. Georgel, avocat). Paris, A. Eymery, 1817, 6 vol. in-8. On assure que plusieurs hommes de lettres ont retouché le manuscrit de cet ouvrage au moment de l'impression et pendant l'impression. On dit, par exemple, que Girard a rédigé la préface ; que M. Desrenaudes a remanié l'article des Girondins ; que M. Baudouin le père a fourni des notes et adouci l'article de Raynal. M. Antony Béraud a aussi participé pour quelque chose dans la publication des cinq premiers volumes ; quant au dernier, il est entièrement de sa composition. Il est formé d'un « Voyage à St-Pétersbourg en 1799-1800, fait avec l'ambassade des chevaliers de l'ordre de Saint-Jean de Jérusalem ».

GÉRARD (l'abbé Louis-Philippe). *** (M.). Comte de Valmont, 9146.

GÉRARD (Pierre-Auguste-Florent.), écrivain belge, docteur en droit et auditeur militaire. *Membre de la Chambre des représentants (un)* de la Belgique. Lettre à lady Morgan, 4700 ; — *U*. IV, 543.

GÉRARD DE RAYNEVAL (Joseph-Mathias), diplomate. *Mirabeau (le comte de)*. Partage de la Pologne, de Lindsey, 4837 ; — *Ray....* (le cit.). Hermann et Emilie, trad. de l'allem. d'Aug. Lafontaine. Paris, Debray, an X (1802), 4 vol. in-12.

GÉRAUD DE LA CHAU (l'abbé). *La Chau (l'abbé)*. II, 346.

GERBAIS (l'abbé Jean). *Docteur de Sorbonne (un)*. Lettre à une personne de qualité, 1779 ; Lettre à un bénédictin, 1780 ; Lettre à une dame, 1781.

GERBERON (dom Gabriel), bénédictin de la congrégation de St.-Maur. *A. K*. Le Juste Discernement de la créance catholique d'avec les sentiments des Protestants et d'avec ceux des Pélagiens touchant le mystère de la Prédestination et de la grâce du Sauveur, mis en français par C. B. P. — Entretien de Dieu-Donné et de Romain, par G.

(1) Suite des « Souvenirs de Félicie » Paris, 1807, in-12, p. 210.

Paris, Impr. française-espagnole de DUBUISSON ET Cᵉ, rue Coq-Héron, 5.